农业与农村经济发展研究 2022

东 北 农 业 大 学 经 济 管 理 学 院
东北农业大学现代农业发展研究中心 编

中国农业出版社
北 京

图书在版编目（CIP）数据

农业与农村经济发展研究. 2022 / 东北农业大学经济管理学院，东北农业大学现代农业发展研究中心编. —北京：中国农业出版社，2023.12
ISBN 978-7-109-31573-0

Ⅰ.①农… Ⅱ.①东… ②东… Ⅲ.①农业经济发展—研究—中国—2022②农村经济发展—研究—中国—2022 Ⅳ.①F32

中国国家版本馆CIP数据核字（2023）第231818号

中国农业出版社出版
地址：北京市朝阳区麦子店街18号楼
邮编：100125
责任编辑：张 丽
版式设计：王 晨 责任校对：周丽芳
印刷：三河市国英印务有限公司
版次：2023年12月第1版
印次：2023年12月河北第1次印刷
发行：新华书店北京发行所
开本：720mm×960mm 1/16
印张：27.25
字数：505千字
定价：98.00元

顾　问： 郭翔宇　李翠霞

主　编： 余志刚

编　委： 王杜春　王刚毅　王洪亮　王　磊
李大为　刘　畅　张启文　张永强
庞金波　崔宁波　颜　华　潘方卉

前言

FOREWORD

2022年2月22日，中共中央、国务院印发中央1号文件《中共中央　国务院关于做好2022年全面推进乡村振兴重点工作的意见》（以下简称《意见》），这是新世纪以来，中共中央围绕“三农”问题连续发出的第十九个“1号文件”。党中央认为，从容应对百年变局和世纪疫情，推动经济社会平稳健康发展，必须着眼国家重大战略需要，稳住农业基本盘、做好“三农”工作，接续全面推进乡村振兴，确保农业稳产增产、农民稳步增收、农村稳定安宁。

《意见》指出：坚持和加强党对“三农”工作的全面领导，牢牢守住保障国家粮食安全和不发生规模性返贫两条底线，充分发挥农村基层党组织领导作用，扎实有序做好乡村发展、乡村建设、乡村治理重点工作，推动乡村振兴取得新进展、农业农村现代化迈出新步伐。稳定全年粮食播种面积和产量，坚持中国人的饭碗任何时候都要牢牢端在自己手中；落实“长牙齿”的耕地保护硬措施，实行耕地保护党政同责，严守18亿亩耕地红线；大力推进种源等农业关键核心技术攻关，全面实施种业振兴行动方案；持续推进农村一二三产业融合发展，鼓励各地拓展农业多种功能、挖掘乡村多元价值，重点发展农产品加工、乡村休闲旅游、农村电商等产业；强化乡村振兴金融服务，加大支农支小再贷款、再贴现支持力度，实施更加优惠的存款准备金政策。

围绕这些方面，东北农业大学经济管理学院的广大教师和科研工作者秉持深厚的爱农情怀和兴农担当，高度关注“三农”问题并围绕这些短板开展研究，形成了丰硕的成果。为系统梳理这些成果，更好地服务

“三农”发展，鼓励更多的教师、科研人员关注“三农”、投身“三农”，经济管理学院决定编辑出版2022年度的《农业与农村经济发展研究》，即《农业与农村经济发展研究2022》。

东北农业大学是中国共产党在解放区创办的第一所普通高等农业院校，是一所“以农科为优势，以生命科学和食品科学为特色，农、工、理、经、管等多学科协调发展”的国家“211工程”重点建设大学和“世界一流学科”建设高校。经济管理学院始于1949年成立的农业经济教研组，1980年成立农业经济系，1995年与黑龙江省农业管理干部学院农业经济系合并，成立经济贸易学院，2004年更名为经济管理学院。学院拥有农林经济管理博士学位授权一级学科，依托本学科设有博士后科研流动站，该学科是国家“世界一流学科”、建设东北农业大学“畜产品生产与加工学科群”的参与建设学科、黑龙江省“高水平大学国内一流学科”建设学科、省级重点一级学科，在教育部第五轮学科评估中得分等级为“B”；拥有农林经济管理、应用经济学、工商管理3个硕士学位授权一级学科；拥有农业管理硕士（MAM）、工商管理硕士（MBA）、会计硕士（MPAcc）和金融硕士（MF）4个专业学位授权点。有硕士研究生1 063人、博士研究生45人。开设农林经济管理、会计学、工商管理、市场营销、人力资源管理、金融学、保险学和国际经济与贸易8个本科专业，其中农林经济管理和会计学专业为国家级一流本科专业建设点；金融学、人力资源管理和市场营销专业为省级一流本科专业建设点。学院拥有黑龙江省高端智库——现代农业发展研究中心，依托智库平台在理论研究上围绕农村合作经济、畜牧经济、农垦经济、县域经济、农区林业经济、农村金融、农业保险等特色研究方向积极承担各级各类课题研究、决策咨询等。“十三五”以来，经济管理学院始终坚持将推动科研事业高质量发展作为重要办学使命，紧紧围绕“强队伍、搭平台、建机制”三大关键环节系统谋划、持续发力，积极融入乡村振兴与农业农村现代化的伟大事业，努力在学校“双一流”和高水平农业大学建设中展现新担当，全力在服务黑龙江当好农业现代化建设排头兵和维护国家粮食安全“压舱石”中体现新作为。

2022年是党的二十大召开之年、“十四五”时期的关键之年，稳住农业基本盘、做好“三农”工作具有特殊重要意义。我国是农业大国，“大而不强”是我国农业发展面临的重大瓶颈。农业强国是社会主义现代化强国的根基，强国必先强农，农强方能国强。面对这样的使命和任务，东北农业大学经济管理学院广大教师和科研工作者将全面贯彻落实党的二十大精神，胸怀“两个大局”、心怀“国之大者”，围绕国家所需、龙江所要、学校所能和未来所向，坚持“谋长远、打基础、建制度、优机制、强管理、抓落实”的工作思路，以强农兴农为已任，坚持“立足龙江、面向全国、发挥优势、积极服务”的宗旨，依托省级高端智库平台，围绕优势研究领域开展课题研究、决策咨询等，继续实现学院科学研究、社会服务、人才培养的全面发展。

《农业与农村经济发展研究2022》的出版得到了黑龙江省级重点学科东北农业大学经济管理学院农林经济管理学科和省级高端智库现代农业发展研究中心以及相关研究课题的资助，得到了全院师生员工的支持和帮助，在此一并表示感谢！

东北农业大学经济管理学院院长、教授、博士生导师

余志刚　博士

2022年12月

目录
CONTENTS

农民增收视阈下农民合作社三产融合的利益机制与政策导向研究*

颜 华

2015年《中共中央 国务院关于加大改革创新力度加大农业现代化建设的若干意见》（中央1号文件）首次提出“推进农村一二三产业融合发展”。2017年党的十九大报告提出乡村振兴战略。2018年出台的《乡村振兴战略规划（2018—2022年）》也明确表明，实施乡村振兴战略，要实现农村一二三产业深度融合发展。农村一二三产业融合，通过实现农产品产加销、农工贸一体化，推进农业延长产业链、融入供应链、提升价值链，让农民更多地分享二三产业创造的价值增值和收益。农村一二三产业融合主要有以农业企业、农民合作社、家庭农场等为主体的融合发展模式。由于农民合作社的为农服务性质，其三产融合能够更稳定地带动农民增收。但目前我国农民合作社实力比较薄弱，其三产融合往往是通过与农业企业、合作社联合社以及其他社会服务组织对接的方式实现，而农民合作社与这些经营主体以及合作社成员的利益机制是否完善，在一定程度上决定了三产融合带动农民增收的效果。

一、农民合作社三产融合促农增收的作用机理

（一）产业链延伸促农增收

产业链延伸既包括农业产业内部向产前、产中、产后环节延伸，也包括通过“接二连三”的方式串联起第一产业、第二产业与第三产业，实现产加销一条龙、农工贸一体化。农民合作社三产融合通过产业链条的延伸，实现农业产业空间的拓展与农业产业增值，提高农民合作社在农业生产前后环节的收益，并通过培育农产品精深加工、培育农产品品牌，参与到第二产业、第三产业当中来，获得更高的利润。农民合作社三产融合的产业链延伸使普通农户在农业生产环节获

* 国家社会科学基金一般项目（课题编号：18BJY146）。
项目负责人为颜华教授，主要参加人员有王桂玲、王勇、杨光、姜峥等。

得更高的回报：有能力的农户能够进入第二产业、第三产业赚取更多的利润，加入合作社的农户还能进一步分享利益链延伸、产品价值增值所带来的收益。

传统的农业产业链条包括农产品生产、农产品加工与农产品销售。其中，农产品加工环节往往只是进行简单的清洗、挑拣、烘干等操作，加工增值趋于零；农产品销售环节中，农户也缺乏品牌意识与服务意识，常常选择自产自销或是统一卖给收购商，在市场中毫无议价能力，甚至仍存在一部分农业生产者直接售卖未进行任何加工的初级农产品。产业链延伸前的农民合作社参与环节少、利益链条短，在加工与销售环节损失了极大的利润，带动农户增收也成空谈。农民合作社通过产业链延伸模式（图 1）推动三产融合发展，能够牢牢抓住农产品增值效益最大的两个环节，并进一步通过资本积累与资源共享从农业领域向其他产业拓展，实现第一产业、第二产业与第三产业间的联动发展。普通农户由于农产品附加值的提高，二、三产业利润的增加，可以从农民合作社三产融合中获得更多的产业增值收益，实现收入的增加。

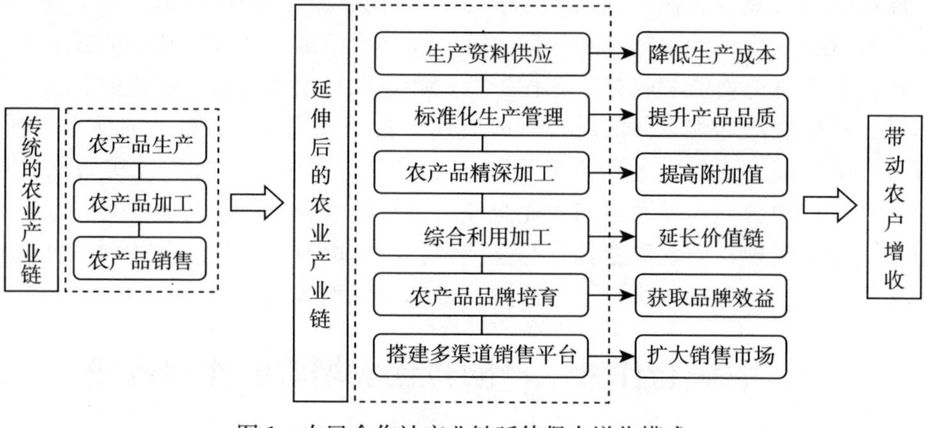

图 1　农民合作社产业链延伸促农增收模式

（二）多功能拓展促农增收

农业多功能拓展是指从农业的多功能性角度出发，深入挖掘除农业最基本的生产功能之外的经济功能、文化功能、社会功能、生态功能等多项功能。农民合作社三产融合通过农业功能的纵向拓展，将传统农业与旅游、教育、康养等其他非农产业交叉、重组，开发新产品，形成新业态与新的商业模式。近些年兴起并蓬勃发展的休闲农业、采摘园、田间餐厅正是这一模式的典型代表。农民合作社不仅可以发挥现代农业在生态保护与修复、观光旅游与康养、文化传承与发扬等领域的重要作用，还能够因此获得包括农业经营收益在内的多项收益，促进农户有效就业，保障农户稳定增收。有一定实力的农户可以共同参与休闲农业等项目的经营，也可以通过提供劳动服务赚得工资；加入合作社的农户还能进一步享受到新业态与新商业模式带来的更高的利润分配。

生产功能是传统农业最主要的功能。传统的农业生产仅仅是为了提供生活物资与工业生产原料，在这种状态下的农业经营仅仅只能维持农民基本的生活需求，难以获得收益的增加。进行农业多功能拓展前的农民合作社通过改良种植品种、提高产品品质所获得的农业经营收益增长是一定的，真正涉及第三产业的范围较狭窄，农村内部就业不充分，农户仍以从事农业生产活动为主。农民合作社通过多功能拓展模式（图 2）推动三产融合发展，促进农业与农村内部各产业部门的合作，将农业的多种功能与相关要素应用到原有的农业产业链条或其他非农产业中，实现以服务业为代表的第三产业与第一产业的高效融合，并进一步带动以土特产、纪念品加工为主的第二产业发展，逐步形成功能拓展、交叉融合的农业新业态、新产品，以新的产品供给创造新的消费需求，增加农民合作社第三产业收益。由于农业外延的扩大、农业经营活动的进一步丰富，有更多的农村内部就业机会被创造出来，普通农户不仅可以更多地参与到第三产业当中，获得更多的经济收入，还能够共享农业多功能拓展带来的文化、社会、生态方面的多重效益。

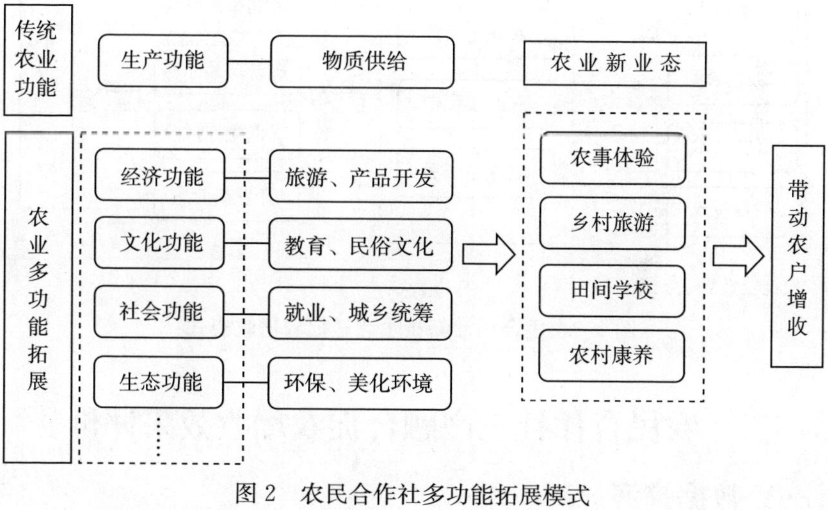

图 2　农民合作社多功能拓展模式

（三）新技术渗透促农增收

新技术渗透是指来自其他产业的技术跨越产业边界对农业进行有机渗透，与传统农业产业相互融合创新，产生农业新业态。产业融合的基本理论认为，产业融合的内在驱动力来源于新技术的采纳与技术创新，由此带来同一产业内不同行业或不同产业之间的相互渗透、交叉、重组，并逐渐形成新业态与新的商业模式。农民合作社三产融合，通过新兴技术的渗透与突破，能够有效提高农业生产效率，优化农产品种植结构，提高农产品附加值，还能有效改进营销渠道和管理服务质量，大大节约交易成本。农民合作社三产融合的新技术渗透模式能够有效缓解农户在农业生产经营中面临的自然风险、市场风险与技术风险，并提高农业生产效率，在保障农户农业经营收入稳定的同时增加农户种植收入。

农业产业链条长、交易环节多，并且各环节信息不对称程度高，农村还存在着大量分散的农民，新技术在农业领域的应用存在着巨大的市场。将新技术应用到农业产业以及与之对应的功能上，不是简单地与传统农业产业的简单混合，而是对农业相关功能的创新，是对传统农业产业的性质进行替代性整合，具体表现为信息农业、生物农业、"互联网+"农业等新业态。农民合作社通过新技术渗透模式（图 3）推动三产融合发展是一个动态发展的过程。新产业形式伴随着新技术在农业领域的应用而出现，而新业态与新商业模式的形成也意味着用工需求的增加，从而使得农户的就业增收渠道得以进一步拓宽。

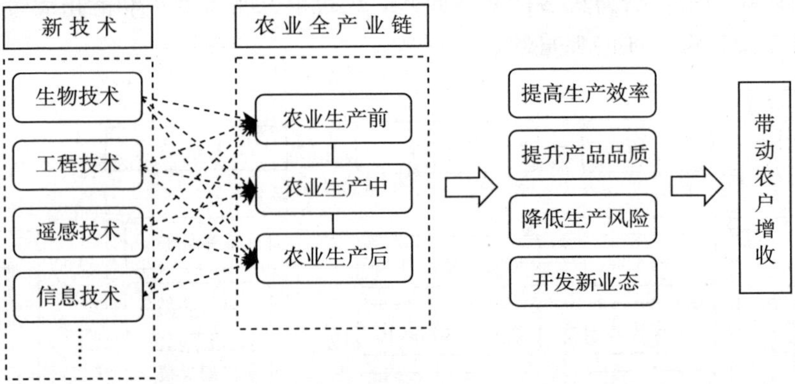

图 3　农民合作社新技术渗透促农增收模式

二、农民合作社三产融合促农增收效果评价*

（一）数据来源

本文研究数据来源于 2019—2021 年对黑龙江省、山东省共计 250 家农民

* 原载于《农业技术经济》2021 年第 12 期（作者：刘洋、颜华）。

合作社的问卷调研。由于疫情影响，调研采取实地调研与网络调研相结合的形式。在选定典型地区的基础上，选择处于存续期，至少提供包括统一供种、统一生产、统一加工等一种及以上环节服务的种植类农民合作社，共发放问卷250份，经剔除前后矛盾与不完整问卷后，最终得到共238家农民合作社有效调研数据，问卷有效率达95.2%。

（二）变量选择

1. 被解释变量

本文研究重点为农民合作社三产融合促农增收效果，选取农户收入增值作为衡量指标，即被解释变量。

2. 核心解释变量

鉴于农户通过农民合作社三产融合实现增收的两条主要途径，当农民合作社发展三产融合并在二三产业产生雇工行为，或将发展三产融合所产生的增值收益分配给社员时，本研究即认为农户有参与到农民合作社推动三产融合促农增收中来。当农民合作社没有发展三产融合，或发展三产融合但在二三产业没有雇工行为，并且其发展三产融合所产生的增值收益没有分配给社员时，本研究即认为农户没有参与到农民合作社三产融合促农增收中来。

3. 控制变量

在借鉴已有研究的基础上，根据数据可获得性，本研究选取的控制变量共分为农民合作社理事长特征、农民合作社基本情况、农民合作社三产融合发展情况与农民合作社利益机制情况四个部分。

（1）农民合作社理事长特征。在农民合作社理事长特征方面，本研究选取了农民合作社理事长年龄、农民合作社理事长受教育程度两个指标。一般认为，农民合作社理事长能力的高低对农民合作社发展水平具有一定程度的影响。优秀的农民合作社理事长往往在推动农民合作社三产融合、实现促农增收的过程中发挥“领头羊”作用，即接受过良好教育且更为年轻的农民合作社理事长更具有创新意识与变革勇气；年长的农民合作社理事长在处理与社员和各合作伙伴关系、引领农民合作社发展中更具经验。

（2）农民合作社基本情况。在农民合作社基本情况方面，本研究选取了农民合作社成立时间、农民合作社注册资本、农民合作社现有资本、农民合作社初始社员人数、农民合作社现有社员人数、农民合作社总产值增速六个指标。一般认为，发展水平更好的农民合作社在带动农户增收方面发挥的作用更为显著，而农民合作社通过推动三产融合发展也能获得更大的产值收益。注册时间越早、存续时间越长的农民合作社，往往掌握更多的发展经验，能够处理好与社员和各合作伙伴的关系，盈利水平与能力也更有保障。注册资本多的农民合作社往往有更强的资金实力发展农民合作社生产，推动三产融合。现有资本相较于注册资本的变化也能体现出农民合作社的经营状况，农民合作社发展二三产业所增加的厂房、设备等固定资产的投入也在现有资本中有所体现。经营绩效较好、带动农户增收幅度较大的农民合作社往往更吸引周边农户的加入。农民合作社初始社员人数（成立之初的社员人数）与农民合作社现有成员人数能够反映出农民合作社社员规模变化情况，也能在一定程度上体现农民合作社经营水平与带动农户增收情况。农民合作社总产值是反映农民合作社经营绩效的重要指标。农民合作社总产值的平均增速可以反映出农民合作社发展规模与经营水平的变化情况，也可以在一定程度上排除某一年份极端值的影响。

（3）农民合作社三产融合发展情况。在农民合作社三产融合发展情况方面，本研究选取农民合作社加工方式、农民合作社加工农产品产值、农民合作社三产模式、农民合作社三产产值四个指标。一般认为，农民合作社三产融合包括“一产＋二产”“一产＋三产”“一产＋二产＋三产”三个方向，即农民合作社在从事农业生产经营活动之外，还从事以加工为主的第二产业或是参与以服务业为主的第三产业，这些均视作农民合作社推动三产融合。由于能力、规模、发展规划不同，农民合作社发展第二产业所选择的加工方式也不同，因此，农民合作社与外部经营主体的利益联结与分配方式也有所差异，进而影响到农民合作社三产融合带给农户的增收效果。农民合作社加工农产品产值可以直观反映出农民合作社农产品通过产业融合实现的价值增值。加工农产品产值较高的农民合作社往往也意味着其三产融合发展水平更高。农民合作社发展第三产业主要分两个方向：一是发展以休闲农业为代表的“农业＋旅游业”相结合的模式，二是发展以土地托管为代表的“农业＋社会服务业”相结合的模式。不同模式下农民合作社发展三产融合所需的前期投入、经营方向均不同，也会进一步影响到农民合作社促农增收的水平。农民合作社三产产值可以直观反映出农民合作社推动三产融合发展的发展水平，三产产值更高的农民合作社一般意味着其推动三产融合发展得更好，其带动农户增收的可能性也就更大。

（4）农民合作社利益机制情况。在农民合作社利益机制情况方面，本研究选取了农民合作社社员入社方式、农民合作社盈余分配方式、农民合作社财务报表是否公开、农民合作社成员大会召开情况四个指标。一般认为，利益机制越完善的农民合作社，在保障农户权益、带动农户增收方面发挥的作用也就越大。农民合作社与农户间的利益分配机制是影响农民合作社经营收益流向农户的关键要素，这切实影响到农民合作社的促农增收水平。农民合作社社员入社方式直接关系到农民合作社的入社门槛的高低。入社门槛较低的农民合作社往往能够辐射带动更多的农户加入农民合作社，也就让更多的农户能够享受到农民合作社三产融合带来的增值收益。农民合作社盈余分配方式是衡量农民合作社利益分配机制完善与否的重要因素。农民合作社不同的盈余分配方式会影响到农户获得农民合作社三产融合收益分配的比例，还会造成农户收入结构的变化。财务报表能够直接反映出农民合作社经营绩效与利润分配情况。而农民合作社财务报表的公开与否，一方面反映了农民合作社财务管理的公开透明程度，另一方面也会直接影响农民合作社社员对农民合作社的信任程度。《农民专业合作社法》规定农民合作社成员大会是农民合作社的权力机构，享有包括批准生产经营活动、通过盈余分配方案等重大事项决定权在内的一系列权力。农民合作社成员大会召开情况关系到农户在农民合作社中的话语权，也影响到农民合作社三产融合所获得收益的分配情况。

4. 变量定义与赋值

本研究所涉及的主要变量的定义与赋值情况具体如表1所示。

表1　变量定义与赋值

变量类型	变量	定义与赋值
被解释变量	农户收入增值（y）(元)	农户参与农民合作社三产融合的收入增加值
核心解释变量	农户是否参与农民合作社三产融合（D）	0=未参与（控制组）；1=参与（处理组）
控制变量	农民合作社理事长年龄（$a1$）	实际年龄
	农民合作社理事长受教育程度（$a2$）	1=文盲；2=小学至初中；3=高中；4=本科及以上
	农民合作社成立时间（$b1$）	成立年份
	农民合作社注册资本（$b2$）(元)	实际资本数
	农民合作社现有资本（$b3$）(元)	实际资本数
	农民合作社初始社员人数（$b4$）(人)	实际人数
	农民合作社现有社员人数（$b5$）(人)	实际人数
	农民合作社总产值增速（$b6$）	农民合作社近三年总产值增速的平均值
	农民合作社加工方式（$c1$）	0=无；1=独立加工；2=委托加工；3=合作加工

（续）

变量类型	变量	定义与赋值
控制变量	农民合作社加工农产品产值（$c2$）（元）	实际产值
	农民合作社三产模式（$c3$）	0＝无；1＝休闲旅游；2＝土地托管；3＝均包含
	农民合作社三产产值（$c4$）(元)	实际产值
	社员入社方式（$d1$）	1＝无门槛入社；2＝带地入社；3＝资金入社；4＝产品入社；5＝包含两者及以上
	农民合作社盈余分配方式（$d2$）	0＝无再分配；1＝按交易量；2＝按股份；3＝按劳动工分；4＝包含两者及以上
	农民合作社财务报表是否公开（$d3$）	0＝否；1＝是
	农民合作社成员大会召开情况（$d4$）	实际次数

（三）模型构建与方法选择

1. 方法选择

从理论上而言，农民合作社三产融合可以以多种方式增加农户收入。但由于农户在农民合作社三产融合中的参与程度以及农民合作社自身的三产融合水平均具有特殊性，农民合作社三产融合的促农增收效果还有待进一步考证。通过梳理国内外学者关于农户增收效果的相关研究发现，部分学者采用数据包络分析模型、分位数回归模型、固定效应模型等方法来实证分析农户增收效果。但农户是否参与农民合作社三产融合以及其参与农民合作社三产融合的程度是农户自选择的结果。农户由于自身禀赋的差异，很容易导致选择性偏差，从而降低最终结果的可信度。

倾向得分匹配法（PSM）是一种非参数估计方法。它将多维度信息通过数量统计方法简化为一维的倾向值，然后进行匹配，目的在于找寻处理组与控制组中拥有相同或相似倾向值的样本之间的差异，来判断结果变量与因变量间的因果关系。在变量间存在内生性的情况下，倾向得分匹配模型可以通过匹配相似样本有效缓解因样本选择性偏差引起的内生性问题，并使用平均处理效应解决难以求得个体处理效应的问题。相较于其他计量统计方法所存在的诸多限制，倾向得分匹配法也更具优势。

因此，本研究以调研数据为基础，最终选取倾向得分匹配法来评价农民合作社三产融合促农增收效果。该方法的优势在于通过使用“鲁宾反事实框架”对农户是否参与农民合作社三产融合的自选择问题进行处理，可以有效解决样本选择偏误，避免内生性问题影响。本研究使用倾向得分匹配法，实证步骤包括选择配对方法（包括近邻匹配、半径匹配、核匹配等）、估算平均处理效应、平衡性检验三步。主要研究思路如下：通过将样本分为处理组与控制组，在控制组中搜寻与处理组样本尽可能相似的样本并进行匹配，使匹配后的两组样本除了在是否参与农民合作社三产融合方面存在差异外，其他的个体特征尽可能相似；通过匹配后两组样本的平均处理效应的差异，来判断农户选择参与农民合作社三产融合与农户收入增值之间的因果关系。

此外，调研者在调研过程中发现，农民合作社三产融合可分为内源型融合与外生型融合两大类型。其中，内源型融合型是指自我积累型农民合作社发展三产融合，是在农民合作社自身内部进行三产融合；外生型融合型是指农民合作社与其他经营主体联合参与到三产融合发展中来，根据联合的经营主体不同，本研究将其进一步分为对接企业型农民合作社发展三产融合与联合发展型农民合作社发展三产融合。根据上述的农民合作社三产融合促农增收路径，本研究进一步将样本数据分为自我积累型样本数据、对接企业型样本数据、联合发展型样本数据三类，除衡量是否参与农民合作社三产融合导致的农户收入差异外，进一步比较农民合作社三产融合不同路径对农户收入差异的影响。

2. 模型建立

本研究将农民合作社三产融合促农增收效果视作处理效应评估，运用倾向得分匹配法处理实验组与控制组，通过对匹配后两组的平均处理效应值以及 t 值的比较来观察最终的处理效果。由于农户是否参与农民合作社三产融合可以视为二元随机变量（用 D_i 表示），即参与农民合作社三产融合的农户为处理组（$D_i=1$），未参与农民合作社三产融合的农户为控制组（$D_i=0$）。若用 y_i 表示农户收入增值，则参与农民合作社三产融合的农户收入增值为 y_{1i}，未参与农民合作社三产融合的农户收入增值为 y_{0i}。则农户是否参与农民合作社三产融合导致的收入差距的表达式为

$$\Delta = y_{1i} - y_{0i} \tag{1}$$

参照处理效应的计量框架，被解释变量农户收入增值（y_i）的平均差异取决于农户是否参与农民合作社三产融合，具体表达式为

$$\begin{aligned} y_i &= (1-D_i)y_{0i} + D_i y_{1i} \\ &= y_{0i} + D_i(y_{1i} - y_{0i}) \end{aligned} \tag{2}$$

式（2）中，D_i 为核心解释变量，$D_i=1$ 为参与农民合作社三产融合的农户，$D_i=0$ 为未参与农民合作社三产融合的农户，被解释变量 y_i 受农户是否参与农民合作社三产融合 D_i 影响，E（$y_{1i}-y_{0i}$）即为平均处理效应。

参与农民合作社三产融合的平均处理效应（ATT）的表达式为

$$ATT = E(y_{1i} | D_i = 1) - E(y_{0i} | D_i = 1) = E(y_{1i} - y_{0i} | D_i = 1) \quad (3)$$

式（3）中，$E(y_{0i}|D_i=1)$ 为参与农民合作社三产融合的农户在假设未参与情况下的收入增值，$E(y_{1i}|D_i=1)$ 为参与农民合作社三产融合的农户在假设参与情况下的收入增值。事实上，农户要么参与农民合作社三产融合，要么未参与农民合作社三产融合。如果农户参与农民合作社三产融合，则只可观测到农户收入增值 y_{1i}，却无法观测到其未参与农民合作社三产融合的潜在结果；同理，如果农户未参与农民合作社三产融合，则只可观测到农户收入增值 y_{0i}，却无法观测到其参与农民合作社三产融合的潜在结果。未被观测到的另一种选择的潜在结果就是缺失值。由于 $E(y_{0i}|D_i=1)$ 在实际过程中无法观测，构成反事实结果，也就是说，由于农户自选择问题，$E(y_{1i}-y_{0i}|D_i=1)$ 存在选择性偏差，所以需要进行倾向得分匹配。利用 Logit 模型并引入相关控制变量，具体实证模型表达式为

$$y_i = \alpha D_i + \beta x_i + \gamma_i + \varepsilon_i \quad (4)$$

式（4）中，α 为农民合作社三产融合农户收入增值的待估参数，x_i 为控制变量，β 为控制变量的系数，γ_i 为模型常数项，ε_i 为随机误差项。被解释变量 y_i 不仅受农户是否参与农民合作社三产融合 D_i 的影响，也受控制变量 x_i 的影响。

通过进一步计算评估倾向得分匹配值，在控制组中找到样本 j，使其与处理组的样本 i 可测控制变量的估计值接近，进而匹配，即样本 j 的被解释变量 y_{1j} 可视为样本 i 的反事实对照。将样本限制在已处理状态下再进行比较，进一步得到收入增值平均处理效应的表达式为

$$ATT = \frac{\sum_{i=1}^{N} (y_{1i} - \sum_{j \in D_i = 0} \theta_{ij} y_{0i})}{N} \quad (5)$$

式（5）中，N 为样本选择量，包括处理组的样本数以及控制组与其匹配的样本数；i 与 j 分别对应匹配过程中处理组与控制组的样本。除此之外，要确定控制组中被匹配的个体权重 θ 之和为 1。

需要额外说明的是，由于样本容量有限，本研究选择进行有放回匹配，且允许并列。同时，为了验证匹配结果的稳健性，本研究采用近邻匹配、半径匹配、核匹配这三种方法来估计平均处理效应（ATT）。其中，近邻匹配是以倾向得分为基础，寻找倾向得分最近的 K 个不同组个体进行匹配，本研究将 K 设为 4，进行一对四匹配，以实现均方误差最小化；半径匹配是通过限制倾向得分的绝对距离进行匹配，本研究将半径设为 0.02，对倾向得分值相差 2%的观测值进行匹配；核匹配是一种整体匹配法，本研究将采用默认宽带 0.06 进

行匹配。

（四）实证结果与评价

1. 农民合作社三产融合与农户增收效应

将参与农民合作社三产融合与未参与农民合作社三产融合的农户增收样本，采用近邻匹配、半径匹配、核匹配三种方法对数据进行匹配，得到农民合作社推动三产融合带动农户增收的倾向得分匹配法（PSM）处理结果，见表2。

表2 农民合作社三产融合促农增收PSM处理结果

匹配方法	近邻匹配		半径匹配		核匹配		平均值	
	ATT	*t* 值	*ATT*	*t* 值	*ATT*	*t* 值	*ATT*	*t* 值
农户收入增值	2 019.982 9	2.18**	2 123.558 8	2.52***	2 048.346 9	2.30**	2 063.962 9	—

注：***、**、*分别表示解释变量系数在1%、5%和10%的置信水平上具有统计显著性。

通过表2可以看出，在不考虑农民合作社三产融合不同路径的情况下，农民合作社三产融合促农增收总体效应为农户收入增加2 064元，即参与农民合作社三产融合的农户收入相较于未参与农民合作社三产融合的农户收入平均高出2 064元。通过进一步分析不同匹配方法下农民合作社三产融合的总体增收效应，可以发现，虽然采取了多种匹配方法，但是农民合作社三产融合促农增收的影响方向与影响程度基本一致，不同匹配方法下的农民合作社三产融合对农户收入均有显著的正向影响，这表明结果有良好的稳健性。其中，近邻匹配方法下农民合作社三产融合带动农户增收2 020元，并在5%的水平上显著；半径匹配方法下农民合作社三产融合带动农户增收2 124元，并在1%的水平上显著；核匹配方法下农民合作社三产融合带动农户增收2 048元，并在5%的水平上显著。

综上，通过农民合作社三产融合促农增收总体效应结果可以看出，农民合作社三产融合能够有效地带动农户增收，通过参与农民合作社三产融合可以切实提高农户的收入。农民合作社通过产业链延伸、多功能拓展、新技术渗透的三产融合方式，为农户提供了更多的就业岗位，有效增加了参与农民合作社三产融合农户的工资性收入；农户通过入社入股等方式参与农民合作社三产融合，也进一步获得了经营性收入与财产性收入；农民合作社通过发展三产融合的增值收益也将进一步通过盈余返还再次分配给农户，最终增加参与农民合作社三产融合的农户的收入。

2. 平衡性检验

控制组与处理组的初始禀赋差异显著，因此，样本匹配结束后需要进行平衡性检验，其目的是尽量减少选择偏误对估计结果的干扰，降低样本损失。本研究采用标准化差异法与 t 检验方法评价农民合作社三产融合促农增收效应的平衡性，利用 psmatch2 与 pstest 方法得出平衡性检验结果，如表 3 所示。

表 3　平衡性检验结果

变量	标准化偏差（%）（匹配前）	标准化偏差（%）（匹配后）	t 值（匹配后）
农民合作社理事长年龄（$a1$）	−27.3	−3.1	−0.30
农民合作社理事长受教育程度（$a2$）	37.6	2.3	0.24
农民合作社成立时间（$b1$）	5.6	3.9	−0.37
农民合作社注册资本（$b2$）	17.2	−1.4	−0.14
农民合作社现有资本（$b3$）	−18.9	5.4	−0.81
农民合作社初始社员人数（$b4$）	−9.5	2.5	0.32
农民合作社现有社员人数（$b5$）	9.9	1.7	0.36
农民合作社总产值增速（$b6$）	−14.1	3.2	0.36
农民合作社加工方式（$c1$）	7.8	4.6	0.70
农民合作社加工农产品产值（$c2$）	23.4	3.2	0.29
农民合作社三产模式（$c3$）	14.0	4.1	0.27
农民合作社三产产值（$c4$）	24.3	3.7	0.45
社员入社方式（$d1$）	19.0	1.2	0.21
农民合作社盈余分配方式（$d2$）	25.2	3.8	0.25
农民合作社财务报表是否公开（$d3$）	38.8	2.0	0.43
农民合作社成员大会召开情况（$d4$）	−13.0	2.2	0.33

平衡性检验的原则在于，若经过样本匹配后，控制组与处理组标准化偏差仍大于 20%，则说明匹配失败。根据上述原则，通过表 3 可以看出，本研究通过了平衡性检验，匹配效果较好。如表 3 所示，本研究匹配后所有控制变量的标准化偏差绝对值大幅度减少，均小于其原则要求，除农民合作社现有资本这一变量的标准化偏差为 5.4%外，其余变量的标准化偏差绝对值均小于 5%，这说明变量可以被接受；同时，所有变量匹配后 t 值均大于 10%，接受原假设，这说明经过匹配后，参与农民合作社三产融合与未参与农民合作社三产融合的相关控制变量已无显著差异，最大程度上降低了样本的选择性误差。

3. 不同路径下农民合作社三产融合与农户增收效应

本研究根据农民合作社三产融合的不同路径，进一步将样本细分为自我积累型农民合作社三产融合、对接企业型农民合作社三产融合与联合发展型农民合作社三产融合，并将不同路径下农民合作社三产融合带动农户的增收效应进行横向对比，分析判断不同路径下农民合作社三产融合促农增收影响程度的差异，结果见表 4。

表 4　农民合作社三产融合促农增收 PSM 处理结果

匹配方法	不分组		自我积累型		对接企业型		联合发展型	
	ATT	*t* 值	*ATT*	*t* 值	*ATT*	*t* 值	*ATT*	*t* 值
近邻匹配	2 019.982 9	2.18**	2 000.238 1	1.79**	2 632.270 3	2.50***	2 332.000 0	2.06**
半径匹配	2 123.558 8	2.52***	2 035.500 0	1.76**	2 701.069 8	2.55***	2 450.714 3	2.62***
核匹配	2 048.346 9	2.30**	2 013.429 9	1.38*	2 687.666 7	2.09**	2 389.285 7	2.04**
平均值	2 063.962 9	—	2 016.389 3	—	2 673.668 9	—	2 390.666 7	—

注：***、**、* 分别表示解释变量系数在 1%、5%和 10%的置信水平上具有统计显著性。

为进一步分析不同路径下农民合作社三产融合促农增收效果的差异，本研究根据表 4 构建柱状图，如图 4 所示，以更直观的形式比较不同路径下农民合作社三产融合促农增收效果。

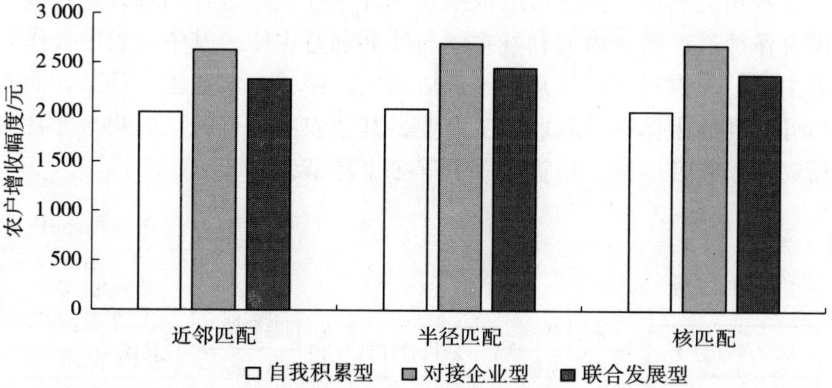

图 4　不同路径下农民合作社三产融合促农增收 PSM 处理结果

将不同路径下，农民合作社三产融合带动农户的增收效应进行横向对比，可以看出，带动农户增收幅度由高到低依次为对接企业型农民合作社三产融合、联合发展型农民合作社三产融合、自我积累型农民合作社三产融合。具体来看，自我积累型农民合作社三产融合带动农户增收效应相对较低，但带动农户的增收幅度也超过 2 000 元。对接企业型农民合作社三产融合带动农户增收效应最为显著，带动农户增收幅度甚至超过 2 600 元。联合发展型农民合作社三产融合带动农户增收效果为 2 390 元，相较于对接企业型农民合作社三产融合带动农户增收效果的差值平均在 300 元左右，而高于自我积累型农民合作社三产融合带动农户增收效果近 400 元。

三、农民合作社三产融合的利益机制与农民增收的关系分析

（一）农民合作社三产融合利益机制的分析框架

农村一二三产业融合是新时期我国农业转型升级、解决“三农”领域重点问题、实现乡村振兴的重要途径与必然选择，也是拓宽农户就业与增收渠道的重要载体。农民合作社三产融合是通过产业链延伸、多功能拓展、新技术渗透三个维度交叉渗透实现的，是以农民合作社为主体驱动的，是区别于其他营利性市场经营主体，真正以带动农户增收为最终目标的农业现代化方式。农民合作社三产融合涉及第一产业、第二产业、第三产业多个领域，以及加工、储藏、运输、销售、服务等多个环节，因此，也就相应地涉及众多相关利益主体，包括农户（社员与非社员）、农业龙头企业、其他农民合作社等。如图 5 所示，这些相关利益主体又可以依据农民合作社三产融合的融合路径进一步分为农民合作社三产融合内部利益主体与外部利益主体。其中，农民合作社与内部利益主体——农户（社员）的经济活动主要停留在农业生产环节，而农民合作社与外部利益主体——农业龙头企业、其他农民合作社、农户（非社员）的经济活动主要涉及运输、销售、服务等多个环节。

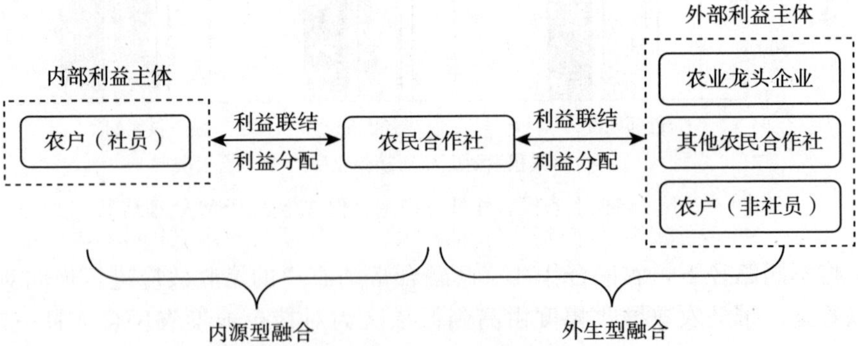

图 5　农民合作社三产融合相关利益主体

由于农民合作社在推动三产融合发展的过程中涉及的主体实力、经营范围、融合程度、联合主体均存在差异，因此农民合作社三产融合利益机制的呈现形式上也存在较大差异。如图6所示，本研究将农民合作社三产融合利益机制进一步细化为利益联结机制与利益分配机制，探讨不同利益机制与农户增收的关系问题。其中，利益联结机制是指农民合作社如何与三产融合相关利益主体进行合作；利益分配机制是指农民合作社如何将收益在相关利益主体间进行分配。需要加以说明的是，在农民合作社三产融合利益机制的分析框架中，本研究认为利益联结机制与利益分配机制不是彼此割裂的，而是相互作用。具体表现为，利益联结机制决定利益分配机制，而利益分配机制也影响着利益联结机制，即农民合作社在推动三产融合过程中与相关利益主体间构建的利益联结方式与程度，将影响到彼此之间关于三产融合增值收益的分配；而双方利益分配的合理与否也将进一步影响到彼此之间的信任，进而影响到未来双方乃至于其他主体利益联结机制的确立。

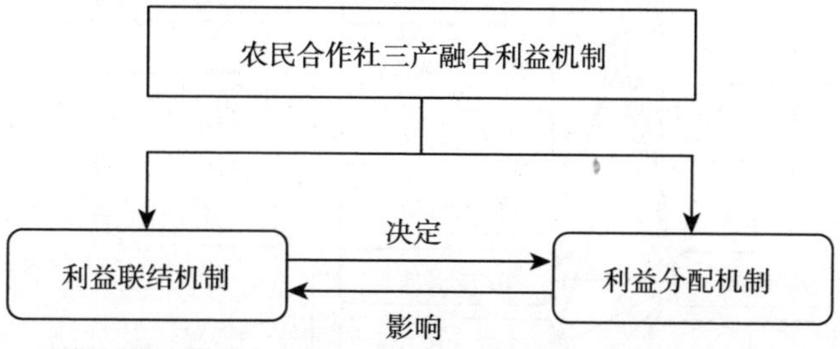

图6 农民合作社三产融合利益机制分析框架

（二）农民合作社三产融合与农民增收关系的理论模型

1. 利益联结机制与农民增收关系的理论模型构建

利益联结机制在现实实践中表现为农民合作社三产融合过程中与相关利益主体通过口头或书面形式形成的多样化联结方式。农民合作社与相关利益主体之间利益联结机制的紧密程度将影响其与相关利益主体收入的稳定程度，以及收入进一步提高的可能。农户作为农民合作社三产融合过程中最重要的联结主体，与农民合作社之间的关系是相辅相成、互相影响的：农民合作社由农户构成，农民合作社三产融合的发展离不开农户的参与；农户是农民合作社的重要元素，农户收入的增加离不开农民合作社三产融合的带动。研究农民合作社三产融合利益联结机制与农户增收的关系，也就是研究农民合作社与农户之间三产融合的利益联结机制如何作用于农户收入，如何有效带动农户增收。此外，需要注意的是，只有农民合作社与农户相互促进、紧密联合的利益联结机制才是农民合作社三产融合持续、稳定、有效带动农户增收的根本保障。基于此，本研究从农民合作社与农户之间的要素联结机制、产品联结机制、产权联结机制、服务联结机制角度出发，进一步分析不同利益联结机制与带动农户增收之间的关系，构建农民合作社三产融合利益联结机制带动农户增收的理论模型（图 7）。

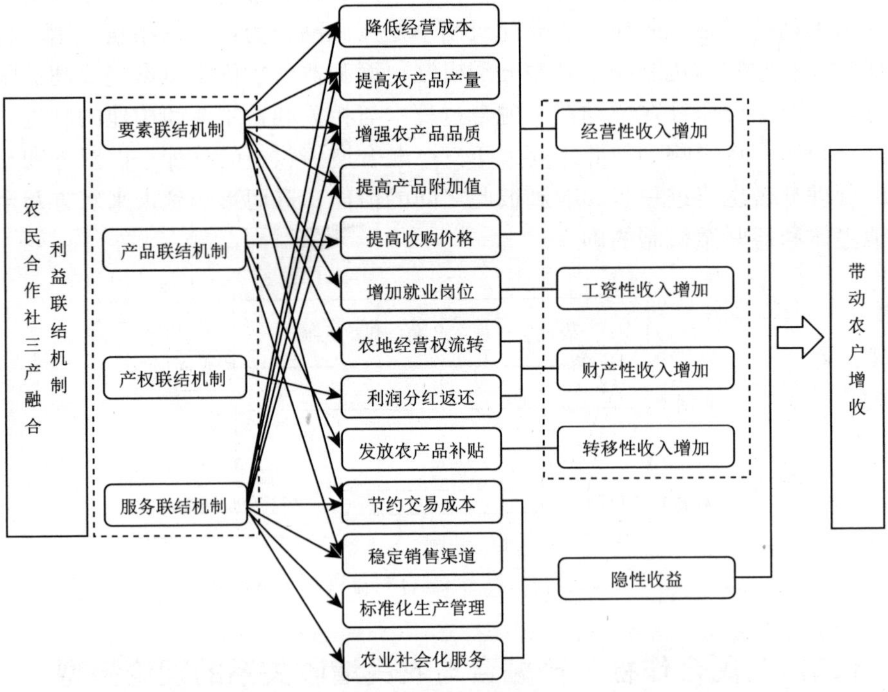

图 7　农民合作社三产融合利益联结机制带动农户增收的理论模型

2. 利益分配机制与农民增收关系的理论模型构建

利益分配机制在现实实践中表现为农民合作社三产融合过程中与相关利益主体按照合同契约约定、股金所占比例等形式分配经营收益。农民合作社与相关利益主体之间利益分配机制的公正、合理程度，能够直接反映农民合作社与相关利益主体之间利益联结机制的紧密程度，也将影响到未来农民合作社与相关利益主体间利益联结机制的制定，进而影响到农民合作社未来发展以及其带动农户增收的能力。公正、合理的农民合作社三产融合利益分配机制能够有效提升农民合作社与农户间的凝聚力，提升市场竞争力。农民合作社作为区别于企业等以盈利为目的的市场经济主体，其经营发展的根本目标在于带动农户收入增长，因此，农民合作社与农户之间利益分配机制的公正、合理与否就显得尤为重要。研究农民合作社三产融合利益分配机制与农户增收的关系，也就是研究农民合作社与农户之间从事农业生产经营的收益如何分配，获得的产业增值收益有多少能够真正地流向农户，再进一步探讨何种利益分配机制带动农户增收效果最为显著。基于此，本研究从农民合作社与农户之间的隐性分配机制、要素分配机制、产品分配机制角度出发，进一步分析不同利益分配机制与带动农户增收之间的关系，构建农民合作社三产融合利益分配机制带动农户增收的理论模型，如图 8 所示。

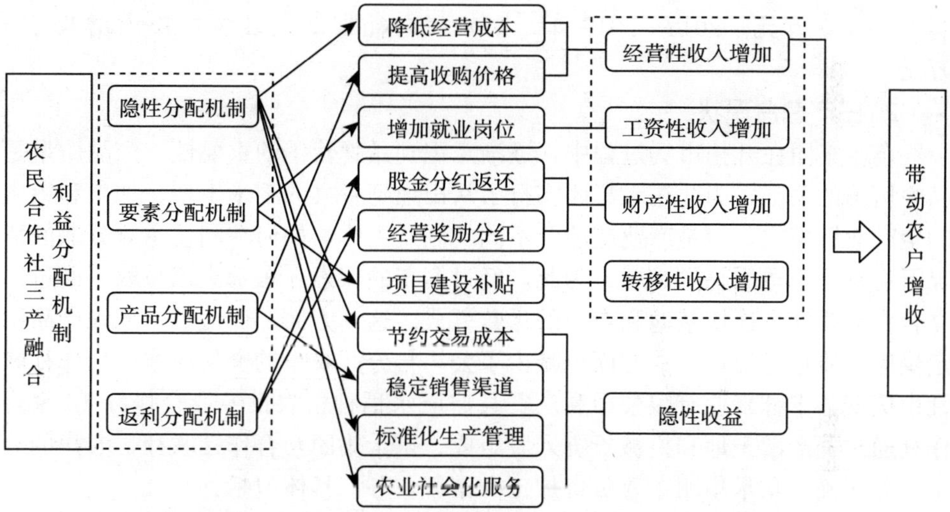

图 8　农民合作社三产融合利益分配机制带动农户增收的理论模型

（三）案例分析——“合作社＋企业”型融合模式

1. 东禾集团概况

黑龙江东禾农业集团有限公司（简称东禾集团）位于中国绿色食品之乡——黑龙江省庆安县，是国家物联网重大应用示范工程、国家“北粮南运”工程示范企业、黑龙江省现代化科技农业项目重点扶持企业、绥化市农业产业化重点龙头企业。公司占地面积 21.3 万平方米，注册资金 2 亿元，固定资产 9.6 亿元。东禾集团现已建设成为集水稻种植、粮食收储、大米加工与销售、粮食贸易、全农业链服务、物联网技术开发与应用于一体的大型农业产业化科技企业。东禾集团下设庆安东禾金谷粮食储备有限公司、庆安县丰林米业有限公司、北京东禾金润销售有限公司、黑龙江兴亿隆农业发展有限公司、庆安县庆收农业服务有限公司、庆安东和新港贸易有限公司、黑龙江东和亚星科技有限公司 7 个分公司，拥有“庆禾香”“香禾林”“食禾汇”三大大米品牌，营销网络遍布北京、上海、天津、广州、深圳等 20 多个城市，并在天猫、淘宝、京东商城、微店等电商渠道建有销售平台。截至目前，东禾集团契约可控高产优质水稻种植基地 40 多万亩；“数字粮库”储粮 40 万吨；建有国际一流的日本进口全自动稻米加工线 2 条，年加工水稻 30 万吨；并有 2 条铁路专用线和 1 座日烘干水稻 1 000 吨的烘干塔。物联网技术已深入应用到水稻种植、粮食仓储、大米加工、物流运输、线上线下销售的每一个环节，基本建立起了“从田间到餐桌”的全程食品安全可追溯体系。2016 年集团总收益为 12 亿元，纯利润为 2 600 万元。2018—2019 年，东禾联合社带动入社农户户均增收 2.5 万元。

2. 三产融合现状

东禾集团在开拓市场过程中，逐渐意识到品牌营销的重要性。产品质量是品牌培植的关键，为此东禾集团实行了从田地到餐桌的稻米生产、加工和销售的全产业链模式。但是产业链涉及不同的利益主体，如何在利益主体分散的情况下运营是公司面临的难题。为此，经过多年的探索，东禾集团采取了通过建立合作社联社来连接基地和农户的运营方式。这一方面，保证了基地农产品稳定供应、质量可控，另一方面也减少了公司与分散农户的交易成本。合作社联社由庆安县丰林米业有限公司和庆安县启航水稻种植农民专业合作社 16 家合作社通过资产、土地和机械折资入股组成。东禾集团与合作社联社、农户的分工十分明确。东禾集团主要负责加工和销售业务，具体包括：

①市场销售，实行计划生产、计划销售。东禾集团会根据当年市场需求情况进行科学预测，确定来年稻米生产的数量和品种，并将生产任务落实到农户。

②品牌培育。东禾集团积极营造“绿色、天然、营养”的产品理念，主打绿色和有机品牌，逐年加大绿色和有机水稻种植面积，创立了“庆禾香”等绿色有机水稻品牌，并筛选优质稻米品种，满足消费者对稻米口感和营养的需求。东禾集团还注重新产品研发，和中国科学院生态环境研究中心合作，建立了该中心功能米研发基地，开发了庆安东禾“GABA 胚芽米”，拓展高端米市场。

③构建质量检测体系。东禾集团内部建立了稻米从种到收的全程可追溯体系，对核心区域稻米的生产过程监控。东禾集团聘请合作社理事长对农户的水稻生产过程进行监控，每吨提取 10 元作为绩效工资。在内部监控的基础上，东禾集团还把产品送到哈尔滨和北京等地的检测机构进行外部监控，从而确保

稻米的最终品质。

④流转和整理农用地。东禾集团负责从土地承包户手里流转土地。流转方式包括：a. 长期承包，这类土地流转期限到第二轮土地承包结束，每公顷流转费用为8 500～11 000元；b. 年度承包，这类土地实行一年一流转，每亩地流转费用为11 000～16 000元；c. 整地入社，合作社社员以承包权带地入社。前两类土地面积共8 000亩，最后一类土地有12 000亩。东禾集团将流转后的土地进行集中整治，再转包给40家种植大户经营。因此，第一产业稻米的生产主要是由种植大户经营。

3. 利益机制与农民增收

(1) 利益联结机制。

①东禾集团与东禾联合社的利益联结。东禾集团主要为东禾联合社提供农产品加工和销售服务，双方依靠契约联结。东禾联合社按照集团契约要求组织农业生产并向集团交付农产品。东禾联合社由庆安县丰林米业有限公司和16家水稻种植专业合作社通过土地、固定资产和机械等资源入股形成。其中公司下属的庆安县丰林米业有限公司的资产为1亿元，占到东禾联合社总资产的80%。其余16家水稻种植专业合作社的股金占到20%。

②东禾联合社与农户的利益联结。

第一，要素联结机制与农户增收。庆安县东禾水稻种植专业合作社联合社（简称东禾联合社）在生产经营上与农户间实行“六统一”，即统一品种、统一采购、统一质量、统一标准、统一加工、统一品牌。其中，统一品种、统一采购、统一加工的行为，实现了农业生产资料、农产品加工设备等农业生产要素从农民合作社流向农户，遵循农民合作社与农户利益联结机制中的要素联结机制。首先，通过这一利益联结机制，农户可以有效降低农业生产经营成本与交易成本，带动农户经营性收入的增加。东禾联合社共节约生产投入1 650万元，农民合作社成员亩均投入较普通农户节省30元，户均减少投入2 667元，真正实现了带动农户节本增收。其次，通过这一利益联结机制，农产品产量与品质在田间管理与标准化生产下得以提升，进一步带动农户经营性收入的增加。东禾联合社采用标准化生产的水稻较同级别水稻亩增产70斤*，通过增产带动农户增收9 956.8元，真正实现带动农户增产增收。同时，东禾联合社利用水稻育秧大棚的空闲期栽培经济作物，利用基地稻田养鸭，发展休闲农业、农事体验、农家乐等产业融合项目，年接待游客2万多人。由农业多功能拓展实现的农民合作社产业融合也创造了更多的就业岗位，进一步增加周边农

* 1斤=0.5千克。

户获得工资性收入的机会。

第二，产品联结机制与农户增收。东禾联合社的生产领域上的分工协作体现在农民合作社先就稻米加工与农业龙头企业签订合同，农户根据加工合同按约定开展生产，成熟后按约定价格交给联合社，遵循农民合作社与农户利益联结机制中的产品联结机制。通过这一利益联结机制，农户种植的水稻在农业生产之初就拥有稳定的销售渠道与市场，并且对于种植约定生产品种的农户，农民合作社对该品种农产品的收购价高于市场价 0.1 元。与此同时，农民合作社还给予“运费补贴”，鼓励农户将水稻统一集中交运，进一步带动农户转移性收入的增加。此外，东禾联合社主打品牌“庆禾香”系列大米也先后通过了绿色食品认证、有机食品认证、欧盟认证、国家地理标志产品认证等。因此，由农民合作社统一售卖的农产品也更具竞争力与品牌信誉，销售的农产品价格也必将远高于农户单独售卖的价格，进一步带动农户经营性收入的增加。

第三，产权联结机制与农户增收。东禾联合社与农户之间的产权联结机制表现为农户带地入社、入股，即农户以其土地承包经营权入股农业合作社，在统一生产经营的同时也可以参与到农民合作社的日常管理与盈余分配中来。通过这一利益联结机制，农民合作社可以进一步扩大生产种植规模，土地的稳定性与农业生产用地的可持续性也得到了保证，更有利于通过规模经营实现经营效益的提升；农户也通过土地入股的方式直接参与到农民合作社经营效益的盈余分配中来，可以通过带地入股所折合的股金获取农民合作社发展三产融合所增加的产业增值收益。产权联结机制是农民合作社与农户联结最为紧密的利益联结机制，在产权联结机制下的农户收入结构得到调整。这一机制在保障农户经营性收入的同时，增加了农户的财产性收入，且农户收入的稳定性也进一步得到保障。

第四，服务联结机制与农户增收。东禾联合社还在农业生产经营多个环节为农户提供服务，如应用先进技术，施用生物有机肥，实现规模有机种植面积 10 万亩、绿色种植面积 40 万亩；引建智能低温循环塔等先进加工设备；完善了田间视频监控系统，实现水稻生产全过程显示与跟踪记录；与储藏、加工、物流监控监测系统相连互通，实现了生产、加工、销售全程可管控，及从田间到餐桌的全程可追溯。东禾联合社从技术指导到信息共享再到田间管理的服务也遵循农民合作社与农户利益联结机制中的服务联结机制。通过这一利益联结机制，农户虽然无法直观获得切实的收入提高，但实际上产品品牌知名度与信誉的提高，为产品进入高端农产品市场创造了条件，增加了产品附加值，带动了农户增收。

（2）利益分配机制。一是东禾集团与东禾联合社的利益分配机制。

在分配上，首先，由东禾集团对东禾联合社提交的原粮按照品种和数量进行一次性支付；其次，对于东禾联合社加工销售所产生的可分配盈余按照股份进行二次分配。庆安县丰林米业有限公司获得80%的分配盈余，而剩余的20%则按照合作社社员与合作社联社发生的交易额进行分配。此外，合作社还可以获得三种方式的收入：

①品种分红。订单农户种植公司规定的品种，可以享受高于市场价格的分红。如种植“龙稻18”的农户每斤可以获得额外的0.1元收入。

②土地入股分红。对特定地域内种植公司规定品种的稻米，土地折价入股(每股15元)。入股农户除享受土地保底价格收入外，还享受二次股份分红收入。如“庆禾香1号”的种植农户每股可多获得分红3 000元。

③品质分红收入。这种分红方式主要适用于绿色和有机种植。公司对种植户的土地检测合格后，种植农户除获得保底收入，还可按水稻交易额获得额外的5%分红收入。

二是东禾联合社与农户的利益分配机制。

东禾联合社在严格执行《农民专业合作社法》相关规定的基础上，引入企业管理经验，通过实行“保底收益＋二次分红”的盈余分配机制，促成企业、合作社、农户三方紧密合作，成功探索出“企业＋合作社＋农户＋品牌”的合作共赢模式。东禾联合社从2017年至2019年连续3年累计为农民合作社成员二次分红3 948万元，入社农户分红增收户均近万元。东禾联合社与农户的利益分配机制主要体现在隐性分配机制、要素分配机制、产品分配机制、返利分配机制四方面。

第一，隐性分配机制与农户增收。东禾联合社在农业生产经营过程中实行“六统一”，实现农业生产资料的统一采买与投入。农民合作社通过统一采购种子、化肥、农药等农业生产资料，批量获得低于市场价的农业投入品，农户也可以因此享受更低的农业生产经营成本。通过这一利益分配机制，农户可以有效降低种子、化肥、农药等农业生产资料投入所需的农业生产成本，同时还可以进一步降低采购农业生产资料所耗费的交易成本，进而实现经营性收入的增加。此外，东禾联合社积极参与当地的扶贫工作，对贫困农户的水田进行全程生产托管，且免收托管服务费用，不仅免除了身体不便的贫困农户从事农业生产的后顾之忧，还进一步带动了其收入的增加。

第二，要素分配机制与农户增收。东禾联合社通过成立农业龙头企业，发展农产品精深加工；通过设立电商平台，发展终端直营与线上销售相结合的营销模式；通过建设农业休闲基地，发展农事体验、农家乐等产业融合项目。在此过程中，东禾联合社新创造出一批涉农就业岗位，为农民合作社成员及其周边农户提供了更为广阔的就业渠道。通过这一利益分配机制，农户有更多的机会从事涉农工作与非农工作，由此带来工资性收入的增加，收入构成更加多样，收入稳定性大大提高。目前，东禾联合社入社、入企常年务工人员有 46 人，临时务工人员有 38 人，长期务工人员人均年收入为 5 万元左右，临时务工人员人均年收入为 1.5 万元左右。

第三，产品分配机制与农户增收。东禾联合社通过与农户签订种植订单，于当年年初与农户约定好当年的种植品种、种植模式与种植规模，对这类农产品按照每市斤高于市场价格 0.1 元回收。通过这一利益分配机制，农户能够在较大程度上规避农业生产经营风险，在年初确定当年的种植订单，种植过程受监管，产品销售有保障，大大降低销售农产品所需的市场交易成本，避免信息不对称造成的市场风险。此外，设定回收农产品保底价格并高于市场价格 0.1 元，让农户收入得到了增加的同时，也可以有效避免道德风险带来的农户逆选择问题，农民合作社的生产经营风险也得到了保障。东禾联合社共种植水稻 36.7 万亩，户均种植水稻 88.9 亩，回收入社农户水稻保底价格为 1.6 元/斤，高于市场价 0.1 元，按每亩产量 1 000 斤计算，户均上交水稻 88 900 斤，保底回收水稻户均增收 8 890 元。

第四，返利分配机制与农户增收。东禾联合社通过采取“保底收益＋二次分红”的利益分配机制，将农户自身利益与农民合作社经营发展紧紧联系在一起，真正形成了“利益共享、风险共担”的“利益共同体”。2018—2019 年，东禾联合社分红 1 618 万元，户均分红 3 921.5 元。东禾联合社与农户之间的返利分配机制主要由以下三个部分组成。一是按约定种植品种与种植模式分红。东禾联合社于年初与农户约定种植品种、种植模式，在定好回收价格基础上，商定好种植品种分红额度、有机种植模式分红额度，此类支付分红款 1 049 万元，户均 2 542.4 元。二是留存计息分红。对不需要兑现保底款的农户实行留存计息，即在原有回收价基础上每千克每月涨 0.02 元兑现农户保底款，此类支付共支付粮款留存计息分红 244 万元，计息户均增收 591.4 元。三是奖补分红。对发展较好的合作社进行奖补，支付 45 万元；对合作社理事长组织交运水稻按照每吨 10 元进行奖补，支付 138.7 万元，此类支付分红款共计 183.7 万元，户均增收 787.7 元。通过这一利益分配机制，农民合作社与农户的利益联结也更加紧密，农户经营性收入、财产性收入增加的同时，也真正享受到了农民合作社三产融合发展的产业增值收益。

通过横向对比不难发现，农民合作社三产融合利益分配机制中的返利分配机制对农户收入的带动作用最为显著。

四、基于农民增收的农民合作社三产融合利益机制的完善

（一）完善农民合作社三产融合的利益联结机制

1. 契约联结

农民合作社通过与农户签订包含保底收购条款的收购合同，帮助农户减少市场价格波动的影响，并降低农户家庭经营面临的市场风险，有助于节省农户寻找农产品销路而产生的交易成本，从而使农户获得稳定的预期收益。同时，农民合作社获得了稳定统一的生产原料来源，有助于其扩大进入市场的经济规模，从而保证自身与农户的利益诉求。具体来说，一方面，有助于农民合作社提高谈判能力，在与农业企业的融合中，缩小与对接企业的地位差距，使农产品增值部分向生产者端流动成为可能，从而保障自身与农户的利益诉求；另一方面，有助于农民合作社自身规模的扩大和产业链条的延伸，通过促进纵向一体化经营，向农产品精、深加工领域拓展，扩大农民合作社的业务范围，提升市场竞争能力，加深农民合作社三产融合的程度，促进农民合作社功能由单纯的农业生产向文化、生态、旅游等服务产业的转型发展，进而拓展农户的增收渠道。此外，农民合作社内部可以通过合同约束双方的生产和经营行为，规定多元化的违约惩罚措施，建立履约保证金制度，增加合作双方的违约成本，保证双方的利益联结关系的稳定。

2. 要素联结

农民合作社与农户间通过要素的双向流动增强联结关系的紧密性。一方面，农户在农民合作社中工作充当劳动力要素，培育农户增收的内生动力。对于通过发展加工、仓储、物流、休闲园区等环节实现农业产业链增值空间提升的农民合作社，农户以劳务雇工的身份参与到农民合作社各项产业融合环节的工作中，获得工资性收入。另一方面，农民合作社向农户提供生产服务要素，弥补小农经营中生产要素缺失的问题。随着农民合作社产业融合程度的加深，农民合作社逐步为农户提供农资赊销、农业生产作业、信息技术、资金借贷、农产品营销、品牌建设等农业服务，实现农户节本增收和农民合作社的高效运行。特别是依托互联网和大数据实现的农产品溯源、电商销售等农业服务，在加深三产融合程度的基础上，有助于创新农产品价值增值模式和促进农户节本增收。

3. 股份联结

在对接企业融合中，通过双方成员在对方农业企业（或农民合作社）担任

职务或入股建立稳定的产业联结关系，加深农民合作社与企业的合作，拓展农民合作社在农产品加工、流通和销售等产业链后端的业务，获取农产品附加值，在发展三产融合的过程中提升农民合作社的经营效率。农民合作社内部有能力的核心社员通过在农业企业中任职或持有一定份额的企业股份，加强农民合作社在与农业企业产业链条上的谈判地位，提升农民合作社及其所代表的农户在产业链条中的利益控制优势，保证农民合作社分享产业融合中的红利。对于农户来说，他们不但可以获取农民合作社中相应的经营利润，而且可以更多地分享来自产业融合创造的收益。同时，要限制农业企业对农民合作社的绝对控制，降低农业企业领导人在农民合作社中的持股比例和理事会成员数量，避免农民合作社对农业企业的过度依附。

在股份联结路径中，农户通过土地经营权、资金、大型生产要素等方式入股组建股份制农民合作社，使社员与农民合作社之间联结更紧密，在农民合作社中承担相应的责任的基础上，获取更多的农民合作社资产所有权、控制决策权和剩余索取权。

4. 服务联结

联合发展型农民合作社对农业的统一经营，是通过面向农户提供系列化服务实现的。一方面，农民合作社联合社通过共享农机设施设备和创新农业服务，提高农机服务水平和生产效率，发展三产融合。其通过标准化、高质量的服务规模化供给，促进农业生产托管、订单农业等多种服务模式的形成，释放农业劳动力，保证农户生产经营性收入的同时，提高农户的工资性收入。另一方面，农民合作社联合社整合各个成员社的服务市场空间，拓展了社会化服务市场边界和市场容量，提高了自身的组织资源和规模实力。其通过组织带动效应的发挥，降低成员社信息搜寻成本，实现社员外部交易的内部化，节约了交易成本；规范成员社生产行为，提高农产品质量和市场竞争力，创造农产品的品牌价值，实现农产品的价值链的优化增值；吸引更多的市场群体，优化产品类型组合，与成员社和农户形成稳定的利益联结关系。

（二）完善农民合作社三产融合的利益分配机制

1. 完善分配方式

首先，农民合作社在进行初级产品收购时需与农户签订交易合同，建立以产品合同为纽带的利益分配机制，按农户与农民合作社的交易量（额）进行利益分配。其次，农民合作社在进行产业融合时，要与农户建立以要素契约为纽带的利益分配机制，以资金、技术、土地等生产要素为纽带，将农户所投入的生产要素折合股金，按照所持有股金比例进行利益分配，在进行农产品的精深加工以及产品销售等产业链延伸环节时，将农产品增值环节利润（扣除第一次返还）再次对农户进行返还。

2. 建立激励与约束机制

首先，要建立激励机制。农民合作社在制定相关三产融合规章制度时，根据本社融合类型、特点适当地设立奖金制度、绩效评价制度，对积极参与三产融合的农户进行激励，同时也可根据自身发展情况采取给予股份的方式进行激励，调动农户参与三产融合的积极性。其次，农民合作社要建立相应的监督机制，约束管理农户的合法利益。要完善现有财务制度，提高财务人员专业素质，充分发挥监事会和社员的监督作用，运用财务公开的方式开展农民合作社内部监督，确保农民合作社利益分配公开、公平、合理。最后，要完善农民合作社利益分配的决策制度，规范利益分配方式制定程序，要求农户入社即入股，保证自己股东身份，成员代表大会严格坚持“一人一票制”，避免“大农吃小农”、核心成员挤压普通成员现象的发生。

3. 要构建稳定的契约关系

首先，农户作为农业生产经营的主体，为三产融合提供了源源不断的原料，农业企业在资金、技术、管理等方面具有绝对优势，为农户进行农业生产、产出高质量的农产品提供服务，因此需要以农民合作社为纽带，在农户与企业之间构建生产资料以及生产性服务的供应关系。其次，农民合作社作为联结农户与企业的纽带，一方面，组织农户进行专业化生产，为原料供应的批量性、均衡性、优质性提供保证；另一方面，代表农户与企业进行交易活动，提高农户谈判地位，因此需要在农民合作社与农业企业之间以契约或合同的形式构建稳定的购销关系。

4. 明晰产权

农民合作社联合社的产权契约具有不完全特征。各个成员社财产产权界定不清晰、公共财产产权模糊致使出现机会主义行为，成员异质性存在导致出现“搭便车”等行为，不利于三产融合的整体推进。因此，明晰产权，完善产权制度安排上的缺陷，对构建公平合理的利益分配机制具有重要意义。以农民合作社与联合社为例，首先，成员社加入联合社时，要建立各个成员社的账户，对成员社的出资额记载清楚，对于以农机、土地等非货币形式出资的成员社，要将非货币形式的资产进行评估量化，以货币形式记载其出资额；其次，成员社将农产品交付联合社进行加工、销售等交易也应该记入成员账户，这是进行利益分配的重要依据；最后，联合社在扣除公积金、公益金以及风险基金之外，将可分配盈余进行返还，若农民合作社与联合社共同对农产品加工、流通、销售所需的设备、厂房等进行投资，则项目完工后剩余实物资产按照股份进行返还。

五、推进农民合作社三产融合促农增收的政策建议

（一）完善三产融合政策体系，创造优良融合发展环境

在推进农村三产融合发展的过程中，不仅需要市场发挥在资源配置中的决定性作用，还需要党中央及地方政府本着“支持但不干预”的原则充分发挥调节作用，把着力点放在为农民合作社等参与主体尽职尽责地创造公平、鼓励、创新的外部环境上。当前，党中央已经出台了一系列相关政策来推动三产融合的顺利开展，但没有具体操作细则，对实际融合过程中的具体细节也尚未下发清晰的指导意见，且在地方政府执行过程中，政策产生了“变形”，并未达到预期的政策目的。因此，为了有针对性地解决现实问题，政府应着重强化政策支撑，完善支持三产融合发展的政策体系，并加强实施过程中的监管力度，保障政策的有效施行，从而提升合作社三产融合效果，为利益机制的有效运行奠定基础。

（二）引导合作社多元化发展，提升合作社发展质量

一是强化政府部门对合作社规范发展的监管职责，在合作社登记、检查与监督三方面加大监管力度。坚决打击只为争取国家补贴而没有实质性经营的农民合作社，定期整改运营管理不规范、政策落实不到位的农民合作社，同时创建一批标准化、规范化的示范社，使其发挥带动作用和领军作用，率先开展三产融合工作，成为推进农村三产融合的“领头羊”。二是完善合作社管理体系。一方面，合作社自身需要狠抓组织的规范化建设，设立“三会”（成员大会、理事会、监事会）和完备的社员独立账户，健全内部管理制度，形成章程规范、分工明确和权责清晰的管理制度，同时注意制度的实用性和可操作性，不能仅仅停留在纸面，要根据当地实际情况和面临的问题不断完善管理制度。另一方面，需要提高管理人员的聘用标准，要求管理人员在具备一定的文化素养、技术水平和组织协调能力的基础上，具备较强的责任心、服务心和公德心，定期组织管理人员进行培训和心得交流，充分学习、理解规章制度，对于普通社员，要提升其对农村三产融合及农业农村现代化发展的认识和参与积极性，使融合过程中的利益联结更为紧密。

（三）深化产业融合水平，打造核心竞争力

一方面，培育本土特色产业。各地农民合作社充分考察本土自然环境和人

文环境，发展生态观光旅游和休闲体验农业，并且依靠便利交通等区位优势瞄准市场，形成错位式特色产业。另一方面，引进特色产业。在本土特色资源不足的情况下，针对市场需求，将发展前景良好、具备可操作性的产业引进来，并在此基础上形成优势产业。与此同时，农民合作社推进三产融合，需要在立足优势产业基础上优化产业，促进融合程度加深，形成“一产强、二产优、三产活”的良好发展局面。农民合作社应立足优势产业调整种养结构；积极加强加工、仓储、物流等设施建设，将生产要素聚集到优势产业上来，打造具有区域特色的农产品加工业产业集群，发挥优势农产品品牌效应；不断拓展休闲旅游、健康养老、文化体验等农业多功能。因此，鼓励农民合作社立足优势产业，稳步推动三产融合发展，才能保障利益稳定增长，进而促进利益机制的有效运行。

(四) 明晰合作社产权，健全利益分配机制

明晰合作社产权必须拥有合理规范的产权治理机制。应进一步规范化管理合作社的股权结构、决策权与剩余利润分配权。一是，在所有权结构方面，需规范合作社的股权结构，鼓励合作社中大部分社员对合作社出资，在解决合作社发展中资金不足问题的同时树立社员的主人翁意识。二是，对合作社的利润分配情况进行严格监管，努力做到合作社可分配利润的六成以上按交易额返还。至少使大部分社员能够一起享有农民合作社的大部分股权与剩余利润索取权。从大力宣传普及合作社本质属性和严格管控合作社所面临的风险两方面入手，增加农户对合作社的认知程度，同时减少农户加入合作社面临的风险，从而提高农户入社入股的积极性。同时，优先扶持的合作社要具有产权明晰的特点，以此为导向，增强合作社的产权规范化治理，从而进一步明晰合作社产权，促进农民合作社一二三产业融合的有效进行。

东北地区粮食型家庭农场经营风险评估与风险预警研究*

刘 畅

家庭农场是实现传统农业向现代农业转型发展的有效载体。但其在发展过程中仍然面临经营环境不确定、政策调整、发展不平衡等结构性和周期性问题，同时，突发性自然灾害与病虫害增大了经营损失的可能性。因此，家庭农场需要有效的风险控制和预警机制来防范经营风险的发生。本研究以家庭农场经营风险为主线，对其经营过程中存在的风险进行风险识别、风险感知、评估衡量、风险预警以及风险管理策略等方面的研究，实现经营风险预知和风险规避，并将家庭农场经营风险防范放到适度规模经营、政府与市场、农业结构战略调整视角下进行科学论证，以期减少家庭农场经营过程中的不确定性，有效发挥适度规模经营引领作用。

一、引　　言

家庭农场经济学特征是规模经济和范围经济，经济学特征主要表现为：规模经济、以市场为导向，且具备促进农业产业体系整合等比较优势。我国农业生产方式是以小农户为单位的分散式经营模式，农业生产专业化和标准化程度较低。而家庭农场是农业生产中较为有效的生产经营模式，这就决定了家庭农场在我国未来农业生产经营中的重要地位。

我国家庭农场最早出现于 20 世纪 80 年代，其发展能有效解决国营农场生产效率低和职工生产积极性低下等问题。为遵循农业生产适度与家庭经营的结合，推进发展适度规模经营的家庭农场，主要目的是进一步提升农业生产效率及商品率，构建规模化和商品化的农业产权组织。起初，中国发展家庭农场是针对农垦企业进行的改革，随后中国各省份便大范围开展家庭农场实践探索，

* 国家社会科学基金一般项目（课题编号：22BGL175）。
项目负责人为刘畅教授，主要参加人员有邹玉友、马国巍、李赫、王思怡、聂春昇、王法楠等。

并取得相应成效。家庭农场以其固有优势解决了经济发展过程中出现的农业问题，促进国民经济向更高层次发展，实现了农业规模化和现代化的结合。中国新型农业生产体系正在快速发展，新型农业生产经营主体正在成为农业振兴的主导力量，其中家庭农场正处在农业产业振兴的核心地位。

我国家庭农场保留了传统农户经营的优势，保留了农户对家族意识及家庭的认同，更容易被我国农民群体所接受。从世界范围看，据联合国粮农组织（FAO）105个国家的普查结果，家庭农场数量占世界所有农场数量的98%，4.83亿样本农场中有4.75亿为家庭农场，农业生产占比至少53%。可见家庭农场是农业生产主要的经营方式之一，在农产品生产中占据主要地位。而家庭农场专业化发展进程中，由生产规模的扩大或资产专用性投资的增加，以及自然风险等不确定性附加风险因素所带来的经营风险问题是不可忽视的。

我国家庭农场已经迈入高速发展时期，多元化和集中度日益提高，成长壮大是长期趋势。据农业农村部统计，2019年全国纳入名录管理的家庭农场超过79万家，占全国270余万新型农业经营主体的近1/3。其中种植业家庭农场平均经营规模为187亩。据全国家庭农场监测报告数据，2019年粮食类家庭农场比例超过40%，平均经营土地面积为420.53亩，平均纯收入为15.99万元。由此可见，家庭农场作为新型农业经营主体的重要组成部分，推动了我国农业现代化与新型城镇化发展，促进了土地流转，是推进我国现代化农村发展的主要力量，并且能够较好地兼顾家庭经营与规模经营的优势，有效解决农业生产中的劳动监督成本和代理风险等难题，是一种较为理想的经营形式。

随着农业改革进程的不断推进，家庭农场经营环境更加复杂，如何有效防范家庭农场经营风险问题，对优化各级政府扶持政策与保证家庭农场健康发展有重要的理论和现实意义。2019年中央农办、农业农村部等11部门和单位联合发布的《关于实施家庭农场培育计划的指导意见》明确指出了2020年与2022年家庭农场发展规划目标。文件中，将家庭农场发展过程中存在的困难与共性问题界定为风险防范问题，并针对如何最大限度地规避市场风险和自然风险，以及如何帮助家庭农场减少这此类风险发生，明确作出了指示。

家庭农场随着经营规模的不断扩大，正逐步克服小农经营弊端，但在追求农业生产效率最大化的同时，也存在一定经营风险。农业自身具有弱质性产业特征，承受农产品价格波动带来的市场风险和灾害性天气引发的自然风险的能力较弱。东北地区家庭农场经营规模扩大，既面临风险倍乘效应，又面临投入成本比普通农户大的风险因素，如存在土地租金上涨、亩均盈利空间缩小、土地经营权流转市场相对粮食市场反应滞后及土地租金形成后调整难度增大等风险压力，进而使得家庭农场在经营过程中对融资和保险等需求越发强烈，并且站在市场规则的视角看，产业过热和发展过快等都会给家庭农场发展带来不利影响以及风险问题。因此，做好防范与规避风险是必然选择。在面对我国家庭农场跨越式发展的全新局面时，应警惕经营中可能存在的风险问题，进而保障家庭农场健康有序发展。

二、理论框架

家庭农场的经营不可避免地伴随着各种各样的风险因素。家庭农场要想在市场竞争和农业供给侧背景下生存和发展，就必须去识别、控制和防范风险。从整体和系统角度界定风险管理，其主要包含三个要素：一是风险管理目标，降低风险给组织或其他环境带来的不良影响，减少风险带来的损失。二是风险管理流程，满足风险识别、风险衡量、风险规避和风险防范流程。三是风险预警，风险管理目标的实现需要风险预警，风险的识别、评估衡量和风险的最终防范都离不开相应的风险预警研究。

综上所述，风险管理是对某一组织面临的风险进行有效识别、评估和应对，降低并预测风险发生概率及其带来的损失。本文对风险管理含义的理解和界定体现了风险管理含义的完整性和系统性，与前文对风险含义的界定相对应，即风险管理既包括对损失的控制，也包括对机会的利用，并将风险管理方法界定为一系列活动的集合：识别、衡量、规避基本要素（图 1）。

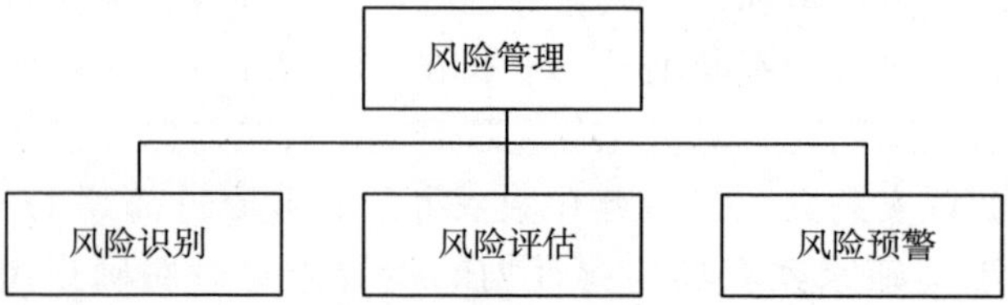

图 1　风险管理结构

（一）风险识别

风险管理的成效首先取决于风险识别。风险识别是风险管理研究的首要环节。经营主体会因没有辨别出要面临的风险类型而导致经营损失的发生。风险识别是风险管理的基础，识别引发风险的来源是风险识别的关键。风险来源是指可能导致风险发生的因素及条件来源。家庭农场经营主体应首先识别出风险类型。

风险识别是指运用专门的技术方法系统和全面地查找生产经营过程中有无

风险因素，或存在哪些风险的过程。风险识别是风险管理研究的基础，是进行风险评估及影响程度研究的前提。风险识别的关键是识别引发风险的前兆，风险源是可能导致风险的因素以及条件的来源，正确识别风险来源才能降低风险发生的可能性。风险识别是结合专门技术和方法，在风险出现前或出现时，系统且连续地收集识别风险源，以及风险危害和风险损失等方面的信息。风险识别是风险管理的基础，只有识别出风险因素后才能评估风险的大小及影响程度，进而采取措施控制风险。

风险识别正确与否是决定风险管理能否成功的关键因素之一。风险识别的关键是识别引发风险的来源。风险源是指可能导致消极后果的因素和危害来源。只有正确识别风险来源，才能识别潜在风险，降低风险事故发生的可能。学术界按照风险来源对农业风险进行分类，不仅可以全面反映农业风险的基本表现形式，还有利于明确风险类型，及时采取有效的防范和管理措施。风险识别是全面的识别，其中包括对企业各个层面的风险进行识别。当前有关农业风险来源的划分主要界定为制度风险、市场风险、技术风险和自然风险等，而基于我国农业发展中不断面临的新挑战，本文将进一步展开讨论。

（二）风险评估

风险评估也称风险衡量，是指在风险识别基础上运用一定方法对某一特定风险事故发生频率和损失做出估计，以便为风险防范提供依据。如果说风险识别解决的问题是识别可能出现的风险因素，那么风险衡量就是进一步解决风险因素的大小及等级。

风险评估具体是指风险事件发生前后，对该事件造成的损失的可能性进行量化评估的过程。风险评估目的在于通过核实或评定一个特定主体所面临的风险等级，进而寻找正确的安全控制机制。风险评估主要包括：评估风险发生概率及风险等级，确定风险带来的影响程度，明确风险消除和控制的优先等级等。风险评估是风险研究的重要环节。为解决实践中风险管理的需要，可通过主观判断、模糊评价和风险分布历史数据拟合等方法进行风险度量。其中主观判断主要依赖专家利用专业技能对历史数据做出风险损失的估计；风险分布历史数据拟合是指测算历史数据实际损失；分布参数估计是根据估计风险分布函数来计算风险度量值；分布拟合法是将风险和收益并存，将研究对象视为随机变量，探究分布类型。但分布拟合法和历史数据拟合法都需要获取大量的历史数据。

1. 家庭农场经营风险评估概述

家庭农场经营风险评估是指家庭农场或者其监管部门对农场存在的各种风

险因素及可能造成的影响进行分析与评估，是确定风险等级的过程，是制订风险控制对策的前提。家庭农场经营风险评估有广义和狭义两种。广义的风险评估包含对家庭农场潜在风险的评估和对家庭农场管理能力的评估。狭义的风险评估是指对家庭农场经营潜在风险水平的评估。本文的家庭农场经营风险评估指狭义的评估。

风险评估是对家庭农场经营风险进行评估和量化的过程，旨在量化测评风险事件带来影响或损失的可能程度。本文对家庭农场经营过程中，不同风险类型对经营主体的影响进行风险评估，主要目的是评估风险发生的概率，明确风险带来的影响类型及风险程度，明确风险消减或控制的优先等级。

2. 风险评估流程

有关风险评估的研究主要采用决策树法、模糊层次分析法和模糊综合评估法等方法。其中，模糊层次分析法将层次分析法和模糊综合评估法相结合，并将指标层测量因素进行排序，通过定义指标权重判别各指标对上级指标层重要性的相对隶属度；通过专家访谈、抽象调查和小组会议的形式将相应指标数据可测化，明确指标相对隶属度并归一化处理。基于我国家庭农场发展的实际，本文选择模糊综合评估法对家庭农场经营风险进行风险评估。

3. 家庭农场经营风险评估流程

本研究借鉴既有风险评估流程，设计家庭农场经营风险评估流程（图 2）：明确评估范围、制订评估方案、进行风险分析和出具评估报告。

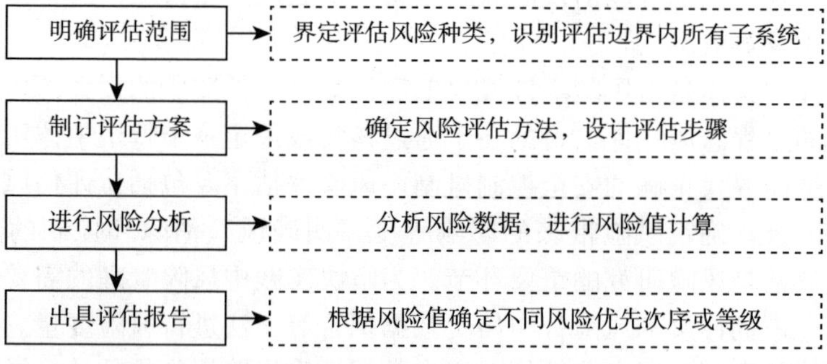

图 2　家庭农场经营风险评估流程

明确评估范围：在对家庭农场经营风险进行有效识别基础上，界定所需评估风险种类，并识别评估边界内所有子系统。制订评估方案：在了解和掌握评估对象基本情况基础上，准确把握评估重点，制订合理的评估方案，确定风险评估方式，设计评估步骤。进行风险分析：根据不同风险类型，采取合理的风险评估方法，计算风险量值。出具评估报告：根据风险的大小，排序各种风险有限次序和等级，提交评估报告。

（三）风险预警

预警是指在警情发生前，对各种风险因素进行监测观察，通过技术方式分析并判断预测事情的发展方向，运用特定方式进行事前预警，预测危机发生的可能性，并能够做出应对方案及保障措施。地震预警、气象预报和虫灾预警等，都是以预防为前提，警示后续发生的风险因素。当然，损失或伤害的发生具有一定必然性，同时也存在客观性。为降低损失或伤害的程度，需要防止风险发生，在危害发生前进行预警并从源头进行控制。

在经济学研究中，预警流程主要包含四个步骤：明确警情、寻找警源、分析警兆和预报警度。明确警情是开展预警的前提；寻找警源和分析警兆是对警情影响因素的定性和定量分析过程；警度和警情的明确是预警的最终目的。从风险预警角度看，进行风险预警，实质上是分析出风险发生的前后因果关系，即分析导致风险发生的因素，并寻找风险可能产生的后果以及导致风险发生的因素是如何影响结果的。

三、家庭农场经营发展现状

本部分主要分析新形势下家庭农场经营现状及其对当前家庭农场经营带来的新变化。在我国大力发展新型农业经营主体背景下，家庭农场的发展具有必要性。在实地调研基础上，本部分对东北地区家庭农场经营现状进行分析，包括家庭农场工商注册登记情况、家庭农场生产经营者基本情况、家庭农场土地经营情况、家庭农场经营行为情况、家庭农场农机设备情况、家庭农场成本收益情况及家庭农场金融与财政补贴情况等内容，明晰当前发展面临的新挑战，为后文系统分析家庭农场经营风险，探究风险生成、识别和评估做铺垫。

家庭农场是近年来国家政策和学术界关注的一种新型农业经营主体，被认为是职业化、技术化和专业化的承载主体，是实现我国乡村振兴和农业供给侧结构性改革的重要载体。同时，家庭农场的经营发展始终伴随着风险：一方面，面临来自外部环境风险的压力，另一方面，也存在内部运营风险阻碍。为了深入了解家庭农场经营现状，需要对家庭农场进行实地调研，进而分析家庭农场经营过程中存在的主要问题。

（一）家庭农场注册登记情况

家庭农场是一种从事规模经营和市场化经营的经营主体，具备企业化管理制度的新型农业经营组织，因此，办理注册登记是家庭农场实现市场化的重要途径。根据团队调研的有效监测样本数据，东北三省份注册登记的样本数总量为 252 户，全部调研样本中有 49.22%的家庭农场有在工商部门进行注册登记，其中辽宁省在工商管理部门注册登记的个体工商户农场占比 71.43%，吉林省的占比 30.12%，黑龙江省的占比 81.65%，其余为个人独资企业和合伙企业。吉林省注册的个人独资企业占比较高，为 69.88%。

（二）家庭农场经营者基本情况

家庭农场主决定着农场的发展方向，在组建及发展经营中处于主导地位。农场主应具备农业生产和经营管理能力，接受过相关农业技能培训，具有相应知识技能储备。这些因素都直接影响家庭农场经营方向，对家庭农场健康成长至关重要。因此，本部分主要从家庭农场主年龄、受教育程度、接受农业技术培训、风险偏好、雇佣劳动力情况和从业经历等方面，对东北地区家庭农场生产经营者的基本情况进行统计分析。

（三）家庭农场土地经营情况

本部分主要从家庭农场经营规模、土地碎细化程度和家庭农场土地来源方面展开分析家庭农场土地经营情况。

1. 家庭农场土地经营规模

近年来，家庭农场等新型农业经营主体逐渐突破了原有土地使用的限制，可通过流转土地实现规模化农业生产。由调研数据可知，东北地区家庭农场平均土地经营面积和最大土地经营面积要高于其他区域的省份，这与东北地区耕地面积辽阔有关，并且经营规模越大，越适合机械化生产，但因此所面临的风险问题也随之增多。

2. 土地碎细化情况

土地碎细化情况用家庭农场经营地块平均数来反映。通过调研土地碎细化情况，本文发现，吉林省家庭农场土地地块平均数超过 15 块，表明经营的土地较为分散，细碎化程度较高。

3. 家庭农场土地来源

就土地来源情况来看，家庭农场经营土地流转来源有从农户处转入土地、从中介组织处转入土地和自家承包土地三种。其中转入中介组织的土地包括村集体、土地银行交易平台和其他组织等所有的土地。家庭农场具备规模化经营特征，农户除自家承包土地外，还可通过土地流转获得土地经营权。与单一传统农户相比，家庭农场土地来源更为多元化，并且通过土地流转将分散土地集中并规模经营，克服了小农经济土地分散化弊端，是实现家庭农场规模经营的有效途径。

（四）家庭农场经营行为情况

家庭农场农产品销售方式能够有效反映家庭农场经营行为。家庭农场在拥有稳定的农产品销售渠道和优质的农资供应渠道后，能够将更多精力放在土地产出、新技术应用和家庭农场管理经营上。家庭农场农产品销售渠道主要包含农产品加工公司、批发市场、合作社、国家粮库、农产品商贩和网络。

（五）家庭农场农机设备情况

本部分主要对家庭农场农机装备、仓库和晒场等固定资产投入及拥有情况进行分析。

1. 农机装备投入情况

农机装备投入比例是衡量家庭农场资产专用性的一项重要指标。东北地区作为我国重要的粮食生产基地，其机械化程度与农业生产率成正比。农机装备的使用促使家庭农场生产经营更具有优势，不仅提高了家庭农场机械化水平，还节约了人力成本和时间成本，为家庭农场扩大经营规模提供了技术条件支撑。

2. 仓库和晒场拥有情况

通过调研分析，目前东北地区经营规模在 1 000 亩*以上的家庭农场拥有仓库和晒场的平均面积为 780.03 平方米和 1 752.4 平方米，由此可知家庭农场经营规模与自有仓库面积和自有晒场面积存在正相关关系。

（六）家庭农场成本收益情况

家庭农场人均纯收入随经营规模的扩大而增加，但亩均纯收入随着经营规模的扩大呈现下降趋势。总体上，在东北地区，随着经营规模的扩大，家庭农场劳动生产率不断增加，土地生产力出现下降趋势，进而可以说明，在保证稳定亩均纯收入的前提下，提高人均纯收入的最佳选择是适度规模经营。

（七）家庭农场金融与财政补贴情况

本部分主要通过家庭农场贷款情况、家庭农场贷款态度情况以及家庭农场保险情况来说明家庭农场金融与财政补贴情况。

---

* 亩为非法定计量单位，1 亩≈666.7 平方米。——编者注

1. 家庭农场贷款情况统计

家庭农场发展迅速但发展年限较短，在有农业补贴情况下，补贴能够满足一部分家庭农场资金需求，若并非继续扩大经营规模，普通家庭农场对资金的需求相对较小。

2. 家庭农场贷款态度情况汇总

家庭农场融资难度认知可以直观表达当前东北地区家庭农场对贷款的态度。调研结果表明，东北地区家庭农场贷款结构单一，农村金融体系中信贷产品创新性不足，缺少信贷产品和配套服务，家庭农场面临较高的融资约束。涉农性金融机构如农村信用社、邮储银行和农业银行等，支持并发展家庭农场的融资产品少，且发放贷款额度有限，贷款金额不能满足家庭农场周期性和短期性资金需求，容易出现融资需求和贷款供给不匹配的现象。

3. 家庭农场保险情况

家庭农场通过购买保险的方式可以缓解经营风险带来的损失。通过各类险种支出情况可知，东北地区家庭农场购买保险比重较大的险种为农作物自然灾害险和农作物价格波动险。

四、家庭农场经营风险生成机理分析

本部分内容主要拟从我国农业风险特征出发，探寻家庭农场经营风险的生成机理及其重要性，提出家庭农场经营风险管理理念并分析其科学性。在此基础上，对家庭农场经营风险特征、风险作用机制以及风险生成机理等相关问题做出进一步阐述及说明。

（一）家庭农场经营风险特征

家庭农场作为新型农业经营主体的典型代表，发展内生于农业，具备农业经济的某些特征，因而其发展也不可避免要面临某些风险。首先，要把握家庭农场发展的根本劣势即农业弱质性，其次，聚焦农业经营的风险性，同时考虑农业的社会贡献。明确这些特征属性对精准把握家庭农场发展具有重要意义。

家庭农场作为市场化经营主体，主要从事规模化经营和市场化经营，是具备企业化管理制度的新型农业经营组织，其农业生产经营与一般农业风险相比，除了具有一些共有的风险特征外，还有其自身特点。家庭农场经营风险的特点来自风险本质属性及其发展变化规律，风险因素是对风险表现差异性或共性的归纳。随着家庭农场的发展，其面临的风险因素种类增多，风险对家庭农场生产和经营的制约作用加大。

1. 农业弱质性

家庭农场生产经营投资周期长，资金周转慢，且农产品价值低等特性使得农业投资所获得的平均劳动力报酬和社会平均利润低，尤其是关系到民生的粮食等大田作物的平均收益率更低。

2. 经营风险性

农产品需求价格弹性小，供给价格弹性较大。相比小农户，家庭农场经营规模较大，其受农产品价格波动带来的影响要高于小农户。结合历年农产品价格及其产量所构成的蛛网模型可以看出，不同年份农产品价格和产量变化较大。

3. 正外部性

家庭农场的生产和经营具有经济和自然双重特性。它在创造社会产品的同时，也会带来一定生态环境效益，存在明显正外部效应。此种效益会直接供给社会成员，但伴随市场失灵状况的出现，同时会存在“搭便车”行为。同时，这种正外部效应会降低其他非农部门成本，使非农部门的比较利益和经济效益高于农业农村部门。此时，为夯实家庭农场向社会输出更多正外部效应，就需要增加制度供给和生产补贴支持等。

（二）家庭农场经营风险生成定义

根据风险管理理论对风险的定义，风险即为特定条件下和一定时期内可能发生的各种结果的变动程度。作为狭义的风险概念理解，人们更倾向于将风险看作其面临的灾害或可能损失。通常情况下，人们会将主观预期目标和客观不确定性结合，将其带来的某种负偏差作为风险。本文所采用的家庭农场经营风险倾向于风险的狭义概念，即将家庭农场经营风险定义为一定时期内，家庭农场生产经营过程中的主观预期目标和客观不确定性结果间的某种负偏差程度，也就是说，家庭农场经营风险是家庭农场主面临的某种经营困境或可能的经营损失。

1. 家庭农场经营风险主体、环境和特性

农业自身生产特性和自然灾害发生概率决定了家庭农场生产和经营的风险，同样，家庭农场经营风险的形成还取决于家庭农场生产经营特点及其对环境胁迫的响应和作用。因此，本文从家庭农场生产经营间的相互作用的角度出发，探究家庭农场经营风险形成的机理。家庭农场经营包含生产、价格和销售等一系列环节，地理气候多样，孕灾环境复杂，风险因子多，风险承受体脆弱性和风险防范能力弱导致家庭农场经营损失发生的概率上升。

2. 农业风险特性所致家庭农场经营风险特征

结合已有农业生产风险损失特性的研究，本部分从风险因子、孕灾环境稳定性和风险承受体易损性三个风险要素出发，借鉴史培军提出的风险模型，即

$R=H\times V$ 模型，对家庭农场经营风险进行评估。其中 H 为特定区域发生的风险和特征；V 表示承灾体脆弱性和易损性。

关于家庭农场经营风险生成的研究，不仅集中于简单的风险因素界定，同时还关注家庭农场经营过程中风险因素对其带来的物理易损性。主要思想为：风险由“风险事件发生概率”和“家庭农场对风险占有情况”这两方面共同决定。因此，结合不同风险维度，解释家庭农场经营过程中面临的风险复杂性和动态过程十分必要。

（三）家庭农场经营风险作用机制

家庭农场经营风险内涵主要强调的是风险的应对和控制能力的作用机制。具体结构主要体现为风险管理理论下的适应力、抵抗力和恢复力，其中家庭农场经营风险抵抗力强调的是农业自身的敏感性和易损性，是短期风险灾害物理冲击下的自我保护能力，有助于减少瞬时伤害和损失；而适应力是指中期风险物理因素和心理等间接影响下的农业经营自我调节能力，确保风险损失不会蔓延；家庭农场经营风险所涉及的恢复力是指长期情况下，农业经营本体恢复正常经营秩序，并建立较高职能以应对下次风险的潜在能力。

1. 抵抗力作用机制

抵抗力强调的是短期风险下的家庭农场经营自我保护能力，有助于减少经营损失和风险伤害。抵抗力的效果在一定程度上由战略决策决定，例如发生灾害后的 72 小时是救助伤员的最佳时期，农场经营的某些财产抢救也是具有时间效率的，抵抗力的衡量应是以短期农业经营所涉及的经营损失率和农业正常生产功能丧失程度为标准衡量的。

2. 适应力作用机制

适应力主要强调两方面：首先，是风险中期的物理延续和心理间接影响下的农业系统自我调节，确保风险带来的经营损失不会进一步扩大。例如，农业次生灾害的预防，农作物或病虫害防治以及农业从业者心理安抚等。其次，是针对长期风险的适应能力，是由农业整体系统所具有的管理能力所产生和发展的。

3. 恢复力作用机制

当风险对家庭农场造成的经营影响和心理影响消失后，风险管理的战略重点则是选择维系和提高防范功能。具体来说，恢复力是农业生产经营已基本恢复正常秩序，甚至建立更高级职能应对下次风险的一种潜力职能。

（四）家庭农场经营风险生成机理

家庭农场的生产经营过程本质上具备一定生态经济系统性。由此，家庭农场生产经营还具备三个基本属性：自然属性、经济属性和社会属性。家庭农场的生产经营具有自然再生产和经济再生产的特殊性，在家庭农场发展的不同阶段和不同区域，家庭农场经营风险发生会呈现不同的发生频率、损失大小以及抗风险能力等特性。因此，本文研究的家庭农场经营风险包含管理决策风险、自然风险、技术风险、市场风险以及政策风险。

五、家庭农场的风险识别与风险感知

随着家庭农场经营主体专业化和规模化经营水平的提高，农场主对自然风险和市场风险具有较高的识别能力。感知是行动的指南，行为主体对风险感知程度是风险管理成败的关键。对家庭农场经营风险进行研究，必须先了解农场主风险感知水平和态度，确定风险承受度，进而有意识地防范和监控风险。

（一）家庭农场经营风险识别

本部分梳理以往学者研究成果和相关数据，并在此基础上结合家庭农场实地调查情况，分析家庭农场经营过程中面临的风险类型，进行风险识别。在对家庭农场经营风险生成机理分析的基础上识别家庭农场经营风险，明确风险生成诱因。具体而言，通过对经营风险因素分析，根据家庭农场经营风险根源和风险征兆将风险因素进行内涵和外延的界定。风险管理的研究首先取决于风险因素的识别，因此，探究家庭农场经营风险的研究必须首先辨别出所面临的风险因素。

1. 家庭农场经营风险来源

本部分在前文对家庭农场经营风险生成机理分析的基础上识别家庭农场经营风险，明确风险生成诱因。具体而言，通过对经营风险因素分析，根据家庭农场经营风险根源和风险征兆，将风险因素进行内涵和外延的界定。风险管理的研究首先取决于风险因素的识别，因此，探究家庭农场经营风险的研究必须首先辨别出所面临的风险因素。

关于家庭农场经营风险识别和认知的调查共涉及东北地区家庭农场512家，在对家庭农场经营风险进行调查统计时，问卷内容涉及了家庭农场风险识别的相关问题，其中包括“本地主要自然灾害类型”及“对您而言家庭农场经营过程中经历的最大风险是什么”等问题，并设计了13种导致家庭农场生产经营风险的因素。家庭农场经营风险是多种因素共同影响的结果，因此，在明确风险因素时，要充分考虑其全面性和综合性以及数据的可获得性，并选取不具有争议的风险因素数据。

2. 家庭农场经营风险识别差异

进一步，本研究对东北地区三省份家庭农场风险来源情况进行汇总。随着东北地区家庭农场的快速发展，其规模扩张的同时，东北地区政府对家庭农场发展的投入不断增加，并出台了一系列支持政策，通过以奖代补和先建后补等方式，支持家庭农场参与农业基础设施建设，并且三个省份政府组织并开展了省级示范家庭农场评选工作，支持家庭农场扩大经营规模，发展生产。

通过被调查人员对东北三省家庭农场风险来源选择频次可以发现，东北三省气候状况接近，环境风险对单个省份家庭农场经营带来的影响相似，但对于自然灾害风险，辽宁省选择比例最高，主要由于辽宁省部分城市沿海，受台风等自然灾害的影响较高。而病虫害的发生和温度、降水有直接关系，在三个省份中，病虫害风险因素表现出较小差异，主要由于东北三省病虫害基数累计较多，近几年家庭农场玉米连片种植，田间郁闭且通风差，给病虫害的发生创造了较好条件。另外，水稻种植仍以高产稻米为主，抗性不高且生长期田间湿度大，病虫害发生率高。市场风险因素、管理风险因素和政策风险因素对东北三个省份家庭农场经营影响差别不大，且选择比例均较高，这说明当前市场因素、政策指导和管理水平风险因素在三个省份普遍存在。

（二）家庭农场经营风险感知

当风险存在条件下，生产周期结束后，家庭农场主会根据以往经验对下一个生产周期进行预判，并调整农场种植结构。因此，还将以家庭农场经营风险因素的感知能力为被解释变量，构建二元选择模型进行实证分析。

1. 家庭农场对各类风险的感知

家庭农场经营风险感知是指对家庭农场经营中遇到的风险因素及风险影响程度的主观判断。家庭农场面临的各类风险来源会不同程度影响家庭农场经营，导致产量损失或经营收益不稳定。当客观存在的风险受农场主风险态度和主观意识的影响时，风险感知也会存在差异。例如，种植同样作物的家庭农场，当面临减产损失时具有不同反应：经营管理规范且具备一定经营风险意识的家庭农场能够通过多样化经营分散风险；但对于有些家庭农场来说，减产会直接导致经营亏损现象。

2. 不同受教育程度农场主风险感知差异

随着农业生产技术、农田水利建设和农业基础设施的更迭换代，家庭农场生产经营面临着诸多新挑战。农场主能否在新环境下从容面对生产经营显得尤为重要。因此，从农场主个体特征角度出发，受教育水平和农业技术培训因素会导致家庭农场对风险感知产生差异。

3. 不同经营特征家庭农场风险感知差异

工商注册可以帮助家庭农场获得市场经济主体地位，有利于家庭农场参与市场经济。在工商部门注册和有“三品一标”认证的家庭农场与普通农场相比，对风险的感知也呈现明显不同。

4. 不同经营规模家庭农场经营风险感知差异

家庭农场具备适应现有生产力水平和市场要素的能力，是进行专业化生产并形成适度规模经营的农户企业。同时，学术界已基本达成共识：适度规模经营是家庭农场最重要的特征。因此，本文选择不同经营规模的家庭农场，展开风险来源认知分析，以及风险因素识别差异分布分析。

（三）家庭农场经营风险感知实证分析

家庭农场经营保留了家庭经营制度的优势，并兼具“理性经济人”特性，其风险感知是家庭农场在生产经营过程中对农场经营影响程度的主观判断。当农场主认为风险对生产经营带来很大影响时，应采取相应的风险防范措施。

风险感知是个体对外在环境中客观风险的主观感受和认识，是对各种具有危险事情的主观判断，而这些主观判断会受到心理、社会和文化等因素影响。保罗·斯洛维奇（Paul Slovic）从心理学角度总结出影响风险感知的重要维度和特征，他认为对风险事件的认识应判断为“难以控制的”或“未知”两大特点，其中“未知”用以直接显示风险知觉的特征，以及对待风险的态度、感知和对风险事件的把握。因此，家庭农场主对风险的感知，主要是对经营过程中发生风险的认识和对风险的了解程度。

具体而言：在风险识别基础上，本部分主要通过研究理论假设和实证检验分析家庭农场对风险影响程度的主观判断，构建回归模型对家庭农场主自身特征、风险管理执行意愿、家庭农场资源禀赋和外部环境 4 个维度下的 14 个因素对家庭农场各类经营风险感知的影响进行实证分析。模型分析结果表明，家庭农场经营规模、政策补贴、农场主受教育程度、技术培训、风险偏好和家庭农场禀赋特征等因素均对家庭农场风险感知能力具有显著影响。本章内容在全书中起到承上启下作用，是对前文理论分析的具体运用，也对后文风险管理研究提供实践指导，使家庭农场风险管理框架更具有针对性，对提升家庭农场风险管理水平具有现实意义。

六、家庭农场经营风险评估

风险评估是在风险生成与识别基础上，对风险进行定量分析和描述的过程，是寻找主要风险因素的变化范围和对家庭农场经营目标带来可能影响的过程。风险评估分为主观评估和客观评估两种。客观评估是指在历史资料和数据收集基础上，运用数量统计方法，对特定风险发生的概率和造成的损失程度的定量估计，其主要是对家庭农场生产经营过程中产量风险和市场价格的估计。本部分首先对家庭农场经营农作物风险水平进行测算，其次对家庭农场经营风险进行综合评估。

（一）家庭农场经营作物风险水平测算

家庭农场在生产和经营过程中主要会遇到生产风险和经营风险两大类风险，其风险因素最终会体现在收益风险上。本研究根据历年《全国农产品成本收益资料汇编》中关于农产品产量、市场价格及收益水平的相关统计资料，运用三年时滞移动变异系数，对种植粮食型家庭农场生产经营的玉米、小麦和稻谷进行风险水平测算，获得粮食作物产量风险水平、价格风险水平以及由此带来的收益风险水平。并且对三类风险水平进行相关性分析，得出收益风险水平和价格风险水平显著相关，这表明东北地区粮食作物生产收益风险主要来源是价格因素，因此，保障市场价格的稳定是控制东北地区粮食型家庭农场经营风险的主要手段。

本研究通过对种植（粮食型）家庭农场稻谷、小麦和玉米的产量、市场价格和收益风险的实证量化分析和相关性分析获得以下结论。首先，东北地区粮食作物中收益风险水平均大于产量风险水平和价格风险水平。这表明，收益存在较大风险，家庭农场种植粮食作物同样存在收入损失的可能。其次，相对于产量风险而言，价格风险水平较高，从风险水平相关系数可知，收益风险水平和价格风险水平有显著相关性，且和产量风险水平相关关系较弱。这也从另一方面表明，东北地区家庭农场经营风险较大程度上来自于市场因素。因此，保障市场价格的稳定是控制东北地区粮食风险的主要手段。

（二）家庭农场经营风险综合评估

1. 家庭农场综合风险评估模型构建

风险大小概念实际上是模糊的。对于模糊的概念，需要利用相关理论模型进行分析。因此，本研究采用多级模型对风险进行模糊评估。根据家庭农场经营风险因素分类情况，一级评估界定为指标层对子准则层评估，二级评估界定为子准则层对主准则层评估，进而构建出模糊综合评估模型。

2. 家庭农场经营风险指标权重

运用层次分析法（Analytic Hierarchy Process，AHP）对指标体系进行权

重确定，根据家庭农场经营风险生成及识别构建风险评估指标体系，进一步根据指标体系建立层次分析结构图。

3. 基于模糊综合评价法（FCE）的风险评估

为保证数据的真实性和可信度，做到及时反映特定地区家庭农场经营风险，本研究选择东北地区经营规模在50亩以上的粮食型家庭农场进行经营风险的评估。在获得相应层级风险因素的权重后，结合确定的因素集，计算其对家庭农场经营收益的影响程度，通过隶属度$V=(0.9，0.7，0.5，0.3，0.1)$对家庭农场风险等级进行模糊评估后的结果进行加权平均，最终获得各指标对应的评估等级隶属度。

家庭农场农业生产经营过程中对风险承受能力以及整体风险、各层级风险和不同类型风险对生产的影响，开展的风险评价是在风险衡量的基础上，探究风险程度对家庭农场预期收益的影响，进而明确风险成本收益。由于农场主在农业生产经营培训、经历和个人风险偏好等方面存在显著差异，因此，家庭农场的主观性将对生产经营风险评价的系统分析结果产生显著影响。在风险水平测算基础上，进行家庭农场经营风险综合评估。采用模糊综合风险评价方法构建二级三层模糊综合评价模型，对家庭农场经营中的政策风险、自然风险、市场风险、技术风险和管理风险水平进行评估。模型评估结果表明，东北地区家庭农场经营风险处于中等偏上水平，其中市场风险因素＞自然风险因素＞政策风险因素＞管理风险因素＞技术风险因素。

七、家庭农场经营风险预警

（一）明确家庭农场经营风险预警思路

家庭农场经营风险预警研究的基本目的是确定警源指标及预警警度，并能够在后续提供相应的风险预警信息，进而制定风险预防措施。其基本思路是：首先，根据文献资料、实地调研和专家咨询等方式构建适用于家庭农场经营风险预警的指标体系，并将预警指标体系指标分为警源指标和警兆指标；其次，利用未确知评价模型判断家庭农场经营风险的警度，将搜集的家庭农场信息作为神经网络的知识库，将需要预警的家庭农场作为待评价单元，进行预警；最后，将评价结果进行反馈并预报警度。

（二）家庭农场经营风险预警准则和警度确定

1. 预警准则的确定

通常采用预警准则来判断警度。不同标准范围会存在不同警度区间，从而发生不同警报。警度的准则有多种不同的表现形式。

（1）指标预警。在家庭农场经营风险预警系统上设置一些指标数值，这些数值能够敏感地反映风险的状态。指标预警能通过风险指标数值来判断其所属警报区间。以家庭农场农业经营收入为准，假设报警指数为 X，那么设置的安全区域为 $[X_a, X_b]$，初等风险区域为 $(X_b, X_d]$、$[X_c, X_a)$，高等风险区域为 $[X_e, X_c)$、$(X_d, X_f]$，预警准则如图 3 所示。

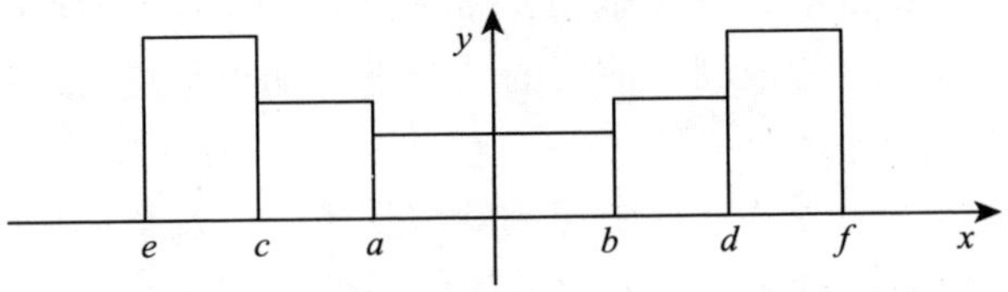

图 3　指标预警值域

当 $X_a \leqslant X \leqslant X_b$ 时，表明家庭农场处于安全区域，不发生报警；当 $X_c \leqslant X < X_a$ 或 $X_b < X \leqslant X_d$ 时，表明家庭农场经营处于分割线边缘；当 $X_e \leqslant X < X_c$ 或 $X_d < X \leqslant X_f$ 时，表明家庭农场经营存在风险，应发出二级报警；当 $X < X_e$ 或 $X > X_f$ 时，家庭农场经营风险很大，应发出三级报警。

（2）因素预警。有一些家庭农场经营风险无法进行定量衡量，只能采用定性方法来度量，因此，针对指标预警，因素预警就是定性方法。当出现经营风险征兆时，就会发出预警。

将经营风险发生情况设置为 X，预警准则如下：X 出现时，家庭农场经营将发生风险，发出报警；X 不出现时，家庭农场经营风险不发生，不发出报警，但此种方式较绝对。预警指标 X 属于不确定因素，需要以概率形式进行报警，设 $P(X)$ 为其概率，a、c 为警报区间，则：

当 $0 \leqslant P(X) < P(a)$，不发生警报；

当 $P(a) \leqslant P(X) < P(c)$，发出初级警报；

当 $P(c) \leqslant P(X)$，发出高级警报。

其中，a 为初级警报指标，c 为高级警报指标。

（3）综合预警。综合预警科学性可在一定程度上预防漏警和误警的发生，进而完善预警系统的报警准则。以上两种方式结合起来就可得出一种综合预警模式，将定量与定性方式结合，对经营风险进行量化处理，以提高预警系统效率。单一的评价指标不能准确、高效地反映一些问题，综合预警将两者结合，即对数据和指标的选取以公认的科学理论为依据，并且这些数据的指标具有动态性、可操作性、引导性和可预见性。其中，动态性即风险发生是一个连续的问题；可操作性即做到有效统计并利用现有资料；引导性指有总体战略目标的指引；预见性即预警指标应能够反映预期未来方向。

2. **预警警度的确定**

预报警度是预警的目的。家庭农场经营风险预警警度是指风险对家庭农场的危害程度的度量方法。危机警度的确定在国外早有研究。美国史蒂文·芬克（Steven Fink）以企业危机冲击度和危机概率两个变量构建四个象限，分析风险可能造成的危害及可能发生的概率，并对风险管理者提出对策建议。在我国，按照农业风险事件发生的影响范围和严重程度等，原则上按一般（Ⅳ级）、较大（Ⅲ级）、重大（Ⅱ级）、特别重大（Ⅰ级）四个等级制定相应预案。家庭农场经营的风险级别和预警级别密切相关，但也存在差别，应根据实际情况确定。

本文根据家庭农场经营风险发生的程度和发生情况等因素，由低到高划分无警（Ⅰ级）、轻警（Ⅱ级）、中警（Ⅲ级）、高警（Ⅳ级）、重警（Ⅴ级）5个预警级别。

无警（Ⅰ级）：预计不会发生风险，家庭农场经营处于稳定经营状态。

轻警（Ⅱ级）：预计将要发生一般以上经营风险，风险即将临近，且事态可能会扩大。

中警（Ⅲ级）：预计将要发生较大级别以上经营风险，风险已经临近，事态有扩大趋势。

高警（Ⅳ级）：预计将发生重大级别以上经营风险，风险即将发生，事态正在逐渐扩大。

重警（Ⅴ级）：预计将随时发生特别重大级别经营风险，事态正在不断蔓延。

（三）基于多层前馈神经网络的预警模型

本文制定家庭农场经营风险预警评价模型，其中包含未确知测度评价模型和三层前馈神经网络预警模型，将家庭农场按照经营规模进行划分，对家庭农场风险进行预警的实证分析，并在分析结果基础上构建包括信息监测系统、风险预报预测系统、预警信息发布系统以及预警信息应急响应系统的家庭农场经营风险预警体系。

人工神经网络（artificial neural network，ANN）是由大量简单处理单位组成的。它能够将单位神经元进行连接，进而处理复杂的运算。每一个神经元都有一个接入点和输出点，信号通过神经元进行传输，使信息得以流畅。利用模糊神经元网络进行评估，可以充分利用以往预警评价的案例，结合学习案例，当再对一组数据进行评估时，只要输入已训练好了的系统，就可以得到与专家的评估结果一致的评价结论。

ANN 模型的预警过程：首先，利用未确知测度评价模型对家庭农场经营风险警度的隶属函数予以确认；其次，确定家庭农场经营风险的预警度，然后计算系统的精确输入，并运用 BP（back propagation）神经网络训练实现预警功能。ANN 模型预警机理：在利用未确知测度评价模型获得所有样本数据精确输入值后，运用网络学习算法训练样本，神经元的连接点会有一个权重，这些权重经过不断调整和适配达到最佳状态点，每个神经元的输出点都有一个函数，通过函数计算，进行输出获得计算值。最后将整理后的家庭农场经营风险预警评价数据输入已训练完毕的 ANN 模型，即可实现家庭农场经营风险预警评价功能。

（四）家庭农场经营风险预警体系构建

随着农业供给侧结构性改革的不断推进，家庭农场面临的经营环境不确定性更加复杂，进而需要对当前家庭农场的经营风险问题做出及时预测，通过高效的风险管理方法，结合家庭农场经营风险预警信息，构建风险预警体系预测风险因素变动趋势，向家庭农场发出预警信号。

家庭农场经营风险预警体系是指对影响家庭农场经营的自然风险、市场风险、政策风险、管理风险以及技术风险等因素进行动态监测与分析研究，根据风险程度制定预警警级标准，实施先兆预警，从而为政府部门和家庭农场提供决策参考。本文构建的家庭农场经营风险预警体系主要由信息检测系统、风险预报预测系统、预警发布系统和预警信息应急响应系统构成。

八、家庭农场经营风险管理路径与对策

本部分内容主要分析家庭农场经营风险管理策略的应用以及策略的有效性，完善家庭农场经营风险管理路径选择，为政府支持家庭农场生产经营风险管理体系的构建提供现实依据。首先，对家庭农场风险管理路径目标进行科学定位，根据风险管理目标进行策略选择。其次，制定家庭农场经营风险管理框架与作用机制，将决策主体划分为微观、中观和宏观三个层面，分析其风险决策主体的作用机制，并结合我国当前实际情况，针对完善家庭农场经营风险管理的具体措施展开论述，为今后家庭农场经营适时调整发展策略、实现有效风险管理目标以及适应外部环境的不确定变化提供决策依据。

家庭农场生产经营过程中，不确定性风险因素会直接影响农场产量和经营收益，这不仅关系到农场收益目标的实现，还会影响家庭农场未来的发展和存

续。通过前文对家庭农场经营风险的感知、评估和衡量分析发现，家庭农场需要采用有效的风险应对策略来弱化经营中出现的各类风险问题。

（一）家庭农场经营风险管理路径

家庭农场经营风险管理的第一步就是制定风险管理目标，根据风险管理目标进行策略选择。家庭农场经营风险管理目标是：在风险识别和评估基础上加以控制和处理风险，防治并减少风险带来的损失，保障经营活动顺利进行。家庭农场的经营更关心农业收入水平，进而决定了风险管理的最终目标是实现经营收益增长和农场稳定发展。确定好风险管理目标是进行农业风险管理的首要任务。根据风险发生时间，将风险管理目标划分为风险发生前的风险管理目标和风险发生后的风险管理目标。

（二）家庭农场经营风险防范对策建议

通过对家庭农场经营风险生成及实证量化分析可知，有效的风险管理策略选择不仅关系到家庭农场的生产经营，而且还关系到家庭农场的长效健康发展。因此，家庭农场应将风险防范作为重点，引导家庭农场采用风险管理策略和风险抑制与分散手段，为家庭农场经营风险管理能力提供直接或间接支持，并促进家庭农场适时调整发展策略，适应外部环境不确定因素。

1. 完善家庭农场风险管理信息系统

家庭农场的风险识别、评估以及风险预警都离不开信息，家庭农场需要结合一个或多个目标类别进行相关信息汇总。这些信息包括定性信息和定量信息，其中有源于家庭农场内部的，还有源于家庭农场外部的，涉及农产品定价、经营预算和决策等多个环节，与家庭农场经营活动密不可分。为了满足信息需求，家庭农场需要处理和提炼日常经营活动并形成有用信息，形成完备的风险管理信息系统，通过信息沟通与交流提升家庭农场风险管理效率。

充分和客观的风险管理信息有助于减少风险带来的不确定性。信息为家庭农场生产经营提供决策依据，是风险管理的基础。家庭农场受劳动成员素质和占有资源限制，往往难以收集相关行业完整信息，因此需要政府加快农业信息化服务建设，提升农业信息化服务水平，提升农业从业者对市场信息变化和自然灾害发生的信息预测预报能力，减少生产盲目性。

2. 构建家庭农场风险预警保障机制

家庭农场对风险的认知以及应对程度受内外部环境共同制约，而通过整合家庭农场生产经营风险预警保障机制，引导家庭农场采用风险管理策略和风险抑制与分散手段，可以对家庭农场经营风险管理能力提供直接或间接支持。

家庭农场在对经营风险进行识别后，即对经营风险进行风险信息监测，当经营风险出现时应开展长效帮扶并及时阻断风险发展。与此同时，应对家庭农场经营情况实行联动机制，促进其稳定发展，增强其抵御风险的能力。除此之外，家庭农场经营风险预警保障机制中还应包括监督反馈机制，以确保风险预警机制后期的顺利运行，巩固家庭农场长期稳定经营。因此，应从家庭农场风险因子、信息监测机制、长效帮扶机制、利益联结机制和监督反馈机制出发，构建长效动态的家庭农场经营风险预警保障机制。

3. 强化市场风险意识及预控能力

市场风险的不确定性意味着家庭农场能否得到利润，所得利润能否与产出决定时的期望值相符，这些都是不确定性因素。首先，警惕农产品收益风险预警点，家庭农场生产决策是以市场为导向的，在与农业生产结构相适应的同时，还要提高家庭农场对农产品市场风险的预警意识。对于家庭农场来说，其所承担的农产品市场风险主要包含价格风险和滞销风险，并从某种意义上来说也是家庭农场从事农产品生产和经营能否获利的依据。因此，本文认为，农产品收益风险预警点主要包含供给与需求，以及相关行业或市场变动两个方面。其次，降低农产品生产成本。家庭农场可通过利用购买农产品生产资料最佳时机或加入农村合作社组织的方式，通过集体购买获得优惠价格，并且逐步提升生产技术水平和管理水平，科学、正确使用各种农业生产资料。在此过程中政府也应给予生产资料购买补助，并在农产品生产资料价格上涨离谱时，及时实行限价销售。再次，拓展农产品销售渠道。家庭农场极大地提升了农产品生产效率，但原有建立在小农经济基础上的农产品销售环节还存在诸多弊端，不能满足农产品销售的需要。因此，创新农产品销售渠道不仅揭示了农产品销售模式的发展趋势，还缓解了市场风险中销售环节给家庭农场带来的经营风险。最后，积极培育农产品期货市场。农产品期货市场具有套期保值基本功能，可以稳定家庭农场经营收益，避免农产品价格波动带来的风险。

授权型领导的“双刃剑”效应研究报告*

王宏蕾

党的十九大报告指出，面向新时代，我们要贯彻新发展理念，建设现代化经济体系，在共享经济、人力资本服务等领域培育新增长点、形成新动能。共享经济的浪潮使组织结构更加趋于灵活化和扁平化。管理者期望通过适当的管理方式激发员工的自主性和灵活性，进而增强企业在共享经济下的活力，领导授权行为即被视为这样一种行之有效的管理方式。然而，在管理实践中，伴随着组织结构的平台化发展趋势，非正式的制度结构和领导责任的下移也给授权带来了新的问题和挑战。例如，下属在获得领导授权后，可能会为了使权力运用最大化而做出不道德行为。在高度自由化的市场经济下，即使员工是出于维护企业或团队的利益而做出不道德行为，这种行为也可能对企业形象产生致命的危害。例如，从本世纪初爆发的安然事件到高盛的危机，从三鹿奶粉的三聚氰胺事件到德国大众的“尾气门”事件，等等。

理论研究也发现，作为研究者们广泛关注的领导方式（Lorinkova、Pearsall & Sims，2013；Martin，Liao & Campbell，2013；Hao、He & Long，2018），授权型领导能够有效改善员工工作态度和行为的积极性，还包括员工满意度（Zhang & Batrol，2010）、工作绩效（Harris、Li、Boswell、Zhang & Xie，2014；Lee、Willis & Tian，2017）和创造力（Dong、Liao & Chuang，2015）等。然而，近些年来，许多研究者发现授权型领导并不是“放之四海而皆准”的（Forrester，2000），在特定的情境下，授权型领导的有效性并未得以体现，甚至会产生负面影响（Amundsen & Martinsen，2014；Li、Chiaburu & Kirkman，2017）。例如，Lorinkova 和 Perry（2017）研究发现仅当授权型领导与其上级保持良好的关系时，授权型领导才能有效提升下属的心理授权。Cheong、Spain、Yammarino 和 Yun（2016）的研究结果表明，授权型领导会引起下属工作紧张，导致下属的工作绩效降低。Hao 等人（2018）也发现授

* 国家自然科学基金青年项目（项目编号：71802045）
项目负责人为王宏蕾副教授，主要参加人员有刘方媛、付林、陈怀宇等。

权会引发员工感知到的领导期望和责任增加，因此需要努力工作以证明自己的价值，这强化了员工的受控型工作情绪（obsessive passion）。

以往研究的结论表明，授权型领导对员工的影响，可能比想象中更为复杂。授权型领导在促进下属采取积极行为的同时，可能也会引发潜在的负面效应。但目前的研究仍以强调授权的积极效用为主，忽视了其可能存在的负面影响，这将会导致授权的失效甚至会对企业和员工产生危害。因此，有必要整合授权型领导对员工的正面和负面影响路径，以全面考察授权型领导是否存在“双刃剑”效应。同时，目前在考察授权型领导与员工行为关系时，研究者主要利用社会交换理论和自我决定理论探索其内在机制（Lorinkova & Perry，2017；孙圣兰，吕洁，2016），并且呼吁进一步丰富对其理论机制以及边界条件的探索（Harris、Li et al.，2014；Seibert，Wang & Courtright，2011）。因而，深入研究授权型领导为何以及在何时产生“双刃剑”效应具有重要的理论和现实意义。

员工的认知建构在领导与员工行为之间发挥着重要的作用，大量研究探讨了“领导行为—员工认知—员工行为”的作用路径（Wang & Howell，2012；陈国权、陈子栋，2017）。社会认知理论认为个体是自我行为的能动者，可以能动地对自己的行为进行承诺，同时也可以调节和监督自我行为（Bandura，2001）。当领导向下属授权后，下属为了实现领导的期望和要求，会增加自我引导和自我激励的行为。一方面，个体会产生正向强化，增强自己对工作的责任感，并设置自我奖励以激励自己持续努力；另一方面，个体也会努力避免负向强化，以维持个体积极自我评价与他人的积极评价（Alicke & Sedikides，2009）。这可能引发员工两方面的行为，一方面是积极为组织发展建言献策的积极角色外行为（建言行为）。另一方面是员工为了避免负向强化而产生的消极角色外行为（亲组织不道德行为）。而特定的边界条件则可以影响和制约授权型领导与个体认知的关系，进而影响授权型领导作用的发挥。

基于以上分析，本课题以社会认知理论为主要研究框架，主要探讨以下三方面的问题。第一，授权型领导是否会对员工产生“双刃剑”效应？虽然以往的研究发现了授权型领导的正面影响和潜在的负面影响，但并没有区分授权型领导对员工正面和负面影响的路径，亦未验证两条路径是否同时存在。第二，授权型领导如何对员工产生“双刃剑”效应？已有的研究并未充分解释授权型领导为何会产生差异化的影响。本研究将通过理论分析和追踪研究，深入探索和验证授权型领导产生正面和负面影响的理论机制。第三，授权型领导在何种条件下对员工产生“双刃剑”效应？授权型领导所产生的实际效果，可能受制于组织、团队和个体特征，具有严格的边界条件。为此，本研究将进一步探索授权型领导“双刃剑”效应多层次的边界条件。通过对以上问题的深入探讨，进而揭示授权型领导“双刃剑”效应的理论机制和边界条件，为未来相关研究和管理实践提供新的思路和建议。

一、授权型领导正面效应的理论机制和边界条件

关于授权的思想，最早可以追溯到20世纪40年代以员工参与为代表的相关研究（Lewin，1947）。虽然早期研究中并未正式提出授权型领导的概念，但由于授权过程本身隐含着从领导到下属权力传递的过程，因此，授权的主要研究仍围绕领导授权过程及其实施效果进行。而授权型领导的思想则是由Manz和Sims（1991）提出的，他们认为这种领导方式能够激励员工进行自我管理，并称之为“超级领导”。后Pearce、Sims和Cox（2003）在交易型领导和变革型领导的基础上，正式将授权型领导作为一种独立的领导方式提出。他们认为，授权型领导是包括鼓励员工自我管理、自我领导和参与目标设置等行为的领导方式。

后续的研究主要从两个视角考察授权型领导的有效性：一是结构授权视角，该视角起源于工作特征的相关研究（Hackman & Oldham，1976），强调领导向员工授予权力和责任的行为过程（Leach、Wall & Jackson，2003）。结构授权的研究主要关注领导如何制定授权决策以及如何实施授权行为，例如，鼓励员工表达观点和建议，赋予员工参与决策的权力和机会，团队自主管理等（Arnold、Arad、Rhoades & Drasgow，2000）。二是心理授权视角，侧重考察员工对领导授权的主观感知和评价（Spreitzer，1995）。该视角认为员工对授权的主观心理体验发挥着至关重要的作用，它会影响员工对授权的定义以及承担授权责任的方式。基于该视角，授权包括工作意义、胜任力、自主性和影响力四个维度（Conger & Kanungo，1988；Spreitzer，1995）。在后期的研究中，学者们逐渐发现，授权实际上是领导通过授权行为进而影响员工心理体验的综合过程，因此两种研究视角不应截然分开（Menon，2001）。同时，全面考察领导实施授权行为进而影响员工心理授权的过程，也更具有理论和现实意义，结构授权视角和心理授权视角的发展也呈现不断整合的趋势。在此基础上，授权型领导的定义也整合了两种视角，即是通过一系列的活动向下属赋予权力的行为，进而提高员工的内在动机水平。具体行为包括增强下属工作意义，促进下属参与决策，表达对下属取得高绩效的信心，帮助下属排除实现高绩效的障碍等四个维度（Ahearne、Mathieu & Rapp，2005；Zhang & Bartol，2010）。

通过对授权型领导概念进行分析和梳理，不难发现，授权型领导与传统的领导方式存在明显区别，具有自身特征。首先，授权型领导主张通过向员工分享权力的行为，提高员工的自我管理和自我领导能力（Amundsen & Martinsen，2014；Lee、Idris & Delfabbro，2017）。授权型领导提倡员工成为自我领导者，因此领导们会通过赋予员工自我控制和自我决策的权力，提高员工的自我管理能力（Vecchio et al.，2010；蒿坡、龙立荣、贺伟，2014）。通过授权实现对员工自我领导能力的提升成为授权型领导的重要特征之一。其次，授权型领导期望员工独立承担领导授予的权力和责任，领导赋予权力的过程也隐含着领导对下属责任承担的期望，他们会表现出对下属实现高绩效的信心和期待（Hao et al.，2018；Zhang & Bartol，2010）。因而，以往研究也表明，授权型领导关注如何增加下属自主的工作动机，从而实现下属对权力的有效运用（Lee et al.，2018；张华磊、袁庆宏、王震、黄勇，2014）。最后，授权型领导鼓励员工参与组织的决策，形成灵活和民主的管理风格。因而，与传统的领导方式不同，授权型领导可能促使领导和员工角色发生转变。领导和下属需要对决策制定的责任和义务达成一致的认知，这样下属才能清晰理解如何运用授权以实现领导的目标，否则领导效能和员工绩效都可能会被极大降低（Humborstad & Kuvaas，2013）。

（一）授权型领导正面效应的理论机制

在理论研究中，授权型领导正面影响的机制已经受到广泛关注。绝大多数研究都证实，授权型领导能够有效改善员工的工作态度和行为，例如做出员工承诺、知识共享意愿增加、员工绩效提高等。以往研究主要运用社会交换理论、自我决定理论、资源保存理论等，探讨授权行为影响员工积极态度和行为的内在机制。

社会交换理论聚焦组织管理实践过程中，组织对员工的投入与员工自身对组织所做出贡献的匹配程度。该理论认为，如果组织和员工能够发展出均衡的“投入-贡献”关系，那么组织和员工就更易于构建良好的社会交换关系。这种良好的社会交换关系具备双边、交互、互惠的特征，因而能有效地改善员工的态度与行为。授权型领导强调与员工共享权力，积极鼓励员工的自我管理与自我发展，当下属感知到领导对自己的投入时，他们出于互惠的长期意愿会以积极的工作态度和行为来回馈领导，因此员工在组织中更愿意无私分享自己的知识和创造性的想法。已有研究广泛采用社会交换理论，检验授权型领导对组织实践的有益影响。例如，Qian 等（2018）运用社会交换理论，验证了员工的反馈寻求行为在授权型领导提高员工任务绩效、建言行为与积极承担责任行为间的中介作用。徐琳等（2018）的研究也表明，领导的授权有利于领导与下属产生积极情感，从而形成高质量的领导—成员交换关系，这种高质量的关系将会促使下属做出对组织发展有利的行为。

自我决定理论认为个体与生俱来就具备自主需求、胜任需求与关系需求，这三种基本需求会因个体的差异而存在不同的侧重点与满足方式。授权型领导通过自上而下的方式授予员工权力，这在一定程度上能满足员工的自主需求；授权型领导肯定员工的价值与能力，积极鼓励员工在工作中自主决策，员工可以根据自身的实际情况设置具有挑战性的目标，通过挑战性目标的实现来不断完善自身，这在一定程度上能满足员工的胜任需求；领导者作为组织的代言人，其言行是组织意志的体现，领导的授权体现的是组织对员工的信任与对能力的认可，这有利于员工关系需求的实现。当个体的基本需求得到满足后，他们的工作投入与绩效水平也会随之增加与提高。根据自我决定理论，不同的组织环境和领导方式会激发员工不同类型的动机，该理论采用二分的方式将工作动机划分为内在动机和外在动机（intrinsic and extrinsic motivation）。其中，内在动机是员工源于对工作本身的热爱和兴趣而产生的工作愿望，它能不断地满足个体的需求。外在动机是个体为了获得工作以外的回报（如物质报酬）或避免受惩罚而产生的工作愿望。实证研究表明，相比外在动机，员工的内在动机更有助于提升员工绩效和员工的创造力。授权型领导的相关研究表明，领导授权有助于提升下属的自我决定感、工作意义感和胜任感，这进一步改善了下属的工作态度，提高了绩效表现。相关实证研究也基于自我决定理论，验证了授权型领导的积极作用。例如，赵金国等（2019）以内在动机为中介变量，发现 CEO 授权型领导会提高高管团队的创造力。Gao 和 Jiang（2019）验证了员工的和谐激情在授权型领导与员工建言行为之间的中介作用。因此，已有的研究大多表明，授权型领导可以通过增加员工的内在动机，进而改善员工的工作态度和行为。

资源保存理论认为个体具有保存、保护并获取新资源的倾向，当个体已有的资源面临潜在损失的威胁时，个体会感到紧张与压力，因此会尽力去寻找新的资源以维持自身资源的动态平衡。与工作资源较少的个体相比，拥有丰富资源的员工在工作中更少经历资源的流失，且更易利用已有资源进行投资实现资源的增值，因此员工会产生更为积极的态度与行为。根据资源收益螺旋，授权型领导能够为员工培育新的工作资源，如领导为员工提供的发展反馈与职业指导（发展资源）、领导对员工的信任会潜移默化地提高该员工在组织内部的公信力（人际资源）等；同时员工还能利用领导所授予的权力为同事提供力所能及的帮助，这会为员工带来人情资源。已有研究采用资源保存理论，检验授权型领导对员工积极行为的影响。例如，刘生敏和信欢欢（2019）运用资源保存理论，验证了心理授权在授权型领导增加员工进谏行为中的中介作用。Rai 和 Kim（2021）的研究也表明，授权型领导为员工提供的工作资源可以使员工失去的资源得到补偿，这种资源的补偿可以有效减少员工情绪衰竭的可能性。综上所述，领导的授权可以有效维护并产生新的资源，这种资源的优势能有效避免员工消极情绪的产生，这已成为授权型领导发挥作用的重要路径之一。

（二）授权型领导正面效应的边界条件

已有的研究已证实，授权型领导并不总是有效的，授权型领导的有效性需要特定的边界条件来予以保证。已有的研究已发现，授权型领导的有效性会受到具体情景条件的制约。因此，明确授权型领导有效性的边界条件对于授权型领导理论研究与实践结合具有重要的意义。鉴于此，以往研究大多将资源与认知视角作为授权型领导有效性的边界条件。

基于资源视角的边界条件。充足的资源可以为员工应对不确定的环境提供充足的砝码。员工的资源具体可以分为个体工作资源与个体特征资源。良好的人际关系是个体工作资源的体现，而个体特征资源则表现为个体的人格特质。组织情境中良好的人际关系，如职场友谊、信任关系等作为个体在职场中的支持性因素，使得员工能更为有效地利用领导所授予的权力，增强授权的效用。基于社会交换理论，Lorinkova 和 Perry（2017）研究证实，只有当员工与领导建立起高质量的交换关系时，领导者才敢于将自身的权力真正授予员工，员工出于互惠互利的动机会充分利用领导所授予的权力资源。Yin 等（2017）研究发现员工对领导能力的信任度将决定员工是否在领导授权后采取积极主动行为。研究表明只有当员工认为领导无能时，领导的授权对于员工来说才是真正具备挑战性的，这符合员工获得额外自主权的期望，因而员工在这种情况下会采取更为积极主动的行为。同时，个体特征资源也会成为该个体积极承担授权责任的重要边界条件。虽然领导的授权可能会增加员工的工作压力，但员工会相信自己能掌控自身的命运，因而能看到领导授权为其带来的各种资源，这会增加员工工作的动机。

基于认知视角的边界条件。根据领导分类理论，员工会根据自身心目中的领导原型来对领导行为进行区分，因此员工对领导授权行为的认知将会对领导授权的效果产生直接影响。Wong 和 Giessner（2018）的研究发现，当领导的授权行为与下属的授权期望匹配时，下属会更认同领导的授权行为，因而对领导的授权产生积极的评价；但当领导的授权超过了下属的期望时，下属则会认为授权是领导对自身责任的逃避，因而会对领导的授权产生消极的评价。陈晨等（2021）的研究也发现，当领导的授权期望与下属自我领导的愿望不匹配时，下属会产生更高的角色冲突。此外，由于领导对员工的授权是基于员工能力、性格、关系远近等，而员工对于这些因素又会存在感知差异，因此员工对于领导授权的公平感知也会影响领导授权的效用。当员工感到领导的授权行为导致了资源和权力的不公平时，就会降低对领导的认同，这会导致个体创新活动的减少，进而对其创新绩效造成负向影响。因此，领导在授权过程中需要考虑员工对权力的需求与期望、员工的公平感知等，以充分发挥授权的积极效应并尽量规避授权可能带来的潜在消极影响。

二、授权型领导负面效应的理论机制和边界条件

授权型领导通过赋予员工参与决策的权力与机会，满足企业发展自我管理团队和形成平台化组织结构的需要，同时该方法也满足了员工自我管理和自我领导的需求。鉴于此，先前许多研究都从授权型领导的积极效用着手，而现有研究却发现授权型领导存在增加环境不确定性和员工角色模糊感，增加员工工作负担和紧张感，降低工作绩效等潜在负面效应。另外，已有对授权型领导的研究也存在过分关注正面效应而忽视负面效应，且缺乏对其适用条件的研究等问题。

为解决以上问题，本研究从授权型领导的概念内涵与核心特征入手，结合已有理论与实证研究，从双重任务加工效应、角色理论、内隐领导理论等角度分析授权型领导负面效应理论机制，并基于以上理论机制从其对应的资源、角色、认知视角对授权型领导在何种条件方能具有有效性进行研究，阐释授权型领导为何失效、在何种条件下失效乃至引发负面效应。最后在对以上研究进行总结的基础上对未来授权型领导负面效应的研究提出多样化建议，为研究者和管理者研究和应对授权型领导的负面效应提供借鉴与参考。

（一）对授权型领导负面效应的理论机制

对于授权型领导为什么会具有负面效应的问题，本研究主要从双重任务加工效应、角色理论和内隐领导理论的角度进行归纳，并从资源、角色与认知视角阐述授权型领导负面影响的边界条件，以便更为全面地介绍授权型领导负面效应的实质。具体的解释视角和员工态度与行为表现如图1所示。

基于双重任务加工效应，授权会因为令下属同时或接连完成多个工作任务而损耗下属的认知资源，造成认知干扰和认知转换，降低其认知水平和工作绩效。该影响过程具体表现为：授权通过增加下属工作内容造成认知干扰，授权

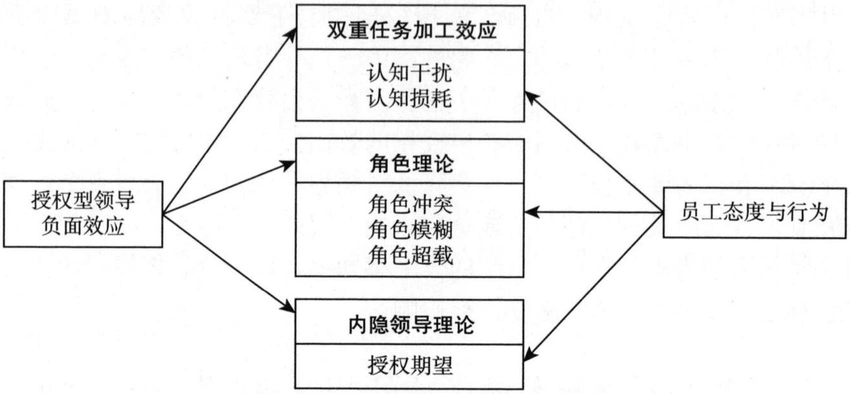

图 1　授权型领导负面效应的理论机制

会提高员工的工作复杂性、分散和损耗员工的认知资源。认知干扰和损耗造成下属在此情况下难以做到整合与积累资源，无法专注其核心工作任务，甚至降低工作效率和绩效水平，导致领导授权对下属产生负面影响。

运用角色理论分析发现，当领导授权使员工无法承受被赋予的角色与期望时，员工会因难以有效扮演其角色而产生角色压力，主要表现为角色冲突、角色模糊和角色过载，这都会直接对员工的工作满意度和幸福感产生负面影响。该机制的主要形式为：领导授权使下属新工作角色应当行为与原有工作角色应当行为不一致时，会引发角色冲突；领导缺乏明确指令、高估员工授权期望时，会使员工独自面对工作的不确定性和角色责任的难以预测性，进而增加员工的角色模糊感；领导授权增加下属工作内容与范围时，一旦超出下属承受能力就会引起角色超载，使下属产生工作倦怠、心理抑郁、生活满意度低等问题，这也在一定程度上解释了授权型领导负面效应的内因。

运用内隐领导理论分析发现，员工对授权型领导行为的预期和假设会影响员工对领导授权的意义建构，并最终影响员工的工作态度与行为。这主要体现为领导授权过度和不足均会导致下属产生负面认知：当领导与下属对授权的预期不一致且授权的水平较低时，下属会对领导的行为产生不认同心理和较低的工作内在动机；而当员工认为授权超出其期待时，会定义授权为领导推卸责任，认为所授权工作并不重要。这两种员工对授权的感知都会使员工对所授权的工作任务持消极态度，减少其工作内在动机和工作投入，这也就解释了为何授权型领导存在负面效应。

（二）授权型领导负面效应的边界条件

鉴于授权型领导理论不具有普遍的应用性，需在特定条件下保证其具有情景依赖性时方能有效，因此有必要基于授权型领导负面效应的三种理论机制，分别从资源、角色和认知三个角度对授权的边界条件进行研究，为授权型领导的深层次研究与应用做好铺垫。具体的边界条件如图 2 所示。

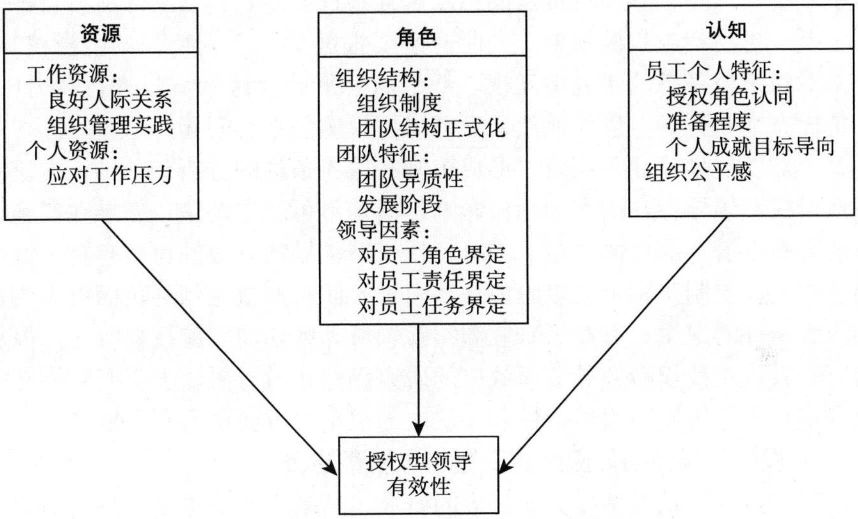

图 2　授权型领导负面效应的边界条件

运用资源视角的边界条件分析发现，员工有效的工作资源和个人资源会分别从人际关系、组织实践和个人应对工作压力方面影响授权效果。当员工所感知到的组织支持水平、不确定性规避和领导信任水平均较高时，即人际关系良好时，授权对员工获取资源产生正向作用，同时发现社会交换理论也佐证了良好人际关系为领导授权提供充分资源时，授权型领导对下属内在动机具有激励性。而在管理实践中，因授权型领导的有效性与人力资源管理实践之间特定组织目标的相似与替代作用的存在，两者难以产生叠加作用，甚至还会削减彼此的积极效用。在个人面对无法应对的压力，无力承担授权任务时，授权会加重下属工作负担，对下属情绪、绩效、幸福感产生负面影响。

运用角色视角分析发现，组织结构、团队特征、领导因素是影响领导有效性的边界条件。组织结构的分析发现清晰的组织制度、团队结构的高正式化水平等优良的组织结构条件会对环境确定性和员工的创新性工作行为产生正面影响，提高领导授权的可支持性；团队特征因素的研究发现团队特质性高低和不同的发展阶段也会影响领导授权的实施效果，即在高异质性的团队中和团队初创期，授权型领导的实施情况均不理想，但授权型领导的积极作用会随团队的发展而不断提高；另外，领导者授权的方式也会通过授权以后员工的角色和责任能否明晰、任务有无详细标准等因素正面或负面影响授权的结果。

运用认知视角研究发现，授权型领导的实施效果受员工对授权的角色认同、准备程度、个人成就目标导向和组织公平感等影响。在对员工个人特质的研究中发现，向对领导授权持认同态度、准备程度高、具有学习成就目标导向的员工授权更易产生积极效果，同时有必要根据员工个人特征调整授权策略；在员工对组织公平感的研究中发现，低组织公平感会诱发员工进行权力比较，产生负面态度和行为，进而促使领导考虑授权的公平感问题。

基于对授权型领导负面效应形成机制和边界条件的分析和总结，本研究认为虽然授权型领导存在诸多的积极影响，但是不可忽视的是，领导在实施授权时可能会引发潜在的负面效应。同时，授权型领导的有效性也会存在于特定的边界条件下，受制于特定的组织内外部因素。而对授权型领导负面效应内在机制和边界条件的探索，有益于研究和实践领域理解如何实施授权行为。但从已有研究来看，对授权型领导负面效应的研究仍然相对有限，未来研究有必要在结果变量、理论机制、边界条件和多层次的视角等方面丰富和发展。

1. 授权型领导负面效应结果变量的丰富和发展

已有的关于授权型领导负面效应的研究，其结果变量主要是员工的绩效和幸福感方面（Cheong et al.，2016；Cordery et al.，2010）。未来研究有必要进一步丰富对授权型领导负面效应结果变量的探索，以增进我们对授权型领导实际效应的理解。例如，授权型领导可能会对员工的人际关系造成负面影响（Mills & Ungson，2003）。由于领导会对一些员工授权，而另一些员工获得授权的机会则相对较少。在这种情况下，领导的授权行为可能会导致员工之间人际关系的紧张，未获得授权的员工可能会嫉妒那些被授权的员工，甚至会威胁他人的利益并做出违规行为（林美珍、罗忠恒，2017）。员工接受授权的程度存在差异，员工感知到的授权行为之间也存在差异，这种差异将如何影响授权型领导的有效性，这是未来值得进一步探索的问题。授权型领导倡导员工培养自我管理能力，这是否会弱化员工与组织的附属关系，也是未来值得深入探讨的问题。一些研究者认为，授权型领导鼓励员工提升自我领导能力，这会显著降低员工对组织的关系依赖以及从组织中获取信息的需求（van Dijke et al.，2012）。授权型领导也可能会导致员工的亲组织不道德行为。领导的授权可能降低了员工从事不道德行为的风险，广阔的自主决策空间为员工的亲组织不道德行为提供了极具包容性的客观保障（何燕珍、张瑞，2016）。因此，授权型领导带来的工作自主性增加了员工从事亲组织不道德行为的可能性。总而言之，未来研究有必要进一步探索授权型领导可能的负面结果，为规避授权型领导的负面效应提供启示。

2. 授权型领导负面效应理论机制的深入探索

基于对相关研究的分析和总结，本研究认为，以往研究主要运用双重认知加工效应、角色理论和“过犹不及”效应阐释授权型领导负面效应的内在逻辑。然而，现有的理论机制在解释授权型领导负面效应方面仍然存在局限性，未来研究应深入探索授权型领导负面效应的理论机制，以回答授权型领导为何会产生负面影响的问题。例如，社会认知理论（social cognitive theory）能否丰富授权型领导负面效应的解释机制值得进一步进行研究检验。领导在向下属授权时也传递了对下属实现高绩效的信心和期望（Ahearne et al.，2005；Zhang & Zhou，2014），下属会努力工作以实现领导授权的期望。基于社会认知理论，当员工能够实现领导的期望和要求时，他们会产生积极的自我评价；但是当下属无法有效运用权力达成目标时，则会产生负面的自我评价（Schweitzer、Ordóñez & Douma，2004）。研究者认为，个体有维持积极自我评价的内在动机（Alicke & Sedikides，2009；陈默、梁建，2017）。当下属获得领导的授权后，为了避免无法达到领导期望的结果，即使是采取有违常规的方式，他们可能也要努力实现权力运用的最大化。因此，授权型领导如何引发员工拥有权力后的认知改变，员工是否会为了维护积极认知而做出不道德行为，这些都是未来值得进一步研究的问题。同时，领导授权行为可能会使员工产生不公平感，进而产生消极态度和行为（林美珍、罗忠恒，2017）。基于组织公平理论（organizational justice theory），员工可能会将自己享有的权力与他人进行比较。员工感知到领导授权的差别化后，他们是否会产生不公平感以及这种不公平感将会如何影响员工行为，这也是未来研究可以深入分析和检验的问题。

3. 对授权型领导权变性特征的关注

自20世纪中期起，权变理论（contingency theory）就在管理研究和实践中产生了重要指导作用（Fiedler，1978）。基于权变理论，领导行为的有效性受到特定外界条件的影响和制约。然而，就已有研究而言，授权型领导的权变性特征却并未得到足够的重视，已有研究大多将授权型领导视为普适性的领导方式（Sharma & Kirkman，2015）。因此，深入探索授权型领导有效性在何种条件下能够实现具有十分重要的意义。例如，从组织外部环境的视角，未来研究可以继续探索其他外部因素对授权型领导的影响。已有研究发现经济环境对领导行为有效性存在显著影响，在经济较贫困时，威权型领导可以对组织绩效产生积极的影响；但是当经济环境较发达时，威权型领导则会对组织绩效产生消极影响（Huang、Xu、Chiu、Lam & Farh，2015）。未来研究可以进一步挖掘其他外部环境，例如制度环境、文化环境和社会环境等对组织授权的影响。同时，组织内部因素对授权型领导有效性的影响也亟待进行深入研究。基于内隐领导理论，相关研究可以深入探索领导特征对授权过程的影响。例如，领导的价值观、权力距离等都可能会影响领导的授权行为，这些因素是否会制约授权型领导的有效性，也值得进行实证研究予以检验。除此之外，领导与成员交换关系、员工感知的授权公平性以及员工对授权的承担能力等因素，都可以成为未来继续研究和检验的方向。

基于对授权型领导有效性边界条件的总结，本研究期望能够引起未来研究对授权型领导权变特征的关注，从而更有针对性地开展授权相关的理论研究和实践指导。

4. 多层次视角下授权型领导负面效应的研究

首先，授权在组织中的实施过程是领导自上而下的传递过程，而授权实施的效果也可能产生于个体和群体多个层次。因此，授权型领导在组织中施加影响的过程可能涉及组织中的多个层面。但是，目前关于授权型领导负面效应的研究，主要集中于授权对个体层面的影响，而对团队层面和组织层面的变量负面效应则较少涉及。相关研究发现，在团队建设初期，授权型领导不利于团队绩效的提升（Lorinkova et al.，2013）。未来的研究有必要深入分析授权型领导是否会对团队和组织绩效产生负面影响，以及在何种条件下产生负面影响等问题。其次，授权过程也可能会对授权型领导产生差异化影响。授权型领导自身也可能因权力的削弱而产生威胁感（Magni & Maruping，2013），这也会对授权的有效实施产生不利影响。未来研究可以进一步探索授权型领导在授权过程中是否会对自身产生负面效应，这种负面效应是否具有权变性特征等。在多层次的框架下检验授权型领导的负面效应，尤其有助于加深对授权型领导效应的全面理解。最后，个体层次的负面效应可能会在群体内形成共享的认知，因此，员工由于授权而产生的负面情绪可能也会形成群体共享的氛围，这会形成消极的群体氛围。授权对个体层次的负面效应是否会产生聚合效应，进而对团队和组织氛围产生负面影响，也是未来研究值得进一步思考的问题。

三、授权型领导研究领域的研究图谱与可视化研究

该部分的内容主要基于文献计量法对授权型领导研究领域的文献资料进行分析。

第一，对授权型领导进行可视化研究探索。该部分的文献数据主要来自于 Web of Science 的核心合集的引文索引 SCI - E 和 SSCI 数据库 2003—2021 年“授权型领导（empowering leadership）”相关主题的数据文献，对其进行引文

分析与关键词聚类分析，分别绘制文献共被引、研究热点等授权型领导研究领域的知识图谱，由此探究国际授权型领导领域的研究现状与未来发展趋势，其中授权型领导领域的文献共被引知识图谱与作者合作网络图谱如图 3 所示。

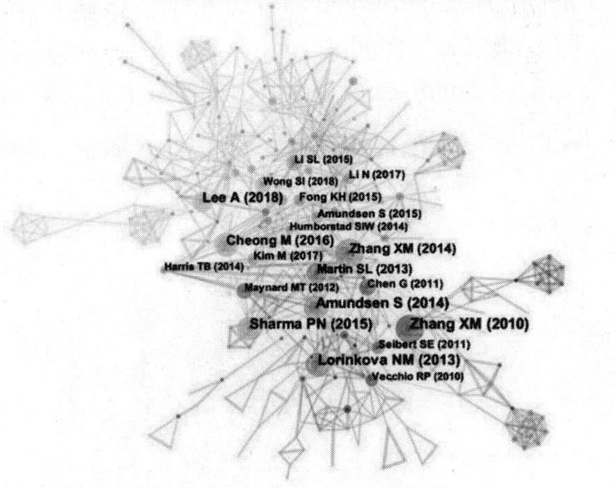

（a）授权型领导的文献共被引知识图谱

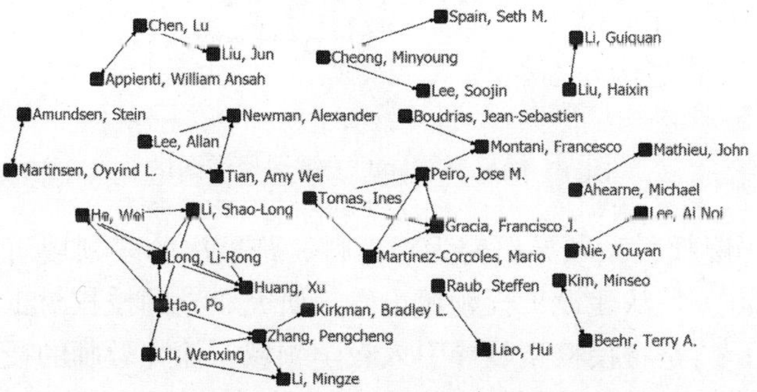

（b）授权型领导的作者合作网络图谱

图 3　授权型领导领域的文献共被引知识图谱与作者合作网络图谱

研究发现：在被引文献中，Zhang 等（2010）、Sharma 等（2015）与 Lorinkova 等（2013）等学者的学术成果被引用的次数较多。Zhang 等（2010）在研究中率先将西方的授权思想和创造性理论引入中方文化的实证研究中，并且首次证实了心理授权与员工的创造性参与之间的潜在联系，而授权型领导与员工创造力的关系是学术界关注的重点，因此该学术成果被学者广泛引用。在合作网络上，绝大部分作者之间的联系较为紧密，但仍以 2～3 人的小范围研究为主，形成了相对集中的合作网络。

运用 CiteSpace 软件对高频关键词进行聚类分析，所得聚类图如图 4 所示，结果发现，聚类标签包括离职意向（turnover intention）、情景因素（contextual factor）、安全参与（safety participation）、团队绩效（group performance）、员工创造力（employee creativity）、定性研究（qualitative research）、知识管理系统（knowledge management system）、以个人为中心的研究（person-centered analyses）等，可用于判断授权型领导研究的大致图景，总体结论有以下几点。

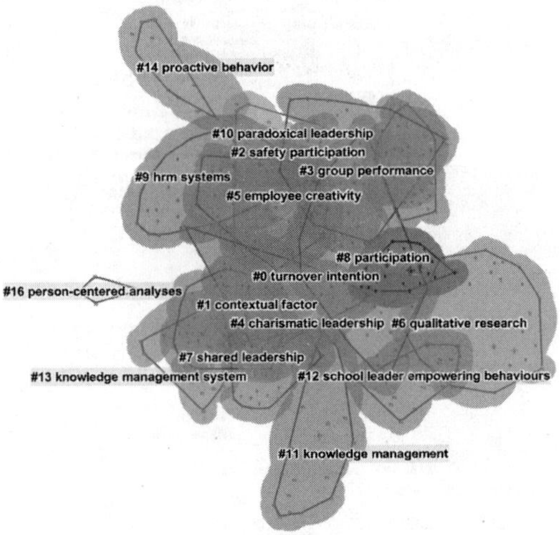

图 4　授权型领导的关键词聚类图谱

结论 1：国际授权型领导研究为跨学科、跨层次的多领域研究，具体可归纳为以下几类：一是从建设工程领域出发，研究领导的授权对工程领域员工安全参与的影响；二是将授权型领导引入教学领域，探究教师的授权行为对提高学生成绩的影响；三是从员工角度切入，探究授权型领导对员工主动性行为、创新与创造力的影响；四是辨析授权型领导与共享型领导、魅力型领导等的区别与联系。

结论 2：国际授权型领导研究注重宏观与微观、定性与定量等多视角、多方法的融合。在研究视角上，立足人力资源管理系统研究领导的授权行为对员工的影响，以领导为中心探究授权型领导的前因；基于动态视角、领导实际授权行为与员工授权期望的匹配程度等来考察授权型领导的效用。在研究方法上，不再拘泥于传统的以问卷调查为中心的定量研究方法，逐步使用“扎根理论”“人种学”等定性研究方法来探究授权型领导的前世今生。在研究结论上，授权型领导并不总是有效的，也存在负面的影响，学者考虑立足于具体的情景因素探究授权型领导有效性的边界条件，以形成对授权效用更为全面的认识。

结论 3：首先，国际授权型领导研究目前虽然成果显著，但绝大多数研究聚焦授权型领导对员工工作态度与行为的影响，较少涉及授权型领导对员工职业行为、家庭行为等会造成何种影响；其次，虽有部分学者考虑从多个层次探究授权型领导的效用，但总体上在这方面仍有待进行深入研究；最后，目前不少研究考察了授权型领导的效用，但对领导授权前因的探究仍然不足，因此未来可考虑对领导授权的前因进行更加深入细致的研究。

第二，对国内授权型领导领域研究的可视化探索。该部分的文献数据主要来自于中国知网（CNKI）的北大核心期刊、CSSCI 期刊以及 CSSCD 期刊，以“授权型领导”“领导授权赋能”等为研究主题。对有效的文献数据运用 CiteSpace 软件开展关键词时间演化分析，获取授权型领导领域的时间线视域图。通过分析时间线视域图上的信息，可以有效了解国内授权型领导研究的知识结构、研究热点与发展趋势。结果发现，聚类标签包括心理授权、授权赋能、创新行为、高校教师、双元领导、授权氛围等，可用于了解国内授权型领导研究的大致图景。在研究时长上，心理授权、授权赋能、创新行为等研究主题持续时间长，其中心理授权的研究更为持续；心理授权的研究多侧重分配公平、组织承诺、创业管理方面，创新行为研究则更多涉及员工建言、科研人员与制度环境等方面。在研究热点上，团队绩效、授权氛围与双元领导从后期开始被学者们关注，对团队绩效的重视说明授权型领导的研究更加注重实际效率；中国人有着较高的权力距离倾向，这种文化倾向会影响领导授权的效果，实践中部分企业只是名义上的领导授权，下属并未拥有被授予权力后本该有的自主性，因此良好的授权氛围对于顺利践行领导的授权至关重要；领导的授权会使得员工面临更多的不确定性，而不确定性对部分员工而言可能不是机遇而是威胁，因此有学者考虑寻找看似与授权对立、实则能与其互补的新型领导风格，因此双元领导力成为近些年来学者重点关注的对象。

四、授权型领导“双刃剑”效应的检验

授权型领导在以往的研究中一直被视为一种积极的领导，能够显著增加员工的工作满意度、工作投入和绩效等。但是，新近的研究也对此提出了质疑，并认为授权型领导可能会导致员工出现一系列的负面表现，例如，授权给下属可能会导致下属过度自信或压力过大等。这些不同的研究结论表明授权型领导的实际作用可能比想象的更为复杂，因此有必要进一步考察授权型领导引发的实际效应。已有研究多从其积极或消极效应单一方面探索，但并没有整合二

者，回答授权型领导是否会产生“双刃剑”效应的问题。而对这一问题的理解有助于我们进一步了解授权型领导的作用机理，明确授权产生的实际效用。此外，探索授权在何种条件下会产生差异化效应，也有助于我们理解授权产生的复杂效用，并为理论和实践提供更多有针对性的启示。

为此，在这部分的研究中，本文基于社会认知理论，探索授权型领导如何同时影响组织公民行为和亲组织不道德行为两种角色外行为，并探讨工作地位在授权型领导与组织公民行为和亲组织不道德行为中的中介作用，以及员工的责任感知在其中的调节作用（图 5）。我们基于 57 名领导和 301 名员工的配对多时间点数据，验证相关的研究假设。

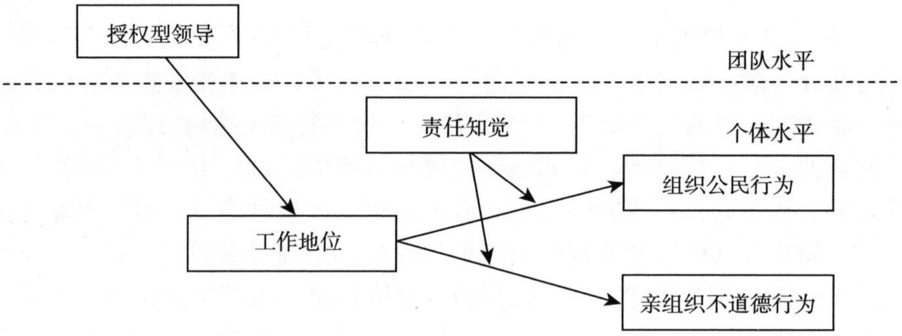

图 5　理论模型

研究结果表明，在控制了员工的人口统计学变量后，团队层面的授权型领导会对员工的工作地位产生正向影响（$\gamma=0.35$，$p<0.01$）。同时，工作地位可以正向影响组织公民行为（$b=0.07$，$p<0.05$）和亲组织不道德行为（$b=0.35$，$p<0.01$）。此外，我们运用蒙特卡洛方法，在 R 软件中计算了中介效应 95%的置信区间，结果表明，员工工作地位在授权型领导和组织公民行为之间的中介效应的 95%置信区间为 [0.002，0.06]，不包含 0。同时，员工的工作地位在授权型领导和亲组织不道德行为之间的中介效应 95%的置信区间为 [0.03，0.25]。因此，工作地位具有中介作用的假设得到了验证。除此之外，我们也检验了员工的责任知觉在工作地位与组织公民行为和亲组织不道德行为之间的调节作用。在加入交互项后发现，交互项对亲组织公民行为（$b=0.12$，$p<0.05$）和亲组织不道德行为（$b=-0.30$，$p<0.01$）的影响都显著，这支持了员工责任知觉在其中具有调节作用的假设。我们进一步绘制了交互效应图，发现仅当员工责任知觉较高时，授权型领导通过员工工作地位对组织公民行为的积极作用才显著；但是当员工责任知觉水平较低时，授权型领导通过工作地位对组织公民行为的积极作用并不显著。同样的，研究结果也表

明，仅当员工责任知觉水平较低时，授权型领导才能够通过工作地位引发员工的亲组织不道德行为。

结论与启示1：授权型领导可以同时引发员工积极和消极的行为，即组织公民行为和亲组织不道德行为，这为解决以往研究中关于授权型领导“好”与“坏”的争议提供了启示。同时，这也启示管理者在授权前应考虑其可能引发的负面效应，在有效运用其积极效应的同时，避免出现其潜在的负面结果。

结论与启示2：与授权型领导有关的积极和消极效应，是提升员工的工作地位引发的，这也为解释授权的另一种负面效应提供了思路，即授权可能引发员工在工作场所中地位的提升，这种地位的提升在激励员工做出积极的角色外行为的同时，也增加了员工从事不道德行为的可能性。

结论与启示3：员工的责任知觉在影响授权型领导产生实际效应的过程中，发挥了重要的作用。仅当员工责任知觉较高时，授权型领导才能够通过工作地位的提升引发员工的组织公民行为，才能保证领导授权发挥积极的效用，使员工做出积极行为。而当员工责任知觉较低时，员工的自我约束感也较低，可能导致他们对权力的滥用，引发员工的亲组织不道德行为。这启示领导者在授权时，应该将权力授予那些责任感较高的员工，他们能够因授权而做出积极的角色外行为，而不是亲组织不道德行为，确保授权型领导发挥积极效用。

此外，我们运用跨层次分析的方法，从团体层面探究授权型领导对个体创新行为的影响。个体的创新行为不仅受到外在动机的影响，还会受到员工对其自身评价的影响。以往的绝大多数研究，已证实领导的授权行为会改变员工的工作动机从而间接影响员工的工作行为，但对授权型领导是否会通过影响员工对自身的评价进而影响员工的个体创新行为却语焉不详。另外，已有的绝大部分研究发现授权型领导可以改善员工的工作态度与行为，如员工创造力提高、知识共享意愿增强等，但随着人们对授权型领导研究的深入，发现授权型领导并不一定都会产生积极效应，因此学者转变研究思路，开始探究授权型领导有效的边界条件，但以往关于此的绝大多数研究聚焦个体的特征因素与团队氛围，而较少考虑具体的组织情景是否会影响授权的效用。由于授权型领导是在特定的情境下产生的，在不同的环境下，授权型领导所产生的效用可能是不同的。有研究发现，领导的授权会导致工作场所中不确定性增加，员工的角色职责变得模糊，最终引发人际冲突，削弱授权型领导的积极效用，但也有学者提出有效的组织结构或许能有效避免领导授权产生的潜在的消极影响，并对其正面效应有一定增幅作用。因此，本研究响应学者应丰富授权型领导有效性理论机制研究的呼吁，基于自我概念的理论，构建了“授权型领导—基于组织的自尊—员工个体创新行为”的理论模型，以探究授权型领导影响员工个体创新行为的具体机制，如图 6 所示。

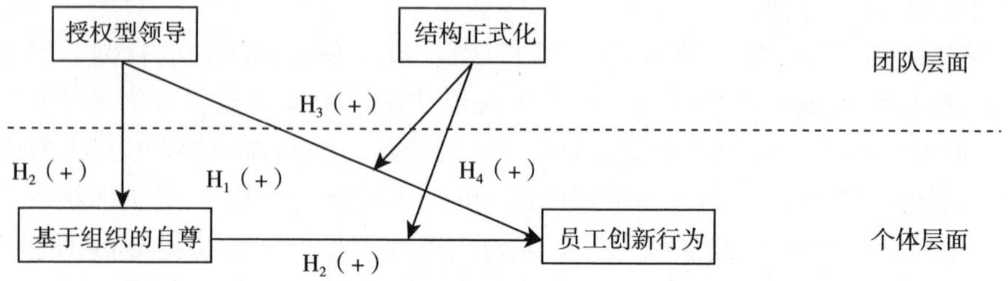

图 6 “授权型领导—基于组织的自尊—员工个体创新行为”理论模型

在能源、金融和科技等多个行业中收集领导—员工配对问卷数据，在剔除无效样本数据后对有效的数据进行信度与效度分析、跨层次分析。研究结果表明，授权型领导对员工的个体创新行为具备正向影响（$\beta=0.448$，$p<0.050$）。结合 Baron 和 Kenny 的三步法对本研究的中介效应进行检验，对三条路径的检验结果显示，授权型领导对基于组织的自尊有显著正向影响（$\beta=0.331$，$p<0.001$）；在同时将授权型领导与基于组织的自尊引入模型后，授权型领导对员工个体创新行为仍然具备正向影响（$\beta=0.439$，$p<0.050$），基于组织的自尊对员工个体创新行为具有正向影响（$\beta=0.191$，$p<0.001$）。运用 Monte Carlo 方法进一步检验间接效果是否存在，重复随机抽样 20 000 次中介效果的 95%的置信区间不包含零。通过构建授权型领导与结构正式化的交互项来检验结构正式化的调节效应，结果显示，授权型领导与结构正式化的交互项对员工创新行为有正向影响（$\beta=0.623$，$p<0.050$）；本研究进一步结合 Aiken 和 West 的简单斜率分析，得到仅在结构正式化水平较高时，能够显著增加授权型领导对创新行为的促进作用（$\beta=0.713$，$p<0.050$）。运用 Bootstrap 法再抽样 5 000 次检验有调节的中介效果，结果显示，只有当结构正式化水平较高时，授权型领导通过基于组织的自尊显著影响员工的创新行为（$\beta=0.246$，$p<0.050$），95%的置信区间不包含零。

结论与启示 1：研究支持了授权型领导对员工基于组织的自尊和个体创新行为具有跨层次的促进作用，进一步证实了领导的授权行为对引发员工个体创新行为具有积极作用。因此，组织的管理者可以考虑以授权的方式来引发员工的创新行为，因为领导的授权在一定程度上能使追随者形成对自身的积极评价，维持这种积极的自我评价的内在动机可以有效地激发员工的创造性思维，并使其开展相应的创新活动，从而提升企业有效应对不确定性环境的能力。

结论与启示 2：研究凸显了基于组织的自尊的重要作用，授权型领导可以为增加员工的创新行为创造良好的条件。管理者可以通过授权的方式赋予员工工作的意义与价值感，帮助员工构建积极的自我评价，使员工对自身组织身份与价值形成全面的理解与认同，这种理解与认同会不断引发员工对所拥有的群体身份积极评价的增量效应，并促使员工积极承担组织创新的责任，引发员工的自主创新行为。

结论与启示 3：研究强调了结构正式化的显著作用，即授权型领导对员工创新行为的正向影响需要团队结构正式化作为保障条件，澄清了人们对团队结构正式化的误解。因此领导者应正确看待组织中的正式化，区分不同正式化对员工行为与态度的影响。领导在授权的过程中要努力降低角色正式化，因为角色正式化会限制员工的自主性而与授权的初衷背道而驰，同时领导者要尽量保证结构的正式化，因为高度的结构的正式化是权责清晰、运作规范的体现，这有助于减少授权可能带来的不确定性，为员工积极承担创新责任、实施创新行为创造有利的规则和政策条件。

五、研究的扩展与延伸：领导授权行为的形成机制研究

鉴于领导授权行为影响因素研究多而分散的现实情况，有必要对领导授权行为的影响机制进行整合。因此，本研究主要对领导授权行为的多种影响因素和影响机制及其理论视角进行研究，并在此基础上指出未来具体的研究方向，为领导授权行为的研究和完善提供参考与启示。

1. 领导授权行为的影响因素研究

已有文献将影响因素分为环境因素、领导者因素、员工因素三类，但未详细划分类别。现有研究则对三者进行了多重划分。

环境因素分为一般环境与具体环境。针对一般环境，已有在性别角色理论指导下对“何人”因素的研究，而对“何地”“何时”等因素的研究相对较少。针对具体环境的研究多从资源保存理论出发，对工作压力、资源、环境等任务因素进行研究，而宏微观环境的不确定性与领导授权行为之间的关系则有待研究；针对社会因素的现有研究主要围绕社会学习理论和组织氛围理论展开，存在“消滴效应”等，同时发现对影响组织氛围的边界条件需要进行进一步研究。领导者因素现有研究，从文化价值观和人格特质两个方面分析领导授权行为，主要以霍夫斯泰德的文化维度理论和人格五因素模型为基点进行细分分析，尚缺少对经验开放性与外向性对领导授权行为的影响的研究。员工因素下的领导授权行为现有研究主要基于信任理论对人格特质理论、能力与品德的影响展开，探讨主动型人格、被信任能力、员工伦理行为等对授权的影响，同时

指出信任理论目前缺乏直接测量变量、感知水平影响、风险承担行为后果等分析的局限。

2. 领导授权行为的影响机制及其理论视角研究

现有研究主要在以领导者认知、情感动机等因素作为其行为近端变量的条件下，应用社会交换理论、信任理论、社会认知理论等对领导授权行为的影响机制进行阐述。

在社会交换理论视角下对领导授权行为进行研究发现，领导成员交换关系可以解释员工因素与领导授权行为的关系，但其不同维度对授权行为的差异化影响仍需进行进一步研究。在信任理论视角下进行的研究发现，不仅自我牺牲水平和性别对授权行为有影响，情感信任和认知信任的差异也会使授权行为产生前因的解释产生差异；在社会认知理论视角下，现有研究对不同自我效能感水平的领导者的授权情况进行了研究，而未从自我效能感不同来源的角度分析其是否影响领导授权行为。已有的对情绪即社会信息理论视角下的领导授权行为的研究发现，作为团队助人行为信号的积极情感基调和情绪唤醒领导情感都对领导授权行为具有积极作用；现有研究发现领导基于授权风险视角从任务绩效风险、组织利益风险、权力地位风险视角考量是否授权，且前两者对授权产生负面影响；同时下属资历的高低也会影响领导的风险感知，水平高所代表的高威胁对领导授权产生负面影响。

通过对领导授权行为影响因素、影响机制及其理论视角的分析，得出以下结论与启示。

结论与启示 1：未来研究应在已有领导授权行为本土测量量表数量较少且内容不全面、适用性待考证的情况下，强化对本土化领导授权行为影响因素的探索，不仅要关注测量内容上与西方的区别，同时在影响因素上也要考虑儒家文化对国人价值观的影响。

结论与启示 2：未来研究应在授权领导行为多种维度的影响因素数量较少的实际条件下，注重考察领导授权行为不同维度的影响因素之间的差异；另外，在探讨领导授权行为的前因变量时，注意分维度分析以及在总体分析后检验细分维度。

结论与启示 3：未来在基于情景领导过程模型和对环境因素的具体划分的研究中，对组织嵌入与互动频率、国家文化与内隐领导特质、组织类型区分、领导变更与组织行为风格、经济周期与领导应变行为、时间压力等“何地”“何人”“何时”因素对领导授权行为的影响进行深入分析。

结论与启示 4：未来在对基于 CIP 领导模型与领导者认知限定其行为、心智模式对领导授权行为影响的研究中，注重探讨广泛授权的魅力领导心智模式和强调下属助力解决新情景问题的实用主义心智模式是否具有相同领导结果，是否会对领导授权行为产生差异性影响。

结论与启示 5：鉴于以往研究多将追随者作为影响领导行为的边界条件却忽视其对领导行为及过程的影响的问题，未来研究应基于追随理论探讨追随者对领导行为及领导过程的影响，进而深度考察下属角色导向、追随行为、领导成员交换或领导信任下属影响领导授权行为的路径。

乡村振兴战略下黑龙江省品牌强农建设的有效路径研究*

杨 辉 等

农业是我国最重要的产业，我国许多农产品不仅满足了本国自身的需求，也出口到国外农产品市场，为全世界人民解决了吃的问题。从改革开放到今天，我国不断加强与世界各国的进出口交易，社会与经济的发展都进入了新阶段，各类产业不断发展壮大。农业作为我国各大产业发展的基础及人们生产生活的重要保障，发展也呈现出日新月异的局面。农产品的优势品种不断培育出来，且产量逐年提高，满足了市场和消费者日益多样化的需求。面对日益激烈的国际市场竞争，提升农产品质量、加强农产品品牌建设，已成为实现我国农产品出口贸易高质高效新发展，构建农产品贸易强国的必然选择。面对竞争日益激烈的国际农产品市场，将我国农产品品牌进一步发展壮大，提高综合实力，是保障农产品竞争力不断增强的重要手段和必然途径。

放眼国内市场，随着农产品生产及加工企业数量的不断增加，农产品消费市场的竞争激烈程度开始逐年攀升，农产品如何在激烈的市场竞争中获得消费者的青睐，是农产品企业需要重点考虑的问题。农产品品牌作为凝聚文化与内涵的无形竞争力，往往会影响消费者对企业的第一印象，成为决定市场占有额的重要因素。农产品品牌的建设和优化，往往是多方面因素的共同作用结果。建设农产品品牌，首先要保证农产品的质量，质量是一切品牌建设的基础。连续多年的中央1号文件将培育农产品品牌作为农业领域的重要发展方向并强调其重要意义。我国各地陆续将农产品品牌建设列为当地的重要发展规划，并通过各类政策对其进行扶持。在全国人民共同的努力下，涉农企业和农业经营主体在思想观念上有了新的改变和进步，品牌意识不断增强，现代农业生产经营管理理念也逐渐深入人心。

---

* 黑龙江省哲学社会科学研究规划项目（课题编号：21JYA005）。

项目负责人为杨辉副教授，主要参加人员有夏凌云、于洁、吴珂佳、张永强、吴雅南、张竹、张鹏鹏、张振兴。

一、黑龙江省农产品发展现状及品牌建设概况分析

（一）黑龙江省农产品发展现状

1. 黑龙江省农产品的基本概况

（1）粮食作物。黑龙江省作为我国最重要的商品粮基地，在维护国家粮食安全方面起到“压舱石”的作用。2021年黑龙江省粮食生产以玉米、水稻、大豆、小麦、马铃薯为主，还有少部分的杂粮杂豆。其中，玉米、水稻和大豆三大作物面积占农作物播种面积的90%以上，其他作物的则不足10%。2012年，黑龙江水稻播种面积为360.1万公顷，产量约为2 718万吨，自2015年以来基本呈现平稳上升趋势；2022年玉米播种面积为597万公顷，产量为4 038.4万吨；大豆播种面积约为493.2万公顷，产量约为953.4万吨，2019—2022年种植面积呈现较大幅度回升。2018年，黑龙江省针对大豆、玉米生产者补贴标准继续实行差异化政策，大豆生产者补贴标准每亩达200元以上，高于玉米生产者补贴标准100元以上，这进一步调动了农户种植大豆的积极性，大豆种植面积继续回升。

在品牌建设方面，近年来，黑龙江省粮油品牌影响力不断提升。五常大米、响水大米、富锦大米、庆安大米等品牌优势逐步凸显。黑龙江大米品质好、口感好，已逐步被消费者认可，无公害、绿色、有机品牌稻米的市场空间不断拓展；绥化、兰西等地的鲜食玉米品牌发展势头良好。大豆除北大荒集团九三油脂品牌知名度较高外，多数中小型加工企业品牌影响力弱。

（2）蔬菜。随着农业供给侧结构性改革的推进，黑龙江省蔬菜产业在全省农业产业中的比重显著增加，蔬菜种植规模不断扩大，已基本形成棚室蔬菜和露地蔬菜同步发展的格局，优质栽培品种日益增多，比较效益愈发突出。2017年黑龙江省大宗蔬菜总播种面积约34.5万公顷。其中露地蔬菜播种面积约25.2万公顷，占2017年蔬菜总播种面积的73%，较2016年增加了16.16%；设施蔬菜播种面积约为9.3万公顷，占2017年蔬菜总播种面积的27%，较2016年增加了8.86%。露地蔬菜播种面积增速高于设施蔬菜播种面积的增速。全省各地均有蔬菜种植，已基本形成了北部高纬度夏秋蔬菜的优势区域，蔬菜主要产区集中在人口较密集的地区和新兴的棚室经济发达地区，如哈尔滨、绥化、齐齐哈尔、牡丹江和大庆等市。

在品牌建设方面，黑龙江省蔬菜缺少在全国叫得响的、具有特色的知名品牌，目前仅有“双城菇娘”“牡丹江油豆角”“东宁黑木耳”“克山马铃薯”等

28个国家地理标志农产品品牌。据调研，虽然全省已形成品牌销售的蔬菜合作社数量约占40%，但有部分处于盲目发展状态，对于自身品牌如何做大做强，缺乏行业指导和长远规划，尤其是西甜瓜、圆葱、番茄、辣椒等龙江特色蔬菜，缺乏全国知名品牌。

（3）肉类。黑龙江省在“两牛一猪”标准化规模养殖基地建设项目带动下，畜产品产业发展迅速。生猪产业以“扩总量、提质量、增效益”为目标，加快东北民猪等特有资源的开发利用，坚持走差异化竞争、品牌化发展之路；肉牛产业以力争打造全国高档牛肉生产第一大省为目标，加快龙江和牛、安格斯牛的发展。黑龙江省畜牧主产区主要分布在哈尔滨、齐齐哈尔、绥化、佳木斯、牡丹江及大庆等市，生产区域化特征明显。2022 年，生猪存栏和出栏量分别为 1 439.1 万头和 2 317.3 万头，分别较上年增长 1.6%和 4%；牛和羊出栏量分别为 311.4 万头和 895.9 万只，分别较上年增长 3.9%和 1.8%；猪肉、牛肉、羊肉产量分别较上年增长 3.8%、3.9%、1.7%。

在品牌建设方面，近年来，黑龙江省肉类品牌建设步伐加快，以龙头企业带动发展为主，已有大庄园肉业、大众肉联、宾西肉业、阿妈牧场、皓月食品、龙江元盛等多家大中型企业，同时通过招商引资，不断吸引双汇、金锣、雨润等知名企业入驻。经过多年打造，已有哈肉联、秋林里道斯、正阳楼等老字号品牌，拥有大庄园、秋林、宾西、雪山来客、希波等多个黑龙江省自主品牌。

2. 黑龙江省农产品主要分布情况

黑龙江省拥有最多农产品的城市是哈尔滨市，有 33 种，鸡西市最少，只有 2 种，齐齐哈尔市有 11 种，牡丹江市有 23 种，佳木斯市有 14 种，伊春市有 7 种，七台河市有 5 种，大庆市有 11 种，鹤岗市有 7 种，黑河市有 11 种，双鸭山市有 4 种，绥化市有 7 种，农垦有 10 种，大兴安岭地区有 4 种。

（二）黑龙江省品牌建设现状分析

1. 申请数量情况

黑龙江省是农业大省，是国家重要商品粮供应基地。近年来，黑龙江省依托得天独厚的农业资源和生态优势，在打造“绿色有机、寒地黑土、非转基因品牌”上下功夫，在全国率先制定《关于推动黑龙江省有机农业发展的指导意见》，稳步扩大有机农业生产基地。2020 年，全省绿色、有机食品认证面积发展到 8 500 万亩（其中有机认证面积为 850 万亩），占农作物播种面积的 1/3。全省农产品质量安全监测总体合格率稳定在 98%以上。规模以上农产品加工企业发展到 1 589 家，同比增加 104 家。绿色食品产品达 2 936 个，有机食品预计获证645个（农业系统），累计登记保护农产品地理标志149个，中国驰名商标农产品37个，中国名牌农产品10个，13个农产品区域公用品牌入选中国农业品牌目录。在2020年中国品牌日的“2020中国品牌价值评价信息”榜中，黑龙江省有4个企业、7个品牌入榜。2020年7月，黑龙江省的五常大米、肇源大米、东宁黑木耳3个地理标志入选《中欧地理标志协定》保护的首批中国100个地理标志产品目录。2020年8月，世界品牌实验室发布报告称，黑龙江省的“北大荒”品牌价值突破千亿大关，达到1 028.36亿元，并首次入选世界品牌500强榜单，位列第430位，位居亚洲品牌500强第90位。

2. 地域覆盖情况

截至2021年，黑龙江省农产品地理标志登记工作已经覆盖全省13个市（地）、30个县（市），分别占市（地）总量的75%，县（市）总量的38.6%。在2011年以后，黑龙江省地理标志农产品覆盖的地区范围更加广阔。2021年具体的地域覆盖情况：哈尔滨市登记34个，齐齐哈尔市登记11个，牡丹江市登记14个，佳木斯市登记10个，大庆市登记12个，鸡西市登记3个，双鸭山市登记4个，伊春市登记7个，七台河市登记5个，鹤岗市登记7个，大兴安岭地区登记4个，绥化市登记7个，黑河市登记11个，农垦登记10个。黑龙江省积极地开展农产品地理标志工作，并且辐射地域更为广阔，深入的地市逐渐增多。

3. 登记种类分布情况

从黑龙江省农产品地理标志的种类来看，登记最初主要集中在种植业特别是粮食领域。随着黑龙江省地理标志相关工作的深入，登记种类也逐渐增多，已发展延伸到果品类、食用菌类、渔业、蔬菜等多个产业。其中，哈尔滨市的农产品地理标志最多，有34个，而鸡西市最少，只有3个。

4. 品牌效应情况

黑龙江省重点发展绿色有机产品、高品质食品、乳制品和畜牧产品，培育出“寒地黑土”“黑森”“北大荒”“五常大米”“绥化鲜食玉米”“九三大豆”“飞鹤”等一批知名品牌，农产品品牌的知名度和美誉度不断提升；连续多年举办中国·黑龙江国际大米节，开展全省十大区域公用品牌和企业品牌评选活动；积极组织参加“2020国际大米品牌大会”，其中北大荒大米、五常大米、庆安大米和佳木斯大米荣获“2020十大大米区域公用品牌”称号，北大荒鲜香米、金谷农场、庆禾香荣获“2020全国十大好吃米饭”称号。组织开展“互联网+”农产品出村进城，海伦市、绥滨县、林甸县成功列入国家级“互联网+”农产品出村进城试点县。

黑龙江省农产品品牌的获益能力不断增强，品牌效应凸显并已呈积极发展的态势。自从五常大米成为地理标志农产品品牌后，其产品价格翻了几番，带动农民收入增长了 3～4 倍，产品已经走出国门，并带动了其他产业的发展。“2020 中国品牌价值”评价中，黑龙江省共有 14 个品牌进入榜单。其中，农业品牌榜单有四个，分别是：北大荒垦丰种业股份有限公司，品牌强度为 856，品牌价值为 15.94 亿元；大庄园肉业集团股份有限公司，品牌强度为 826，品牌价值为 15.11 亿元；肇源县鲶鱼沟万基谷物加工有限责任公司，品牌强度为 714，品牌价值为 9.54 亿元；延寿县仁杰米业有限公司，品牌强度为 753，品牌价值为 5.58 亿元。在地理标志农产品的评价中，有 7 个市（县）进入榜单，排名分别为：五常大米，第 5 名；佳木斯大米，第 14 名；方正大米，第 30 名；庆安大米，第 31 名；泰来大米，第 70 名；绥化鲜食玉米，第 86 名；海伦大豆，第 110 名。

（三）黑龙江省品牌建设成效分析

近年来，黑龙江省委、省政府高度重视农产品品牌建设，把农产品品牌建设作为增加农民收入和提高农业综合竞争力的重要措施来抓，通过加强宣传、政策扶持、品牌整合等措施，加大品牌培育、保护和发展推进力度，使农产品品牌知名度和市场占有率不断提高。

1. 品牌意识不断增强

随着我国市场经济的建立和完善，特别是在国内外农产品市场竞争日趋激烈的形势下，黑龙江省许多农产品生产加工企业和新型经营主体逐步意识到现在的市场竞争正在由过去单纯的价格和质量竞争，向品牌竞争发展，品牌意识进一步增强，培育、保护和发展品牌的措施进一步加强，为推动农产品品牌建设奠定了基础。

2. 部分品牌开始打响

近年来，随着黑龙江省对农产品品牌宣传和政策扶持力度的加大，以及企业和新型农业经营主体自身品牌意识的不断增强，特别是经过激烈的市场竞争，黑龙江省一些农产品品牌在国内外市场上的品牌知名度和市场占有率不断提高，品牌农产品在同行业的市场份额增加，品牌价值提升。在 2016 年农业部举办的首届中国大米品牌大会上，黑龙江省五常大米、响水大米、庆安大米 3 个大米品牌获“2016 中国全国十大大米区域公用品牌”称号，5 家大米企业品牌大米获“中国十大好吃米饭”称号，6 家大米企业获“2016 中国大米区域公用品牌核心企业”称号，获得的殊荣数量之多，占比之大，前所未有。

3. 品牌作用日益凸显

以绿色食品为主导品牌的农产品品牌，已成为黑龙江省农业产业竞争力的核心，品牌因素在开拓市场、提升农产品市场竞争力、带动基地生产发展、实现绿色食品产业又好又快发展方面发挥了重要作用。绿色食品已成为黑龙江省政府主导的公共品牌，认知度和公信力明显提高，居全国前列。绿色食品省外销售额超过千亿元，产品遍布全国，同时远销 40 多个国家和地区，推动了农业标准化、品牌化、国际化，有力地促进了农业增效和农民增收。绿色食品销售价格普遍高于普通农产品的价格，部分售价比普通产品高出 1 倍甚至几倍，实现了企业和农户“双增收”。

4. 营销网络趋于完善

黑龙江省线下组织企业参加各类展会，推广产品，线上利用淘宝、拼多多等电商平台，面向国内外市场，宣传品牌。例如，梅里斯达斡尔族区搭建了网络销售新平台，与浙江商帮科技签订线上销售协议，开展线上线下综合营销，带动洋葱产业发展，全区洋葱总产值近 6 亿元，仅此一项就拉动了全区农民人均增收 2 000 元以上，占农民人均纯收入的 20%。现代信息技术的发展速度非常快，越来越多的信息传播工具不断出现，比如微博、微信、抖音等。在营销推广农产品品牌的过程中，黑龙江利用这些信息传播工具为农产品品牌进行品牌推广，打破传统单一的传播模式，拓宽了传播渠道。

二、黑龙江省农产品品牌建设行为分析——以涉农组织为例

（一）调研区域

本研究以黑龙江省为例，开展了一次较大规模的调查。调查人员选取农业发展较好的（兼顾涉农组织发展比较好、产粮大县等指标）地区展开调查，初步选取甘南县、青冈县、林口县、克山县、宝清县、五常市六个县（市），计划选取 200 个所属的涉农组织进行实地问卷调查。此次调研共收到问卷 200 份。剔除关键信息缺失等无效问卷 6 份，共获得 194 份有效调研样本，调研问卷有效率为 97%。其中甘南县 37 份、林口县 45 份、克山县 41 份、宝清县 34 份、宝清县市 37 份。

（二）前期准备

通过前文对黑龙江省农产品发展现状及品牌建设概况的分析可知，黑龙江省丰富的特色农业资源是黑龙江省品牌竞争优势的源泉。目前黑龙江省农产品

品牌仍多小弱，知名品牌市场份额不高，品牌企业难以做大做强，且多数涉农组织的农产品生产标准低，品牌管理机制不完善，带动能力不强，这些严重制约了黑龙江省农业企业的品牌建设水平。因此，有必要利用实证模型对涉农组织品牌建设行为展开分析，探究影响因素。调查问卷设计结合黑龙江省实际情况，分为两大部分：第一部分为管理者基本情况，第二部分为企业经营现状（企业基本情况、信息化程度、标准化程度、品牌建设情况、外部市场情况、政府扶持情况）。

（三）计量模型及其结果分析

1. 变量的选取

（1）被解释变量。根据赵龙（2006）和娄锋（2013）对农产品品牌和品牌建设概念的定义，本课题在研究时，将涉农组织的农产品品牌建设行为作为被解释变量，在这里借鉴田文勇（2014）的做法，选取两个被解释变量。①农产品品牌建设决策行为：按照企业产品是否有注册商标或有地理标志注册来表示，有则取值为 1，没有则为 0；②农产品品牌建设实施行为：用企业拥有的农产品自主品牌或注册商标的数量来表示。

（2）解释变量。本研究将影响因素分为四个维度。①管理者基本情况：主要包括管理者的性别、年龄、文化程度、非农就业经历、担任村干部经历，另外还包括其对品牌价值的理解、对品牌的认知程度等变量。②企业经营现状：企业基本情况（性质、所有制类型、成立年限、企业规模等）、信息化程度、标准化程度、品牌建设情况。③外部市场情况：本企业产品市场竞争程度和市场需求程度。④政府扶持情况：政府是否给予政策、资金扶持以及有无提供相关培训、指导。相关变量的定义及赋值如表 1 所示。

表 1　相关变量的定义及赋值

变量		问题	赋值
被解释变量	农产品品牌建设决策行为	本企业产品是否有注册商标或有地理标志注册？	有＝1（进行品牌建设）；无＝0（未进行品牌建设）
	农产品品牌建设实施行为	本企业拥有的农产品自主品牌或注册商标有多少个？	

（续）

变量			问题	赋值
管理者基本情况	性别		您的性别？	男=1；女=0
	年龄		您的年龄？	18 岁以下=1；18～25 岁=2；26～30 岁=3；31～40 岁=4；41～50 岁=5；51～60 岁=6；60 岁以上=7
	文化程度		您的受教育程度是？	小学=1；初中=2；高中、中专=3；大专=4；本科=5；硕士及以上=6
	非农就业经历		您是否有过非农就业经历？	是=1；否=0
	担任村干部经历		您是否有担任村干部的经历？	是=1；否=0
	对品牌价值的理解		您认为品牌建设对本公司的发展具有多大作用？	没有作用=1；较少作用=2；一般作用=3；重要作用=4；决定作用=5
	对品牌的认知程度		您对农产品品牌建设的认知程度如何？	完全不了解=1；比较不了解=2；一般了解=3；比较了解=4；完全了解=5
企业经营现状	企业基本情况	企业性质	本企业的性质？	龙头企业=1；农民专业合作社=2；普通农业企业=3；农家乐=4
		所有制类型	本企业的所有制类型是什么？	国有=1；集体=2；股份制=3；私营=4；其他=5
		成立年限	本企业成立了多长时间？	1～5 年=1；5～10 年=2；10～15 年=3；15～20 年=4；20 年以上=5
		企业规模	本企业拥有的员工人数是多少？	100 人以下=1；100 人以上、400 人以下=2；400 人以上、700 人以下=3；700 人以上、1 000 人以下=4；1 000 人以上=5
		销售额	本企业去年的销售额为多少？	500 万元以下=2；500 万～1 000 万元=2；1 000 万～3 000 万元=3；3 000 万～5 000 万元=4；5 000 万元以上=5
	信息化程度		本企业是否拥有主管信息化的机构、人员、制度？	是=1；否=0

（续）

变量			问题	赋值
企业经营现状	标准化程度		本企业按哪种标准生产农产品？	没有具体标准＝1；企业标准＝2；行业标准＝3；地方标准＝4；国家标准＝5
	品牌建设情况	品牌管理机制	本企业的品牌管理职能部门设置情况如何？	没有设置明确的品牌管理部门＝1；设置了兼职品牌管理的部门＝2；设立了专职品牌管理的部门＝3
		品牌推广计划	本企业是否拥有品牌推广计划吗？	没有推广计划＝1；有，但不明确＝2；有明确的推广计划＝2
外部市场情况	市场竞争程度		本企业主营产品的市场竞争激烈程度如何？	很小＝1；较小＝2；一般＝3；较大＝4；很大＝5
	市场需求程度		本企业主营产品的市场需求程度如何？	很小＝1；较小＝2；一般＝3；较大＝4；很大＝5
政府扶持情况	政府扶持状况		本企业是否得到当地政府资金、政策的支持？	是＝1；否＝0
	相关培训、指导		政府是否进行了品牌建设的宣传及相关培训、指导？	是＝1；否＝0

2. 变量的描述性统计

表 2 主要为各变量的描述性统计结果。本研究所筛选的 194 个样本数据中，有 57 家龙头企业、54 家农民专业合作社、62 家普通农业企业、21 家农家乐。在样本数据中，参与品牌建设的涉农组织较多，占比 74.2%，拥有的农产品自主品牌或注册商标的均值为 3.47。本次受访企业的管理者性别比例均衡，男性占总样本数的 54.6%，女性占总样本数的 45.4%，说明当前样本分布较为均衡。样本所显示的文化程度主要为初中以下。企业管理者大多在 30 岁以上，多为已婚男性，受过高等教育的户主较多。

3. 模型设定

本文将影响涉农组织品牌建设的因素分为两个部分进行探究。因此本文使用两个模型，模型设定如下。

（1）农产品品牌建设决策行为。本文被解释变量之一为涉农组织是否参与品牌建设，用涉农是否有注册商标或有地理标志注册来表示，这是二值离散型

虚拟变量，因此建立 Probit 模型如下

$$\begin{cases} Y_{1i}^{*} = \beta_0 + \sum_{j=1}^{k} \beta_j X_{ij} + \xi_i，\ \xi_i \sim N(0，1) \\ Y_{1i} = \begin{cases} 1，Y_{1i}^{*} > 0 \\ 0，Y_{1i}^{*} \leqslant 0 \end{cases} \end{cases} \tag{1}$$

其中，Y_{1i}^{*} 表示被解释变量农产品品牌建设决策行为，即是否参与品牌建设。当涉农组织有参与品牌建设，则 $Y_{1i}=1$；反之，$Y_{1i}=0$。X_{ij} 表示影响农产品品牌建设的自变量。

表 2　相关变量的描述性统计

变量类型	变量	平均值	标准差	最小值	最大值
因变量	建设决策行为	0.732	0.444	0	1
	建设实施行为	3.392	3.608	0	20
自变量	性别	0.546	0.499	0	1
	年龄	4.129	1.225	2	7
	文化程度	3.830	1.220	1	6
	非农就业经历	0.887	0.318	0	1
	对品牌价值的理解	3.438	0.881	1	5
	对品牌的认知程度	3.144	1.001	1	5
	企业性质	2.536	0.917	1	4
	所有制类型	3.155	0.831	1	5
	成立年限	2.706	1.268	1	5
	企业规模	2.376	1.216	1	5
	销售额	2.459	1.192	1	5
	信息化程度	0.619	0.498	0	1
	标准化程度	3.232	1.451	1	5
	品牌管理机制	1.804	0.790	1	3
	品牌推广计划	1.974	0.686	1	3
	市场竞争程度	2.629	0.937	1	5
	市场需求程度	3.402	0.883	1	5
	政府扶持状况	0.680	0.468	0	1
	相关培训、指导	0.567	0.507	0	1

（2）农产品品牌建设实施行为。本文另一个被解释变量为农产品品牌建设实施行为，用企业拥有的农产品自主品牌或注册商标的数量来表示。由于企业拥有的农产品自主品牌或注册商标数量是截断的，因此建立 Tobit 模型如下

$$\begin{cases} Y_{2i}^{*} = \beta_0 + \sum_{j=1}^{k} \beta_j X_{ij} + U_i, \quad U_i \sim N(0, \sigma^2) \\ Y_{2i} = \mathrm{Max}(0, Y_{2i}^{*}) \begin{cases} Y_{2i}^{*}, & Y_{2i}^{*} \geqslant 0 \\ 0, & Y_{2i}^{*} < 0 \end{cases} \end{cases} \tag{2}$$

其中，Y_{2i}^{*} 表示潜变量，Y_{2i} 表示被解释变量——农产品品牌建设实施行为即企业拥有的农产品自主品牌或注册商标的数量。

4. 实证结果分析

分析结果如表 3 所示。

表 3　实证结果分析

变量名称	Probit 模型	Tobit 模型
性别	−1.219 (0.772)	−0.559 (0.455)
年龄	0.880** (0.385)	−0.012 5 (0.203)
文化程度	0.669* (0.403)	0.500** (0.212)
非农就业经历	1.017 (1.427)	0.407 (0.710)
对品牌价值的理解	1.060* (0.559)	0.633** (0.317)
对品牌的认知程度	0.954** (0.422)	0.285 (0.310)
企业性质	0.121 (0.485)	0.366 (0.258)
所有制类型	−0.011 8 (0.545)	0.305 (0.290)
成立年限	0.730* (0.373)	0.067 6 (0.241)

（续）

变量名称	Probit 模型	Tobit 模型
企业规模	1.513*** (0.567)	1.479*** (0.243)
销售额	−0.774** (0.365)	0.327 (0.242)
信息化程度	2.165** (0.985)	1.114** (0.511)
标准化程度	0.387** (0.186)	0.447** (0.195)
品牌管理机制	2.884*** (1.063)	0.770** (0.302)
品牌推广计划	0.157 (0.347)	0.086 2 (0.356)
市场竞争程度	0.565 (0.378)	0.955* (0.269)
市场需求程度	−0.732 (0.536)	0.140 (0.286)
政府扶持状况	2.342** (1.057)	1.370** (0.555)
相关培训、指导	2.535* (1.358)	0.213 (0.513)

注：***、**、*分别表示解释变量系数在1%、5%和10%的置信水平上具有统计显著性。括号里数据为 T 值，用来判断是否显著。

(1) 决策行为影响因素分析。从管理者的基本情况来看，企业管理者的年龄、文化程度变量显著，可能的原因是随着年龄的增长，管理者由于长期从事农产品生产、经营活动，具有相对丰富的农产品生产实践经验和市场运营管理经验，会做出更合理的品牌建设选择。管理者的受教育程度对企业的品牌建设有很大的影响作用，这是由于文化程度较高的管理者学习能力较强，更容易具备高远的市场前瞻性以及组织进行品牌建设的行动能力。在管理者的基本情况中，除了年龄和文化程度之外，管理者对品牌价值的理解、对品牌的认知程度、对企业的品牌建设的决策行为具有显著的影响。对品牌价值越重视、对品牌认知较深刻的管理者，在经营管理时越会重视农产品的品牌建设。

从企业组织经营现状来看，企业的成立年限在10％的显著水平下和企业规模在1％的显著性水平下，对企业的品牌建设决策具有正向的影响作用。成立较久的涉农企业，经过多年的发展和业务积累，其管理制度较完善，发展较规范，参与农产品生产、经营时间相对较久，对农产品市场的把握更加敏感，更能深刻体会到品牌建设的重要性和必要性。随着企业管理者对农产品市场经营经验的积累，其为了应对市场对农产品需求的变化及获得可观的经济效益，带领员工做出农产品品牌建设决策的动机也较强烈。面对激烈的市场竞争，企业越要不断扩张规模，就越会选择进行品牌建设，增强自身产品的市场竞争力。企业也利用生产规模优势降低农产品生产环节中的各成本和费用支出，获得相对较低的农产品成本优势，增强农产品市场竞争优势，这在一定程度上增强了品牌建设决策的信心。另外可以看出，企业的销售额在5％的显著性水平下，对企业建设决策行为具有影响作用。但从实证分析结果来看，销售额对品牌建设决策的作用是反向的，这一点仍待进一步考究。此外，企业的信息化程度和标准化程度和品牌管理机制对企业的品牌决策都有显著的影响。企业生产标准、信息化程度越高，运作流程将会越规范，越有利于企业创建自身的品牌。

在政府的扶持情况方面，政府的资金、政策的扶持以及给予的相关培训、指导对企业的品牌建设具有促进作用。政府的帮扶能够缓解企业当前面临的棘手问题，有助于企业的品牌建设。

（2）实施行为影响因素分析。企业管理者的文化程度和对品牌的认知程度对品牌建设行为具有正向的影响作用，且在5％的显著性水平下显著。管理者作为企业的组织、领导者，受教育程度越高，越具有远瞻性，越能认识到品牌建设的必要性和重要性。

企业规模对品牌建设行为具有显著的影响。可见企业规模组织越大，销售额越高，对自身来说，此时品牌建设的成本和费用越低，实施品牌建设的动机也越大。另外，企业的品牌管理机制对品牌建设也有显著影响。企业的品牌管理机制越完善，品牌建设水平则越高。另外，企业的信息化程度、标准化程度对企业的品牌建设实施行为具有显著的正向影响。企业的运作流程越规范，专业化程度越高，数据采集与信息传输的效率越高，信息化程度越高，对于企业来说，企业的产品的质量和安全将更有保障，品牌建设将会越容易，品牌也会越做越大。

在外部市场情况方面，市场竞争程度对品牌建设的决策具有显著的影响。具体来看，农产品市场竞争越激烈，企业意识到危机后，在战略规划时越会加强自身品牌建设，提高竞争力。面对激烈的市场竞争，企业要不断地增强自身的核心竞争力，对品牌的要求就越高，在品牌建设上的关注和投入就越多，品牌建设的实施效果就越好。

政府对农业企业的资金财政支持，能够为企业带来品牌建设的动力，帮助企业的品牌发展。

三、黑龙江省农产品品牌建设存在的问题分析

（一）思想观念因素

1. 农户自主意愿和积极性低

当前，黑龙江省多数农业品牌缺乏竞争力且规模不大，产品质量优势不明显，缺少市场吸引力。这使得黑龙江省的农产品虽然总量大、种类多、农业品牌多，但是缺少高知名度的品牌。另外一个重要原因是在农业品牌建设过程中农户的意愿不强、积极性低。因为很多农户受限于传统经验、资金、技术及管理等因素，重视眼前利益，认为品牌建设与自己无关，没有意识到现在的市场竞争正在由过去单纯的价格和质量竞争向品牌竞争发展，看不到品牌效应对农产品发展的重要作用，也没有能力从事农产品品牌建设工作。虽然近年来黑龙江省大力实施品牌强农战略，但是品牌多小弱的局面没有明显改善，当前少量的农业品牌还不足以带动全省农业品牌市场的发展，而提高农户意愿与积极性既需要多方面的扶持与投入，也需要一定的时间。

2. 企业及合作社带动性不强

黑龙江省农业企业和农业合作社组织数量虽然多，但是具有示范带动作用的龙头企业和合作社的数量很少，市场占有率低，市场份额小，影响力不大。规模小、实力弱、示范带动能力不强的企业无法有效带动农户、基地和合作社等多方经营主体，在产地环境、投入品管控等关键环节无法推动品牌标准化建设，不利于提升品牌价值和知名度。一些农业企业认为农业品牌建设投入成本高，过度重视眼前利益，看不到农业品牌的长期效益，使得品牌建设投入少、建设进度慢，品牌知名度不高。一些农业企业对品牌建设的认知出现偏差，重视品牌认证但后续对农业品牌的培育不足，没有给产品和品牌赋予文化内涵。有些农业企业不重视农业区域品牌的发展，缺少投入，使得品牌缺乏内涵和文化底蕴，无法提高消费者购买忠诚度和品牌市场力。同样，很多农业合作社也缺少科学而规范的管理方法，推动品牌建设的相关机制不够完善，效率低下，缺乏应有的带动能力，制约了品牌建设的发展水平。

3. 消费者品牌观念淡薄

虽然大多数农产品属于生活必需品，但是在品质差距不大的情况下，消费

者倾向于知名度高的品牌。与其他知名农业品牌相比，黑龙江省消费者品牌观念较为淡薄，消费者忠诚度偏低，这是因为很多农业企业不能准确把握市场需求，市场定位不够清晰，品牌承载的文化底蕴不够，很多农业区域品牌产品品质也参差不齐。农产品的品质很难由消费者直观感受到，容易造成消费者与生产者信息不对称的情况，这就要求生产者在提升产品质量的同时，要明确消费者的市场需求，做好市场定位，赋予农产品地方文化色彩，丰富产品形象，提升品牌知名度，培育消费者与品牌之间的情感，以此建立消费者的品牌忠诚度。

（二）支撑保障因素

1. 政府的支持扶持力度不够

政府作为本地区公共服务的主要供给主体，对地区经济发展具有重要的作用。农业区域品牌的建立与发展，包括品种的选择、市场定位、品牌设计、品牌推广、品牌文化建设和品牌保护等诸多环节，这其中政府的规范、指导与支持是不可缺失的。截至目前，黑龙江省对农产品品牌建设扶持效应效果不够明显，品牌推广力度有待加强，各品牌市场知名度较低。市场主体在建设农产品品牌的同时，政府也应该进行支持和引导，以帮助更快地建设农产品品牌。因此，要想做好农产品品牌建设，还要发挥政府的指导作用。黑龙江省各级政府应当加强顶层设计，加强引导，加大投入，建立品牌标准和定期发布制度，持续培育区域品牌、企业品牌和产品品牌，形成具有龙江特色、优势突出、市场竞争力强的农产品品牌体系。

2. 农产品加工包装技术落后

黑龙江省大多数农产品是初级农产品，很少经过加工和包装等价值附加环节，加工程度低，科技含量低，不利于提升产品价值和附加值。在黑龙江省内，具有精深加工能力的农产品加工企业较少，针对地方特色农产品的精深加工技术更加缺乏，正常经营的农产品加工企业只是对农产品进行最简单的加工，与经过精深加工并且具有高附加值的同类竞争产品相比，这些产品无法突出差异性并且缺乏市场竞争力，最终严重影响品牌的经济效益，甚至降低品牌知名度。

农产品包装技术水平落后也影响黑龙江省农产品品牌建设工作的推进。一般的农户和养殖散户在销售农产品时不重视产品的包装和标识，对农产品的包装设计在提高品牌形象中所起到的作用认识不足，就算进行包装也大多是简单的包装，无法使消费者从包装上获得更多的有效信息，更少会对产品的品牌形象进行精心设计。不管农产品的品质多高，粗糙、简单的包装设计都不利于直观、有效地展示农产品的价值，且不够美观，无法给消费者展示出一种质优上乘的品牌形象，更无法进入高档销售市场。所以，要想进入高档销售市场，就必须对农产品的外包装进行精心设计，以便于在琳琅满目的市场中快速吸引消费者的目光，体现农产品特色。

3. 品牌或技术专业人才短缺

人才、资金、科技是实现农业农村现代化、全面实现乡村振兴的三大引擎。人才是振兴乡村的内生动力，资金是基础和保障，科技创新是根本动力。若要全面振兴乡村，需要充分发挥科学技术与各类技术人才的引领作用。随着农业产业化推进，农业企业、农业合作社组织、家庭农场对懂技术、懂经营管理、懂市场营销的综合性人才的需求不断增加。当前，黑龙江省农业农村发展在人才、资金、科技方面仍存在弱势和短板，不利于农产品品牌建设，急需建立高效的激励机制，鼓励城镇优秀人才开展下乡创业活动，支持并且鼓励农村劳动力返乡创业。目前，黑龙江省基层农技人员数量不多，且专项技术人才储备并不充足，而推进农产品品牌建设工作需要大量的懂现代化农业生产的技术人员、农业经济管理人员，但是因为从事农业的收益偏低，许多相关人才不愿从事农业生产经营，导致现代新型复合型人才十分稀缺。

（三）品牌营销因素

1. 缺乏有效的品牌内涵和品牌定位

丰富农产品的内涵及对品牌进行精准定位对提升品牌形象起到重要作用，也是做好农产品品牌建设工作的重点之一。农产品品牌定位就是要根据产品自身特色建立与其他品牌的鲜明差异性。农产品品牌定位，可以从品牌特色和文化内涵等多方面进行。通过将农产品背后的历史传承、文化内涵赋予在农业品牌中，能够有效提升农产品的美誉度，做到经济价值和文化价值的有效统一。农产品的食用价值是农产品消费者主要关注的价值之一，而农产品的价格影响农产品消费者的购买意愿。目前，黑龙江省在品牌建设中，没有充分结合本省农产品的“寒地黑土、绿色有机、非转基因”的特色进行精准的市场定位，进而使得大部分农产品定位缺乏精确性。品牌缺乏系统性的建设，使得产品缺乏市场竞争力。政府在品牌文化内涵的提升工作中所做的宣传带动效果并不明显。

2. 产品安全和质量问题难以保证

食品安全事关消费者的生命健康。如果农产品的安全和质量难以保障的话，建设农业品牌也就无从谈起。当前，影响黑龙江省农产品质量和安全的因素主要在于农产品生产标准化程度不够以及农产品质量安全追溯制度不完善。

在农产品生产加工过程中，家庭作坊式的生产加工方式仍广泛存在，这往往使得农户与企业的生产标准不一致，生产标准程度也不高。这种粗放式的模式使得农产品的品质难以保证，也不利于食品安全的监管。而农产品质量回溯制度的不完善使得农产品的生产、加工、包装、流通和销售全过程不能得到有效监管，各环节的衔接易出现权责不清等问题。

3. 农产品品牌宣传推广缺乏力度

要想不断提升品牌的价值，不仅要保证产品的质量，还要通过宣传营销来提高产品知名度。与其他省相比，黑龙江省农产品品牌建设具有许多得天独厚的生态环境、农业资源和生产规模等方面的优势，但是很多农产品品牌效益并不明显。这是因为“酒香也怕巷子深”，许多农产品缺少与其优良品质匹配的知名度和美誉度。这就需要企业加大产品的宣传推广力度。黑龙江省多数农业企业欠缺现代营销理念，用于宣传营销农产品的资金不足，宣传内容不够丰富多彩，营销和技术手段也相对单一，宣传的农产品过多导致宣传力量分散；各地方政府也缺少宣传推介的平台，各主体不能形成合力。

（四）农业产业因素

1. 品牌建设主体规模小

目前，黑龙江省的农产品品牌多而杂的问题仍很严重，其深层次原因是品牌建设的主体规模不大。截至 2020 年底，全省在市场监督管理局登记注册的合作社数量已达到 9.5 万家，全国排名第 10 位；省级及以上示范社已累计 1 067家（含现代农机合作社规范社 242 家），其中，国家级的有 96 个。合作社的发展从数量提升阶段进入质量提升阶段。全省在全国家庭农场名录系统填报的家庭农场达 35 万个，全国排名第 2 位。这两类主体在发展过程中，存在运行不够规范、人才匮乏、规模小、实力弱等问题。虽然黑龙江省一些农产品品牌在政府的支持和企业自身的努力拼搏下已经具有一定知名度，但已认定中国驰名商标的农产品品牌仅 34 个。市场占有率低，市场份额小，影响力不持久，品牌多小弱的局面没有得到转变，缺少大的知名龙头品牌企业，不能形成合力来提高市场整体竞争力。比如黑龙江省的完达山乳业，起步较早，知名度较高，但发展不快，目前企业的销售额为 50 亿元左右，远小于光明、蒙牛等国内知名品牌。黑龙江国家级龙头企业仅占全省龙头企业总数的 1/10，农业龙头企业数量相对较少、规模较小，缺少依托于区域公用品牌的，由农业龙头企业、中小企业、合作社、家庭农场构成的价值共同体，产品品牌影响力不足，服务全国市场的能力不足，需要国家在做大做强农业品牌建设主体方面给予相关政策支持。

2. 品牌农产品产业链短

农产品加工业既是农业产业链的纵向延伸，也是农业功能的横向延伸。因此，积极推进农产品的深加工产业的发展，延长农产品的产业链条，有利于促进农业转型升级，提高农产品附加值，提高产品的核心优势（刘平，2017）。黑龙江省品牌农产品发展还存在产业链条较短、深加工企业少、活力不足等问题。截至2020年底，黑龙江省农产品加工业规模以上企业有1 612家，农产品加工转化率为63%，涉农上市公司有3家，分别为北大荒、飞鹤、万向德农（简称）。河南省农产品加工规模以上企业有6 207家，粮油加工转化率为88%。与同为农业大省的河南省相比，黑龙江省的农产品加工业还具有较大的发展空间。与全国2.3∶1的水平相比，黑龙江省的农产品加工业产值与农业产值仅为0.5∶1，具有相当大的差距。

3. 产业化格局尚未形成

农业产业化是指以市场为导向，以农民为主体，以领导组织为基础，以农业经济效益为中心的一整套服务，以此来实现育种、饲养和加工、生产、供应和销售、农业和工业的一体化运作，形成一个完整的工业体系。随着市场经济的发展，农业产业化逐步实施，农业产业化需要适应进一步市场需求，根据市场的需求不断调整产业发展方式，实现一体化的经营形式，促进农业现代化的发展。但是目前黑龙江省在农产品品牌建设中农户生产规模不大、农业合作化经营组织程度不高、龙头企业带动作用和竞争力还不够强，产业链还不够长，第一产业与第二、第三产业融合发展程度还不够高。总体而言，当前有利于农产品品牌建设的产业格局尚未形成，农业产业化发展的基础还不强。

四、黑龙江省品牌强农建设的实施建议

（一）做好品牌农业的顶层设计，落实品牌强农战略

1. 加大农产品的政策支持和引导

要加强政府在农产品品牌建设的职能，强化各级政府品牌意识，做好顶层设计，发挥规划布局、政策支持、标准制定、评选认定、监督管理等方面的主导作用，积极组织创建区域公用品牌建设的活动，支持具有市场竞争力的企业品牌做大做强，积极营造有利于农业品牌建设的社会环境。

一是加强组织领导。将农产品品牌建设和管理作为各级政府的重要职责以及重要考核标准，要求政府加强顶层设计，组织好规划布局结构，营造良好的品牌发展环境（唐珂，2018）。建立由省农业农村厅、发改委、财政厅、工信厅、市场监管局、商务厅、粮食局、出入境检验检疫局等部门参加的省品牌强

农联席会议制度，协调、统筹全省农业品牌建设工作。农业农村厅设置联席会议办公室，主要负责日常活动。省农业农村厅牵头组织全省农业品牌遴选、评比、推介等工作，各相关部门协同配合。

二是加强政策扶持。建立完善农业品牌发展的政策激励机制，省级成立农业品牌创建专项资金，大力支持品牌创建、品牌认证、质量提升、技术创新、品牌宣传推广活动（赵喜军，2018）。支持企业、农民合作社等新型农业经营主体在一线城市建设农产品展示展销中心、专营店、品牌营销专区，宣传推介黑龙江省品牌农产品。对品牌建设成效突出的农业企业、合作社、家庭农场等新型农业经营主体实行奖补政策。完善金融保险支持政策，加大对农业品牌创建主体支持力度，充分调动农业生产经营主体创建农产品品牌的积极性。

2. 加强农产品品牌的管理和保护

政府应维护企业的合法权益，对假冒伪劣行为严厉打击。具体从以下几方面入手。

第一，根据国家标准、行业标准，依托国家级行业协会、省级行政主管部门，建立农产品品牌标准化体系，制定出适合黑龙江省区域经济情况的品种品质、技术规格标准体系，为品牌建设提供质量保障。建立农业品牌发布制度，每年评选发布一批代表黑龙江省地域特色和产业发展水平的区域公用品牌、企业品牌和农产品品牌。鼓励支持企业积极参加国家级行业协会开展的品牌价值评估、品牌评定、发布和推介活动。鼓励和支持各市县政府、行业协会、企业定期开展品牌评选、评价活动，准确、合理地反映黑龙江省农产品区域公用品牌、企业品牌和产品品牌的真正价值和竞争力水平。加强农业品牌行业监管，对认定的品牌农产品实行动态管理，构建能进能出的准入机制，并优化推出机制，构建优胜劣汰的退出机制。

第二，政府牵头申请地理标志，建立农产品原产地和跨区域的品牌保护制度，加强在市场流通等环节的农产品品牌管理保护。

第三，完善市场监管体系，在市场上检测、追踪溯源等方面落实管理责任，加强共享信息平台建设，实现信息公开。严格控制进入和退出机制，防止有损害区域品牌的形象的行为发生。

第四，采用日常监督或者抽查的方式，加大对农产品企业的监督和管理，确保产品的质量安全。

第五，树立企业的诚信意识，加强企业品牌诚信建设，对产品的质量认证进行严格的把关。加大对假冒伪劣行为的打击力度，并建立失信黑名单制度，提高失信成本，鼓励公众参与到农产品质量建设以及产品品牌的监管中来。

3. 培优农产品品牌建设经营主体

在农产品品牌建设的进程中，基本主体是农业企业，参与主体分别是政府、农业行业组织、农户，这四者之间既存在相互竞争又存在相互合作的关系。因此在农产品品牌建设实践中要正确处理它们之间的关系，保证建设工作顺利实施，实现共同利益。

第一，政府要发挥主体作用，积极组织申报原产地保护、地理标志证明商标，加快特色农产品地理标志登记保护。同时，还要健全品牌创建方面的相关法律法规，大力扶持经营主体的品牌建设。

第二，要充分发挥企业、合作组织在农产品品牌建设体系中的主体作用，建构农产品品牌的生态系统，使其按照市场需求适度扩大生产规模，提高自身管理水平，主动参与市场竞争，积极寻求自身发展动力和盈利能力。引导企业和合作组织充分认识创建品牌对提升核心竞争力的重要作用，切实增强创建品牌的紧迫感和责任感，全力做好品牌的创建工作。要根据农产品市场的需求定位，认真研究分析消费者的消费行为和消费心理，将品牌融入消费者和潜在消费者的生活过程，精心创建一批能够让消费者钟爱的农产品品牌。以消费者需求为导向进行品牌建设，同时不断对农产品品牌的优势进行宣传，让消费者进一步了解农产品品牌的重要意义和作用，引导其不断转变观念。要引导企业和新型农业经营主体细心研究产品特征，立足当地资源优势，高度浓缩企业形象、文化理念和价值，展示品牌个性。

第三，要鼓励企业、合作社、行业协会之间的协调合作（黄继勇，2017），引导企业提升品牌化发展意识，同时帮助企业、合作社、家庭农场等申请注册商标，营造争创品牌农产品的良好氛围，培育发展一批优秀的区域品牌（李霞，2017）。

第四，要鼓励农户转变观念，使其认识到建设农产品品牌的重要价值，通过对农户进行培训及采取一对一帮扶等方式为农户提供帮助，鼓励农户进行标准化生产，保证产品质量，通过政府政策支持与龙头企业引导等方式整合农户农产品资源，打造地区农产品地理标志。

（二）强化农业技术和人才支撑，提升农产品附加值

1. 打造产学研深度合作平台

产学研合作指的是科研、教育以及生产上不同的社会分工在资源上的集成，也是技术上的上、中、下游联动。农业产学研的结合，有助于打破产业、学科和地域的壁垒，调动当地的学校教育资源、科学技术资源、专家资源，将优势资源和创新要素聚集、融合，充分激发在农业方面的创新潜力。要创新农

业品牌企业与科研院所的合作，联合产学研等力量，建立农业多元转化机制，搭建技术转让、推广应用的平台，提升农业科技成果与农业生产企业的技术转化应用率，提高企业的创新能力。另外，利用现代的信息技术手段，整合相关资源，构建面向全社会的信息收集和发布的信息共享平台，实现农业方面信息的资源共享；同时建立产学研深度融合项目评估数据库，为企业、高校、科研院所合作项目提供技术服务，提供集多功能于一体的产学研服务平台。

2. 以科技创新提高产品附加值

重视农业科技投入，坚持将技术创新作为加快农业品牌发展的重要途径（韩一，2021）。鼓励企业和其他市场主体加快技术研发、创新和应用，加强生产、流通、消费等环节的农业科技支撑服务，加快发展智慧农业等信息技术的推广和应用。利用科技创新，不断提高农产品附加值，帮助农业企业获得更大的核心竞争力。

3. 加大农业科技人才队伍建设

特色优质农产品的品牌建设与发展离不开人才，特别是科技方面的人才。黑龙江省虽然拥有丰厚的自然资源和独特的地理条件，教育资源和人才储备却一直处于匮乏状态。科技人才的外流与缺失，不能为农产品品牌建设提供足够的精神动力和智力支持，没有科研支持、缺乏科研成果，导致农产品生产经营者普遍缺乏自主创新能力，在市场竞争中始终处于劣势。黑龙江省可以依托涉农院校成立“黑龙江省农业品牌研究中心”，专门研究农业品牌建设工作，培养品牌专业人才；可依托涉农高校或研究机构开展相关品牌理论应用研究，委托实业界专业公司开展实践应用和具体的市场运营指导。各级推广机构、行业协会、商会、品牌协会，可以广泛开展品牌建设人才的业务培训。企业可以通过加强技术培训、内部竞争、鼓励创新等方式，不断提高企业目前技术人才队伍的综合素质，加强技术升级与改造，提高企业自主创新能力；通过当地的人才引进政策等方式引进农业生产管理等方面的专业人才，解决农业品牌建设等方面人才匮乏的问题；另外，加强与科研院校的合作，拓宽技术人员的知识面。

（三）构建品牌标准化生产体系，提升安全质量水平

1. 加大建设高标准农田的力度

“十四五”规划纲要指出，要实施高标准农田建设工程，建成 10.75 亿亩集中连片高标准农田。然而，黑龙江省在创建高标准农田方面还存在许多不足和挑战。例如，建设前期存在标准不高、质量不好等问题。另外，高标准农田成本较大，落地难度较大，实现较为困难。还有部门内部不和谐，部门之间仍

存在权责不清等问题。做好高标准农田建设，应从以下几方面着力：首先，要针对突出的矛盾补短板、强弱项，解决健全高标准农田的前期建设与后期维护的体制机制问题，为农产品品牌建设提供基础保障；其次，要加大资金投入，加快建立高标准农田建设财政补助资金稳定增长机制，同时，不断创新投融资模式，积极拉动金融、信贷、保险和社会资本参与高标准农田建设管理，深入贯彻落实藏粮于地、藏粮于技战略，切实加强高标准农田建设管理，提高农产品产量与品质；最后，要进一步理顺建设管理机制，逐步破解高标准农田建设中存在的突出问题，如权责不清、多头管理、无人负责等，要建立起分工明确、上下衔接的高质量人才队伍体系，推动高标准农田管理工作高质量运行。

2. 延长品牌农产品加工产业链

品牌农产品不应该只停留在初加工阶段，更需要通过优势产业和产品的拉动，不断向精加工、深加工方向转型，通过发展生产、精深加工、服务等环节，拉长产业链，实现附加值最大化。只经过初级加工的农产品不易长时间保存，在运输过程中也会发生损耗，而如果延长产业链，对农产品进行精深加工，不仅可以延长农产品的保存时间、便于运输，还能够提升农产品的附加值，提高农产品的收益。要想提高农产品综合加工转化率和增加规模以上农产品加工业企业数量，黑龙江省可以推广全产业链生产模式，加快农业与现代产业要素跨界配置。可以大力发展乡村旅游、民宿经济等特色产业，推动农产品加工业和农业生产服务业结合。同时要加强农村物流、农产品仓储等基础设施建设，推动农村第二、第三产业的发展。依据“粮头食尾、农头工尾”的原则，推进粮食深加工产业发展，落实强村富民措施，创建农业现代化和现代林业示范区。

3. 建立质量安全追溯管理体系

建立农产品可追溯体系，可以对农产品生产、运输、销售的每一个环节进行记录，有效追究生产经营过程中的违法行为，对质量安全事故的责任人实行质量问责，改善政府以往对食品质量安全管理时侧重于产后控制，而忽视对产中进行预防控制的现象。这也有助于相关监查部门开展工作，提高执法效率，严厉打击危害农产品质量安全的违法犯罪行为，反倒逼生产者、销售者加强责任意识，是保障农产品质量的最有效手段之一。应建立严格的质量监督管理体系，加强生产者的约束机制，提高农产品生产销售环节透明度，保证农产品的质量，确保消费者的健康权；及时革新农产品追溯技术，建设农产品一体化追溯平台，运用大数据、物联网等技术将产地、生产者、批发商、经销商、销售市场等信息存放在数据库中，建成可追溯农产品信息的链条，实现农产品从地头到餐桌所有环节的全方位追踪。

（四）完善产品的营销网络体系，加强宣传推广力度

1. 加快品牌农产品物流体系建设

农产品是天然产品，具有季节性和周期性，具有一定的保质期限，也具有生物属性，与工业产品相比更容易发生变质和损坏，因此这对农产品的运输、包装和加工等提出了更高要求。此外，农业物流更难处理。随着农产品品牌建设的推进，品牌知名度的进一步提高，黑龙江省农产品对外物流需求也会逐渐增加。但是黑龙江地处北疆，距离北京、上海、广州、深圳等需求旺盛的消费市场遥远，运输成本高；农产品物流技术装备和基础设施落后，农产品公共信息处理平台建设不完善，冷链物流不够发达；农产品物流运输过程中组织化程度低、需求大且分散、供给严重不足、流通损耗量大等问题依然存在，这些都会影响农产品的鲜活性。所以完善农产品物流体系是农产品品牌建设的迫切需求。黑龙江省可以加快完善物流基础设施，解决农村公路中的一些“断头路”“卡脖子路”现象；加强农产品物流的组织化程度和高效人才队伍建设；推动农产品冷链物流体系建设，引导和扶持一些基础好、竞争力强的物流企业，提高冷链物流配送技术，打造“互联网＋”“产地仓＋冷链专线”模式；加强农产品物流主体的组织化程度，加强农业合作组织的作用，健全和完善农产品信息物流网络和公共信息处理平台。

2. 注重包装设计及品牌形象塑造

品牌形象是企业传播品牌理念与品牌文化的载体，消费者通过品牌形象可以最直观地感知品牌的理念和文化。黑龙江省在农业品牌建设中坚持绿色引领的原则和可持续发展思路，践行绿色发展的理念，将“寒地黑土、绿色有机、非转基因”作为名片。所以，在包装设计和品牌形象塑造过程中要牢固树立绿色兴农、质量兴农、品牌强农理念，突出农产品品质的核心地位，培育绿色优质品牌，推进农业“三减”，强化农业生态保护，完善监管体系，靠高品质打造大品牌。可以引导企业充分深挖品牌文化内涵，进行完备的市场细分，不断提升农产品品牌价值；进一步引导相关主体在品牌名称、标志、理念等各个方面都要精心设计；名称设计要简洁、醒目、风格独特、高雅超众，适应目标市场消费者的文化价值观念，获得消费者认可；品牌标志设计要独特新颖、造型优美，这样容易吸引大众的注意力，给消费者留下深刻的印象；在农产品的品牌设计上，要突出本品牌的价值理念和内涵；黑龙江省特有的“净土净田”的黑土文化和一些生态环境文化，都应纳入农业品牌设计中。另外，把扩大市场、提高竞争力作为农产品品牌的目标和任务嵌入品牌发展目标中，从多角度进行农产品品牌建设。

3. 加大农业品牌的营销和运营

加大农业品牌的营销和运营，提高品牌的美誉度和知名度，离不开政府和企业的共同努力。多渠道宣传推广农产品品牌，是扩大产品知名度覆盖面的关键。第一，政府应实施农产品品牌提升行动。坚持线上线下结合，鼓励和支持企业参加国家级和各省市举办的大型农产品展销和招商活动，开展品牌产品展示展销、主题推介发布活动。积极利用各推广平台，设计精彩有趣的推介活动，提升农产品品牌的知名度和竞争力。加强与天猫、京东、拼多多等大型电商平台的合作，开展线上营销活动，扩大品牌农产品市场份额及影响力。加快发展农村电商，培育电商主体，建立省市县直播电商基地，开展直播带货活动及网红培训，加快工业消费品下乡及农产品出村进城。第二，充分利用官方媒体，宣传、塑造具有良好公信力的农产品品牌形象，形成融洽的品牌宣传氛围。通过中央、省级、市级广播电视台和新媒体等，充分塑造农产品品牌形象，开展黑龙江省绿色食品整体形象宣传。积极宣传和学习品牌建设的典型经验，根据自身的情况，推广成功的发展模式。第三，品牌建设主体可以通过各种渠道去宣传推广农产品品牌。要在充分利用广播、电视、报纸等传统媒体的基础上，更加注重运用微信、微博、微视频、手机客户端等新媒体平台，向大众宣传农产品品牌的理念、内涵。挖掘品牌内涵，依据本地的风土人情和传统文化讲好品牌故事，提升农产品品牌的品位，引导消费者关注品牌，提升品牌农产品的知名度和市场竞争力。同时，按照黑龙江省农产品高质量、高档次的市场定位，重点在长三角、珠三角等经济发达的区域的中心城市建设一系列窗口市场，逐步建立起在全国及国外的品牌农产品分销网络，逐步形成集展示直销、物流配送、内外贸易、电子商务于一体的品牌农产品销售体系。

黑龙江省农村金融精准扶贫对策研究*

庞金波　朱志猛　唐宇宙　李思霏

黑龙江省通过金融扶贫模式对农村地区进行扶贫工作，引导贫困人口重新择业，化解其收入不稳定的风险，进而从根源上增强贫困人口的发展能力。农村金融在扶贫工作上具有重要作用。研究制约金融包容促进农村减贫与脱贫的影响效果因素，对设计合理的金融包容促进农村地区可持续脱贫机制具有重要意义。首先对黑龙江省贫困现状进行研究，对黑龙江省的贫困规模进行具体分析，度量农村居民人均纯收入对黑龙江省贫困水平的影响。其次，在金融包容视角下，评析了黑龙江省金融包容发展现状，从金融的渗透性情况、金融包容的可获性情况、金融包容的使用度情况、金融包容的可负担性情况、金融包容发展水平四个方面进行分析。随后对金融包容视角下黑龙江省金融扶贫现状、存在问题及其成因进行分析，发现虽然黑龙江省近几年在农村金融扶贫中的信贷投放量不断增多，贷款类型更加多样化，但仍存在一些问题，主要在于：一是金融扶贫对象识别不明确，二是金融包容发展难以满足扶贫需求，三是政府扶贫配套制度有待完善。本文旨在说明黑龙江省整体金融包容对农村减贫与脱贫的影响效果，厘清抑制农村减贫与脱贫效果的具体原因，并根据相关问题及原因提出农村地区可持续脱贫的相关对策，为黑龙江省农村地区脱贫提供助力。

一、黑龙江省金融包容对农村减贫与脱贫的影响分析

金融包容强调金融公平，旨在让处于社会各阶层的每一位经济主体都可以享有金融服务，并且这种享受到的金融服务是公平的。金融包容不仅能够促进金融服务自身的发展，而且也能够增加金融服务种类的多样性，扩大了金融产

* 黑龙江省社会科学研究规划项目（课题编号：18JYB142）。

项目负责人为庞金波教授，主要参加人员有季雪伦、由爽、李杨薇、杨梦、段雨馨、李思霏、韩英荻、陈茜等。

品的覆盖范围，同时也提高了金融服务的质量，即使在传统的金融业务发展过程中，将这些贫困人群排斥在金融服务以外，他们依然能够享受到金融包容的成果，这体现了金融包容的公平特征。在满足一些特殊人群（如贫困人口）的金融服务需求方面，一般而言，由于经济条件的限制，这些群体的发展受限较多、基础较差，其收入具有随机性，容易受到外来因素的影响，这种情况导致其所受到的风险大，加之缺乏自有资金，从而在传统金融系统中难以获得具有公平性的服务。通过研读前人的资料，并且对之前我国学者研究成果的总结与借鉴，本文现从直接和间接影响两个角度分析金融包容对贫困减缓与脱贫的影响。

（一）金融包容对农村减贫与脱贫的直接影响

由于贫困人群自身文化水平低、居住的环境差、经济基础薄弱等，金融服务难以渗透到这些人群当中，并且这些因素与银行的信贷服务要求差距较大，由此对贫困人群获得金融服务产生了一些阻碍，如金融排斥和门槛效应。普惠金融旨在建立一种包容、多元化的金融体系，这种体系可以惠及多方，涉及人们生活的各个方面。贫困人群即使一直以来受到传统金融体系的排斥，也被列入金融包容服务的对象之列。金融包容缓解贫困的直接作用途径是多元化并且多方面的，需要从多个角度进行理解和分析，因此，本文认为，可以从向贫困人群提供储蓄服务、信贷服务、保险服务的角度来分析。

储蓄服务作为金融包容的重要业务，对农村减贫和脱贫工作起到了关键作用。第一，为贫困人群提供了保管资金的渠道。这种方式是稳定的。贫困人群不仅可以通过这种方式得到持续稳定的利息收入，而且由银行来保管资金，可以有效地约束不理智消费。第二，保持一定额度的储蓄，能够在风险发生时对贫困人群产生一定的缓冲作用。一旦贫困人群面临风险而产生资金需求，当期产生的个人收支赤字就可以被缓解，这种缓解是建立在之前的储蓄之上的。这种方法的好处显而易见，能够使贫困人群有足够的风险缓冲能力，防止出现贫困程度进一步加深的局面。第三，信用机构通过为贫困人群提供储蓄服务，为其建立信用档案，将其纳入信用机构的信用体系。通过对其相关消费和信用纪录的纳入，可以进一步了解其信用水平。一旦被纳入的群体产生资金需求，信用机构就有可能通过检查其信用纪录的方式，科学评估其信用水平，以此增加贫困人群获得资金的可能性。第四，贫困人群在信用机构储蓄可以增加信用机构的资金来源，使其获得更多的现金。这又可以成为信用机构向其他人提供资金的来源，不仅能够让信用机构的资金流动形成一个良好的、可持续性的循环，还能更好地改善贫困群体的贫困情况。

信用机构的贷款能够帮助贫困人口应对风险，对其发展具有最直接的作用。但这种贷款难以获得。在传统信用系统中，由于拥有的资产总量和质量不高、征信信息不全而导致信用程度低，穷人受到严重的金融排斥，由此导致贫困人群从正规金融机构获得资金的可能性几乎为零。信贷服务缓解贫困具体表现为：第一，对于急需进行生产活动但受到严重的自有资金限制的贫困者来说，贷款能否顺利取得在很大程度上决定了生产能否顺利进行，贫困人群的生产活动只有顺利并且及时地进行，其才能提高自己的收入水平，困难状况才会得以改善；第二，贫困人群大多受教育水平低，认知能力有限，因而具有一定的生活脆弱性，而信贷服务的提供可以很好地缓解这种脆弱性，提高贫困人群生产生活中抵御外来风险的能力。如果贫困人群没有购买保险或其他的风险防范产品，一旦生产或生活遭到变故或者发生突发事件，其自身的积累远远不够弥补其风险暴露的程度，自身所拥有的资金很快就会被消耗。贫困人群会面临“贫上加贫”的状况，生存难以为继。倘若能够建立具有普惠性的金融包容系统，为贫困人群及时地提供一些正规贷款服务，就可以让他们者渡过眼前的难关，谋求未来发展的同时适当规划未来的支出，增强其抗风险能力。

保险作为一种有效的风险防范机制，可以在风险发生时为农村贫困人群提供保障，如通过种植业保险、养殖业保险、成本保险、收入保险等险种提升其抵抗病虫害、旱涝等外来风险的能力。由于农作物的生产和交换存在着很多风险，这种风险是不稳定并且难以预测的，因此农民的收入具有不稳定性。此时，农作物价格保险能够有效地通过风险分散机制，在很大程度上改善农民因灾返贫的困境，保障农民的正常生产。此外，“穷病难医”，一次疾病的花费很可能要耗费一个家庭一年甚至几年的收入，通过广泛宣传引导，让贫困人群购买疾病保险，可以有效让其在发生重大疾病时获得足够的资金，增加其抗风险能力。通过这种方式可以有效缓解困难人群因病致贫的情况。

（二）金融包容对农村减贫与脱贫的间接影响

金融包容的发展能够促进金融服务的进步，这种进步能够直接惠及社会所有阶层的每一位经济主体，并且在一定程度上，这种进步也会促进减贫和脱贫工作的开展。一是通过经济增长来带动贫困人口脱贫。经济增长是金融包容与贫困减缓之间十分重要的传导环节，这种传导环节具有一定的间接性。金融包容在经济持续增长的大环境下不断地衍生和发展，在这个过程中，金融包容又可以对经济发展产生较强的正向促进作用。由此金融包容、经济增长和贫困减缓就构成了一个相互促进的良性循环。这个良性循环主要体现在如下方面：首先，金融包容能够持续增强社会各个金融服务的参与阶层开展金融活动的能力，能够促进金融资源在不同阶级间流动以及合理有效的配置；其次，金融包容可以鼓励与促进家庭、企业与政府等参与主体进行生产、消费与投资等经营活动，推动经济高质量发展。通过"涓滴效应"和"利贫增长"两个效应促进减贫与脱贫，即指如果经济发展对贫困人口未产生直接影响，也会通过促进贫困群体经济福利增加的方式使单一个体获得正的外部性收益，以此来推动减贫与脱贫。在经济增长的过程中，非贫困人群所获得的利益往往占更大一部分，其通过扩大生产和消费，能够让贫困人群众找到工作。二是通过收入分配间接对减贫和脱贫产生影响。收入分配是金融包容与贫困减缓之间的间接传导环节，政府以促进资源利用、提高市场效率、推动经济增长等方式提高经济主体的收入水平，进而影响收入分配，从而实现农村减贫与脱贫，贫困人群会因此受益。在经济增长的过程中，政府通过在脱贫攻坚过程中的人力物力和财力的投入，带动乡村振兴，让困难群众受益，从而大大减轻贫困程度。

二、黑龙江省贫困及金融包容发展现状

（一）黑龙江省贫困现状

1. 黑龙江省贫困规模

黑龙江省城乡经济差异大，贫困人口集中分布在广大农村地区，但不了解贫困村的具体标准，想要得到贫困村的信息很难。课题引用了过往成果并结合实际，以县为基本扶贫单位进行研究。黑龙江省内共有 14 个县（市）被认定为国家扶贫开发工作重点县，另外还有 14 个县被认定为 2011—2020 年黑龙江省扶贫开发工作重点县。黑龙江省全域的国家级和省级扶贫开发工作重点县总计 28 个，占全省县市总数的 41%，具体分布，如表 2-1 所示。

表 2-1　2011—2020 年黑龙江省扶贫开发重点县

城市	国家级贫困县	省级贫困县
哈尔滨	延寿县	巴彦县、木兰县
齐齐哈尔	甘南县、泰来县、拜泉县	龙江县、富裕县、依安县、克山县、克东县
佳木斯	桦南县、同江市、汤原县、桦川县、抚远县	
大庆	林甸县	肇源县

（续）

城市	国家级贫困县	省级贫困县
双鸭山	饶河县	
鹤岗	绥滨县	
七台河		勃利县
黑河市		孙吴县
绥化	兰西县、海伦市	望奎县、绥棱县、明水县、青冈县

资料来源：黑龙江省扶贫开发信息网。

黑龙江省的贫困县在全域均有分布，有 11 个县被列为大兴安岭南麓特困片区规划县，主要在西部地区，其中有齐齐哈尔市的泰来县、拜泉县、龙江县等 6 个县，大庆市的林甸县，绥化市的兰西县、望奎县、明水县等 4 个县。

而国家级和省级贫困县主要分布于东部，在西部有零星分布，黑龙江省扶贫以县为单位，真正做到精准识别建档立卡。依据《黑龙江省农村扶贫开发条例》的规定，如何判定是贫困人口，即纯收入连续三年低于标准水平，2018 年的判定依据是 3 550 元。另外，筛选程序是，让有劳动能力的贫困户主动申请，由村组织协商讨论并公示，然后再上报政府，由政府审批通过后正式认定。根据 2017 年的《黑龙江经济发展报告》，黑龙江省彼时有 211.6 万贫困人口。截至 2020 年 2 月底，黑龙江省延寿、拜泉、林甸、海伦、青岗 5 个贫困县（市）脱贫，至此，全省 28 个贫困县全部摘帽脱贫，黑龙江省的扶贫攻坚战斗取得决定性胜利。

2. 黑龙江省贫困水平测量

贫困发生率是衡量贫困水平测量的指标之一，当前解决黑龙江的贫困需要从根源上抓起，目前能够客观地测量贫困的发生率的指标还是比较少的，国际上也没有较为客观的度量指标，不过结合黑龙江省的致贫原因来看，我们可以从贫困发生率等方面来进行分析。因此，可靠的数据来源至关重要，参考 Dolly 和 Kraay（2002）、陆凤芝等（2017）学者的经验，以农村居民人均纯收入来表示贫困减缓指标。

从图 2 来看，农村居民人均纯收入较以前有大幅度上升，整体呈持续上升态势。2017 年的农村居民人均纯收入达到了 12 566 元，是 1994 年的 9 倍之多，脱贫效果显著。1995 年的贫困减缓速度达到最大值 27%，1998 年以前的年增长率比较陡峭，处于不稳定的状态，2011 年的贫困减缓速度为 23%，到了 2013 年，年增长率基本处于持续稳定的态势。可以看出，“十一五”时期的农村居民人均收入为 5 000 元，“十二五”时期的人均收入为 10 000 元，2015—2017 年的人均收入为 11 500 元，从整体上来看农村人口的收入是稳步上升的，农村居民人均纯收入不断增加。然而黑龙江省的脱贫还是有一定难度的，金融脱贫至关重要。

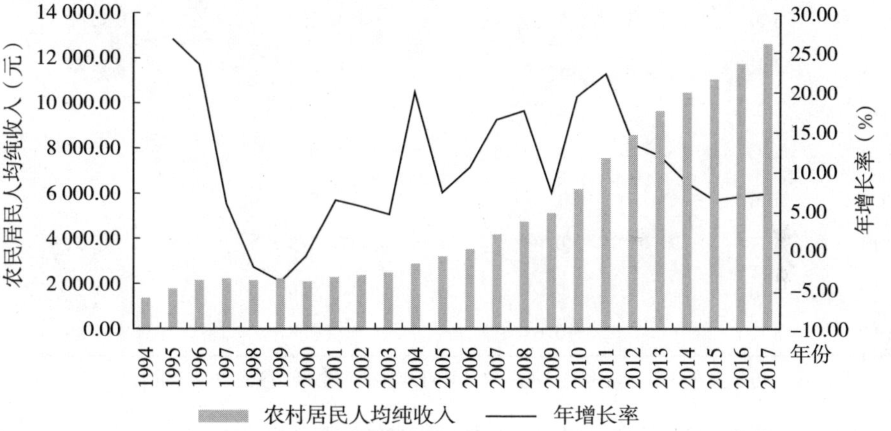

图 2－1　黑龙江省农村居民人均纯收入情况

（二）黑龙江省金融包容发展现状

1. 黑龙江省金融包容的渗透性情况

由于银行业金融机构是黑龙江省金融服务的主要提供者，因此要分析黑龙江省金融产品与服务的渗透情况，需借鉴国内外学者的研究经验，站在衡量银行类金融机构的覆盖程度角度，结合黑龙江省的实际情况，从银行类金融机构网点数及从业人员数、分布密度情况两个方面来分析。

（1）金融机构网点数及从业人员数量。黑龙江省幅员辽阔，金融机构系统相对多元，包括政策性银行、大型商业银行、股份制商业银行、中小型金融机构以及新型农村机构等。表 2－2 反映了 2008—2017 年黑龙江省银行类金融机构数及从业人员数量，从中可以看出黑龙江省银行类金融机构数从 2008 年的 4 431 个增加到 2017 年的 6 631 个，在 10 年内增长了 2 200 个，机构总数整体上呈上升趋势，增长率只有 1 年为负，但在 2015 年至 2017 年均有回落现象，原因可能是金融体制改革对金融机构的县域网点进行合并、重组等规划造成的。2017 年银行业金融机构从业人员数为 122 296 人，从业人员增长率大多为正，可以看出，黑龙江省银行类金融机构从业人员数量在 2008—2017 年保持着较稳定的上升趋势。

表 2-2　2008—2017 年黑龙江省银行类金融机构数量及从业人员数量

年份	机构数量（个）	机构数量增长率（%）	从业人员数量（人）	从业人员增长率（%）
2008	4 431	—	93 502	—
2009	5 949	34.26	102 216	9.32
2010	6 037	1.48	106 997	4.68
2011	6 193	2.58	111 532	4.24
2012	6 391	3.20	114 162	2.36
2013	6 474	1.30	121 626	6.54
2014	6 574	1.54	124 506	2.37
2015	6 637	0.96	124 523	0.01
2016	6 673	0.54	124 665	0.11
2017	6 631	−0.63	122 296	−1.90

数据来源：历年《黑龙江金融年鉴》《黑龙江统计年鉴》《黑龙江省金融运行报告》。

（2）金融机构网点及从业人员的分布密度情况。在前人的研究中，大多数用银行类金融机构从业人员数和网点数的分布密度来研究金融机构的分布情况，分布密度又可以从人口和地理的角度来衡量。人口密度越高，代表有更多的人从银行类金融机构获得产品与服务；地理密度越高，表示金融机构的覆盖范围越大，能够为更广的地域范围内的人群提供更好的金融产品与服务。当人口密度和地理密度都达到较高水平时，金融机构的产品与服务能够覆盖更广的地域、惠及更多的人群，体现了金融包容的包容性特征。因此本课题以黑龙江省银行业金融机构的分布密度情况来反映金融包容的渗透情况。

表 2-3 为 2008—2017 年黑龙江省银行业金融机构分布密度情况，用机构网点的人口密度及地理密度、机构从业人员的人口密度及地理密度来反映。金融机构网点人口密度在 2008 年为每万人 1.158 4 个，该指标在 2017 年增加到每万人 1.750 2 个，金融机构网点地理密度从每万平方千米的 98.466 7 个增加到 147.355 6 个，2008—2017 年黑龙江省金融机构从业人员的人口密度从每万人的 24.445 0 人增加到 32.279 1 人，金融机构从业人员的地理密度从 2008 年的每万平方千米 2 077.822 2 人增长到 2017 年的 2 017.688 9 人。总之，无论是从人口维度还是从地理维度看分布密度，黑龙江省银行业金融机构的覆盖程度整体上逐渐提高，服务范围和覆盖地域均逐渐扩大，金融包容的渗透性逐渐加强。

表 2-3　2008—2017 年黑龙江省银行业金融机构分布密度情况

年份	金融机构网点人口密度（个/万人）	金融机构网点地理密度（个/万平方千米）	金融机构从业人员人口密度（人/万人）	金融机构从业人员地理密度（人/万平方千米）
2008	1.158 4	98.466 7	24.445 0	2 077.822 2
2009	1.554 9	132.200 0	26.716 2	2 271.466 7
2010	1.574 8	134.155 6	27.911 8	2 377.711 1
2011	1.615 3	137.622 2	29.090 2	2 478.488 9
2012	1.666 9	142.022 2	29.776 2	2 536.933 3
2013	1.688 1	143.866 7	31.714 7	2 702.800 0
2014	1.715 1	146.088 9	32.482 7	2 766.800 0
2015	1.741 1	147.488 9	32.666 1	2 767.177 8
2016	1.756 4	148.288 9	32.813 5	2 770.333 3
2017	1.750 2	147.355 6	32.279 1	2 717.688 9

数据来源：历年《黑龙江金融年鉴》《黑龙江统计年鉴》《黑龙江省金融运行报告》。

2. 黑龙江省金融包容的可获性情况

金融包容的可获性情况反映的是社会上所有阶层的每一位经济主体可以接触、获取和使用金融产品和服务的情况，是金融服务的供给与目标人群的需求建立联系的程度。本节从金融产品与服务提供者的经营状况角度进行分析。

(1) 银行类金融机构的经营状况。多数学者分析金融机构的经营状况主要从所提供服务情况角度出发，结合黑龙江省的实际情况，黑龙江省银行类金融机构的存贷款可以在一定程度上反映机构服务的提供情况，也体现了人们在金融机构能够接触到金融服务的可能性。从表 2-4 可以看出，2008—2017 年无论是黑龙江省的存款余额还是贷款余额，上升趋势明显。截至 2017 年底，银行类金融机构存款余额为 23 615.1 亿元，同比增长了1 436.1 亿元，增长率是 6.48%，相比 2008 年底增长了 14 621.3 亿元，年均增长率为 12.56%；2017 年银行类金融机构贷款为 19 208.4 亿元，同比增长 1 483.4 亿元，年均增长率为 19.04%，是 2008 年贷款余额的 4.2 倍，可见随着近几年经济的发展，人们在银行类金融机构办理的存贷款业务增加了。同时，存贷差也呈波动上升的趋势，这在一定程度上反映了金融机构资源配置的不合理。

表 2-4 2008—2017 年黑龙江省银行类金融机构存贷款情况

年份	存款余额（亿元）	存款余额增长率（%）	贷款余额（亿元）	贷款余额增长率（%）	存贷差（亿元）
2008	8 993.8	22.56	4 532.7	32.11	4 461.1
2009	11 022.8	16.45	5 988.3	20.74	5 034.5
2010	12 835.7	11.63	7 230.5	18.23	5 605.2
2011	14 328.4	13.95	8 548.7	15.89	5 779.7
2012	16 326.6	11.06	9 906.7	14.66	6 419.9
2013	18 131.8	6.19	11 359.4	17.89	6 772.4
2014	19 254.8	10.20	13 391.7	21.08	5 863.1
2015	21 218.9	4.52	16 214.9	9.31	5 004.0
2016	22 179.0	6.48	17 725.0	8.37	4 454.0
2017	23 615.1	22.56	19 208.4	32.11	4 406.7

数据来源：历年《黑龙江金融年鉴》《黑龙江统计年鉴》《黑龙江省金融运行报告》。

借鉴国内外学者的研究经验，银行业金融产品与服务的可获得性情况用人均存款余额、人均贷款余额来反映，如表 2-5 所示为 2008—2017 年黑龙江省银行业金融机构的人均存款余额和人均贷款余额情况，其中人均存款余额由 2008 年的 2.351 3 万元/人增加到 2017 年的 6.233 0 万元/人，增长了 1.65 倍，人均贷款余额由 1.185 0 万元/人增加到 5.069 9 万元/人，增长了 3.3 倍，这意味着全体居民可以接触的以存贷款为代表的基础性金融产品与服务增加明显，金融包容的可获得情况有所增强。

表 2-5 2008—2017 年黑龙江省银行类金融机构人均存贷款情况

年份	人均存款余额（万元/人）	人均贷款余额（万元/人）
2008	2.351 3	1.185 0
2009	2.881 0	1.565 2
2010	3.348 4	1.886 2
2011	3.737 2	2.229 7
2012	4.258 4	2.583 9
2013	4.728 0	2.962 0
2014	5.023 4	3.493 8
2015	5.566 3	4.253 6
2016	5.837 8	4.665 5
2017	6.233 0	5.069 9

数据来源：历年《黑龙江金融年鉴》《黑龙江统计年鉴》《黑龙江省金融运行报告》。

（2）保险机构的经营状况。黑龙江省保险机构保费收入及赔付情况是反映当年保险公司提供保险服务及赔付水平的重要指标，同样也是人们对保险服务可得性的重要体现。从表 2-6 可以看出，2008—2017 年黑龙江省保费收入整体上升，说明保险服务的接触性较强。

城乡居民人均保费收入（即保险密度）也可以反映保险服务可获得性情况，人均保费收入体现的是保险业服务的普及程度。2008 年黑龙江省人均保费收入为 656.72 万元/人，2017 年增长到 2 458.39 万元/人，人均保费收入在 10 年内增长了 2.7 倍，充分说明了自 2008 年以来黑龙江省的保险服务可获得性程度在不断提高。

表 2-6　2008—2017 年黑龙江省保费收入与人均保费收入情况

年份	保费收入（亿元）	人均保费收入（万元/人）
2008	251.2	656.72
2009	278.3	727.59
2010	343.2	895.35
2011	317.8	828.86
2012	344.1	897.63
2013	384.3	1 002.15
2014	507.1	1 322.96
2015	591.7	1 552.38
2016	685.5	1 804.39
2017	931.4	2 458.39

数据来源：历年《黑龙江金融年鉴》《黑龙江统计年鉴》《黑龙江省金融运行报告》。

3. 黑龙江省金融包容的使用度情况

金融产品的使用效用通过金融产品及其服务的使用程度衡量，衡量标准体现为使用者对金融系统所提供的产品进行使用的效率以及使用产品取得的效果。依据学术界现有的衡量标准，基础性金融产品的全民使用情况由储蓄、贷款、保险三类基础性金融产品来反映，分别通过存款余额、贷款余额、保费收入占国民生产总值的比重来表示。依据表 2-7 所示，2008—2017 年黑龙江省存贷款余额占国民生产总值的比重远高于保费收入占国民生产总值的比重。从整体来看，各项金融产品的使用情况均有所增加，但同时在整体增加趋势上伴随着阶段性小幅度下降波动。其中，2012—2016 年黑龙江省金融产品使用情况增加趋势趋于稳定，存贷款余额占国民生产总值的比重显著增加，保费收入占国民生产总值的比重增加幅度较小，这一特征说明在黑龙江省近年来基础性金融产品中，存贷款使用效率高于保险使用效率，但整体来讲使用效率呈现上升趋势。

表 2-7　2008—2017 年黑龙江省金融产品的使用情况

年份	存款余额/GDP（%）	贷款余额/GDP（%）	保费收入/GDP（%）
2008	1.074 8	0.541 7	0.030 0
2009	1.273 8	0.692 0	0.032 2
2010	1.229 2	0.692 4	0.032 9
2011	1.131 7	0.675 2	0.025 1
2012	1.184 9	0.719 0	0.025 0
2013	1.246 5	0.780 9	0.026 4
2014	1.272 4	0.885 0	0.033 5
2015	1.398 3	1.068 6	0.039 0
2016	1.441 5	1.152 0	0.044 6
2017	1.485 0	1.207 9	0.058 6

数据来源：历年《黑龙江金融年鉴》《黑龙江统计年鉴》《黑龙江省金融运行报告》。

4. 黑龙江省金融包容的可负担性情况

金融包容可负担性是使用者在获取金融服务时所承担的成本。当成本过高时，金融服务对潜在使用者会产生价格排斥效应，进而影响金融服务的包容性水平。依据学术界国内外学者的研究成果，金融包容的可负担性由全社会固定资产投资中国家预算内资金数额、国内贷款数额、利用外资之和与占固定资产投资比重进行衡量。由表 2-8 可见，2008—2017 年黑龙江省全社会固定资产投资中国家预算内资金数额、国内贷款数额、利用外资之和从 2008 年的 482.6 亿元上升至 2017 年 995.0 亿元，累计增长了 1.06 倍；黑龙江省固定资产总额从 2008 年的 3 656 亿元上升至 2017 年的 11 292 亿元，累计增长了 2.09 倍；与此同时，黑龙江省社会固定资产投资中国家预算内资金数额、国内贷款数额、利用外资之和占固定资产总额比重持续降低，表明黑龙江省金融服务的可负担性在持续提高。

5. 黑龙江省金融包容发展水平

由前文金融包容分析可知，从概念界定角度来看金融包容是一个较为多维的概念，国内外学者针对金融包容发展水平的衡量仍缺乏统一的衡量标准，本文参考国内外学者的研究成果选取具有代表性的四个维度、九个子维度的指标体系刻画黑龙江省金融发展水平，并对黑龙江金融包容水平进行测度。

表 2-8　2008—2017 年黑龙江省金融产品的可负担情况

年份	全社会固定资产投资中国家预算内资金数额、国内贷款数额、利用外资之和（亿元）	固定资产总额（亿元）	全社会固定资产投资中国家预算内资金、国内贷款、利用外资之和/固定资产总额
2008	482.6	3 656	0.132 0
2009	760.3	5 028.8	0.151 2
2010	944.3	6 801.7	0.138 8
2011	946	7 475.4	0.126 5
2012	958.4	9 780.2	0.098 0
2013	814	11 453.1	0.071 1
2014	614.8	9 828.9	0.062 6
2015	795.2	10 182.9	0.078 1
2016	885.2	10 648.4	0.083 1
2017	995.0	11 292	0.088 1

数据来源：历年《黑龙江金融年鉴》《黑龙江统计年鉴》《黑龙江省金融运行报告》。

本研究数据来源于 1994—2016 年《黑龙江省金融运行报告》《黑龙江金融年鉴》《黑龙江统计年鉴》等国家统计局公开数据。对数据进行无量纲化处理，得出黑龙江省金融包容水平指数测度值。

本研究借鉴联合国人类发展指数（HDI）和 Sarma、Beck、粟勤、马彧菲、朱晨曦等学者对金融包容发展水平测度的构建方法，同时结合本研究对于金融包容概念的界定和理论基础部分的分析，秉承遵循客观、真实、全面、数据可得及可量化原则、兼顾金融供给与金融需求，从以下四个维度构建指标体系，如下表 2-9 所示。

表 2-9　黑龙江省金融包容指数指标体系

维度	子维度	相关指标	指标性质
渗透性	地理维度的服务渗透性	每万平方千米金融机构数（个）	正向
		每万平方千米金融机构从业人员数（个）	正向
	人口维度的服务渗透性	每万人拥有的金融机构数（个）	正向
		每万人拥有的金融机构从业人员数（个）	正向

（续）

维度	子维度	相关指标	指标性质
可获性	存款服务可得情况	人均存款余额（万元/人）	正向
	贷款服务可得情况	人均贷款余额（万元/人）	正向
	保险密度	人均保费（万元/人）	正向
使用度	存款使用效用情况	存款余额占GDP比重（%）	正向
	贷款使用效用情况	贷款余额占GDP比重（%）	正向
	保险深度	保费收入占GDP比重（%）	正向
可负担性	金融服务可承受水平	国家预算内资金数额、国内贷款数额、利用外资之和占固定资产总额比重（%）	逆向

其中，金融包容渗透性维度是金融包容发展水平指标体系的基本维度，渗透性维度从地理和人口的服务渗透性角度出发，分为4个细分指标，从金融机构数、金融机构从业人员数两方面，兼备对地理维度、人口维度的双重考量，能够全面反映金融机构、金融产品的覆盖情况，是从金融服务包容供给侧对金融包容发展水平进行的衡量；可获性维度是金融包容发展水平指标体系的关键要素，是从人们能够接触、获取和使用金融产品与服务以及从金融包容供给与人们需求联系程度对金融包容发展水平进行的衡量；使用度维度是金融包容发展水平指标体系的核心要素，金融包容的使用度是指金融产品及服务的使用程度，从金融主要业务存款、贷款、保险服务三个角度出发，强调金融包容业务的使用效率与效果，是从具体金融包容业务出发对金融包容发展水平进行的衡量；可负担性维度是对金融服务可承受水平的衡量，金融包容可负担性是使用者在获取金融服务时所承担的成本，当成本过高时，金融服务对潜在使用者会产生价格排斥效应，与金融包容指数存在逆向关系。

如图2-2为黑龙江省金融包容水平指数测度结果，总体来看黑龙江省金融包容水平较为良好，呈现逐年上升的态势。2016年，黑龙江省金融包容指数在渗透性维度达到0.207、在可获性维度达到0.393、在使用度维度达到0.207、在可负担性维度达到0.078。这表明随着经济社会的整体发展、金融机构数量不断增多、金融服务不断普及完善，黑龙江省的金融包容水平从渗透性、可获性、使用度、可负担性等方面都取得了一定成效。与此同时，可见可获性维度对金融包容指数的贡献程度最高，渗透性、使用度次之，可负担性贡献程度最低。

分阶段来分析黑龙江省金融包容发展大致可以分为三个阶段：一是金融包容水平初级阶段（1994—1998年），在这一阶段金融包容水平有一定提高，但增速缓慢。主要归因于黑龙江省金融机构数量在快速增加，但金融产品的丰富

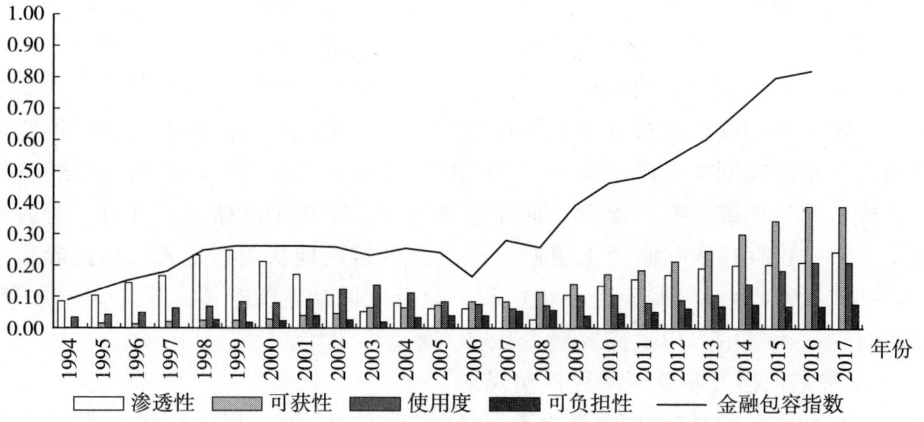

图 2-2　黑龙江省金融包容发展水平趋势

程度未跟上脚步，在这一阶段国有银行存贷款仍是社会资金的集中地；二是金融包容水平持平阶段（1999—2003 年），在这一阶段我国进行了国有商业银行改革，金融机构进行了组织体系从加强风险控制、优化业务流程、调整组织结构的一系列精细化管理，金融包容发展水平基本不变；三是金融包容水平增速阶段（2004—2016 年），在这一阶段金融发展水平指数出现了两次波谷，分别在 2006 年以及 2008 年，归因于 2005 年银行类金融机构进行了合并改革以及 2008 年的金融危机，在一定程度上影响了金融服务的使用度，但从整体上看黑龙江省金融包容水平增速明显，归因于国家和政府对黑龙江省经济发展的支持力度加大，使得金融包容体系持续构建。与此同时，金融服务依靠政府扶贫工作、解决“三农”问题等一系列国家政策，使金融服务环境得到明显改善，黑龙江省金融包容水平得到快速提升。

依据国际金融包容发展水平的衡量标准：金融包容发展指数在［0.5，1）范围内，则属于高发展水平；在［0.2，0.5）范围内，则属于中等发展水平；在［0，0.2）范围内，则属于低发展水平。如图 2-2 所示，截至 2016 年黑龙江省金融包容平均指数为 0.35，虽然属于中等发展水平但仍然较低。

三、金融包容视角下黑龙江省金融扶贫存在的问题及其成因

（一）金融包容视角下黑龙江省金融扶贫存在的问题

1. 金融扶贫对象识别不明确

黑龙江省的金融扶贫工作虽然对贫困人口的贷款数额有相应的规定，但由

于贫困人口的组成不同，既包括劳动能力者，也包括无劳动能力者，对于因病、因伤致贫的无劳动能力人口来说，其申请的贷款难以完全应用在再生产过程中，从而难以实现有效脱贫。对于没有劳动能力的农户、五保和残疾人家庭人口来说，他们缺乏对扶贫贷款的造血能力，金融机构难以控制其贷后的资金使用，有难以收回本金的可能。因此，针对这部分贫困人口，政府应当转变扶贫方式，用其他政策提供保障，而非是通过贷款实现精准扶贫。并且，有劳动能力人口中也存在大量缺乏上进心、缺乏改变贫困现状信心的人口，这导致了“因为穷，所以穷”的痼疾进一步加深。贷款难以让这类群体实现扩大再生产，因此对这一类贫困人口也需要转变扶贫方式。

2. 金融包容发展难以满足扶贫需求

（1）金融包容扶贫供给资源不足。2016—2017 年，黑龙江省金融机构网点数量大幅缩减。截至 2017 年末，黑龙江省基础金融服务的覆盖率仅为 93.1%，这一指标相对于其他先进省份远远不足，这也说明黑龙江省金融包容需要进一步提高，金融基础设施建设仍需进一步增强。随着金融体制变革深入农村金融领域，农信社已经逐步向商业性金融机构转变。2017 年，黑龙江省有 38 家农村信用社实现了商业银行化。作为商业性金融机构，农村商业银行需要在城乡融合发展中，保证可持续经营，因而其原有支农职能被分散。因此，资金流向将更为集中，形成“精英俘获”，加剧了贫困群体获取信贷的难度。此外，其他大型商业银行和政策性银行虽然有较为先进的贷款技术，但其专注于盈利的特点，导致其分支机构难以在乡村实现全面覆盖，只能延伸到县级地区。此外，新型农村金融机构虽有所发展，但依旧有亟待完善的地方。

（2）金融包容扶贫产品缺乏创新。贫困群体的金融需求具有时间紧、数额零碎、用途偏多的特点，这些特点提高了信贷成本，风险损失的可能性也在增加，提高了获贷难度。同时，金融机构的服务意愿明显不足，黑龙江省在政策支持下的金融包容服务产品难以满足低收入群体日益增长的金融需求。截至 2017 年末，黑龙江省共开发了五大类共 20 余项金融创新产品，但产品类型尚未完整覆盖农户的生产和消费需求，难以将潜在金融需求转化为有效金融需求。金融包容在贫困地区的发展没有同金融科技深度融合，大数据未能得到有效应用，针对金融数字化开发出的产品有所不足，难以满足农户需求。因而，金融机构在贷款成本上难以实现良好控制，在处理风险和效率之间的关系上表现出能力不足。

（3）农村贷款担保物、抵押物难以确定。金融包容发展的目的是提供具备可持续性的支小支农贷款。农村地区的问题在于抵押物、担保物的缺失，宅基地和土地的抵押并没有获得十分明确的法律支持，这导致通过抵押担保的模式来满足农户信贷需求的方式受到了限制，并且标准抵押物抵押手续的复杂性进一步加剧了这一问题，不利于农户进行信贷。目前黑龙江省“两权”试点虽然已经覆盖到17个地市，但依然出现了担保物“评估难、时间长、难变现、障碍多、执行难”的问题。因此，金融机构需要在当前土地三权分置和土地确权登记推行的背景下，结合法律法规，在抵押物上实现创新，以此满足农村贫困主体的资金需求。在此基础上结合政府的政策支持，提供抵押方案。

3. 政府扶贫配套制度有待完善

（1）政府财政资金运用效率较低。农村金融扶贫的信贷资金投放需要依靠政府贴息以部分覆盖信贷成本。具体来说，首先由政府财政部门在金融机构存入一定数额的存款，然后金融机构依据政府相关部门的要求，按存入资金的约定倍数发放扶贫贷款。虽然中央和黑龙江省政府都为农村贫困地区提供了大量的资金，但是其扶贫效果不足。政府主导的扶贫贷款质量较差，并且不良贷款率居高不下，甚至难以收回成本。政府财政资金投入的目的是尽可能通过乘数效应发放充足的农户贷款，但扶贫贷款回收率低使得资金的有效循环和金融扶贫的良性推进难以进行。黑龙江省政府出台的针对农村金融扶贫的相关政策较少，扶贫标准不明确，缺少与中央政策配套的措施。地方政府对农村贫困人口的贷款贴息等政策也没有明确规定，不利于贷款应有作用的发挥。

（2）金融扶贫政策未与其他扶贫政策有效联结。黑龙江省政府在推动金融扶贫的过程中，提出了一系列规划方案，例如，农村最低生活保障制度、产业扶贫规划、科普助力精准扶贫计划、旅游企业帮扶贫困村专项行动实施方案、“互联网＋精准扶贫”行动计划等。但在具体落实方案上有所不足，其他扶贫政策同金融扶贫政策难以融合成完整体系。首先，金融精准扶贫基本上是以农村信用社和邮储银行提供的农村小额信贷为支撑，大型银行参与力度不足，没能发挥大型银行信贷技术的优势，政策性银行的作用也没有充分发挥，导致金融扶贫后劲不足；其次，目前黑龙江省的扶贫贷款支持政策主要为设立风险补偿资金、财政贴息支持和促进保险覆盖面，但均只针对扶贫小额信贷，并且财政对贫困人口扶贫贷款的担保贴息制度反而加剧了农村金融信贷配给的问题，不利于农村信贷的市场化，难以保证金融扶贫的长期性。在保险业务方面，当前的金融支持方式也不利于其全面落实；最后，金融精准扶贫与其他扶贫政策未实现有效联结，既没有在政府的产业规划、互联网计划、旅游企业帮扶计划上实现金融产品的创新，也没有统一好政策性和商业性的关系，从而难以实现扶贫和防贫工作的稳固推进。

（二）金融包容视角下黑龙江省金融扶贫问题的成因

1. 金融扶贫对象识别具有滞后性

对于农村扶贫对象资格的认定，黑龙江省政府没有形成明确的方法。往往由村委会等自行认定，结果往往不够客观，对于农村贫困户的认定标准和程序还缺乏相应的法律依据。政府扶贫政策调整的速度满足不了农村贫困人口认定的需求，农村贫困程度的高低是贫困人口认定的主要标准，这一点常被忽略，这导致部分人群的贫困无法得到解决，此外，地方政府扶贫资金运用监管的缺失，使得资金的转移风险大大增加，同时对于农村贫困人口的识别精准度不够，加大了金融扶贫工作的难度。

农村地区的地理环境差，交通环境不够发达，贫困人口数量大，且分布比较分散，获得农村贫困人口状况比较困难，需要投入大量的成本。然而政府并不会每年对贫困人口状况进行实时更新，客观上会使得一些扶贫政策仍然被一些已经脱贫的人继续享受，而另一部分真正的贫困人口无法得到政策的帮助。因此，扶贫对象识别的的滞后性，使得部分贫困人口被忽略。

2. 金融包容资源扶贫效益低

（1）农村贫困户的弱质性明显。由于农业的自身特点导致农村贫困户面临诸多风险，尤其是自然风险与市场风险。一是，农业生产与自然环境是相互依赖、相互作用的，因此农民在进行农业生产经营时难以预测风险及灾害，即便可以预测，也难以阻止其发生。这就造成农户收入不稳定、收入较低，以至于无法偿还银行贷款，最终导致农村贫困户缺少资金来源，无法提高资金储蓄。二是，在贷款层面，由于农村贫困户缺少抵押物、担保物而无法满足金融机构贷款及扶贫贷款的要求，因此难以获得资金支持。三是，在政策支持层面，关于农村金融扶贫资金等相关政策支持及法律法规不完善，风险补偿基金不健全，以至于金融机构面临风险增强而出现“惜贷”现象，进而无法满足贫困人口资金需求。

（2）金融机构的扶贫意愿不强。一是由于地区偏远、交通不便及投入成本较高导致金融机构扶贫意愿不强，金融机构扶贫对象主要为农民，而黑龙江省农村地区大多基础设施较差，交通不便利，促使金融机构不愿将金融业务及营业网点投入农村地区，以至于仅靠金融机构市场化运作的可持续性较差；二是由于投入成本与收益不成正比，金融机构以利润最大化为经营目标，因此在进行贷款投放时会着重考虑成本、收益与风险，相对于城市贷款，农村贷款的成本高且收益较低，所以黑龙江省金融机构对农村的扶贫意愿不强，更愿意将贷款投放到城市地区。

（3）金融扶贫体系相对单一。一是黑龙江省金融扶贫工作由银行金融机构及其他金融机构来承担，其中银行金融机构占据主导地位，而由于扶贫贷款的成本高、收益低及风险大的特征，导致银行金融机构主动投入贷款积极性差，而其他金融机构参与度低，无法协助银行金融机构进行扶贫工作。二是近几年，保险公司的农险业务才逐步开展，保险品种相对单一，保险覆盖面较小，针对“三农”保险的风险补偿工作开展较慢，没有起到对银行金融机构的支撑作用。三是农产品期货与期权市场体系不健全导致无法为银行金融机构及保险公司分散、对冲风险，这就促使银行贷款发放及农险业务开展得比较缓慢。

（4）金融扶贫政策作用对象固定。由于金融扶贫政策大多以农户信贷为主，仅依靠增加贫困农户信贷数量不能在真正意义上帮助农村贫困户解决贫困问题。由于农村金融机构营业网点较少，以及金融机构自身利润最大化经营目标，导致如今金融扶贫政策落实在农户信贷层面，无法深入覆盖农村贫困户的实际需求。然而政策的强制性特点可以帮助农村贫困地区建设金融扶贫体系，从政府部门到金融机构再到农村贫困户形成自上而下的完整金融扶贫体系，有助于实现金融扶贫落实到每一个贫困户的目标，因此更应该注重金融扶贫政策的精准落实。

3. 政府扶贫监管不到位

（1）扶贫对象信息可信度低。一是由于地理位置导致信息获得性低、可信度差，黑龙江省农村贫困地区大多交通不便、基础设施差、地理位置偏远，因此导致政府部门无法及时、全面、准确掌握农村贫困地区及贫困对象的真实信息，加大了政府部门的监管难度，以至于无法充分满足贫困对象的需求。二是黑龙江省信用评级体系不健全，涉农金融机构的评估方式不同，缺乏统一标准，不具科学性，导致金融机构信用评级相互之间的认可度较低，无法合力进行扶贫工作，例如黑龙江省绥滨县，涉农金融机构均以各自单位确定的评级指标与权重进行信用评级工作，缺乏公认性，在信用评级过程中重复评级造成资源浪费，且信用评级数据无法共享使用，导致金融机构之间难以相互合作、相互监督，造成扶贫工作开展缓慢。

（2）扶贫监督方式单一。一是涉及数量多、范围广导致单一部门监管力度差。自 2015 年，黑龙江省扶贫任务涉及 73 个县，仅扶贫小额保险试点工作就涉及 1 765 个建档立卡贫困村，可以看出黑龙江省扶贫项目数量众多，涉及范围广泛。因此仅依靠政府扶贫部门对黑龙江省扶贫项目进行监管难度较大，且监管效率低下。二是村干部未及时公开扶贫项目信息导致群众缺乏参与性。在扶贫项目开展过程中，存在部分村干部不及时公开资金使用等相关信息，农民参与性低并且无法起到全面监督作用，因此无法发挥项目监督小组的实际作用，导致扶贫违纪现象时有发生。

(3) 地方扶贫监管制度推行缓慢。一是相关政府部门对农村经济环境及特点不了解，导致无法充分结合农村地区发展现状提出对策，尤其在中央“一行三会”集中式的金融监管体制下，金融监管部门仍以风险控制优先落实相关措施，实施严格市场准入制度，导致农村地区金融扶贫机构难以建立、发展。二是监管部门对城市及农村采用同一套监管标准和措施，忽略农村地区本质特点，抑制了金融机构对农村贫困地区的扶贫积极性，并且由于人员编制等严格受到控制，导致地方金融监管部门组建困难，推进监管制度缓慢。

四、提升金融包容水平促进黑龙江省农村地区可持续脱贫的对策建议

(一) 有效识别金融包容服务对象

要让服务对象面向更多的主体，注重减轻金融排斥，实现金融公平是金融包容的一个目标。帮扶贫苦和减轻贫困并非是仅有的目标，所以，如果想要更好地发挥金融包容可持续脱贫的作用，则必须明确可以实现金融包容的服务对象，防止金融服务面对的群体不符合目标要求。为金融包容服务对象设立筛选标准是为了将具有致富梦想、生产技能但存在得不到资金问题的低收入者筛选出来。对于收入水平处于中等以上的人群，之前也许会因为受到某些因素的影响被一定程度的金融排斥，现如今，这类人群又一次地被归纳到了金融包容服务对象的行列之中，然而，该群体并非被包含于扶贫和减贫的目标人群之中，这样不仅会导致金融包容扶贫资源的浪费，还可能加大贫富之间的差距；对于生存存在困难的群体，政府会采取财政途径为他们的生存提供保障，也不会被纳入金融包容扶贫对象之列。因此，增强金融包容扶贫对象确定的精准度尤为重要，具体而言：为了增强确立扶贫对象的精准度，可以为金融包容减贫对象设立一种评价体系，该体系的内容包括两个方面，一方面，如被评价对象是否接受了教育、身体及内心的健康与否以及生产生存的技能水平等指标，并通过对现实情况的调查跟踪，对评价体系进行及时调整，保证既可以实现金融包容减贫的目的，又能为目标群体合理配置有限的资源；另一方面，建设将金融包容减贫与脱贫工作目标作为核心业务的银行机构，并在业务中明确该机构要提供服务的特殊群体，主要是相对贫困人群，来提升金融包容服务贫困对象的精准度。

（二）推进差异化金融包容服务体系建立

探索金融服务渗透性可持续脱贫的新方向。一是构建多层次金融市场，提高金融服务的渗透性。在农村贫困地区增加提供商业性金融服务机构的网点数量，使金融服务可以覆盖到还不是很发达的地方以及被传统金融排斥的人群；政策性金融机构提供服务可以适当缓解商业性金融服务供给不足的问题；尽可能地保持中小金融机构的地位。二是合理布局金融机构网点及从业人员。提供金融包容服务的一方在合理安排金融机构网点时，不仅要考虑黑龙江省的实际情况，还要考虑到金融机构之间的合作和竞争，对其他和该机构业务类似的机构网点的地理位置和人员配备情况进行调查分析，同时从地理和人口两方面明确机构网点的数量，并合理配备业务人员。三是差异化地设立金融服务渠道以提高渗透性。扩大金融服务的范围可以从物理网点和虚拟网点入手，扩大金融网点规模，可以尝试“自理＋代理”的模式，增加金融服务覆盖面，采取多层次电子网络的措施。其中，建设物理网点花费高，对基础设施建设水平要求较高，建设虚拟网点花费低，可以缓解物理网点渗透缺乏的问题。因此应积极采取互联网等新科技，开拓网上银行等新兴电子渠道。

加大金融服务可获性，发挥可持续脱贫的优势。一是发挥金融机构互补优势以合理加大金融服务的可获性。支持国家开发银行发挥给国民经济重要发展战略提供服务的业务特点，提高基础设施的建设速度；发挥中国农业发展银行政策性优势，适度增加有效项目金融服务的供给；提高中国农业银行对不发达县市的综合服务供给；发挥邮政储蓄银行网点下沉优势，并加强对于网点业务种类的建设；肯定农村信用社的主力军作用，推进其向农村商业银行的转变；积极建设新型农村金融机构。二是根据贫困群体的多样需求设计金融产品。金融机构有时会在扶贫贷款中出现“惜贷”现象，将扶贫贷款资产证券化是改善此现象的有效手段。在金融扶贫的过程中，SPV 机构所发行的主要是支持证券，可以帮助金融机构提前收回扶贫贷款，这不仅将集中于银行的信贷风险让所有买者共同承担，同时也提高了它们参与扶贫、为贫困群体发放更多贷款的意愿。三是加入贫困指标扩大监管范围。将衡量金融机构为贫困群体所提供服务的数量与质量作为一个指标纳入政府对金融机构的考核评价体系里。金融机构根据监管部门制定的规定，会主动寻找那些希望获得金融服务与产品且具有一定还款能力的贫困人群。将这些群体纳入服务对象范畴，一旦使它们获得更高的收入，会促使它们为这些贫困人群提供更多适合他们的金融服务和产品。

强化金融服务使用性的可持续脱贫效应。一是开展理念宣传，增强对金融包容服务的认识。要想实现普惠目标，就要加强对经济主体，尤其是低收入群体关于金融包容体系的宣传，使他们充分认识到金融包容服务的好处，从而学会正确的产品使用方法并提高对产品的了解程度和满意度，并产生良性的感知和使用循环。二是升级金融产品与服务，吸引贫困人群使用金融产品。要想实现金融服务的升级与改进，就要充分利用各种平台，使贫困人群与金融机构熟练使用这些平台。信息共享平台能使金融包容需求者和金融包容供给者掌握对方的情况；信息沟通平台的反馈与跟踪机制能及时了解客户使用后的感受，同时也可以了解他们对产品和服务的评价，为后续改进与优化金融产品和服务提供借鉴。

降低金融服务对可持续脱贫的支持压力。一是拓宽农村抵押担保途径，增加可作为抵押担保品的资产种类。黑龙江省政府可以建立一个专门为农村贫困人口提供抵押担保服务的抵押担保机构以确保农村金融扶贫顺利进行，政府需要通过提供资金或政策优惠等手段对该机构进行支持。提高贫困人口的信用等级，减小银行等金融机构出现坏账损失的可能性，从而达到减少贫困的目的。二是重视互联网金融的作用。随着互联网的发展，互联网金融也应运而生，因其具备方便快捷的优势，可以有效避免农村地区地处偏远、基础设施落后、金融扶贫成本高的弊端。因此，探索互联网金融扶贫模式也成了黑龙江省农村金融扶贫的一条新路，通过这一方式不断扩大金融扶贫的覆盖面，提高金融扶贫贷款额度，从广度与深度两方面解决黑龙江地区农村金融存在的问题。

（三）建立健全金融包容服务体系的配套机制

有效发挥政府的政策引导作用。一是完善贫困地区的基础设施建设。政府部门应着力提供公共产品，为扩大农村贫困人口网点覆盖面奠定基础。二是央行要发挥货币政策工具的结构导向功能。央行可制定相关利率政策工具鼓励金融机构适当降低贷款成本。三是政府相关部门需要制定适宜的财税政策体系，减免对扶贫性质的贷款征收所得税。四是有关监管部门要及时对金融机构向贫困人口提供服务进行监管，逐步建立金融机构向贫困人口提供服务的监测、评价和考核机制。

推进征信建设，确保金融包容脱贫的可持续。一是推动建立全省统一信息共享平台。由政府主导协调，在政府征信机构提供征信数据的同时，借助市场力量，多方收集信息，通过建立信用档案和信息信用管理系统，掌握当地低收入群体的信用状况，以构建良性金融生态环境，解决信息不对称问题。二是要对贫困人口进行金融知识普及和再教育。建立自律组织和协会约束失信行为，实行差别对待，对信用违规者采取制裁措施，奖励信用良好者，确保普惠金融和扶贫的可持续性。

充分发挥经济增长以及收入分配的协同可持续脱贫作用。在宏观层面，要加强金融供给侧体制改革。通过市场化的竞争满足多方主体需求，使改革向金融服务薄弱环节和重点领域倾斜，同时严格要求持续改进金融服务水平和效率，努力实现金融和经济对减贫的协同效应。在微观层面，加大普惠金融对黑龙江省特色产业特别是特色农业发展的支持。政府要加大对农业的金融支持，提高贫困地区金融资源承载能力。各地要因地制宜，区分培育发展优势农业和特色农业，实现脱贫攻坚目标。

粪污资源化利用视角下黑龙江省奶牛养殖业产业升级研究*

樊 斌　张乃夕　潘方卉　赵丽娟 等

奶牛养殖业是黑龙江省的支柱性产业，为实现畜牧业现代化，优化经济增长方式，黑龙江省奶牛养殖产业正逐渐完善生产方式和产业结构（苏子超，2020）。规模化养殖的推进和环境规制致使大部分散养户和小规模养殖主体生产意愿降低并选择退出市场，但规模养殖落实过程中也产生了新的问题（张南等，2020）。根据 2010 年《全国污染源普查公报》，畜禽养殖业排放化学需氧量 1 268.3 万吨、总氮 102.5 万吨、总磷 16.0 万吨，为农业污染源的首要排放源。奶牛粪便日排放量显著高于其他畜禽动物，一头成年母牛日粪便产生量是生猪的 3.57 倍、肉羊的 13.46 倍、肉鸡的 219 倍、蛋鸡的 117 倍。黑龙江省大部分地区畜禽粪污处理方式传统、落后，与现代化畜牧生产标准存在一定差距，多数地区主要处理方式依然是堆放和作为农家肥直接施用，畜禽粪污资源化利用程度较低，也导致了土壤、水资源、空气和生活环境等多类型污染（樊斌等，2018）。

畜禽粪污合理化和资源化利用对奶牛养殖业现代化和集约化发展具有重要意义，采用资源合理利用及再利用的有机循环模式是实现畜牧经济绿色化发展的基础（舒畅等，2019）。粪污资源化利用模式中长期可行的是采取农牧结合方式，其次是微生物分解与沼气发酵（耿维等，2018；田学斌等，2019）方式。微生物分解是比较简便可行的操作方式，农户经过专业技术指导即可在养殖生产的末端环节使用，而养殖补贴无法涵盖有机物质分解的经济成本，导致该方法难以落实（崔姹等，2018）。每一种方法的落实都需要一定的经济成本。我国区域分布复杂、差异性强，除坚持无害化粪污处理原则，应在制订粪污处

* 黑龙江省社会科学研究规划项目（课题编号：18JYB139）。

项目负责人为樊斌副教授，主要参加人员有潘方卉、赵丽娟、李翠霞、薛晓聪、张乃夕、李萌。

摘自项目研究报告《粪污资源化利用视角下黑龙江省畜牧业转型升级路径研究》，2022 年 6 月，作者：樊斌等。

理方案时，将环境和区域分布等因素考虑在内，才能够达到粪污处理的合理化，才能实现绿色发展以及促进区域经济有效提升的目标（安宁，2017；韩一军等，2017）。学者们提倡从政府角度出发，向生产者征收排污税，或将政策补贴作为污染治理手段。政策工具对环境规制具有激励作用，特别是疫情对全球畜牧产业链条的冲击，让处于生产困境的生产者对可持续发展有了新的认识。可通过适度规模化、农牧结合、延长第一产业的产业链减轻运转不畅对养殖户的经济压力，从而获得更多的经济效益，形成更成熟的生产体系（陈诗波，2009；徐卫涛等，2010；李后建，2012）。生态革命促成了生态产业新型互动关系，除基本的资金、劳动力和社会政策环境，如何利用当前技术手段改善奶牛养殖业产业结构和实现经济效益在各生产主体间的良性流动成为重要的现实问题。通过粪污资源化利用带动奶牛养殖业转型升级，这种良性发展促进畜牧产业的绿色化，形成了广泛的生态化产业现象（李翠霞等，2017；赵俭等，2019；安达等，2020）。畜禽粪污资源化利用是奶牛养殖业升级的可行路径。本文测算黑龙江省奶牛养殖业产业升级系数和粪污资源化利用的潜在价值，采用随机效应模型将粪污资源化利用潜在价值等作为影响产业升级的主要因素进行实证分析，并提出促进黑龙江省奶牛养殖业产业升级建议。

一、黑龙江省奶牛养殖业发展现状

为了更加客观地描述黑龙江省奶牛养殖业的发展现状，本文从奶牛存栏量、牛奶产量、规模化养殖水平三个角度展开论述。

（一）奶牛存栏量

近年来，黑龙江省奶牛存栏量的变动可大致分为三个阶段：2005—2011年，存栏量逐年增长，且2011年达到存栏量最高值285.2万头；2011—2015年，存栏量骤然下降后始终稳定在190万～200万头；2015年后，存栏量呈现递减趋势，2018年奶牛存栏量为105万头，低于2005年存栏量110.2万头。从图1可以看出，虽然黑龙江省奶牛存栏量出现了较大的波动，但其数量始终保持在100万头以上，占全国存栏量的比例一直稳定保持在10%以上。就奶牛存栏量而言，黑龙江省奶牛业在全国奶牛养殖业的地位依然十分稳固。

黑龙江省奶牛存栏量排名前四的地区分别是哈尔滨市、齐齐哈尔市、绥化市、大庆市。这四个地区的奶牛存栏量明显高于其他地区。且这四个地区的奶牛存栏量占黑龙江省的比重长期稳定在80%以上，其中，存栏量长期处于领先地位的是齐齐哈尔市。相较于存栏量较高的四个地区，其他九个市的奶牛存

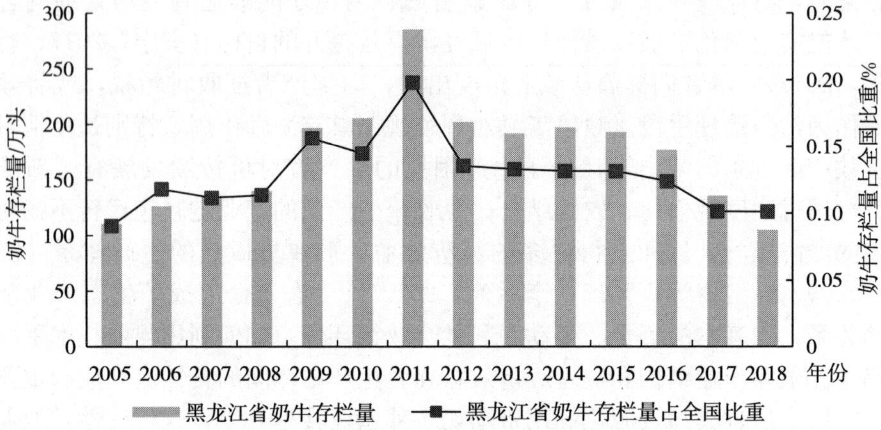

图 1　2005—2018 年黑龙江省奶牛存栏量

数据来源：《中国奶业统计资料（2006—2019 年）》。

栏量占全省比例较低，虽然这九个市的数量远小于上述四个地区，但是其存栏量的变化幅度较小且长期保持稳定，不仅能够维持稳定的外界输送，当出现某种不确定因素或不利因素时，也能够及时做出调整。此外，上述具有存栏优势地区的奶牛存栏量变化趋势与黑龙江省奶牛存栏量的整体变化趋势大致相似，都经历了数量逐年递增和逐年降低的两个阶段。2019 年，黑龙江省奶牛存栏量最高的依然是齐齐哈尔市，上述四个地区的存栏量虽然高于其他市，但差距明显缩小，如图 2 所示。

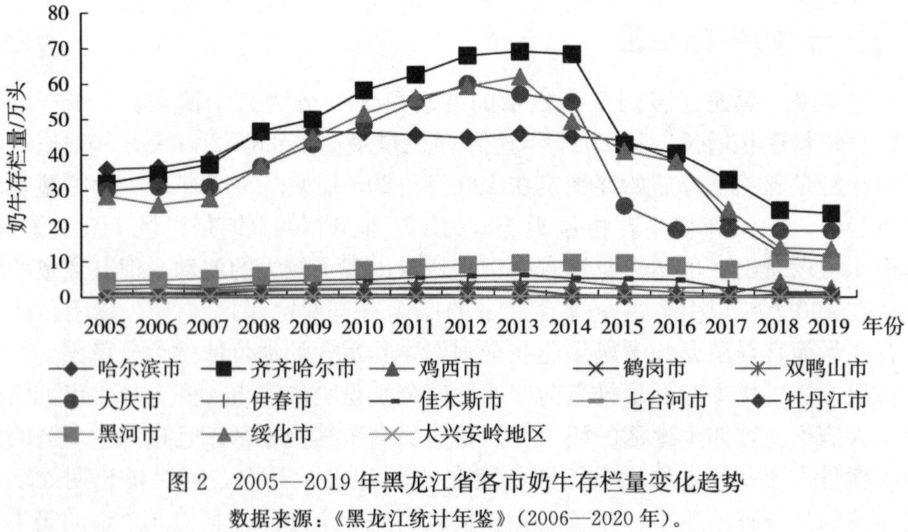

图 2　2005—2019 年黑龙江省各市奶牛存栏量变化趋势

数据来源：《黑龙江统计年鉴》（2006—2020 年）。

（二）牛奶产量

虽然奶牛存栏量和牛奶产量在全国的比重都在近两年锐减，但黑龙江省牛奶产量仍然趋于稳定，年平均产量始终保持在 450 万吨以上。2018 年，牛奶总产量为 458.5 万吨，占全国牛奶产量的 14.43%，与 2005 年相比，总产量上升幅度为 4.16%。黑龙江省牛奶产量变化趋势如图 3 所示。黑龙江省牛奶产量在 2005—2017 年总产量仍然呈波动上升趋势，2015 年产量为 570.5 万吨，是 14 年中产量最高的一年。结合黑龙江省奶牛存栏量和牛奶产量的动态变化可以看出，奶牛存栏量虽然是奶牛养殖业的发展基础，但二者间没有绝对必然的联系，在奶牛存栏量不断降低的过程中，牛奶产量并没有受到严重影响。

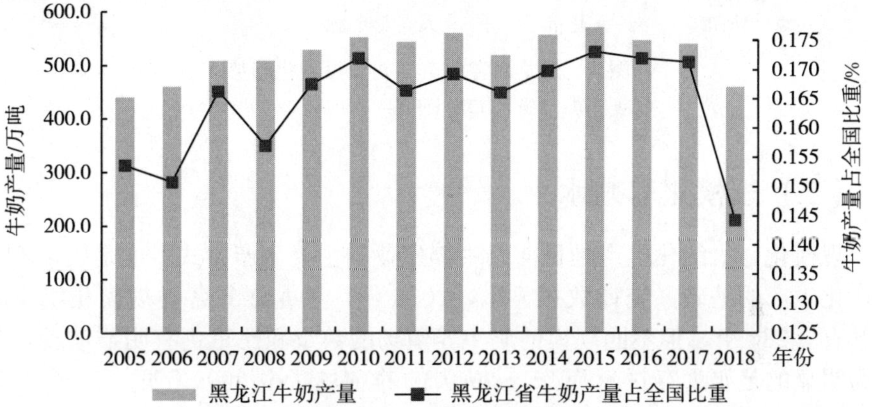

图 3　黑龙江省牛奶产量及占全国比重

数据来源：《中国统计年鉴》（2006—2020 年）。

为了便于客观描述，将鸡西市、鹤岗市、双鸭山市、伊春市、佳木斯市、七台河市、牡丹江市、黑河市和大兴安岭市奶牛存栏量较低的九个地区简称为其他地区。从图 4 可以看出，2019 年黑龙江省的大多数地区的牛奶产量与上一年相比发生了不同程度的缩减，特别是奶牛存栏量较高的哈尔滨市、齐齐哈尔市、绥化市、大庆市都出现下降趋势，其他地区的牛奶产量总和也明显低于上一年的产量。不难看出，2005—2019 年，黑龙江省各市牛奶产量出现明显的波动，特别是具有存栏优势的四个城市的牛奶产量先后经历了逐年递增和逐年递减的两个阶段；但其他地区的产量有所提升，2019 年其他地区的牛奶总产量与哈尔滨市、齐齐哈尔市、绥化市、大庆市的并无明显差距。虽然近几年黑龙江省的奶牛存栏量优势地区的牛奶产量明显下降，但黑龙江省的总体牛奶产量依然相对稳定。

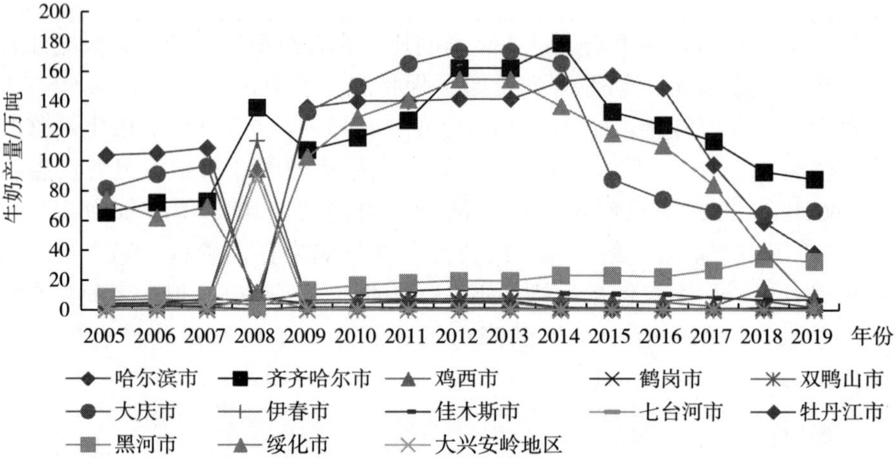

图 4　黑龙江省各市牛奶产量变化趋势

数据来源：《黑龙江统计年鉴》（2006—2020 年）。

（三）规模化养殖水平

规模化、集约化生产是目前奶牛养殖业的主要生产方式，也是奶牛养殖业现代化生产的基础。统计数据显示，2018 年，黑龙江省各类规模化奶牛养殖场共有 3 280 个，但不同规模的奶牛养殖场的数量和比重仍有明显波动，其中最为明显的是奶牛存栏量为 55～99 头的养殖场，由 2009 年的 425 个上升至 2 210 个，上升幅度为 420.00%，但是经历了逐年递增和逐年递减两个阶段，2016 年养殖场数量为 3 113 个，是近十年的最高值；奶牛存栏量为 100～199 头的养殖场数量存在两个增长期，第一个增长期是 2009—2011 年，第二个增长期是 2012—2016 年，2018 年养殖场数量为 688 个；奶牛存栏量为 200～499 头的养殖场 2018 年的数量为 209 个，与 2009 年的 197 个十分接近，2013 年 353 个是近十年的最高值；奶牛存栏量为 500～999 头的养殖场 2018 年为 90 个，与 2009 年相比，增长幅度为 31.11%，与数量最多的 2010 年相比依然下降了 15.89%；奶牛存栏量在 1 000 头以上的养殖场数是五种规模养殖场中数量始终最低的，且比重由 2009 年的 3.15%缩减至 2018 年 2.90%，但 2018 年规模数量为 95 个，远高于 2009 年的 27 个。根据图 5 可以发现，近些年黑龙江省奶牛规模化养殖场的总量在 2009—2016 年逐年稳定增长，但奶牛存栏量为 50～99 头、100～199 头、200～499 头、500～999 头、1 000 头以上的养殖场数量近两年均大致呈现出逐年递减的趋势。

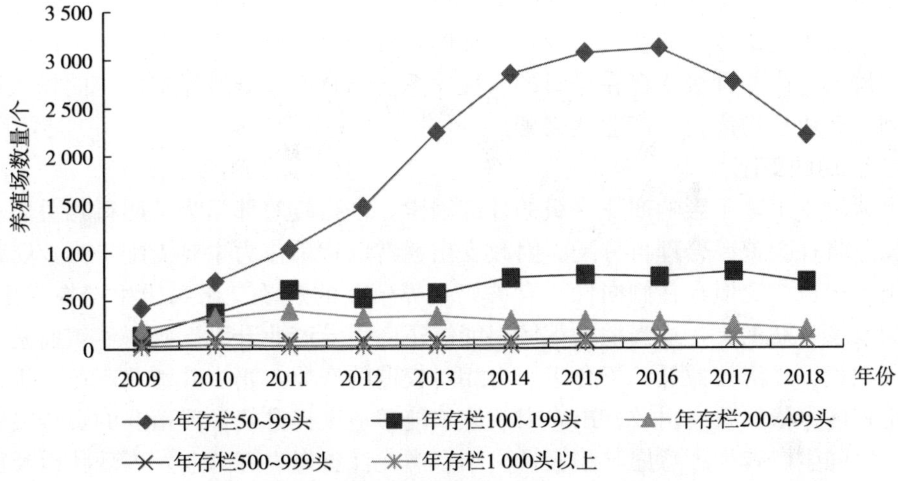

图 5　黑龙江省奶牛养殖规模化水平变化趋势

数据来源：《中国奶业年鉴》（2010—2019 年）。

二、黑龙江省奶牛养殖业产业升级测度

（一）指标分析

1. 固定资产

技术提升与创新是奶牛养殖业实现现代化、集约化的关键。奶牛养殖业的技术提升集中体现在配套设施的投入（结合内生增长理论的实质，本文以固定资产的变动表示与技术相关的设施投入）上。提高生产效率或将养殖粪污资源化利用都意味着固定资产的更新。虽然奶牛养殖业属于农业生产，且不存在生命周期，但在不同的发展阶段中，经济结构会随着固定资产的投入逐步优化。在奶牛养殖业发展初期阶段，为了提升产业竞争优势、缩小技术差距，固定资产投入能够有效解决产量与质量问题。

内生增长理论将内生技术提升视为实现增长动能转换与产业升级的关键。在市场完全竞争中，结合产业转型升级目标与发展方向，增加适当比例的固定资产投入是养殖主体为提升竞争优势做出的最优选择。经济增长结构理论认为，生产结构优化是生产需求和终端市场需求共同决定的。奶牛养殖业固定资产的升级与优化依然是保障经济结构、生产方式转变的关键。固定资产是影响产业升级的内部因素，2005—2019 年，黑龙江省 13 个地区奶牛养殖业的固定资产投入由 1 252.47 万元增加至 11 032.23 万元，2019 年固定资产投入约为

2005年的8.1倍，增幅巨大且整体上呈现逐年上升的趋势。奶牛养殖业是固定资产投入比重较高的畜牧产业，增加固定资产投入有利于产业升级，但固定资产投入与产业升级不存在绝对的线性关系。结合产业升级需求的定向投入更有利于产业结构优化、产业链完善。

2. 财政支出

财政支出属于影响产业升级的外部因素，是指政府部门为了履行相关职责与义务将社会资源合理再分配。财政支出通常以货币作为主要支配工具，财政支出的用途广泛但存在倾向性。有关奶牛养殖业的财政支出属于生产性支出。作为政策补贴工具，适当的政策倾斜能够正向引导产业升级。奶牛养殖业是生产周期长、经济效益低、资金吸引力相对较弱的产业，奶牛养殖业产业升级在一定程度上依赖政府财政支出，财政倾斜能够适度提升奶牛养殖业的资金吸引力，增强生产者生产意愿与积极性。结合黑龙江省奶牛养殖业发展现状以及所面临的困境可知，制约产业升级的主要原因是发展不均衡和资源无法充分利用，其关键在于技术与配套设施等内在因素无法满足以及奶牛养殖业财政支出有待提升。财政支出常常被作为激励工具，但过度或不当使用会出现弊大于利的效果。在奶牛养殖业中，具有竞争优势的养殖主体容易获得更多的资金支持。财政支出虽然是实现产业升级的主导因素，但不当或滥用会导致产业结构的“非均衡”加剧。

奶牛养殖产业升级是全方位的结构规划问题，产业升级仍然立足于规模化养殖与产业结构调整，从而实现经济增长与生产方式的转变。基于财政支出与产业转型升级的耦合关系，为了实现财政支出对产业转型升级的正向引导，需要注意以下三点：第一，产业升级是多种相关要素共同发挥作用的结果。财政支出作为影响产业升级的主要影响因素，虽然能够发挥关键作用，但并不是唯一的外部调节工具；第二，财政支出属于资金投入，增加有关奶牛养殖业的资金补贴能够引导劳动力、技术等基础要素的合理配置与使用；第三，形式多元化的财政支出有利于丰富生产与消费需求，丰富产业结构。

3. 奶牛存栏量

奶牛存栏量是奶牛养殖业发展的基础，能够直接反映生产规模与部分产业基础情况。奶牛养殖业的要素投入、结构调整与产业升级在一定程度上以奶牛存栏量为主要依据，是奶牛养殖业中极具代表性的指标。2019年，黑龙江省奶牛存栏总量与各市的奶牛存栏量都出现了不同比例的缩减，但在全国各省奶牛存栏量排名中依然位居前列。确定奶牛存栏量是本文定性分析与定量分析的基础。首先，奶牛存栏量是保障奶牛养殖业中各项生产活动的前提，直接决定奶牛养殖业的经济回报率；其次，奶牛存栏量决定了生产规模，结合发达国家的实践经验，产业升级的方向与路径需要根据存栏数量或生产规模做出合理规划；最后，本文研究视角是奶牛养殖粪污的资源化利用，奶牛存栏量的差异是确定各地区资源化利用模式的主要依据。

（二）指标选取

内生技术进步是实现增长动能转换与产业转型升级的关键因素，而产业升级的实质是生产要素不断积累与改进的过程。本文结合产业转型升级的概念与相关理论，将影响奶牛养殖业产业升级的因素分为内部因素与外部因素两类。其中内部因素是指技术、资金、劳动力等与产业发展密切相关的基本生产投入，社会环境与经济政策是促进产业升级的外部因素。

虽然影响产业升级的因素众多，本文结合循环经济理论、内生增加理论和环境库兹涅茨曲线（environment kuznets curve，EKC），以粪污资源化利用为视角研究影响产业升级的主要因素。奶牛养殖业产业升级的具体表现不仅是生产规模适度扩张、生产效率提升、产品质量提高、经济效益不断增加。在动态发展的过程中，各个生产主体还实现了科学养殖、提升了产品竞争优势。结合上述分析能够发现，技术创新仍然是产业升级的不竭动力。

（三）产业升级测度

1. 产业升级系数

产业升级是各种生产要素不断累积的过程中，根据供需变化调整经济结构，实现产业链优化的过程。技术创新与提升是促进产业升级的关键。因此，本文选取固定资产的增量表示技术进步，采用产业升级系数对黑龙江省奶牛养殖业产业升级进行测度，计算公式为

$$I_{it}=p_{it}\times f_{it}\text{，}\ f_{it}=\frac{n_{it}}{r_{it}} \tag{1}$$

式（1）中，I_{it}表示i地在t时期的奶牛养殖产业升级系数，I_{it}越大，表明产业结构在不断优化；p_{it}表示i地奶牛养殖业第t年的产业增加值在该地区总产值中所占比例；f_{it}表示i地奶牛养殖业第七年的固定资产投入与i地奶牛养殖业第t年实际增加值的比值，即实际固定资产有效产出率；n_{it}表示i地奶牛养殖业第t年的固定资产投入；r_{it}表示i地奶牛养殖业第t年的实际增加值。为削弱价格波动，本文以2005年产值为基础，计算2005—2019年的奶牛养殖业产值与总产值的实际数值。

2. 奶牛养殖业产业升级测度结果

2005—2019年，黑龙江省各地（除七台河市和牡丹江市外）奶牛养殖业

产业升级系数均呈先升后降再升趋势，如表 1 所示。黑龙江省 13 个地区奶牛养殖业产业升级系数存在显著差异，以产业升级系数的均值为例，齐齐哈尔市、双鸭山市、伊春市、佳木斯市、绥化市是产业升级系数较高的五个城市；除哈尔滨市、双鸭山市、牡丹江市、绥化市外，其他地区 2019 年的产业升级系数均高于历年均值，这反映出黑龙江省多数地区的奶牛养殖业产业结构逐步优化，产业趋向良性发展。存栏量较低 9 个地市中，伊春市、佳木斯市和双鸭山市的产业升级系数相对较高，牡丹江市和七台河市的系数较低。存栏量较高的四个地区中，绥化市的产业升级系数均值远高于其他地区，哈尔滨市的产业升级系数逐年递减，齐齐哈尔市的数值相对平稳。

表 1　黑龙江省 13 个地区奶牛养殖业产业升级系数

地区	2005 年	2010 年	2015 年	2016 年	2017 年	2018 年	2019 年	平均值
哈尔滨市	192	300	302	288	116	41	68	187
齐齐哈尔市	1 488	1 592	1 550	2 009	1 228	1 220	2 172	1 608
鸡西市	384	334	686	1 112	441	656	930	649
鹤岗市	116	122	150	159	121	4 061	5 501	1 461
双鸭山市	393	1 512	896	700	295	762	1 106	809
大庆市	51	192	1 362	1 632	1 075	885	1 449	949
伊春市	448	807	2 435	2 918	2 289	1 783	2 434	1 873
佳木斯市	611	1 998	2 182	2 590	1 174	879	1 695	1 589
七台河市	205	49	391	470	358	319	464	322
牡丹江市	331	154	151	154	86	60	138	153
黑河市	248	451	535	745	520	1 110	1 302	701
绥化市	4 307	11 053	8 031	9 496	5 450	3 656	6 544	6 993
大兴安岭地区	201	359	2 956	1 321	1 022	1 342	1 949	1 307

注：①为了直观反映产业升级系数变化，所有数值均为整数，受篇幅限制仅列出部分年份的测算结果；②数据根据 2006—2020 年《黑龙江统计年鉴》计算整理。

三、黑龙江省奶牛养殖业粪污潜在价值评估

（一）奶牛养殖业产业升级对粪污资源化利用的需求

粪污资源化利用是粪污处理方式中最有利于环境规制的一种。《全国农业

可持续发展规划（2015—2030年）》明确指出，在乡村振兴战略背景下，粪污资源化利用是畜牧产业转型升级的突破点，且能为畜牧产业经济带来多重红利。

1. 政策导向

粪污资源化利用是奶牛规模化、集约化、现代化养殖的必然选择。为促进奶牛养殖业产业升级，实现现代化发展，有效减轻奶牛养殖相关污染排放对生态环境的危害，我国先后完善并颁布了多项与畜牧业生产和污染排放治理相关的法律法规，也在不同时期根据畜牧业阶段性发展现状、市场需求、环境承载力制定了相关技术指导意见。除了将严格的法律、法规作为畜牧业环境规制工具外，各级政府也结合区域畜牧业发展现状相继出台了切合实际、因地制宜的指导规范。虽然粪污资源化利用在20世纪已经被提出，但在“十三五”时期才在全国大范围推行，2017年《畜禽粪污资源化利用行动方案》提出“畜牧业科学发展”。结合我国现阶段畜牧业发展现状及未来发展趋势，明确了粪污资源化利用的指导原则和技术性方法后，各级政府也在“十三五”时期通过资金补贴、政策扶持、监督考核等方式大力推进畜禽粪污资源化的落实。截至2021年年初，我国已有13.3万家大型规模养殖场（小区）配备了完善的粪污处理设施，有效降低了畜牧养殖粪污的生态威胁，弥补了奶牛养殖末端环节长期存在的缺陷。

为了从源头控制奶牛养殖业产生的污染，我国在2017年对《固定污染源排污许可分类管理名录》做出新的调整，规模化畜牧养殖成为重点监管对象之一，规模化养殖场、养殖小区获得排污许可后可以限量排放。《畜禽规模养殖污染防治条例》关于排放畜禽污染物也补充了细致的污染防治条例，其中，缺少排放许可并未能及时补办、缺乏污染处理配套设施或相关设施未能投入使用、未经无害化处理的污染物直接排放或处理后无法达到规定标准以及排放量超标的养殖场，处以3万～20万元的高额罚款。黑龙江省奶牛养殖业粪污资源化利用相关政策如表2所示。

表2　黑龙江省奶牛养殖业粪污资源化利用相关政策

发布时间	法律、指导意见	发布单位
2021年	《关于全面推进乡村振兴加快农业农村现代化的实施意见》	中共中央、国务院
2020年	《黑龙江省2020年奶牛场改造升级项目实施方案》	黑龙江省农业农村厅
2018年	《黑龙江省农业农村污染治理攻坚战实施方案》	黑龙江省农业农村厅畜牧处
2018年	《关于推进奶业振兴保障乳品质量安全的意见》	国务院办公厅

（续）

发布时间	法律、指导意见	发布单位
2017 年	《畜禽粪污资源化利用行动方案（2017—2020 年）》	农业部
2017 年	《关于促进畜牧业高质量发展的意见》	国务院办公厅
2014 年	《中华人民共和国环境保护法》	全国人大
2005 年	《中华人民共和国畜牧法》	全国人大

2. 粪污资源化利用的促进作用

粪污处理是奶牛养殖产业链中最末端的生产环节，其有效处理既需要配套设施也需要人力、技术的支持。大量研究充分证实，粪污资源化利用可以促进奶牛养殖业产业升级，本文以此为切入点，结合内生增长理论，可确定奶牛养殖业产业升级的路径。

各种引起或产生水体富营养化或不同形式生态威胁的污染统称为农业面源污染。奶牛养殖在获得收益的同时也产生了非预期的农业面源污染，在养殖的各个环节都伴随着产生固、液、气态的粪污，严重影响了原料奶的质量和生产效率。绿色生态、食品安全早已是社会关注的重点，奶牛养殖业作为基础性产业，更是与之息息相关。统计数据显示，2019 年，我国畜牧业总产值达到 33 064.3 亿元。但为了提高生产效率、节约成本，许多养殖户往往忽视畜禽养殖产生的粪污污染问题，把视线集中在提高产量上。尤其是在许多没有形成规模养殖和成熟产业链的农村地区，未经处理的粪污堆积是主要的污染物处理方式。家禽固体粪污被集中回收投入渔业生产，牲畜粪便往往会堆放至下一年作为种植底肥；同时，畜禽食用的饲料中含有较多促进生长的铁、锌元素，这些金属元素会随着粪污处理过程逐渐渗透到土壤、地下水中。这些粪污处理方式不仅影响村容村貌，也为居民和动物生活环境和农产品质量埋下安全隐患。粪污资源化利用既可以有效促进奶牛养殖业产业升级，也能够改善诸多环境问题。

（二）奶牛养殖业粪污可收集利用量估算

奶牛养殖业污染可以大致分为三类：废气、废水和固体污染。这些污染都属于农业面源污染（姚升等，2016），严重影响了原料奶的质量和生产效率（Eric 等，2015）。粪污资源化利用模式主要有五种：养殖污水肥料化利用、养殖污水达标排放（污水深度处理）、全量还田（农牧结合）、异位发酵床技术（粪便垫料回用）、粪污能源化利用。黑龙江省耕地面积广阔，但全年温度较低，全量还田、养殖污水肥料化利用、粪污能源化利用是相对有效的技术模式，这三种模式均将奶牛养殖粪污转化为农业所需的肥料及生产活动所需的能源。本文以基于奶牛存栏量估算粪污排放量和可回收利用量，进而测度黑龙江省奶牛养殖业粪污化肥替代潜力和能源替代潜力。

1. 粪污排放量

奶牛养殖业粪污是主要污染源，也是粪污资源化利用的主体。计算粪污可回收利用量要以粪污实际排放量为基础，即实际生产活动中所有相关污染物的源头产量，具体计算方法为

$$\begin{aligned} Q &= N \times P \times T \\ &= N \times (P_1 + P_2) \times T \end{aligned} \tag{2}$$

式（2）中，Q 表示奶牛养殖粪污实际产生的总量（万吨）；N 表示奶牛存栏量（万头）；P 表示奶牛日排泄系数，P_1、P_2 分别表示奶牛粪便日排泄系数与尿液日排泄系数，系数参照《第一次全国污染源普查公报》；T 表示奶牛饲养周期。

2. 粪污可收集利用量

粪污可收集利用量是指对能够创造经济价值且未经处理的相关污染物总量进行的客观统计，代表了奶牛养殖业的生态附加值，将奶牛粪便、尿液排放量分别乘以可回收利用系数，再进行单位换算和加总就可得到粪污可收集利用量。本文借鉴陶君颖（2020）的研究，取奶牛粪便与尿液的可收集利用系数分别为 0.79、0.67。计算公式为

$$Q_{it1} = Q \times (P_3 + P_4) \tag{3}$$

式（3）中，Q_{it1} 表示 i 地在 t 时期奶牛养殖粪污可回收利用量（万吨），Q 表示奶牛养殖粪污实际产生量（万吨）；P_3 和 P_4 分别表示奶牛粪可收集系数与尿液可收集系数。

（三）奶牛养殖业粪污化肥替代潜力测度

粪污化肥替代潜力是指粪污可回收利用量中所含氮、磷、钾元素能够替代氮、磷、钾肥施用的能力。本文结合黑龙江省 13 市氮、磷、钾肥施用量测度奶牛养殖业粪污的化肥替代潜力，估算奶牛养殖粪污中所含有机质及氮、磷、钾元素的含量，公式为

$$Q_{it2} = Q_{it1} \times f \tag{4}$$

式（4）中，Q_{it2} 表示 i 地在 t 时期奶牛养殖业粪污中养分的总量；Q_{it1} 表示 i 地粪污可回收利用量；f 表示粪便或尿液中有效成分的比重（粪便中氮元素占 0.45%、磷元素占 0.10%、钾元素占 0.23%，尿液中氮元素占 0.80%、磷元素占 0.02%、钾元素占 0.92%）。

由式（4）计算得到黑龙江省 13 个地区 2005—2019 年粪污可回收利用量中的有效物质总量。2019 年各地奶牛养殖业粪污的化肥替代潜力结果详见表 3。奶牛养殖业粪污存在极大的肥料替代潜力，但要借助农牧结合和污水肥料化模式发挥功效。

表 3　奶牛养殖业粪污化肥替代潜力

城区	氮肥/万吨	磷肥/万吨	钾肥/万吨
哈尔滨市	110	42	35
齐齐哈尔市	41	24	12
鸡西市	218	202	84
鹤岗市	222	177	98
双鸭山市	2 319	1 480	843
大庆市	23	10	4
伊春市	110	127	78
佳木斯市	712	546	371
七台河市	3 684	2 258	1 522
牡丹江市	328	162	120
黑河市	27	37	12
绥化市	66	65	18
大兴安岭地区	312	323	134

数据来源：根据 2020 年《黑龙江统计年鉴》计算整理。

（四）粪污能源替代潜力测度

除粪污化肥替代潜力外，奶牛养殖业粪污也具有能源替代潜力。本文以奶牛养殖业粪污的沼气产量测度其能源替代潜力，具体计算公式为

$$Q_{it3}=Q_{i1}\times m_i\times a_i \quad (5)$$

式（5）中，Q_{it3} 表示 i 地在 t 时期奶牛养殖粪污沼气总产量；Q_{i1} 表示 i 地粪污可回收利用量；m_i 表示粪污中干物质的比重（粪便中干物质占比为 18.0%、尿液中干物质占比为 0.6%）；a_i 表示干物质沼气生成比率（粪便沼气生成率为 0.3 米^3/千克、尿液沼气生成率为 0.2 米^3/千克）。

以 2019 年为例，齐齐哈尔市是黑龙江省奶牛养殖业粪污能源化利用潜在价值最高的城市，大庆市、绥化市和哈尔滨市紧随其后，其余 9 市及地区能源利用能力与这四个城市差距较大，如表 4 所示。

表 4　2019 年黑龙江省奶牛养殖业污染能源替代潜力

地区	潜力（亿米^3）	城市	潜力（亿米^3）
哈尔滨市	3 894	佳木斯市	468
齐齐哈尔市	8 056	七台河市	14
鸡西市	844	牡丹江市	281
鹤岗市	194	黑河市	3 375
双鸭山市	87	绥化市	4 595
大庆市	6 391	大兴安岭地区	24
伊春市	166		

数据来源：根据 2020 年《黑龙江统计年鉴》计算整理。

四、粪污资源化利用对奶牛养殖业产业升级影响的实证分析

（一）研究假设与模型构建

1. 研究假设

作为奶牛养殖产业链的末端环节，粪污资源化利用既依赖产业内部生产要素改进，也受外界环境影响。粪污资源化利用是以循环经济理论为指导，把生产活动融入农业生态循环系统，保障产业可持续发展的循环经济模式，是生态系统的能源流动与物质循环规律运用到产业经济发展中，实现资源减量化、再循环、再利用和无害化处理的过程。粪污的肥料化、能源化利用除降低环境压力外，还具有减少温室气体排放、提高农产品质量和丰富农业生产者消费市场等作用。采取粪污资源化利用，尽管有利于生态发展，但能否影响奶牛养殖业产业升级需进一步印证。基于此，本文提出如下两个假设：第一，粪污资源化利用与产业升级存在正向交互作用；第二，粪污能源化利用与肥料化利用对产业升级均具有正向影响，但由于各地奶牛养殖业存在显著差异，资源化利用模式的选取对产业升级的正向影响也存在差异。

2. 模型构建

奶牛养殖业产业升级受劳动力、机械、资金等多因素影响。为研究粪污资源化利用对奶牛养殖业产业升级的影响，本文构建如下计量模型：

$$\ln(I_{it})=C+\alpha_1\ln(Q_{it})+\alpha_2\ln(LA)+\alpha_3\ln(TP)+\alpha_4\ln(FS)+\alpha_5\ln(FI)+\mu_i+\lambda_{it} \tag{6}$$

式（6）中，I_{it}表示各地奶牛养殖业产业转型升级系数；Q_{it}表示奶牛养殖业粪

污资源化利用总量；LA 表示劳动力；TP 表示机械总动力；FS 表示财政支出；FI 表示外商投资；λ_{it} 表示个体固定效应；μ_i 表示误差项。

黑龙江省全年平均气温偏低，耕地面积广阔，具有较强的粪污消纳能力。《畜禽粪污资源化利用行动方案（2017—2020 年）》提出，东北地区宜选用全量还田、养殖污水肥料化利用和粪污能源化利用这三种技术模式进行粪污资源化利用。全量还田与养殖污水肥料化利用模式着重发挥奶牛养殖业粪污的化肥替代潜力，能源化利用模式则是发挥粪污的能源替代潜力。为比对分析粪污能源化利用与养殖污水肥料化利用模式这两种模式对产业升级的作用效果，将上述模型进一步分解，得到基于养殖污水肥料化利用与粪污能源化利用的产业升级模型：

$$\ln(I_{it})=C+\alpha_1\ln(Q_{it2})+\alpha_2\ln(LA)+\alpha_3\ln(TP)+\alpha_4\ln(FS)+\alpha_5\ln(FI)+\mu_i+\lambda_{it}$$
$$\ln(I_{it})=C+\alpha_1\ln(Q_{it3})+\alpha_2\ln(LA)+\alpha_3\ln(TP)+\alpha_4\ln(FS)+\alpha_5\ln(FI)+\mu_i+\lambda_{it} \tag{7}$$

式（7）中，Q_{it2} 表示奶牛养殖业粪污所含氮、磷、钾元素总量，反映其化肥替代潜力；Q_{it3} 表示奶牛养殖业粪污所能产生的沼气总量，反映其能源替代潜力。

（二）指标选取与模型检验

1. 数据来源及指标选取

本文数据源自（2006—2020 年）《黑龙江统计年鉴》，选取劳动力（农业从业人数）、农业机械总动力、财政支出、外商直接投资等指标作为控制变量，奶牛养殖业产业升级系数、粪污化肥替代潜力和能源替代潜力已在前文中计算得到，具体指标如表 5 所示。

表 5　指标选取结果

数据指标	变量名称	最大值	最小值	均值	标准差	单位
劳动力	LA	245.22	1.50	59.39	639.10	万人
农业机械总动力	TP	1 148.96	25.3	277.83	257.56	万千瓦
财政支出	FS	1 101.14	8.31	178.35	194.23	万元
外商直接投资	FI	966.42	67.19	237.92	337.80	万美元
粪污化肥替代潜力	Q_{it2}	85.22	0.05	17.03	23.00	万吨
粪污能源替代潜力	Q_{it3}	23 575.42	14.14	4 710.96	6 559.27	万米^3
产业升级系数	I_{it}	11 052.55	24.94	1 335.57	2 112.00	

2. 模型检验

在实证分析前，本文首先对相关解释变量进行多重共线性检验和模型检验。由于 Q_{it2} 与 Q_{it3} 的检验结果相同，仅列出 Q_{it2} 的相关检验结果。

VIF 数值越大，解释变量之间的共线性越严重，本文选取的解释变量名称分别为粪污化肥替代潜力（Q_{it2}）、劳动力（*LA*）、财政支出（*FI*）、外商直接投资（*FS*）的 *VIF* 值均小于 10，表明解释变量之间不存在多重共线性（表 6）。

表 6　方差膨胀因子检验结果

变量名称	*VIF*	1/*VIF*
LA	3.12	0.320
FI	2.92	0.343
FS	2.81	0.355
Q_{it2}	2.81	0.356
TP	1.39	0.718
平均 *VIF*	2.61	—

变量间的相关系数值反映其相关关系与方向。解释变量的相关系数不超过 0.8，表示各解释变量间不存在显著的多重共线性问题。本文解释变量的相关系数值均小于 0.8，因此不存在模型估计失真或难以准确估计的问题。同时，相关系数值均为正数，表明解释变量之间存在正向相互关系（表 7）。

表 7　相关系数检验

变量名称	$\ln Q_{it2}$	ln*LA*	ln*TP*	ln*FS*	ln*FI*
$\ln Q_{it2}$	1.000				
ln*LA*	0.770	1.000			
ln*TP*	0.301	0.157	1.000		
ln*FS*	0.524	0.588	0.458	1.000	
ln*FI*	0.631	0.661	0.301	0.750	1.000

分别建立双向固定效应模型和双向随机效应模型并进行豪斯曼检验，由于 p 值为 0.010 9，即选择固定效应模型，而非随机效应模型。分析粪污肥料化利用模式和能源化利用模式与奶牛养殖业产业升级的相关性问题，均选用双向固定效应模型，结果如表 8 所示。

表 8　模型检验结果

变量名称	FE 模型	RE 模型
Q_{it2}	0.371*** (0.003)	0.277*** (0.009)
LA	1.424*** (0.000)	0.779*** (0.000)
TP	−0.281 (0.292)	−0.027 (0.880)
FS	0.299 (0.171)	0.561*** (0.009)
FI	0.185*** (0.000)	0.222*** (0.000)
个体效应	是	是
时间效应	是	是
豪斯曼检验（p 值）	0.010 9	

注：*** 表示解释变量系数在 1%的置信水平上具有统计显著性。

（三）实证结果分析

1. 模型估计结果

为分析粪污肥料化与能源化利用对各地奶牛养殖业产业升级的影响，本文使用双向固定模型将解释变量与年度虚拟变量进行交互回归分析，结果如表 9 所示。

表 9　模型估计结果

变量名称	系数	p 值	变量名称	系数	p 值
Q_{it2}	0.385***（0.340）	0.002	Q_{it3}	1.710***（0.341）	0.000
LA	1.193***（0.245）	0.000	LA	1.193***（0.245）	0.000
TP	0.117（0.243）	0.632	TP	0.117（0.243）	0.632
FS	0.283***（0.007）	0.004	FS	0.283***（0.007）	0.004
FI	0.126*（0.048）	0.010	FI	0.126***（0.048）	0.008
R^2	0.706 4		R^2	0.706 4	

注：***、* 分别表示在 1%和 10%显著性水平下显著。

粪污肥料化利用与能源化利用的回归系数在1%的水平上显著为正，表明粪污资源化利用对黑龙江省奶牛养殖业产业升级具有正向促进作用，即全量还田、养殖污水肥料化利用、粪污能源化利用都有助于奶牛养殖业改善产业结构、完善产业链并提升产业附加值。

粪污能源替代潜力的回归系数明显小于粪污化肥替代潜力的回归系数，说明奶牛养殖业粪污能源替代潜力对产业升级的促进作用优于粪污化肥替代潜力。原因在于粪污能源利用的前期成本较高，除技术创新、搭建稳定塘外，还需结合资源循环的覆盖范围铺设沼气管网。

劳动力、财政支出、外商直接投资的回归系数均为正数，说明产业升级是多因素共同作用的结果，需要内部因素与外部因素共同驱动。劳动力对奶牛养殖业产业升级的影响在三者中最为显著，说明产业升级需要有效劳动力作为基础支撑。此外，适当的政策倾斜与经济扶持对奶牛养殖业的促进作用依然显著。

2. 地区差异性分析

为进一步探究粪污资源化利用模式对黑龙江省各地区奶牛养殖业产业升级的影响差异，本文以哈尔滨市的回归系数作为标准参照，其他地的回归系数的正负号仅表示优劣。系数值为正，表示该地区资源化利用模式的选取对产业升级的促进作用优于哈尔滨市，反之亦然。各地区回归结果如表10所示。

表10 各地区回归结果

地区	粪污肥料化利用系数	标准误	粪污能源化利用系数	标准误
哈尔滨市	2.095*** (0.000)	0.222	1.710*** (0.000)	0.516
齐齐哈尔市	3.000** (0.040)	0.538	−1.795*** (0.001)	0.340
鸡西市	0.289 (0.582)	0.525	−1.806*** (0.001)	0.529
鹤岗市	0.523 (0.158)	0.369	−1.572*** (0.000)	0.374
双鸭山市	1.175*** (0.001)	0.359	−0.919** (0.014)	0.368
大庆市	−0.538 (0.252)	0.468	−2.633*** (0.000)	0.459
伊春市	0.700 (0.083)	0.400	−1.395*** (0.001)	0.418
佳木斯市	1.289*** (0.004)	0.441	−0.806* (0.069)	0.439
七台河市	−0.100 (0.812)	0.419	−2.195*** (0.000)	0.444
牡丹江市	0.815*** (0.003)	0.457	−1.044** (0.025)	0.460

（续）

地区	粪污肥料化利用系数	标准误	粪污能源化利用系数	标准误
黑河市	0.012*** (0.006)	0.673	−2.083*** (0.002)	0.660
绥化市	0.981*** (0.010)	2.197	−1.114** (0.012)	0.441
大兴安岭地区	0.762*** (0.000)	0.222	−2.095*** (0.000)	0.457

注：***、**、*分别表示解释变量系数在1%、5%和10%的置信水平上具有统计显著性。

在粪污肥料化利用方面，鸡西市、鹤岗市、大庆市、伊春市、七台河市这五个地区的粪污肥料化利用对奶牛养殖业产业升级的影响均不显著，粪污肥料化利用对奶牛养殖业产业升级存在显著影响的地区分别为哈尔滨市、齐齐哈尔市、双鸭山市、佳木斯市、牡丹江市、黑河市、绥化市、大兴安岭地区，其中齐齐哈尔的系数最高，最适宜采用粪污肥料化利用模式。除大庆与七台河外，其余地区的粪污化肥替代潜力系数均为正数，表明这些地区是适合推行粪污肥料化利用的区域，其对奶牛养殖业产业升级的效果优于哈尔滨，原因在于各地区农业耕地面积和环境承载力存在差异，粪污肥化利用实质是农牧结合，需要配套耕地消纳养殖粪污，耕地面积会影响粪污资源化利用模式的选取。

在粪污能源化利用方面，除双鸭山市、佳木斯市、牡丹江市、绥化市外，粪污能源化利用对其他地区奶牛养殖业产业升级都具有显著作用。以哈尔滨市的化肥替代潜力系数作为参照标准，其他地区的化肥替代潜力系数均为负值，表明哈尔滨市是13个地区中最适合推广粪污能源化利用模式的地区，其他地区粪污能源化利用对产业升级的促进作用均弱于哈尔滨市。各地奶牛养殖业粪污能源化利用回归结果的显著性明显高于粪污肥料化利用回归结果，原因在于粪污能源化利用是对区域内的生产活动进行全面规划，而粪污肥料化利用只改变种植方式。

综上所述，适宜采用粪污肥料化利用与能源化利用的地区如表11所示。双鸭山市、佳木斯市、牡丹江市、绥化市适宜采用肥料化利用模式，鸡西市、鹤岗市、大庆市、伊春市、七台河市适宜采用能源化利用，哈尔滨市、齐齐哈尔市、黑河市、大兴安岭地区两种模式均可。

表11 黑龙江省粪污资源化利用模式选取结果

资源化利用模式	地区
肥料化利用	哈尔滨市、齐齐哈尔市、双鸭山市、佳木斯市、牡丹江市、黑河市、绥化市、大兴安岭地区

（续）

资源化利用模式	地区
能源化利用	哈尔滨市、齐齐哈尔市、鸡西市、鹤岗市、大庆市、伊春市、七台河市、黑河市、大兴安岭地区
肥料化利用/能源化利用	哈尔滨市、齐齐哈尔市、黑河市、大兴安岭地区

五、结论与建议

（一）结论

在测算黑龙江省奶牛养殖业产业升级系数基础上，本文从粪污资源化利用视角，将粪污资源化利用潜在价值作为重要因素，运用随机效应模型分析黑龙江省奶牛养殖业产业升级影响因素及地区性差异，结果表明：黑龙江省奶牛养殖粪污资源化利用能促进奶牛养殖业产业升级；能源化利用与肥料化利用对产业升级的影响存在差异，能源化利用对产业升级的促进作用优于肥料化利用；劳动力、财政支出、外商投资同样显著促进产业升级，虽然不同发展阶段要素的比重有明显差异，但劳动力作为基础生产要素仍然发挥作用。

（二）政策建议

1. 因地制宜推进奶牛养殖粪污资源化利用

各地区结合阶段性发展需求，通过源头减量、过程控制、末端利用，逐步落实利用和完善清洁化养殖技术与资源循环模式。源头减量是粪污资源化利用的首要环节，其实质是在生产过程中降低养殖粪污的环境危害性。科学配比饲料、加强饲养管理能够实现养殖污染源头减量。粪污资源化利用的过程控制与奶牛养殖各个生产环节息息相关。养殖场应严格按照相关标准搭建舍圈，配备综合饲养设施，以保障奶牛养殖粪污的可回收利用效率，保障饲喂、挤奶、加工、仓储、运输各个环节有效衔接。在适宜肥料化利用的地区建立大型贮存式氧化塘，由第三方专业服务机构将其集中回收并提供专业运输及贮存设施；在哈尔滨市、齐齐哈尔市等适合采用能源化利用的地区进行试点运行，铺设沼气管，以实现能源自循环。

2. 提升产业资金吸引力

各级政府按照奶牛养殖业的产值比重调整资金补贴比例，改善资金政策的局限性，拓宽各类养殖主体的资金获取途径，在允许范围内使各类养殖主体可以合理支配资金。利用外商投资激励技术创新，激发养殖主体的生产积极性，完善商业银行支持清洁畜产品模式，建立完整的资金渠道；为提高外商投资积极性，加大政府对奶牛养殖业的资金支持力度。建立奖惩制度，在政府监管向行业监管的过渡中提升养殖主体的专业知识与能力，激励更多的养殖主体参与粪污资源化利用，只有做好监管和防控工作，才能充分发挥粪污资源化利用的效用。

3. 增加奶牛养殖业劳动力储备

明确各类养殖主体的产业发展需求与其对专业化从业人员的需求程度，以及养殖场周围的发展现状、从业人员数量；根据奶牛养殖场的实际生产规模，对从业者进行专业培训，以满足产业升级的实际需求；鼓励奶牛养殖场与当地或者邻近地区的畜牧科研院所、畜牧协会、农业类高校开展产学研合作，为养殖人员与科研人员搭建沟通的桥梁，提高奶牛养殖技术的交流；积极推进奶牛养殖粪污资源化利用相关机械和技术的推广工作，充分了解奶牛养殖主体对机械和技术的需求情况，提高机械和技术市场的供求信息对称性。

黑龙江省粮食安全保障能力提升路径研究*

李 爽 王瑞峰 樊鸿禄 等

粮食安全问题历来都是我国治国安邦的首要问题。习近平总书记高度重视国家粮食安全，一再重申将解决粮食安全作为治国理政的头等大事，并指出要确保重要农产品，特别是粮食的供给，这是实施乡村振兴战略的首要前提。2013年中央农村工作会议提出了以“以我为主、立足国内、确保产能、适度进口、科技支撑”为核心内容的国家粮食安全战略，而且提出要重点保“口粮”，要利用科技创新手段提高粮食生产能力。国家粮食安全新战略的提出把粮食安全问题研究推向了国内学者研究的前沿和重点领域。

作为中国第一产粮大省，黑龙江省在国家粮食安全保障体系中占有举足轻重的地位。2020年，黑龙江省粮食总产量达到7 541万吨，再创新高，实现了黑龙江省粮食生产的“十七连丰”，黑龙江省连续十年成为全国粮食总产量最高的省份。黑龙江省还拥有国家重要的商品粮基地——北大荒，作为我国粮食主产区，承担保障国家粮食安全的重大责任，为国家粮食安全做出了重大贡献。如何提升黑龙江省的粮食安全保障能力及路径是本课题的主要关注点。

一、黑龙江省粮食安全保障能力提升可行性分析

黑龙江省作为我国第一产粮大省，在我国粮食安全保障体系中具有极为重要的地位。为深入研究黑龙江省粮食安全保障能力提升路径，首先要全面分析把握黑龙江省粮食安全能力提升的可行性。

（一）粮食安全保障能力提升的优势、劣势、机会及挑战

黑龙江省在粮食安全基础保障能力、市场调控能力、生产供给能力以及利

* 黑龙江省社会科学研究规划项目（课题编号：19JYB031）。
项目负责人为李爽教授，主要参加人有王瑞峰、樊鸿禄、谭忠昕、祖歌言、董海宾、孙亚楠。

用国际市场资源能力等方面优势和劣势并存，在国际层面、国家层面以及黑龙江省层面上，粮食安全保障能力提升的机会和挑战同在。

利用 SWOT 矩阵，对黑龙江省粮食安全保障能力提升内部优势、劣势以及面临的外部机会与威胁分析，提出黑龙江省粮食安全保障能力提升增长型、扭转型、多元化、防御型 4 类战略，如表 1 所示。

表 1 黑龙江省粮食安全保障能力提升 SWOT 矩阵分析

项目	内容	战略
优势 S	①耕地、淡水及农业生态等向好； ②粮食货运能力、周转能力日益提升； ③粮食产量连年递增； ④粮食贸易稳定、农业走出去步伐加快； ⑤供给结构、经营方式、三产融合等不断优化	增长型
劣势 W	①黑龙江省属于农业资源匮乏省份，面临生态环境压力； ②粮食价格不断提升，市场压力越来越大； ③地缘劣势、气候劣势、需求量骤增压力； ④粮食大量进口、对外依存度过高； ⑤农业产业化水平低、创新基础薄弱、标准化生产不均衡	扭转型
机会 O	①全球粮食安全状况改善； ②面临利用国际市场和资源的机会； ③粮食安全新战略等政策支撑； ④黑龙江省政策、体系、机制等建设日益完善	多元化
威胁 T	①地区冲突、气候变异、经济衰退等使得全球饥饿增加； ②全球发展不平衡和不平等的问题在粮食安全领域不断凸显； ③中国农业国际合作面临威胁； ④黑龙江省对俄粮食贸易竞争加剧	防御型

（二）粮食安全保障能力提升战略选择

根据 SWOT 矩阵分析，黑龙江省粮食安全保障能力提升应该基于增长型战略，以扭转型战略和多元化战略为核心，兼顾防御型战略，强化黑龙江省粮食保障能力提升优势，借助大好的粮食安全保障机会，扭转黑龙江省粮食安全保障劣势。在此基础上，兼顾黑龙江省粮食安全保障抵御外部威胁的能力。这一战略选择正好符合国家粮食安全新战略“以我为主、立足国内、确保产能、适度进口、科技支撑”的要求。因此，本文以国家粮食安全新战略为核心内容，对黑龙江省粮食安全保障能力进行评估，进而找到适合黑龙江省实际的粮食安全保障能力提升路径。

二、黑龙江省粮食安全保障能力及效率评估

本文以国家粮食安全新战略为理论分析框架，结合黑龙江省粮食安全保障能力提升可行性分析，构建黑龙江省粮食安全保障能力评价指标体系，进而测度黑龙江省粮食安全保障能力水平，并依据对黑龙江省粮食安全保障效率的实证分析，探索黑龙江省粮食安全保障能力的薄弱环节。

（一）粮食安全保障能力评估指标体系构建

1. 理论分析

基于国家粮食安全新战略基本框架和要求进行分析发现，国家粮食安全保障能力的提升，主要应该从基础保障能力、市场调控能力、生产供给能力、利用国际市场资源能力以及粮食产业现代化发展能力五个维度着手。其中，基础保障能力是国家粮食安全保障能力提升的立足点，市场调控能力是国家粮食安全保障能力提升的着眼点，生产供给能力是国家粮食安全保障能力提升的着力点，利用国际市场资源能力是国家粮食安全保障能力提升的平衡点，粮食产业现代化发展能力是国家粮食安全保障能力提升的关键点。

2. 指标选取

为方便处理，本研究采用定性分析的方法初选指标，具体思路如下：运用系统思维，以上文对粮食安全保障能力评估的理论分析为基础，将黑龙江省粮食安全保障能力分解成基础保障能力、市场调控能力、生产供给能力、利用国际市场资源能力及粮食产业现代化发展能力五个维度，并在对每一个维度深入分析的基础上，探索能够反映各维度的衡量指标。

（1）以我为主——基础保障能力维度。选取耕地面积、农业财政资金、农业机械年末拥有量、耕地灌溉面积、农用化肥使用量作为基础保障能力维度的粮食生产保障能力衡量指标。

（2）立足国内——市场调控能力维度。选取粮食零售价格指数、粮食消费价格指数、粮食收购量、粮食调销量作为市场调控能力维度的粮食生产保障能力衡量指标。

（3）确保产能——生产供给能力维度。选取粮食产量、粮油加工企业数量、粮油加工企业工业总产值作为生产供给能力维度的粮食生产保障能力衡量指标。

（4）适度进口——利用国际市场资源能力维度。选取粮食对外贸易数量（粮食出口数量、粮食进口数量）、境外农业直接投资、粮食国际直接投资

(FDI)、粮食国际竞争力作为利用国际市场资源能力维度的粮食生产保障能力衡量指标。

(5) 科技支撑——粮食产业现代化发展能力维度。选取粮食产业机械化水平、粮食产业科技人数、粮食产业科技化水平作为粮食产业现代化发展能力维度的粮食生产保障能力衡量指标。

3. 指标体系构建与检验

综合上述分析，本研究构建了一个由基础保障能力、市场调控能力、生产供给能力、利用国际市场资源能力及粮食产业现代化发展能力五个维度的二级指标构成的，含耕地面积、农业财政资金、农业机械年末拥有量、耕地灌溉面积等20个三级明细指标的黑龙江省粮食安全保障能力评估指标体系，如表2所示。

表2 黑龙江省粮食安全保障能力评估指标体系

一级指标	理论依据	二级指标	三级指标
粮食安全保障能力	以我为主	基础保障能力	耕地面积
			农业财政资金
			农业机械年末拥有量
			耕地灌溉面积
			农用化肥使用量
	立足国内	市场调控能力	粮食零售价格指数
			粮食消费价格指数
			粮食收购量
			粮食调销量
	确保产能	生产供给能力	粮食产量
			粮油加工企业数量
			粮油加工企业工业总产值
	适度进口	利用国际市场资源能力	粮食出口数量
			粮食进口数量
			境外农业直接投资
			粮食 FDI
			粮食国际竞争力
	科技支撑	粮食产业现代化发展能力	粮食产业机械化水平
			粮食产业科技人数
			粮食产业科技化水平

为确保构建的黑龙江省粮食安全保障能力评估指标体系的合理性和科学性，本研究通过对各指标数据可获得性、层次性及逻辑性等三个方面进行逐步检验，保证该指标体系能够达到研究目的。

一方面，为验证上述指标体系的数据可获得性，本研究对表 2 中的三级指标进行分析并收集 2009—2019 年相关数据。其中：耕地面积、农业财政资金、农业机械年末拥有量、耕地灌溉面积、农用化肥使用量、粮食零售价格指数、粮食消费价格指数、粮食产量、粮食对外贸易数量、粮食产业机械化水平等指标数值均可以从 2010—2020 年《中国农业统计年鉴》获取；粮食收购量、粮食调销量、粮油加工企业数量、粮油加工企业工业总产值等指标数值均可从 2010—2020 年《中国粮食年鉴》获取；境外农业直接投资和粮食 FDI（计算公式：农业 FDI×粮食产值/农业产值）等指标数值可以通过 2010—2020 年《中国粮食年鉴》《中国农业统计年鉴》及《中国统计年鉴》查询并计算所得；粮食国际竞争力指标可以通过查询 UN Comtrade 数据库计算获得；粮食产业科技人数可以通过 2010—2020 年《中国科技统计年鉴》查询农业 R&D 人员折合当量得到；粮食产业科技化水平可以通过 2010—2020 年《中国农业农村科技发展报告》查询农业科技贡献率获得。可见，上述指标体系的所有明细指标均有科学合理的统计指标来源，表明本研究构建的指标体系具备数据可获得性。

另一方面，为验证上述指标体系的层次性及逻辑性，本研究选取 11 位在农业经济管理领域对粮食安全保障熟悉程度较高的专家（1 名教授、3 名博士、7 名硕士）对各指标使用 1～5 分标度法进行打分判断，进而运用 AHP 软件进行指标权重计算与验证。结果显示，$CR=0.087<0.1$，且 $RI=0.059<0.1$，符合判断矩阵的一致性检验条件。

综上所述，本研究所构建的粮食安全保障能力评价指标体系具备层次性、逻辑性以及指标可获取性，证明上述指标体系对于评估分析黑龙江省粮食安全保障能力具有可行性，具备达到预期研究目的的条件。

（二）粮食安全保障能力测度

1. 研究方法及设计

（1）研究方法——熵值法。根据对于文献的查阅及实际情况，本文选择了熵值法作为主要研究方法，以此为各个指标赋予权重进行分析。

（2）权重的确定。指标权重的确定关系到每个变量在整个系统中的作用大小，需要采用比较客观科学的方式进行定夺。本研究选用的熵值法确定的指标权重确定方法如下所示。

①数据标准化。为消除不同测度指标在数量级和量纲方面的不一致性，首

先对各测度指标进行标准化处理，本研究采用 min－max 标准化方法进行标准化处理，具体处理公式如下：

$$X'_{ij}=\begin{cases}(X_{ij}-\min X_j)/(\max X_j-\min X_j)\text{，}X_{ij}\text{为正向指标}\\(\max X_j-X_{ij})/(\max X_j-\min X_j)\text{，}X_{ij}\text{为负向指标}\end{cases}\qquad(1)$$

其中，i 表示第 i 年，j 表示第 j 项；X_{ij} 表示指标原始值；X'_{ij} 表示标准化处理后的指标值；max 与 min 分别表示最大值与最小值。

第 i 年的第 j 个指标值所占比重：

$$Y_{ij}=X'_{ij}/\sum_{i=1}^{m}X'_{ij}\qquad(2)$$

其中，m 为年份数。

②计算指标信息熵。j 项的指标信息熵计算方法：

$$e_j=-b\sum_{i=1}^{m}(Y_{ij}\times\ln Y_{ij})\qquad(3)$$

其中，$b=\frac{1}{\ln m}$，故 $e_j\in[0,1]$，若 $Y_{ij}=0$，则令 $Y_{ij}\times\ln Y_{ij}=0$。

③计算信息熵冗余度：

$$d_j=1-e_j\qquad(4)$$

④确定指标权重：

$$w_i=d_j/\sum_{j=1}^{m}d_j\qquad(5)$$

其中，n 为指标数。

⑤合成综合安全指数：

$$S=\sum_{i=1}^{5}\sum_{j=1}^{n}(X'_{ij}\times w_i)\qquad(6)$$

其中，$\sum_{j=1}^{n}(X'_{ij}\times w_i)$ 为对应一级指标的综合评价值，S 为黑龙江省粮食安全综合评价值。

2. 实证分析

（1）数据来源及处理。为测度黑龙江省粮食安全保障能力，本文选取 2009—2019 年黑龙江省粮食安全保障相关数据进行测度分析。各指标数据的来源及处理方式如表 3 所示。

表 3　指标来源及处理汇总

指标	解释指标	指标来源	数据获取或计算	指标方向
耕地面积	黑龙江省农作物总播种面积	《中国农业统计年鉴》	直接取数	正向指标
农业财政资金	地方财政一般预算支出	《中国农业统计年鉴》	直接取数	正向指标
农业机械年末拥有量	农业机械总动力	《中国农业统计年鉴》	直接取数	正向指标

（续）

指标	解释指标	指标来源	数据获取或计算	指标方向
耕地灌溉面积	有效灌溉面积	《中国农业统计年鉴》	直接取数	正向指标
农用化肥使用量	农业化肥使用折纯量	《中国农业统计年鉴》	直接取数	负向指标
粮食零售价格指数	黑龙江省粮食零售价格指数	《中国农业统计年鉴》	直接取数	正向指标
粮食消费价格指数	黑龙江省粮食消费价格指数	《中国农业统计年鉴》	直接取数	正向指标
粮食收购量	国有粮食企业收购量	《中国粮食年鉴》	直接取数	正向指标
粮食调销量	国有粮食企业调销量	《中国粮食年鉴》	直接取数	正向指标
粮食产量	黑龙江省粮食产量	《中国农业统计年鉴》	直接取数	正向指标
粮油加工企业数量	黑龙江省粮油加工企业数量	《中国粮食年鉴》	直接取数	正向指标
粮油加工企业工业总产值	黑龙江省粮食产业工业总产值	《中国粮食年鉴》	直接取数	正向指标
粮食出口数量	黑龙江省粮食出口数量	《中国农村统计年鉴》	直接取数	正向指标
粮食进口数量	黑龙江省粮食进口数量	《中国农村统计年鉴》	直接取数	正向指标
境外农业直接投资	黑龙江农业对外直接投资流量	《中国统计年鉴》	全国农业对外直接投资流量×系数 a	正向指标
粮食 FDI	黑龙江省农业 FDI	《中国统计年鉴》	全国农业 FDI×系数 a	正向指标
粮食国际竞争力	显示比较优势指数	《中国统计年鉴》	显示比价优势指数计算公式	正向指标
粮食产业机械化水平	粮食产业机械总动力	《中国统计年鉴》	农业机械总动力×系数 b	正向指标
粮食产业科技人数	粮食 R&D 人员折合当量	《中国科技统计年鉴》	农业 R&D 人员折合当量×系数 b	正向指标
粮食产业科技化水平	粮食科技贡献率	《中国农业农村科技发展报告》	农业科技贡献率×系数 b	正向指标

注：系数 a=黑龙江省农业 GDP/全国农业 GDP，系数 b=黑龙江省粮食产值/黑龙江省农业 GDP。

另外，为便于进行熵值法处理，对获取的 2009—2019 年数据按照式（1）进行标准处理。

（2）权重计算。本文运用 SPSSAU 软件使用熵值法对黑龙江省 2009—2019 年粮食安全保障能力进行权重计算，得到的权重结果汇总如表 4 所示。

表 4　熵值法计算权重结果汇总

维度	权重	项	信息熵值 e	信息效用值 d	权重系数 w
基础保障能力	19.2%	耕地面积	0.938 1	0.061 9	2.48%
		农业财政资金	0.917 4	0.082 6	3.31%
		农业机械年末拥有量	0.914 7	0.085 3	3.42%
		农用化肥使用量	0.823 0	0.177 0	7.09%
		耕地灌溉面积	0.927 6	0.072 4	2.90%
市场调控能力	31.95%	粮食零售价格指数	0.810 2	0.189 8	7.60%
		粮食消费价格指数	0.753 2	0.246 8	9.89%
		粮食收购量	0.856 3	0.143 7	5.75%
		粮食调销量	0.782 6	0.217 4	8.71%
生产供给能力	11.49%	粮食产量	0.944 2	0.055 8	2.24%
		粮油加工企业数量	0.847 6	0.152 4	6.10%
		粮油加工企业工业总产值	0.921 3	0.078 7	3.15%
利用国际市场资源能力	23.38%	粮食出口数量	0.845 4	0.154 6	6.19%
		粮食进口数量	0.913 8	0.086 2	3.45%
		境外农业直接投资	0.879 8	0.120 2	4.81%
		粮食 FDI	0.912 3	0.087 7	3.51%
		粮食国际竞争力	0.864 8	0.135 2	5.42%
粮食产业现代化发展能力	13.96%	粮食产业机械化水平	0.909 5	0.090 5	3.62%
		粮食产业科技人数	0.851 1	0.148 9	5.96%
		粮食产业科技化水平	0.890 6	0.109 4	4.38%

从表 4 可以看出，耕地面积、农业财政资金、农业机械年末拥有量、农用化肥使用量、耕地灌溉面积、粮食零售价格指数、粮食消费价格指数、粮食收购量、粮食调销量、粮食产量、粮油加工企业数量、粮油加工企业工业总产值、粮食出口数量、粮食进口数量、境外农业直接投资、粮食 FDI、粮食国际竞争力、粮食产业机械化水平、粮食产业科技人数、粮食产业科技化水平总共 20 项，它们的权重值分别是 2.48%、3.31%、3.42%、7.09%、2.90%、7.60%、9.89%、5.75%、8.71%、2.24%、6.10%、3.15%、6.19%、3.45%、4.81%、3.51%、5.42%、3.62%、5.96%、4.38%，且各项间的权重相对较为均匀。

(3) 综合安全指数计算。基于表 4 的指标权重计算结果，运用式 (6) 计算得到 2009—2019 年黑龙江省粮食安全保障能力综合安全指数，如表 5 所示。

表 5　熵值法计算综合安全指数

年份	综合指数	基础保障能力	市场调控能力	生产供给能力	利用国际市场资源能力	粮食产业现代化发展能力
2009	0.251 1	0.000 0	0.152 7	0.019 4	0.079 0	0.000 0
2010	0.282 6	−0.001 0	0.186 8	0.030 9	0.061 8	0.004 2
2011	0.297 5	0.001 6	0.164 3	0.039 8	0.063 0	0.028 7
2012	0.220 7	0.002 9	0.057 5	0.040 9	0.083 5	0.035 8
2013	0.307 4	0.012 0	0.088 0	0.059 9	0.088 9	0.058 6
2014	0.340 3	0.010 6	0.084 8	0.099 0	0.078 1	0.067 9
2015	0.320 7	0.022 1	0.086 8	0.066 3	0.077 4	0.068 2
2016	0.299 0	0.034 2	0.071 3	0.024 2	0.099 4	0.069 9
2017	0.381 9	0.042 8	0.087 5	0.057 4	0.106 1	0.088 0
2018	0.500 5	0.053 1	0.097 8	0.068 3	0.151 6	0.129 7
2019	0.567 7	0.089 7	0.092 7	0.086 9	0.158 9	0.139 6

由表 5 可以发现，2009—2019 年，黑龙江省粮食安全保障能力综合安全指数由 0.251 1 提升到了 0.567 7，增长了 1.26 倍。其中，基础保障能力、利用国际市场资源能力、粮食产业现代化发展能力呈现递增趋势，生产供给能力呈现波动上升趋势，而市场调控能力呈现先下降后上升的“U”形趋势。这在一定程度上反映了 2009—2019 年黑龙江省粮食安全保障的市场调控能力稳定性较差，而且到 2019 年市场调控能力综合安全指数仅为 0.092 7，不足 2010 年市场调控能力综合安全指数的一半，说明黑龙江省粮食安全保障的市场调控能力的提升仍有较大的空间。

3. 结果分析

（1）黑龙江省粮食安全保障能力总体综合安全指数演变分析。为探究黑龙江省粮食安全保障能力的总体演变趋势，本研究对 2009—2019 年黑龙江省粮食安全保障总体综合安全指数进行趋势分析，如图 1 所示。

由图 1 可见，2009—2019 年黑龙江省粮食安全保障能力总体安全指数呈现波动上升趋势，尤其是 2016 年以来近似呈现直线上升趋势，表明近年来黑龙江省粮食安全保障能力进一步提升，2019 年相比 2009 年提升 1.26 倍。

（2）黑龙江省粮食安全保障能力分项综合安全指数演变分析。基于上文分析发现，黑龙江省粮食安全保障能力综合安全指数呈现波动上升趋势。为进一

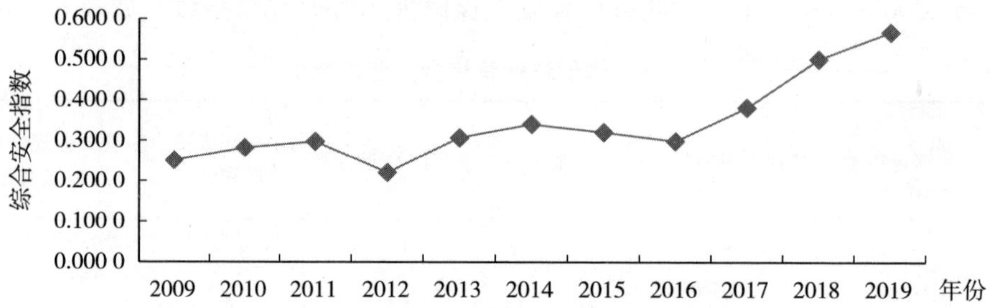

图 1　黑龙江省 2009—2019 年粮食安全保障能力总体综合安全指数

步探究黑龙江省粮食安全保障能力波动上升的具体原因，本研究从基础保障能力、市场调控能力、生产供给能力、利用国际市场资源能力及农业现代化发展能力五个方面对黑龙江省粮食安全保障能力变动趋势进行分析。

由图 2 可以发现，除市场调控能力和生产供给能力外，其余三个方面的粮食安全保障能力均呈现稳步提升趋势，即黑龙江省在基础保障能力、利用国际市场资源能力和粮食产业现代化发展能力对粮食安全保障能力提升的贡献逐年增加。其中，基础保障能力综合安全指数由 2009 年的 0 提升到 2019 年的 0.089 7，利用国际市场资源能力综合安全指数由 2009 年的 0.079 0 提升到 2019 年的 0.158 9，粮食产业现代化发展能力综合安全指数由 2009 年的 0 提升到 2019 年的 0.139 6。而在粮食市场调控能力方面，黑龙江省的粮食市场调控能力综合安全指数由 2009 年的 0.152 7 下降到 2012 年的 0.057 5，再上升到 2019 年的 0.092 7。黑龙江省粮食市场调控能力呈现先下降后上升的“U”形趋势。截至 2019 年，黑龙江省粮食市场调控能力仍然处于较低的水平。在粮食生产供给能力方面，黑龙江省的粮食生产供给能力由 2009 年的 0.019 4 上升到 2014 年的 0.099 0，再下降到 2016 年的 0.024 2，再上升到 2019 年的 0.086 9，可见黑龙江省粮食生产保障能力呈现波动上升趋势，而且波动性较强，表明黑龙江省的粮食生产供给能力波动性很大，而这一波动性对黑龙江省粮食安全保障能力产生较大的影响。因此，如何在稳定黑龙江省粮食生产供给能力的同时，大力提升黑龙江省粮食市场调控能力，成为黑龙江省粮食安全保障能力提升的重要一环。

（三）粮食安全保障效率评估

本研究在分析黑龙江省粮食安全保障能力综合安全指数及其演变趋势的基础上，对黑龙江省粮食安全保障效率进行评估，以发现粮食安全保障能力提升的薄弱环节。

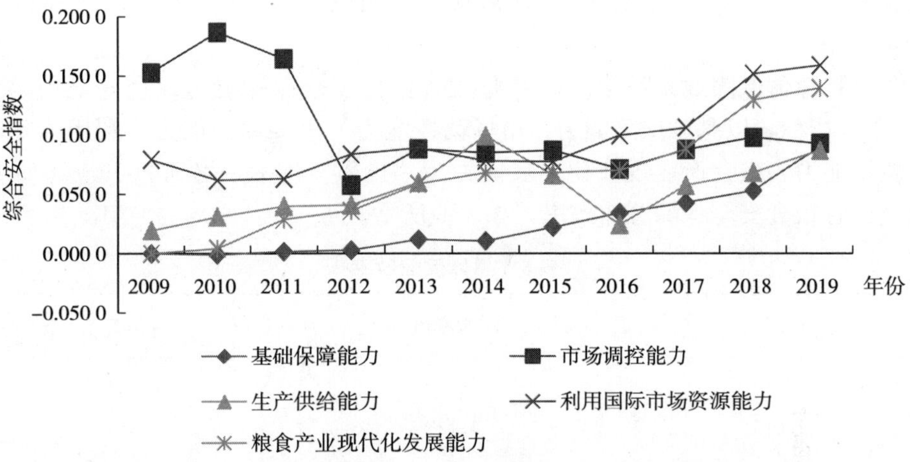

图 2　黑龙江省 2009—2019 年粮食安全保障能力分项综合安全指数

1. 静态效率评估

（1）超效率 DEA 模型。超效率 DEA 模型可以很好地解决当决策单元的数量过少时，使用 DEA 方法进行绩效评价易出现大多数决策单元有效却无法进行 DEA 分析的问题。而对于黑龙江省粮食安全保障效率而言，本研究获取了黑龙江省 2009—2019 年共 11 年的相关统计数据。为规避因上述原因造成无法进行 DEA 分析的情况，本研究采用超效率 DEA 模型对 2009—2019 年黑龙江省粮食安全保障效率进行评估分析。

（2）静态效率评估研究设计。为准确识别影响黑龙江省粮食安全保障效率的主要因素，在上文构建的黑龙江省粮食安全保障能力评估指标体系的基础上，采用“总—分”的形式逐步评估其粮食安全保障效率。首先，以黑龙江省粮食安全保障能力综合安全指数为“产出”指标，以基础保障能力、市场调控能力、生产供给能力、利用国际市场资源能力、粮食产业现代化发展能力为“投入”指标，评估黑龙江省粮食安全总体保障效率；其次，以基础保障能力、市场调控能力、生产供给能力、利用国际市场资源能力、粮食产业现代化发展能力为“产出”指标，以表 2 中的三级指标为“投入”指标，验证黑龙江省粮食安全总体保障效率；最后，分别以基础保障能力、市场调控能力、生产供给能力、利用国际市场资源能力、粮食产业现代化发展能力为“产出”指标，并分别以表 2 中三级指标为“投入”指标，评估黑龙江省粮食安全分项保障效率。

2. 结果分析

运用 DEASOLVER Pro5 软件，按上述步骤，基于 2009—2019 年黑龙江省粮食安全保障相关统计数据对粮食安全保障效率进行测度，得到以下结果。

(1) 总体保障效率结果。以黑龙江省粮食安全保障能力综合安全指数为“产出”指标，以基础保障能力、市场调控能力、生产供给能力、利用国际市场资源能力、粮食产业现代化发展能力为“投入”指标，得到2009—2019年黑龙江省粮食安全保障总体效率，如表6所示。

表6 总体保障效率

年份	效率值	排名
2012	1.150 7	1
2016	1.121 3	2
2014	1.099 3	3
2010	1.073 4	4
2019	1.063 0	5
2018	1.031 0	6
2011	1.023 3	7
2009	1.021 4	8
2015	1.007 7	9
2013	1.003 6	10
2017	1.000 0	11
均值	1.054 1	

由表6可见，2009—2019年，黑龙江省粮食安全保障总体效率较高，均为DEA有效，效率均值为1.054 1，效率最高值为2012年的1.150 7，效率最低值为2017年的1.000 0。不难发现，尽管这期间黑龙江省粮食安全保障效率均有效，但总体来看，黑龙江省粮食安全保障效率呈现波动变化趋势，且变化幅度较大，说明黑龙江省粮食安全保障在效率方面尽管整体水平较高，但仍有很大的提升空间。

(2) 总体保障效率验证结果。为进一步验证黑龙江省粮食安全总体保障效率变动趋势，本研究继续以基础保障能力、市场调控能力、生产供给能力、利用国际市场资源能力、粮食产业现代化发展能力为“产出”指标，以表2中的三级指标为“投入”指标，对黑龙江省粮食安全保障效率进行测度，得到2009—2019年黑龙江省粮食安全保障总体效率，如表7所示。

表7　总体保障效率验证

年份	效率值	排名
2012	1.947 0	1
2016	1.569 6	2
2014	1.445 5	3
2019	1.404 4	4
2018	1.310 7	5
2010	1.290 5	6
2015	1.288 9	7
2011	1.242 3	8
2017	1.227 0	9
2013	1.095 6	10
2009	1.069 9	11
均值	1.353 8	

由表7可见，2009—2019年，黑龙江省粮食安全保障总体效率较高，均为DEA有效，这一结论与表6一致，均值为1.353 8，最高值为2012年的1.947 0，最低值为2009年的1.069 9。尽管表7的效率测度结果与表6存在一定的差异性，尤其是效率最低值年份发生一定变动，但不难发现，表7中2017年的粮食安全保障效率值仍然不高，且同样呈现显著的波动趋势。这进一步验证了黑龙江省粮食安全保障在效率方面尽管整体水平较高，但仍有很大的提升空间这一结论。

(3) 分项保障效率结果。本研究分别以基础保障能力、市场调控能力、生产供给能力、利用国际市场资源能力、粮食产业现代化发展能力为“产出”指标，并分别以表2中三级指标为“投入”指标，评估黑龙江省粮食安全分项保障效率，得到2009—2019年黑龙江省粮食安全分项保障效率，分别如表8、表9、表10、表11、表12所示。

表8　基础保障能力效率

年份	效率值	排名
2009	1.000 0	2
2010	1.000 0	2
2011	1.000 0	2

（续）

年份	效率值	排名
2012	1.000 0	2
2013	1.000 0	2
2014	1.000 0	2
2015	1.000 0	2
2016	1.000 0	2
2017	1.000 0	2
2018	1.000 0	2
2019	1.460 6	1
均值	1.041 9	

由表 8 可见，2009—2019 年，黑龙江省粮食安全的生产供给能力效率值较为平稳，且均 DEA 有效，最高值为 2019 年的 1.460 6，表明黑龙江省粮食安全的基础保障能力较好。

表 9　市场调控能力效率

年份	效率值	排名
2018	1.981 6	1
2015	1.588 1	2
2012	1.072 1	3
2010	1.026 2	4
2017	1.025 4	5
2009	1.000 0	6
2011	1.000 0	6
2013	1.000 0	6
2014	1.000 0	6
2016	1.000 0	6
2019	1.000 0	6
均值	1.153 9	

由表 9 可见，2009—2019 年，黑龙江省粮食安全的市场调控能力效率值波动较大，但各年度均 DEA 有效，最高值为 2018 年的 1.981 6，最低值为 2009、2011、2013、2014、2016、2019 年的 1.000 0，表明黑龙江省粮食安全

的市场调控能力效率产出存在一定的差异。

表 10　生产供给能力效率

年份	效率值	排名
2009	1.000 0	3
2010	1.000 0	3
2011	1.000 0	3
2012	1.000 0	3
2013	1.000 0	3
2014	1.130 3	2
2015	1.360 6	1
2016	1.000 0	3
2017	1.000 0	3
2018	1.000 0	3
2019	1.000 0	3
均值	1.044 6	

由表 10 可见，2009—2019 年，黑龙江省粮食安全的生产供给能力效率值较为平稳，且均 DEA 有效，最高值为 2015 年的 1.360 6，表明黑龙江省粮食安全的生产供给能力较好。

表 11　利用国际市场资源能力效率

年份	效率值	排名
2009	1.002 4	8
2010	1.074 3	4
2011	1.135 6	1
2012	1.043 9	5
2013	1.019 5	7
2014	1.000 0	9
2015	1.000 0	9
2016	1.023 4	6
2017	1.085 8	2
2018	1.079 3	3
2019	1.000 0	9
均值	1.042 2	

由表 11 可见，2009—2019 年，黑龙江省粮食安全的利用国际市场资源能力效率值波动较大，但各年度均 DEA 有效，最高值为 2011 年的 1.135 6，最低值为 2019 年的 1.000 0，表明黑龙江省粮食安全的利用国际市场资源能力效率存在一定的差异。

表 12　粮食产业现代化发展能力效率

年份	效率值	排名
2009	1.000 0	4
2010	1.010 0	3
2011	1.216 7	1
2012	1.000 0	4
2013	1.000 0	4
2014	1.000 0	4
2015	1.000 0	4
2016	1.000 0	4
2017	1.000 0	4
2018	1.029 2	2
2019	1.000 0	4
均值	1.023 3	

由表 12 可见，2009—2019 年，黑龙江省粮食安全的粮食产业现代化发展能力效率值较为平稳，且均 DEA 有效，最高值为 2011 年的 1.216 7，表明黑龙江省粮食安全的粮食产业现代化发展能力较好。

三、黑龙江省粮食安全保障能力提升路径分析

根据上文对黑龙江省粮食安全保障能力提升的 SWOT 分析、粮食安全保障能力评价指标体系的构建、粮食安全保障静态效率的分析可以发现，黑龙江省粮食安全保障能力的提升是一个系统性的过程，并非仅仅受单个或单一维度因素的影响，而是多因素、多维度、多层次因素的交互作用、交互影响的组合演化，仅仅做好某一方面或者某几方面，难以实现黑龙江省粮食安全保障能力的全面提升。从某种意义上说，黑龙江省粮食安全保障能力的提升就是基础资源保障能力、市场调控能力、生产供给能力、利用国际市场资源能力及粮食产业现代化发展能力如何优化组合的问题。为此，本部分将基于定性比较分析法

(qualitative comparative analysis，QCA)，探究在黑龙江省粮食安全保障能力提升过程中，基础资源保障能力、市场调控能力、生产供给能力、利用国际市场资源能力及粮食产业现代化发展能力的组态构型，进而归纳黑龙江省粮食安全保障能力提升的有效实现路径。

(一) 研究方法及设计

1. 定性比较分析

定性比较分析（QCA）是由 Ragin（1987）提出的一种基于集合理论分析的方法，可以通过考察前因条件和结果之间的充分与必要子集关系，从整体上探寻多重并发因果导致的复杂社会问题“如何”发生。其最大的优势在于能解决不同组态与结果集合的复杂因果关系。对于黑龙江省粮食安全保障能力而言，基础资源保障能力、市场调控能力、生产供给能力、利用国际市场资源能力及粮食产业现代化发展能力对黑龙江省粮食安全保障能力提升的影响并不是独立的，黑龙江省粮食安全保障能力提升能否实现，取决于上述因素的有效组合。因此，本文选取 QCA 方法来探究上述因素的组态构型。

2. 研究设计

根据上述对黑龙江省粮食安全保障能力提升 SWOT 分析、粮食安全保障能力评价指标体系、粮食安全保障静态效率分析相关结论，从基础保障能力、市场调控能力、生产供给能力、利用国际市场资源能力及粮食产业现代化发展能力五个维度分析黑龙江省粮食安全保障能力。这五个维度之间又是相互关联相互影响的。其中，基础保障能力是黑龙江省粮食安全保障能力提升的立足点，是黑龙江省粮食安全保障能力提升高度的决定因素；市场调控能力是黑龙江省粮食安全保障能力提升的着眼点，是黑龙江省粮食安全保障能力提升的质量与效果的有力保障；生产供给能力是黑龙江省粮食安全保障能力提升的着力点，是黑龙江省粮食安全保障能力的规模保障；利用国际市场资源能力是黑龙江省粮食安全保障能力提升的平衡点，是黑龙江省粮食安全保障能力提升的重要手段；粮食产业现代化发展能力是黑龙江省粮食安全保障能力提升的关键点，是黑龙江省粮食安全保障能力提升可持续性的关键一环。基于上述分析，本文构建黑龙江省粮食安全保障能力提升路径的组态模型，如图 3 所示。

(二) 数据来源及处理

根据上节研究设计内容可以发现，本部分涉及的指标包括表 2 中粮食安全保障能力综合安全指数、基础保障能力、市场调控能力、生产供给能力、利用国际市场资源能力及粮食产业现代化发展能力等 6 个二级指标及 20 个三级指

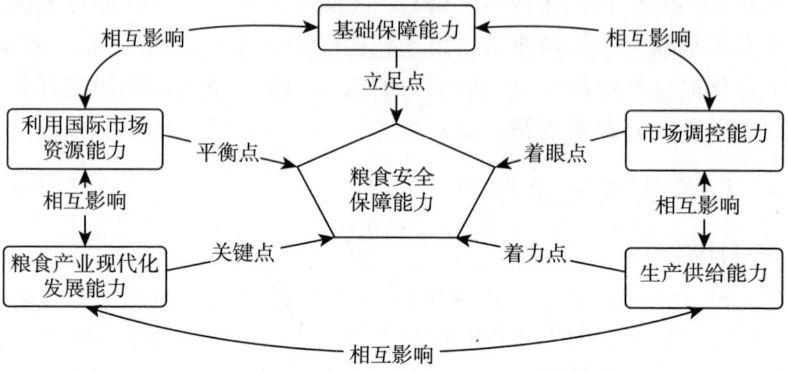

图 3　粮食安全保障能力提升组态模型

标。其中，表 2 中三级指标数据来源与上文一致，且按照公式（1）进行标准化处理。粮食安全保障能力综合安全指数、基础保障能力、市场调控能力、生产供给能力、利用国际市场资源能力及粮食产业现代化发展能力 6 个指标数据来源为上文计算所得（表 5）。

（三）组态路径分析

1. 必要性分析

必要性分析是运用 QCA 方法进行组态分析的前提。对所有单个变量进行必要性分析，可以检验各变量对黑龙江省粮食安全保障能力影响的必要性。由于前文在黑龙江省粮食安全保障能力评价指标体系的构建过程中已经对各指标的可获得性、层次性等进行了科学验证，每一项指标都对黑龙江省粮食安全保障能力具有一定的影响，而且通过熵值法进行赋权之后也并未发现权重显著为 0 的指标，因此可以判定，本文选取的各指标对黑龙江省粮食安全保障能力而言均具有必要性，满足运用 QCA 方法进行组态分析的条件，接下来可以对黑龙江省粮食安全保障能力提升路径构建组态模型进行分析。

2. 组态分析

本研究中各指标的数值均已经标准化，包括表 4 中各指标数据均在 0～1 的范围之内，符合模糊集定性比较分析法（fussy - set qualitative comparative analysis，fsQCA）的指标赋值要求。因此，本研究运用 fsQCA3.0 软件，一致性与频数设置默认 0.8 和 1，PRI 一致性大于 0.9，分别得到以粮食安全保障综合安全指数、基础保障能力安全指数、市场调控能力安全指数、生产供给能力安全指数、利用国际市场资源能力安全指数、粮食产业现代化发展能力安全指数为输出变量的黑龙江省粮食安全保障能力提升路径组态路径。

（1）黑龙江省粮食安全保障能力提升总路径。以粮食安全保障综合安全指数为输出变量，以基础保障能力安全指数、市场调控能力安全指数、生产供给能力安全指数、利用国际市场资源能力安全指数、粮食产业现代化发展能力安全指数为输入变量，得到黑龙江省粮食安全保障能力提升条件构型，如表13所示。

表13　黑龙江省粮食安全保障能力提升条件构型

影响因素	黑龙江省粮食安全保障能力
	H1
基础保障能力	●
市场调控能力	●
生产供给能力	●
利用国际市场资源能力	●
粮食产业现代化发展能力	●
一致性	1.000
原始覆盖度	1.000
唯一覆盖度	1.000
解的一致性	0.392
解的覆盖度	1.000

注：●表示组合路径涉及的因素。

由表13可见，在基础保障能力、市场调控能力、生产供给能力、利用国际市场资源能力及粮食产业现代化发展能力的交互作用下，生成1条黑龙江省粮食安全保障能力提升组态路径，并且上述路径的一致性为1.000，大于0.800，模型解的覆盖度为1，一致性为0.392，表明上述路径已经构成了黑龙江省粮食安全保障能力提升的充分条件。也就是说，基础保障能力、市场调控能力、生产供给能力、利用国际市场资源能力及粮食产业现代化发展能力的协调发展是黑龙江省粮食安全保障能力提升的必由路径，仅仅侧重某一项或几项能力的提升，而忽略其他能力的提升往往会物极必反，这也就很好地解释了2009—2019年黑龙江省粮食安全保障综合安全指数呈现波动变化的原因。

（2）黑龙江省粮食安全保障的基础保障能力提升路径。以粮食安全基础保障能力安全指数为输出变量，以耕地面积、农业财政资金、农业机械年末拥有量、农用化肥使用量、耕地灌溉面积为输入变量，得到黑龙江省粮食安全基础保障能力提升条件构型，如表14所示。

表 14　黑龙江省粮食安全基础保障能力提升条件构型

影响因素	黑龙江省粮食安全基础保障能力	
	H1	H2
耕地面积	○	●
农业财政资金	⊖	⊖
农业机械年末拥有量	⊖	⊖
农用化肥使用量	⊖	○
耕地灌溉面积	●	●
一致性	0.545	0.665
原始覆盖度	0.000	0.120
唯一覆盖度	0.036	0.063
解的一致性	0.037	
解的覆盖度	0.665	

注：●表示组合路径涉及的因素，⊖表示组合路径不需要的因素，○表示组合路径可有可无的因素。

由表 14 可见，在耕地面积、农业财政资金、农业机械年末拥有量、农用化肥使用量、耕地灌溉面积的交互作用下，生成 2 条黑龙江省粮食安全基础保障能力提升组态路径。尽管上述路径的一致性、覆盖度等数值均不符合 QCA 方法的充分条件判定标准，但仍具有一定的借鉴意义且 H2 的一致性最好，达到 0.665，表明这是黑龙江省粮食安全基础保障能力提升最有效的途径。通过得到的两条组态路径可以看出：①只要着力提升耕地灌溉面积，就有可能提升黑龙江省粮食安全基础保障能力；②一定数量的耕地面积和耕地灌溉面积是保障黑龙江省粮食安全基础保障能力提升的重中之重。

(3) 黑龙江省粮食安全保障的市场调控能力提升路径。以粮食安全市场调控能力安全指数为输出变量，以粮食零售价格指数、粮食消费价格指数、粮食收购量和粮食调销量为输入变量，得到黑龙江省粮食安全市场调控能力提升条件构型，如表 15 所示。

表 15　黑龙江省粮食安全市场调控能力提升条件构型

影响因素	黑龙江省粮食安全市场调控能力		
	H1	H2	H3
粮食零售价格指数	⊖	⊖	●
粮食消费价格指数	⊖	⊖	●

（续）

影响因素	黑龙江省粮食安全市场调控能力		
	H1	H2	H3
粮食收购量	●	⊖	⊖
粮食调销量	⊖	●	⊖
一致性	0.616	0.451	0.634
原始覆盖度	0.074	0.084	0.300
唯一覆盖度	0.219	0.184	0.234
解的一致性		0.157	
解的覆盖度		1.000	

注：●表示组合路径涉及的因素，⊖表示组合路径不需要的因素，○表示组合路径可有可无的因素。

由表 15 可见，在粮食零售价格指数、粮食消费价格指数、粮食收购量和粮食调销量的交互作用下，生成 3 条黑龙江省粮食安全市场调控能力提升组态路径。尽管上述路径的一致性、覆盖度等数值均不符合 QCA 方法的充分条件判定标准，但仍具有一定的借鉴意义且 H3 的一致性最好，达到 0.634，表明这是黑龙江省粮食安全市场调控能力提升最有效的途径。通过得到的 3 条组态路径可以看出：①只要保证粮食收购量，就有可能提升黑龙江省粮食安全市场调节能力；②只要保证粮食调销量，就有可能提升黑龙江省粮食安全市场调节能力；③保证粮食零售价格指数和粮食消费价格指数的稳定，即保证粮食价格的稳定，是黑龙江省粮食安全市场调节能力提升的关键所在。

（4）黑龙江省粮食安全保障的生产供给能力提升路径。以粮食安全生产供给能力安全指数为输出变量，以粮食产量、粮油加工企业数量和粮油加工企业工业总产值为输入变量，得到黑龙江省粮食安全生产供给能力提升条件构型，如表 16 所示。

表 16　黑龙江省粮食安全生产供给能力提升条件构型

影响因素	黑龙江省粮食安全生产供给能力		
	H1	H2	H3
粮食产量	●	⊖	●
粮油加工企业数量	⊖	⊖	●
粮油加工企业总产值	⊖	●	●
一致性	0.654	0.551	0.926

（续）

影响因素	黑龙江省粮食安全生产供给能力		
	H1	H2	H3
原始覆盖度	0.041	0.033	0.246
唯一覆盖度	0.119	0.134	0.225
解的一致性		0.105	
解的覆盖度		1.000	

注：●表示组合路径涉及的因素，⊖表示组合路径不需要的因素，○表示组合路径可有可无的因素。

由表 16 可见，在粮食产量、粮油加工企业数量和粮油加工企业工业总产值的交互作用下，生成 3 条黑龙江省粮食安全市场调控能力提升组态路径。尽管上述路径的一致性、覆盖度等数值均不符合 QCA 方法的充分条件判定标准，但仍具有一定的借鉴意义且 H3 的一致性最好，达到 0.926，表明这是黑龙江省粮食安全生产供给能力提升最有效的途径。通过得到的 3 条组态路径可以看出：①只要保证粮食产量，就有可能提升黑龙江省粮食安全生产供给能力；②只要保证粮油加工企业工业总产值，就有可能提升黑龙江省粮食安全生产供给能力；③粮食产量、粮油加工企业数量和粮油加工企业工业总产值的全面提升，是黑龙江省粮食安全生产供给能力提升的最优途径。

（5）黑龙江省粮食安全保障的利用国际市场资源能力提升路径。以利用国际市场资源能力安全指数为输出变量，以粮食出口数量、粮食进口数量、境外农业直接投资、粮食 FDI 和粮食国际竞争力为输入变量，得到黑龙江省利用国际市场资源能力提升条件构型，如表 17 所示。

表 17　黑龙江省利用国际市场资源能力提升条件构型

影响因素	黑龙江省利用国际市场资源能力		
	H1	H2	H3
粮食出口数量	⊖	⊖	⊖
粮食进口数量	⊖	●	●
境外农业直接投资	⊖	●	⊖
粮食 FDI	⊖	⊖	●
粮食国际竞争力	●	⊖	⊖
一致性	0.462	0.602	0.628
原始覆盖度	0.075	0.144	0.140

（续）

影响因素	黑龙江省利用国际市场资源能力		
	H1	H2	H3
唯一覆盖度	0.222	0.329	0.244
解的一致性		0.195	
解的覆盖度		0.848	

注：●表示组合路径涉及的因素，⊖表示组合路径不需要的因素，○表示组合路径可有可无的因素。

由表 17 可见，在粮食出口数量、粮食进口数量、境外农业直接投资、粮食 FDI 和粮食国际竞争力的交互作用下，生成 3 条黑龙江省利用国际市场资源能力提升组态路径。尽管上述路径的一致性、覆盖度等数值均不符合 QCA 方法的充分条件判定标准，但仍具有一定的借鉴意义且 H3 的一致性最好，达到 0.628，表明这是黑龙江省利用国际市场资源能力提升最有效的途径。通过得到的 3 条组态路径可以看出：①只要提升粮食国际竞争力，就有可能提升黑龙江省利用国际市场资源能力；②只要保证粮食进口数量和境外农业对外投资，就有可能提升黑龙江省利用国际市场资源能力；③粮食进口数量和粮食 FDI，是黑龙江省利用国际市场资源能力提升的关键因素。

（6）黑龙江省粮食安全保障的粮食产业现代化发展能力提升路径。以黑龙江省农业现代化发展能力安全指数为输出变量，以粮食产业机械化水平、粮食产业科技人数、粮食产业科技化水平为输入变量，得到黑龙江省粮食产业现代化发展能力提升条件构型，如表 18 所示。

表 18　黑龙江省粮食产业现代化发展能力提升条件构型

影响因素	黑龙江省粮食产业现代化发展能力			
	H1	H2	H3	H4
粮食产业机械化水平	●	○	⊖	⊖
粮食产业科技人数	○	●	●	○
粮食产业科技化水平	⊖	⊖	○	●
一致性	0.791	0.791	0.746	0.740
原始覆盖度	0.000	0.000	0.000	0.000
唯一覆盖度	0.194	0.267	0.265	0.224
解的一致性		0.185		
解的覆盖度		0.791		

注：●表示组合路径涉及的因素，⊖表示组合路径不需要的因素，○表示组合路径可有可无的因素。

由表 18 可见，在粮食产业机械化水平、粮食产业科技人数、粮食产业科技化水平的交互作用下，生成 4 条黑龙江省农业现代化发展能力提升组态路径。尽管上述路径的一致性、覆盖度等数值均不符合 QCA 方法的充分条件判定标准，但仍具有一定的借鉴意义且 H2 的一致性最好，达到 0.791 且覆盖度最高，表明这是黑龙江省粮食产业现代化发展能力提升最有效的途径。通过得到的 4 条组态路径可以看出：①只要提升粮食产业机械化水平，就有可能提升黑龙江省粮食产业现代化发展能力；②只要增加粮食产业科技人数，就有可能提升黑龙江省粮食产业现代化发展能力；③只要提升粮食产业科技化水平，就有可能提升黑龙江省粮食产业现代化发展能力。

（四）组态结果分析

通过构建黑龙江省粮食安全保障能力组态模型进行分析发现：第一，对于黑龙江省粮食安全保障能力而言，基础保障能力、市场调控能力、生产供给能力、利用国际市场资源能力及粮食产业现代化发展能力五个方面缺一不可，必须均衡发展；第二，对黑龙江省粮食安全基础保障能力而言，耕地面积和耕地灌溉面积的稳步提升是重中之重；第三，对黑龙江省粮食安全市场调控能力而言，保证粮食零售价格指数和粮食消费价格指数的稳定，即保证粮食价格的稳定，是黑龙江省粮食安全市场调节能力提升的关键所在；第四，对黑龙江省粮食安全生产供给能力而言，全面提升粮食产量、粮油加工企业数量和粮油加工企业总产值，是提升黑龙江省粮食安全生产供给能力的最优途径；第五，对黑龙江省利用国际市场资源能力而言，粮食进口数量和粮食 FDI，是黑龙江省利用国际市场资源能力提升的关键因素；第六，对黑龙江省粮食产业现代化发展能力而言，增加粮食产业科技人数，是提升黑龙江省粮食产业现代化发展能力的最有效路径。

四、结论与建议

（一）研究结论

不断增加的耕地面积，平稳的淡水资源供给、逐步改善的农业生态、不断优化的农业供给结构、不断升级的农业经营方式、不断提升的农业“三产”融合水平等都体现出黑龙江省在粮食安全保障能力方面具备的优势。但人均占有量匮乏、进口依存度较高、进口结构不合理和进口风险大等问题也是黑龙江省提升粮食安全保障能力必须面对和克服的劣势。同时，从国际层面、国家层面以及黑龙江省层面上看，黑龙江省粮食安全保障能力提升的政策机会和外部挑战同在。结合 SWOT 矩阵分析，黑龙江省粮食安全保障能力的提升，应该建立在增长型战略的基础上，以多元化战略和扭转型战略为核心，兼顾防御型战略，强化优势，借助大好的粮食安全保障机会，扭转劣势，并在此基础上兼顾强化抵御外部威胁的能力。

本研究构建了一个由基础保障能力、市场调控能力、生产供给能力、利用国际市场资源能力及粮食产业现代化发展能力五个维度的二级指标构成的，含耕地面积、农业财政资金、农业机械年末拥有量、耕地灌溉面积等 20 个三级明细指标的黑龙江省粮食安全保障能力评估指标体系，对黑龙江省 2009—2019 年的粮食安全保障能力综合安全指数进行了测算。结果显示，黑龙江省粮食安全保障能力综合安全指数由 2009 年的 0.251 1 提升到了 2019 年的 0.567 7，增长了 1.26 倍。其中，基础保障能力、利用国际市场资源能力、粮食产业现代化发展能力呈现递增趋势，生产供给能力呈现波动上升趋势，而这一波动性对黑龙江省粮食安全保障能力具有较大的影响，而市场调控能力呈现先下降后提升的“U”形趋势，表明黑龙江省粮食安全保障的市场调控能力稳定性较差，仍有较大的提升空间。为进一步评估黑龙江省粮食安全保障能力，本研究在分析黑龙江省粮食安全保障能力综合安全指数及其演变趋势的基础上，对黑龙江省粮食安全保障效率进行评估。结果显示，黑龙江省整体粮食安全保障效率呈现波动变化趋势，且变化幅度较大，说明黑龙江省粮食安全保障在效率方面尽管整体水平较高，但仍有很大的提升空间。从分项保障效率来看，粮食安全的基础保障能力效率、市场调控能力效率、生产供给能力效率、粮食产业现代化发展能力效率都具有一定的提升空间。利用国际市场资源能力效率存在一定的差异，表明全球经济、环境等国际因素对黑龙江省粮食安全保障能力的影响较为显著。

本研究根据对黑龙江省粮食安全保障能力提升的 SWOT 分析、粮食安全保障能力评价指标体系的构建、粮食安全保障静态效率的分析相关结论，基于定性比较分析法，构建了黑龙江省粮食安全保障能力提升路径的组态模型。结果显示，从提升总路径上看，提升基础保障能力、市场调控能力、生产供给能力、利用国际市场资源能力及粮食产业现代化发展能力的协调发展是提升黑龙江省粮食安全保障能力的必由路径。仅仅侧重某一项或几项能力提升，而忽略其他能力提升往往会物极必反。

（二）政策建议

结合对黑龙江省粮食安全评价指标及黑龙江省粮食安全保障能力提升路径的分析，黑龙江省需要从基础保障能力、市场调控能力、生产供给能力、利用国际市场资源能力及粮食产业现代化发展能力方面全力提升粮食安全保障能力。

1. 从耕地面积和水资源入手提升基础保障能力

第一，加强对耕地保护，坚决杜绝耕地黑土买卖问题的再次出现。为确保黑土地面积不减少，要加强宣传，提高农民以及合作社组织等对耕地的保护意识。完善耕地保护相关法规和政策文件，建立耕地监管机制，落实耕地保护责任制，严格审批耕地使用流程。提高耕地使用效率，加速推动黑龙江省土地流转，实现耕地的专业化、集约化、高效化运转，通过规模效应降低生产成本、提高生产质量、保障生产能力。深入落实国家休耕和轮耕政策，结合黑龙江省省内实际情况提高休耕、轮耕效率，完善黑土耕地保护经济补偿制度，构建长期可持续发展的耕地保护机制。

第二，提高水资源合理利用效率。加强省水利基础设施建设，加强松花江流域以及黑龙江流域的防洪项目建设，调节水资源的时空分布不均问题。对水资源利用效率进行合理测算，在人口相对密集的松嫩平原等地区，调整农业种植结构，大力发展节水农业。加大对流域内水资源保护的监管力度，严厉打击各类违规排放污水的不法行为。建立健全农业用水价格机制，通过阶梯水价抑制农业种植过程中的过度用水问题，利用水价引导农户应用节水设施和节水技术，提高水资源的利用效率。

2. 完善粮食流通保障体系以提升市场调控能力

粮食生产是粮食安全的根基，粮食流通环节则是粮食安全的重要保障。在完善粮食生产的同时，应高度重视粮食流通环节能力的提升，完善“产购储加销”一体化的粮食安全保障体系。

第一，配合中央粮食储备政策改革。自 2019 年 5 月 29 日中央全面深化改革委员会审议并通过了《关于改革完善体制机制加强粮食储备安全管理的若干意见》以来，各级政府积极推进意见落实。应在稳定生产的基础上，以销定储，完善地方储备粮库布局，稳定地方粮食供给。加强与大型粮食供应链企业的合作，畅通粮食外运通道，扩展粮食储备点，保障全国范围内的粮食流通安全。

第二，构建县域粮食流通物流节点。粮食批发市场是粮食流通最为重要的物流节点。黑龙江省可以在粮食种植大县或者物流交通节点建立粮食批发市场，建立稳定有序的粮食批发配送网络，实现区域内的全覆盖，构建响应迅速的粮食供应链网络体系。

第三，建立粮食流通数据平台。整合全省粮食流通统计数据，建立信息平台，成立粮食安全应急指挥部，充分利用大数据、云计算等信息技术和网络技术资源，提高对粮食运输、存储、消耗等流通数据的检测和分析能力，为粮食流通安全提供信息保障，建立数字粮仓。

第四，加强粮食流通安全宣传教育。通过传统媒体以及各种新媒体渠道，创新宣传形式，丰富宣传内容，构建多部门协作的粮食安全流通宣传网络，提高公众对粮食安全问题的意识及对粮食流通问题的重视，增强对我国粮食安全保障能力的信心，稳定突发事件中的粮食供应，维护社会长久稳定。

3. 壮大粮食加工企业以提升生产供给能力

第一，均衡加工能力布局。黑龙江省要以县域粮食加工企业为扶持重点，科学规划生产加工能力，通过加大技术创新力度和拓宽网络渠道，实现粮食加工企业产品研发、市场销售的改造和升级，提升成品粮率，将粮食加工企业培养成为粮食流通领域中重要的支柱力量。

第二，藏粮于民，藏粮于市。黑龙江省应扶持壮大粮食加工企业，引导粮食加工企业以及养殖企业等建立生产型原料储备库，制定粮食加工存储以及最低库存管理办法，藏粮于市，保障地方生产用粮供应稳定。探索制订藏粮于民方案，鼓励小型粮食家用加工设备项目投资和使用，推广绿色保鲜技术等便民技术，引导居民提高家用粮食存储比例，实现藏粮于民。

第三，引导膳食结构改善，带动产业结构调整。尽管黑龙江省粮食产量遥遥领先，但对应的食品产业并不突出。黑龙江省应充分利用膳食结构改善带来的市场需求优化，引导和培育食品企业发展壮大，通过构建多样化的食品加工体系，以全国市场为目标，以特色优势农产品为保障，为我国膳食结构改善和理性消费奠定基础，同时提升黑龙江省粮食产品的附加值。

4. 推动粮食贸易发展以提升国际市场资源利用能力

第一，提高省内农产品的竞争力。黑龙江省是我国粮食的主产区，在粮食贸易方面，要充分利用规模优势、政策优势以及区位优势，将目前的产量优势向价格优势升级。通过一系列的制度性安排，包括加快土地流转扩大规模效应；通过农机补贴、农机贷款等提高农业机械化水平；通过惠农金融贷款、农业种植保险、期货套保等政策加快粮食种植资本化；通过良种培育、休耕轮耕制度以及信息化技术运用等提高科技含量等，全方位提升土地产出率和农业投资效率，降低粮食成本，提高国际市场竞争力。此外，要充分利用国际农业政策和国际农业生产扶持规则，组织专家建立农业政策国际宏观研究团队，充分用足和用好世界贸易组织规则和国内农业政策，争取各项农业补贴，完善粮食种植保护政策，建立粮食进口价格和数量的监测和反应机制。对大宗粮食产品的国际市场供需进行跟踪、研判和预警，完善农产品贸易补偿机制，优化省内粮食种植结构和布局，增强黑龙江省参与国际粮食竞争的实力和风险应对能力。

第二，拓展粮食进口来源渠道，加强对俄农业投资和回运加工。黑龙江省在对俄贸易方面具有得天独厚的区位优势。俄罗斯远东地区拥有大量未开发的廉价土地。黑龙江省应充分地利用境外市场和海外资源，提高国家粮食安全的保障能力。一方面，组织粮食种植联合体，鼓励有实力的农场和农业种植户到俄罗斯包地种植大豆等粮食作物。另一方面，发挥黑龙江省自贸区黑河片区以及绥芬河片区的口岸优势，畅通中俄两国粮食运输通道，依托贸易方式，加大境外粮食的回运力度和就地加工能力，延长产业链条。

第三，建立国际粮食价格和汇率变动应对机制。粮食的进出口贸易受国际粮价和汇率的双重影响。国际粮食市场价格的大幅波动会通过贸易以及期货市场等途径对黑龙江省内的粮食价格产生影响。黑龙江省要加强与大连商品交易所的合作，提高对国际粮食价格的敏感性，建立健全粮食价格风险防范机制，制定应对国际粮食价格波动的预防机制，稳定省内粮食市场供需，为整个粮食市场安全提供保障机制。

5. 以科技和资金为支撑提升粮食产业现代化发展能力

第一，提升农业科技含量。加大省市政府对农业科技研发的资金投入力度。充分发挥东北农业大学、东北林业大学、哈尔滨商业大学等食品专业学科优势，设立专项基金，加强“产学研”合作，提高科研成果转化效率，加快市场化进程，构建集研发、种植、生产、营销于一体的农业生产链条。增加农业科技基层推广站密度，构建农业科技与农户之间的科技推广桥梁。以种粮大户为重点，以农业保险以及惠农政策为辅助，降低农户新科技试用的顾虑和风险，提高科技推广速度。通过大户示范快速带动以及农业科技基层推广站的宣传，提升粮食种植的科技贡献率。

第二，发挥社会资本杠杆作用。国外粮食生产先进国家的经验证明，社会资本的投入对提升农业生产效率、完善粮食生产配套体系、构建多元化的资金支持格局都具有重要的意义。黑龙江省农业种植大有可为，应积极引导社会资本投入粮食种植中：一方面，打破社会资本投资农业的地域、政策以及行业樊篱；另一方面，有序引导社会资本和科技结合，对粮食种植和生产进行科学重构。

第三，以绿色环保生产保障粮食消费安全。碳中和作为国家战略，势必带来产业结构的调整和优化。从粮食安全角度来说，供给的充足仅仅是粮食安全的一个方面，粮食的绿色环保健康也是粮食安全中的重要考量因素。黑龙江省在农业生产的机械化、规模化以及智能化方面都处于全国前列，具有绿色、无毒、无害生产的条件和能力。随着五常大米绿色有机溯源等模式的推广以及原产地标准的认定，黑龙江省在开展绿色种植方面已经积攒了一定的经验，可以大力推广绿色环保的种植方式，建立绿色食品和有机食品基地，构建绿色食品安全保障机制。

奶业振兴背景下动物福利实施对奶牛养殖业发展的关联效应研究*

姜 冰　汤文洁　李美佳　宗筱雯

奶牛福利是与生产效益、奶牛健康密切相关的。奶牛福利下降引致的奶牛生产效率的降低将直接制约奶牛养殖业的发展，而奶牛福利的改善对奶牛养殖环境、原料乳增产提质和养殖场增收等经济要素均产生积极影响。奶牛福利已成为保障原料乳质量安全和养殖场持续获得理想预期收益的重要影响因素，也是奶牛养殖业可持续发展所必须考虑的重点。

本文以规模化养殖场奶牛福利为研究对象，以动物福利、计划行为等理论为指导，通过专家调查、实地调研等方式搜集数据，构建奶牛福利决策动因回归模型和基于市场需求的消费者决策动因回归模型。研究结论为政府相关部门提高规模化养殖场奶牛福利水平及其与奶牛养殖业发展的关联效应提出针对性、指导性和建设性建议。

一、规模化养殖场奶牛福利化养殖意愿及影响因素研究

（一）分析框架

本部分构建生产者奶牛福利实施意愿的归因模型，将生产者奶牛福利的实施意愿作为被解释变量，假设影响生产者奶牛福利实施意愿的变量为个体特征类、规模化养殖场生产经营特征、生产者对不同奶牛福利要素的认知特征类、规模化养殖场外部政策环境特征类及市场需求特征类五类解释变量（图 1），运用 Logit 模型，分析生产者奶牛福利实施意愿及其引致性因素，挖掘各类特征变量对生产者奶牛福利实施意愿的影响效果。

---

* 黑龙江省哲学社会科学规划项目（课题编号：19JYB033）。

项目负责人为姜冰副教授，主要参加人员有宗筱雯、于洋、丛馨禹、赵金勇等。

摘自姜冰发表的学术论文《规模化养殖场奶牛福利养殖意愿》（2021 年发表于《乳品与人类》）、《消费者对农场动物福利产品的支付意愿及影响因素研究》（2021 年发表于《农业现代化研究》）。

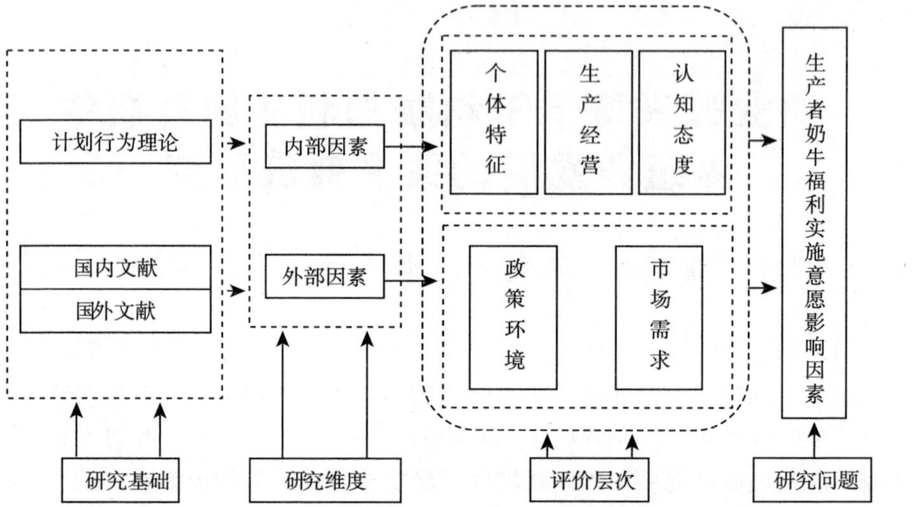

图 1　奶牛福利实施意愿影响因素逻辑框架

（二）研究假说

规模化养殖场奶牛福利化养殖意愿影响因素变量体系如图 2 所示。

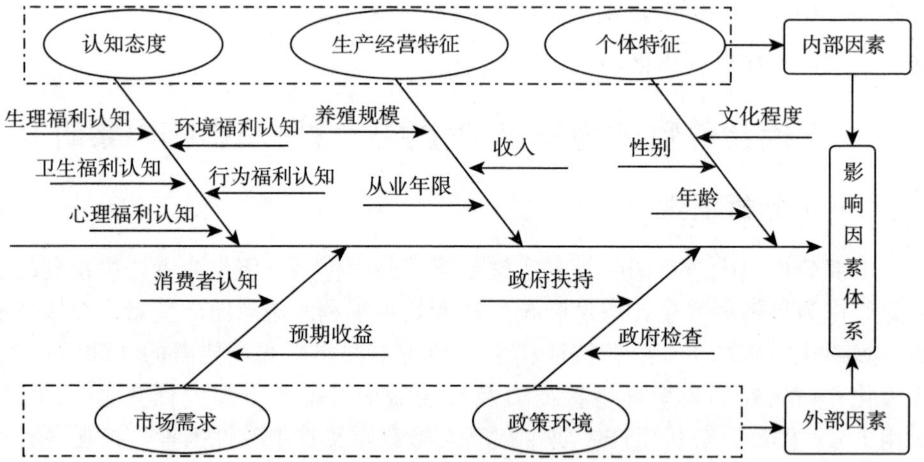

图 2　规模化养殖场奶牛福利化养殖意愿影响因素变量体系

个体特征变量包括性别、年龄和文化程度。理论分析与实践表明，规模化养殖场决策者年龄越大，养殖观念越固化，较难改变原养殖行为，实施福利养殖的可能性越小；决策者文化程度越高，接受新事物的能力越强，对福利养殖的内容和价值认知越高，实施福利养殖的可能性越大；相对于男性决策者，女性决策者通常属于风险规避型，实施福利养殖的倾向不明显。

生产经营特征变量包括收入、养殖规模、从业年限。其中，收入为规模化养殖场泌乳牛原料奶销售收入，养殖规模为规模化养殖场泌乳牛存栏头数。理论分析与实践表明，规模化养殖场收入越高，决策者对养殖场投入的资金、技术、设备和人力的资源越多，实施福利养殖的可能性越大；规模化养殖场养殖规模越大，奶牛饲喂专用资产越多，为了规避经营风险和市场风险，实施福利养殖的可能性越大；规模化养殖场决策者从业年限越多，对福利养殖和原料奶品质的内在关系以及对行业发展趋势越明晰，实施福利养殖的可能性越大。

认知态度特征变量包括对生理福利认知，即奶牛应该享有不受饥渴的自由；环境福利认知，即奶牛应该享有生活舒适的自由；卫生福利认知，即奶牛应该享有不受痛苦伤害的自由；心理福利认知，即奶牛应该享有生活无恐惧和悲伤感的自由；行为福利认知，即奶牛应该享有表达天性行为的自由。规模化养殖场决策者对奶牛福利五个维度对养殖业发挥积极作用的认知程度越高，实施福利养殖的可能性越大。

政策环境特征变量包括政府扶持、政府检查。政府相关部门大力宣传奶牛福利对奶牛养殖业的积极效益，并给予资金、技术、政策的扶持，决策者实施福利养殖的可能性越大；政府相关部门强化对养殖场环境、卫生、饲喂等方面的检查，决策者实施福利养殖的可能性越大。

市场需求特征变量包括消费者认知、预期收益。消费者对福利养殖的认知程度越高以及对福利养殖下牛奶制品的支付意愿越高，规模化养殖场决策者实施福利养殖的可能性越大，规模化养殖场决策对实施福利养殖后的预期收益越高，实施福利养殖的可能性越大。

（三）描述性分析

1. 规模化养殖场奶牛福利实施意愿

对受访人员进行动物福利知识的普及后，在150份有效调查问卷中，有89家规模化奶牛养殖场决策者表示愿意实施奶牛福利，占样本总数的59.33%，说明多数规模化养殖场愿意实施奶牛福利。在调查过程中发现，决策者实施奶牛福利主要受福利认知态度和经济因素影响。多数决策者对“动物福利”的概念不清楚，在进行分类解释后，养殖场决策者表示，福利实施势必会增加运营成本，增加企业经营风险。

2. 规模化养殖场决策者个体特征

受访规模化养殖场决策者中男性有138人，占样本总数的92%，决策者趋于年轻化，年龄主要集中在31～40岁，决策者普遍接受过基础教育，接受过大中专教育的决策者人数占样本总数的 42%（表 1）。

表 1　受访规模化养殖场决策者个人特征

统计特征	分类指标	样本数（个）	比例（%）
性别	男	138	92.00
	女	12	8.00
年龄	30 岁及以下	21	14.00
	31～40 岁	62	41.33
	41～50 岁	45	30.00
	51～60 岁	22	14.67
文化程度	初中及以下	5	3.33
	中专	42	28.00
	高中	40	26.67
	大专及以上	63	42.00

3. 规模化养殖场生产经营特征

受访规模化养殖场原料奶收入主要集中在 1 500 万～3 500 万元，样本数占样本总数的 74%，养殖规模主要集中在 651～800 头，样本数占样本总数的 41.33%，从业年限集中在 4～6 年，样本数占样本总数的 40.67%（表 2）。

表 2　受访规模化养殖场生产经营特征

统计特征	分类指标	样本数（个）	比例（%）
收入	1 500 万元及以下	4	2.67
	1 501 万～2 500 万元	52	34.67
	2 501 万～3 500 万元	59	39.33
	3 501 万元及以上	35	23.33
养殖规模	500～650 头	32	21.33
	651～800 头	62	41.33
	801～950 头	45	30.00
	950 头及以上	11	7.34
从业年限	1～3 年	32	21.33
	4～6 年	61	40.67
	7～9 年	34	22.67
	10 年及以上	23	15.33

4. 规模化养殖场决策者认知态度

鉴于受访规模化养殖场决策者对动物福利概念本身缺乏系统的认知，为了使研究更具科学性和准确性，本部分在设计问题时，围绕各福利维度要素，将抽象的福利认知问题转化成具体的指标要素，在向受访者阐述完各个维度所包含的要素后，受访者选择对奶牛福利各维度的态度。受访者对五种福利的态度均集中在比较赞同区域，占比分别为生理福利 56.00%、卫生福利 54.67%、环境福利 48.00%、心理福利 42.67%、行为福利 34.67%（表 3），可见，受访者普遍认为福利对于奶牛养殖业发展具有一定的积极作用。

表 3　受访规模化养殖场决策者福利认知情况

统计特征	分类指标	样本数（个）	比例（%）
生理福利	不太赞同	3	2.00
	一般赞同	25	16.67
	比较赞同	84	56.00
	完全赞同	38	25.33
环境福利	不太赞同	8	5.33
	一般赞同	32	21.33
	比较赞同	72	48.00
	完全赞同	38	25.34
卫生福利	不太赞同	10	6.67
	般赞同	23	15.33
	比较赞同	82	54.67
	完全赞同	35	23.33
心理福利	不太赞同	15	10.00
	一般赞同	26	17.33
	比较赞同	64	42.67
	完全赞同	45	30.00
行为福利	不太赞同	18	12.00
	一般赞同	42	28.00
	比较赞同	52	34.67
	完全赞同	38	25.33

注：生理福利表述为清洁饮水、饲料充足、营养均衡和分群饲喂；环境福利表述为物理类环境因素（如噪声、光照等）、畜舍设备环境（如牛床、运动场等）、管理类环境（如分段饲喂等）；卫生福利表述为病死处理、防疫管理；心理福利表述为设备伤害、人畜活动；行为福利表述为应激行为、异常行为。

5. 规模化养殖场福利实施政策环境因素

受访规模化养殖场拥有较好的政策环境。政府扶持和政府检查的比重分别为 64.00%和 74.64%（表 4）。目前，并未有动物福利扶持政策和操作规范。现有的政府扶持和政府检查也仅是体现动物福利要素的部分内容，但是也能反映出政府层面对动物福利的关注，进而带动决策者关注福利养殖。

表 4 受访规模化养殖场政策环境情况

统计特征	分类指标	样本数（个）	比例（%）
政府扶持	不扶持	54	36.00
	扶持	96	64.00
政府检查	不检查	38	25.33
	检查	112	74.67

6. 规模化养殖场福利实施市场需求因素

消费者对福利养殖的认知较为中立，占比为 41.33%（表 5），这与消费者获得信息的数量和强度有关；而养殖主体对福利养殖的预期收益较为乐观，占比为 53.33%，反映出养殖主体对福利养殖经济属性的认同。

表 5 受访规模化养殖场市场需求情况

统计特征	分类指标	样本数（个）	比例（%）
消费者认知	不同意	54	36.00
	中立	62	41.33
	同意	34	22.67
预期收益	不同意	27	18.00
	中立	43	28.67
	同意	80	53.33

（四）模型构建与估计

1. 模型构建

规模化养殖场奶牛福利实施意愿，即其选择实施福利养殖安全行为的主观概率，规模化养殖场决策者会在理性地综合衡量各种影响因素的基础上做出“愿意”和“不愿意”的二元决策选择。因此，本文在研究生产者奶牛福利实施意愿时，主要采用 Logit 二元选择模型来确定生产者奶牛福利实施意愿的影响因素。本文建立如下 Logit 回归模型：

$$p=F(y=1\mid x_i)=\frac{1}{1+e^{-}} \tag{1}$$

式（1）中，y 为规模化养殖场奶牛福利实施意愿。规模化养殖场愿意实施奶牛福利，则 $y=1$；规模化养殖场不愿意实施奶牛福利，则 $y=0$。p 为规模化养殖场奶牛福利实施的概率，$x_i(i=1, 2, \cdots, n)$ 为可能影响规模化养殖场奶牛福利实施意愿的因素。

式（1）中，y 是变量 $x_i(i=1, 2, \cdots, n)$ 的线性组合，即

$$y=b_0+b_1x_1+b_2x_2+\cdots+b_nx_n \tag{2}$$

式（2）中，$b_i(i=1, 2, \cdots, n)$ 为第 i 个解释变量的回归系数。b_i 为正，表示第 i 个因素对规模化养殖场奶牛福利实施意愿有正向影响；b_i 为负，表示第 i 个因素对规模化养殖场奶牛福利实施意愿有负向影响。

对式（1）和式（2）进行变换，得到 Logit 模型，形式如下

$$\ln\left(\frac{p}{1-p}\right)=b_0+b_1x_1+b_2x_2+\cdots+b_nx_n+\varepsilon \tag{3}$$

式（3）中，b_0 为常数项，ε 为随机误差。

2. 变量设置

鉴于上述研究，本文在构建规模化养殖场奶牛福利实施意愿的计量经济模型时，选择了 5 类共 15 个变量。变量的名称、解释及其预期影响方向见表 6。

表 6　模型变量示意说明

变量			变量定义	均值	标准差	预期方向
解释变量	个体特征	性别	女性=0，男性=1	0.920	0.403	+
		文化程度	初中及以下=1，中专=2，高中=3，大专及以上=4	3.524 (3.073)	0.875	+
		年龄	30 岁及以下=1，31～40 岁=2，41～50 岁=3，51～60 岁=4	2.735 (2.453)	0.689	−
	生产经营特征	收入	1 500 万元及以下=1，1 501 万～2 500 万元=2，2 501 万～3 500 万元=3，3 501 万元及以上=4	3.145 (2.833)	0.725	+
		养殖规模	500～650 头=1，651～800 头=2，801～950 头=3，950 头及以上=4	2.754 (2.23)	0.874	+
		从业年限	1～3 年=1，4～6 年=2，7～9 年=3，10 年及以上=4	2.575 (2.32)	0.769	+

（续）

变量			变量定义	均值	标准差	预期方向
解释变量	认知态度	生理福利态度	不太赞同＝1，一般赞同＝2，比较赞同＝3，完全赞同＝4	1.985 (3.047)	0.854	+
		环境福利态度	不太赞同＝1，一般赞同＝2，比较赞同＝3，完全赞同＝4	1.974 (2.933)	0.937	+
		卫生福利态度	不太赞同＝1，一般赞同＝2，比较赞同＝3，完全赞同＝4	1.827 (2.947)	0.749	+
		心理福利态度	不太赞同＝1，一般赞同＝2，比较赞同＝3，完全赞同＝4	1.145 (2.927)	0.926	+
		行为福利态度	不太赞同＝1，一般赞同＝2，比较赞同＝3，完全赞同＝4	1.471 (2.733)	0.508	+
	政策环境	政府扶持	不扶持＝0，扶持＝1	0.672 (0.64)	0.465	+
		政府检查	不监察＝0，监察＝1	0.652 (0.747)	0.478	+
	市场需求	消费者认知	不同意＝1，中立＝2，同意＝3	2.464	0.857	+
		预期收益	不同意＝1，中立＝2，同意＝3	2.756	0.899	+
被解释变量	决策者福利实施意愿		不愿意＝0，愿意＝1	0.593	0.484	

注：收入＝单产×泌乳牛存栏量×泌乳天数（305天）×原料奶价格。

3. 模型估计分析

本部分采用 Eviews 计量经济分析软件对 150 家规模化养殖场的数据进行 Logit 回归处理，得到规模化养殖场奶牛福利实施意愿影响因素的估计结果。首先，对规模化养殖场奶牛福利实施意愿实证模型进行了第一阶段估计，模型 1 涉及影响规模化养殖场奶牛福利实施意愿的所有变量；然后，逐渐剔除不显著变量，直到所有变量在 10%的水平上统计显著，得到模型 2，各变量的回归系数、Z 统计量和概率见表 7。由表 7 可知，模型 2 的 R^2 的值为 0.421 8，预测标准度为 83.75%，差异显著水平小于 0.05，说明模型 2 较好地拟合总体样本数据，影响因素可以很好地解释因变量。由模型 2 回归结果可见，文化程度、养殖规模、生理福利认知态度、环境福利认知态度、卫生福利认知态度、政府扶持和预期收益 7 个因素对规模化养殖场奶牛福利实施意愿的影响具有统计显著性。

表 7　规模化养殖场奶牛福利实施意愿影响因素的 Logit 模型回归结果

解释变量	模型 1			模型 2		
	回归系数	Z 统计量	概率	回归系数	Z 统计量	概率
性别	0.074 2	0.353 1	0.473 4	—	—	—
文化程度	0.646 2**	2.483 2	0.011 2	0.604 1**	2.784 5	0.013 6
年龄	−0.017 8	−0.064 2	0.783 2	—	—	—
收入	0.766 3**	2.261 5	0.032 1	—	—	—
养殖规模	0.573 6***	2.543 5	0.008 3	0.617 4***	2.934 7	0.003 5
从业年限	0.075 3	0.567 3	0.756 4	—	—	—
生理福利认知	0.437 8***	3.303 6	0.003 2	0.486 8***	3.579 3	0.001 7
环境福利认知	0.196 8	1.069 8	0.378 4	0.264 7*	1.735 7	0.087 3
卫生福利认知	0.396 4**	1.887 6	0.042 9	0.430 2**	2.264 6	0.035 7
心理福利认知	0.237 4	0.964 2	0.417 6	—	—	—
行为福利认知	0.152 7	0.843 7	0.487 5	—	—	—
政府扶持	0.755 3***	2.920 4	0.008 7	0.698 5***	2.989 6	0.005 6
政府检查	0.234 8	0.788 5	0.411 3	—	—	—
消费者认知	0.206 1	0.680 7	0.545 7			
预期收益	0.765 4**	1.255 9	0.042 2	0.743 2**	1.357 1	0.031 3
常数项 C	0.187 0	2.163 3	0.743 5	—	—	—
MF−R^2		0.432 5			0.421 8	
预测准确度（%）		81.347 5			83.746 3	
显著性水平		0.000 0			0.000 0	

注：***、**、*分别表示解释变量在 1%、5%和 10%的置信水平上具有统计显著性。

第一，从规模化养殖场决策者个体特征来看，决策者文化程度影响变量的统计检验在 5%水平显著，其系数为正，说明在其他影响因素不变的情况下，决策者文化程度越高，奶牛福利实施意愿越强烈。在实际调研中，文化程度较高的决策者对行业知识和动态的关注度较高，且能较好地吸纳先进的理念。

第二，从规模化养殖场生产经营特征来看，养殖规模影响变量的统计检验在 1%水平显著，其系数为正，说明在其他影响因素不变的情况下，规模化养殖场的养殖规模越大，养殖场决策者的奶牛福利实施意愿越强烈。由于奶牛福利的实施需要在奶牛饲喂、畜舍环境、疫病防控、行为表达和人畜关系等各环节投入人力、物力和财力，养殖规模越大，分摊成本越低，规模效益越明显。

第三，从认知态度来看，生理福利认知、卫生福利认识和环境福利认知影响变量的统计检验分别在 1%、5%和 10%水平显著，其系数为正，说明在其他影响因素不变的情况下，养殖场决策者对生理福利、卫生福利和环境福利在奶牛养殖业中的积极意义认知越清晰，奶牛福利实施意愿越强烈。在实际调研中，尽管大部分受访者并没听说过动物福利，但是将饲料安全、设备安全、养殖场环境、疫病防治等作为养殖场的日常工作重点，而这些内容恰是动物福利中涉及的内容。

第四，从环境政策来看，政府扶持影响变量的统计检验在 1%水平显著，其系数为正，说明在其他影响因素不变的情况下，政府扶持力度越大，养殖场决策者奶牛福利实施意愿越强烈。奶牛养殖业具有高风险、高投入、资产专用性强的特点，动物福利的实施不仅要有宏观政策作为指导，还应有具体的实施方案和扶持政策。

第五，从市场需求来看，预期收益影响变量的统计检验在 5%水平显著，其系数为正，说明在其他影响因素不变的情况下，养殖场决策者预期收益越高，奶牛福利实施意愿越强烈。在市场经济体制下，每一个经营者首先具备“经济人”的属性，这就意味着，经济利益是行为导向的诱因。

此外，从模型 2 估计结果还可以看出，性别、年龄、从业年限、收入、心理福利认知、行为福利认知、政府检查和消费者认知等因素对规模化养殖场奶牛福利实施意愿影响不显著。对于性别、年龄和从业年限而言，鉴于受访者多为男性，故对因变量解释作用不大，且奶牛养殖业历史悠久，年龄和从业年限的作用相对弱化。对于原料奶收入而言，并不是指扣除成本后的原料奶纯收入，原料奶收入增加并不意味着纯收入的增加，故对因变量解释作用不大。对于心理福利和行为福利认知而言，由于对动物福利的研究在国内起步较晚，学术界也无法对心理福利和行为福利的概念进行界定，研究推广覆盖面窄，公众认知度低，故对因变量解释作用不大。对于政府检查而言，由于动物福利实施属于日常工作，政府检查具有一定的时间间隔，对动物福利实施情况的约束作用不大，故对因变量解释作用不大。对于消费者认知而言，决策者更关注的是动物福利实施的成本问题和预期收益问题，故对因变量解释作用不大。

二、消费者对农场动物福利产品的支付意愿及影响因素研究

党的十八大以来，我国畜牧业转型升级步伐加快，养殖集约化和规模化程度大幅提高。然而，生产方式的先进性并不代表其合理性，在人为控制下进行的高效生产活动以及“利润最大化”目标驱动下的掠夺式经营方式，会导致农

场动物的整体福利水平下降，并诱发诸多问题，如动物疫病间歇暴发、畜禽养殖环境污染问题日益凸显、畜产品出口遭受动物福利壁垒阻碍、畜产品质量安全问题频繁出现。

畜禽生产系统是一个自然系统、经济系统和社会系统密切耦合而成的人畜共生系统，农场动物福利水平将直接影响人类自身福利和社会整体福利。联合国粮食及农业组织（Food and Agriculture Organization of the United Nation，FAO）倡导“同一健康，同一福利”（One Health，One Welfare）理念，认为动物福利与食品安全、健康、环境、生态等系统密切相关。由此，改善农场动物福利，不仅是避免动物疫病、防治环境污染、突破隐性贸易壁垒、保障食品质量安全的充分条件，更是我国“双循环”新格局下促进畜牧业高质量发展的新生动力。然而，改善农场动物福利必然会提高饲养成本。鉴于我国相关立法与标准的滞后和缺失，养殖主体一般没有主动改善农场动物福利的意愿，除非能卖出更高的价格。根据 Lancaster 的消费者需求理论，由于农场动物福利属性具有提高食品质量安全的特性，能够附着于畜产品给消费者带来更高的效用，消费者要想获得更高的效用，就必须支付更高的费用，进而促进养殖主体改善农场动物福利水平。基于此，从消费者角度探究影响农场动物福利产品支付意愿的因素，对促进农场动物福利改善、推动畜牧业高质量发展具有重要的现实意义和理论意义。

国际社会一般采用世界动物卫生组织（Office International Des Epizooties，OIE）对动物福利的定义。所谓动物福利，指动物如何适应其所处的环境，满足其基本的自然需求。良好的农场动物福利水平是指依据农场动物生长的特点，改善其生长环境，通过人道的饲养方式使其保持健康的生理和心理状态。农场动物福利产品则是指在良好的农场动物福利水平下，通过畜牧生产获得的产品。早在19世纪，西方国家已相继对动物福利出台了法律、建立标准，围绕农场动物福利产品的支付意愿研究也较为成熟。Lagerkvist、Clark 和 Wolf 从生产端切入，探究消费者对改善猪、蛋鸡、肉鸡、奶牛、肉牛、犊牛和鱼等动物福利具体措施的支付意愿。更多的学者是从消费端探究农场动物福利产品的支付意愿及其影响因素。Blanc 发现女性消费者对动物福利牛肉产品的支付意愿更高。Heise 和 Spain 分别探究了德国和美国消费者对乳制品、鸡蛋和肉类等动物福利产品的支付意愿，发现年龄、性别、收入、居住地、职业和受教育程度等人口统计特征对支付意愿影响显著。Miranda - da la Lama 和 Bozzo 分别探究了墨西哥和意大利消费者对动物福利肉类产品的支付意愿，发现居住地、年龄、受教育程度、农场动物福利认知对支付意愿影响显著。

虽然中国早在20世纪末就引入了动物福利概念，但受到经济发展水平和现实社会文化的制约，中国的动物福利事业才刚刚起步。目前，我国农场动物福利标准仅存在于行业组织和企业层面，国家层面的立法和标准几乎处于空白状态。王文智和吴林海分别将农场动物福利属性纳入猪肉质量安全属性体系和可追溯体系，探究了国内部分地区消费者的支付意愿，均发现消费者对农场动物福利属性的支付意愿普遍偏低。徐玲玲将农场动物福利属性纳入猪肉质量安全信息属性体系，运用真实选择实验法，探究消费者的溢价支付意愿，发现重视猪肉质量安全的消费者溢价支付意愿更高。还有一些学者探究了消费者对农场动物福利产品的支付意愿及影响因素。韩纪琴以未去势猪肉为例，运用条件价值评估法探究消费者对动物福利产品猪肉的支付意愿，发现消费者对农场动物福利的态度和消费者收入对支付意愿有显著影响。王常伟从食品安全视角，以猪肉为例，探究消费者对农场动物福利产品的认知和支付意愿，发现消费者认知对支付意愿有显著影响。

上述研究尽管取得了丰硕的成果，仍存在进一步研究的空间。第一，相比于国外研究的畜产品种类覆盖较广，现有国内研究多以猪肉为例进行分析，鲜有以乳制品为例的文献，而相关文献在国外已经比较丰富。乳制品是健康中国、强壮民族不可或缺的动物源性食品，是食品质量安全的代表性畜产品，有必要对动物福利乳制品的支付意愿及影响因素进行探究。第二，相比于国外文献多从全国范围展开调研，国内文献多是在某一地区范围内展开调研。不同地区消费者的支付意愿可能会存在差异，有必要在全国范围收集样本数据。第三，现有国内研究多是将收入作为影响因素之一，鲜有研究将消费者细分为不同收入群体。农场动物福利产品的价格通常高于普通畜产品，不同收入群体间支付意愿的影响因素可能会存在差异，有必要进行对比分析。因此，本文立足于中国现实的市场情境，基于条件价值评估法，以具有农场动物福利属性的乳制品为假想性实验标的物，利用国内1 137份消费者问卷数据，采用有序Logistic模型，分析消费者对农场动物福利产品的支付意愿及其影响因素，探讨不同收入群体间支付意愿影响因素的差异，以期为推进适合我国国情的农场动物福利产品供给、促进居民高质量畜产品消费升级提供理论依据和价值参考。

（一）分析框架

1. 农场动物福利认知

在生物学、社会心理学等领域，对认知的研究有较为成熟的理论基础，认知对意愿的影响也在不同领域的行为实验和实证研究中得到了验证。张孝宇、于海龙和刘宇翔发现消费者的认知对支付意愿存在显著的正向影响。参考韩纪琴和王常伟的研究，本文将农场动物福利认知划分为三个层次：①内涵认知，即消费者对农场动物福利内涵的了解情况；②情感认知，即消费者对农场动物福利的情感直觉；③价值认知，即消费者对农场动物福利功能性影响的判断。消费者对农场动物福利的认知越清楚，对农场动物福利产品越了解，支付意愿可能就越强烈。

2. 农场动物福利态度

根据计划行为理论，态度是影响意愿的重要因素之一，态度越积极，意愿越强烈。张小栓、罗丞和刘增金发现消费者的态度对支付意愿存在显著的正向影响；韩纪琴认为消费者的态度是在消费者认知的基础上形成的，会对意愿产生直接影响。本文将农场动物福利态度划分为三个维度：①农场动物福利认同，即消费者对农场动物福利属性五个层次（生理福利、环境福利、卫生福利、行为福利和心理福利）的认同态度；②立法诉求，即消费者对动物福利法律法规出台的期许态度；③认证诉求，即消费者对农场动物福利产品认证标签体系建立的期许态度。农场动物福利态度越积极，转化为现实的支付意愿的可能就越强烈。

3. 动物福利关注度

Spain 发现美国消费者在购买农场动物福利产品时，会主动搜寻产品上动物福利的信息。鉴于国内尚未有乳制品加贴动物福利信息标签，本文用消费者购买乳制品时对奶牛养殖环节动物福利的关心程度来衡量动物福利信息关注度。此外，王常伟发现动物福利报道或事件的关注度对支付意愿存在正向影响，但不显著。因此，本文将动物福利信息关注度、动物福利报道或事件关注度纳入影响因素指标体系。消费者对动物福利信息和动物福利报道或事件越关注，搜寻到的信息越多，农场动物福利认知越清楚、态度越积极，支付意愿可能越强烈。

4. 消费者个人特征

消费者个人特征一直是影响支付意愿的重要因素。本文引入的个人特征包括性别、年龄和受教育程度等。①一般情况下，女性消费者更为感性，基于伦理道德对农场动物可能存在更多同情和怜悯，支付意愿可能更强烈。严火其的调查发现，女性对违反动物福利的养殖方式表现出更多的不满，且立法诉求明显高于男性。同时，作为主要的食品购买者，出于对家人健康的考虑，女性对农场动物福利产品的支付意愿可能更强烈。②年轻消费者对新鲜事物的接受能力普遍高于年长消费者，年轻人对农场动物福利产品的接受能力更高，支付意愿可能更强烈。王常伟和 Miranda－de la Lama 发现年长消费者对农场动物福利的认知相对较差，态度和支付意愿相对消极。③受教育程度是影响支付意愿的重要因素之一。通常来说，受教育程度决定了消费者的认知能力、接受新鲜事物的能力、对生活品质的要求和收入水平，从而影响支付意愿。严火其的调查发现，公众听说过动物福利的比例和支持动物福利立法的比例与受教育程度呈正相关。所以，消费者的受教育程度越高，支付意愿可能越强烈。

5. 消费者家庭特征

消费者家庭特征同样是影响支付意愿的重要因素，本文引入的家庭特征包括饲养经历、家庭月收入水平和居住地。①饲养经历，即消费者是否饲养过动物，包括但不限于农场动物和伴侣动物。拥有饲养经历的消费者，对农场动物福利的认知更清楚，态度更积极，支付意愿可能更强烈。②家庭月收入水平在一定程度之上意味着消费者的支付能力和对价格的敏感程度。家庭月收入水平越高，支付能力越强，对价格越不敏感，支付意愿可能越强烈。张小栓、齐绍洲发现月收入水平对支付意愿存在显著的正向影响。③农村居民可能习惯了与动物原有的相处方式，改善农场动物福利的意愿和支付意愿较低；而城镇居民可能接触伴侣动物更多，改善农场动物福利的意愿和支付意愿也相对较高。Miranda - de la Lama 发现，农村居民对农场动物养殖的实际情况和改善动物福利对效益的影响比城镇居民更清楚，支付意愿更低。此外，农村居民和城镇居民在农场动物福利认知和家庭月收入水平等其他因素方面也存在差异，会对支付意愿产生间接的影响。

6. 乳制品消费特征

本文以乳制品作为假想性实验标的物，所以消费者的支付意愿还会受到乳制品消费特征的影响。本文引入的乳制品消费特征包括乳制品的购买频率、质量安全风险感知和质量安全关注度等。①消费者的购买频率在一定程度上可以衡量消费者对产品的熟悉程度，购买频率更高的消费者对乳制品的关注通常会由价格转向质量安全，对动物福利乳制品的支付意愿可能更高。李翔、郑明赋发现购买频率的提高会显著提高消费者对有机食品的支付意愿。②由于乳制品的产品特性，消费者会保持较高的质量安全风险感知，动物福利乳制品属于乳制品中的高端产品。所以，消费者对乳制品质量安全的风险感知越高，支付意愿可能越低。③通常情况下，对乳制品质量安全关注度较高的消费者，会出于食品安全和身体健康的考虑追求质量安全水平更高的乳制品。刘宇翔、崔春晓发现食品安全关注度的提升会提高消费者对质量安全水平更高的食品的支付意愿。综上，提出本文的分析框架（图 3）。

（二）研究设计

1. 问卷设计

问卷共包括三个部分：第一，受访者基本信息，包括消费者个人特征、消

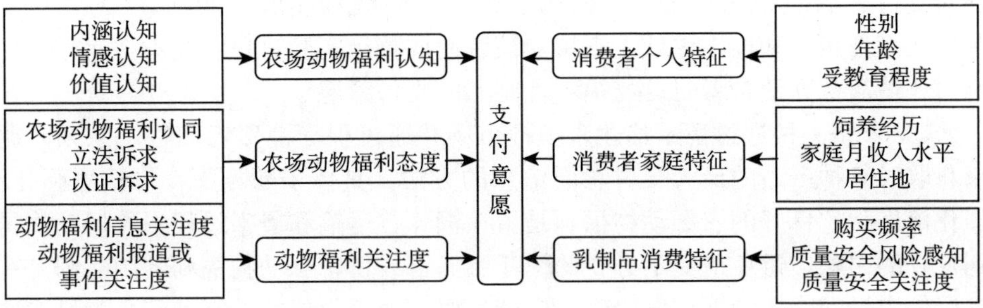

图3　分析框架

费者家庭特征和乳制品消费特征；第二，支付意愿影响因素调查，包括农场动物福利认知、农场动物福利态度和动物福利关注度等；第三，支付意愿调查，采用条件价值评估法获取消费者的支付意愿。

问卷大部分题项采用李克特5点量表法。鉴于农场动物福利认知和农场动物福利态度需要多个题项进行测量，本文采取对题项赋分计算平均数的方式，获得消费者的农场动物福利认知和农场动物福利态度情况。具体题目设置如下：①内涵认知。针对饲喂、畜舍环境、疾病防控、行为表达和人畜关系等养殖环节，设置10个有关福利化养殖内涵的题项。②情感认知。通过列举“用火棍给奶牛乳房消毒”“为追求奶牛快速生长过度饲喂”“将水管插入奶牛口中注水”和“工人用脚踢并用铁管打奶牛”4种新闻报道中的违反农场动物福利的场景，询问受访者直观感受。③价值认知。设置3个题项，询问受访者对农场动物福利改善对乳制品质量安全（经济影响）、人类文明和公共卫生安全（社会影响）、改善生态环境（环境影响）影响显著程度的看法。④农场动物福利的认同态度。设置5个题项，询问受访者对农场动物福利属性五个层次（生理福利、环境福利、卫生福利、行为福利和心理福利）的认同情况。

为确保量表设计合理，本文对上述22个题项进行信度和效度分析，结果显示，内涵认知、情感认知、价值认知和农场动物福利认同的Cronbach's α系数分别为0.815、0.791、0.752和0.726，均大于0.700，通过了信度检验；KMO统计值为0.854，Bartlett球形检验值为2 519.907，显著性为0.000，通过了效度检验。综上，题项具有良好的信度与效度，量表设计合理。

2. 条件价值评估法

探究消费者支付意愿的主要方法有实验拍卖法等非假想性实验法及条件价值评估法（Contingent Valuing Method，CVM）和选择实验法等假想性实验法。CVM能够模拟市场上尚未出现的属性和产品，通过情景描述的方式，阐述假想产品与普通产品的不同之处，剔除农场动物福利属性之外的其他产品属性对支付意愿的影响。此外，相比于选择实验法和实验拍卖法，CVM 更简单，灵活性更好和成本更低，支持受访者完成整个实验过程。故本文运用条件价值评估法探究消费者对动物福利乳制品的支付意愿。

CVM 是一种通过情景描述来模拟市场并通过引导消费者回答一系列问题来获取对某种产品的最大支付意愿信息的方法。具体步骤如下：①信息强化。强化信息为“良好的农场动物福利是指在饲养、运输和屠宰过程中农场动物得到良好的照顾，避免遭受不必要的惊吓、痛苦或伤害。动物福利乳制品则是在良好的农场动物福利下饲养奶牛、生产牛奶、加工而成的乳制品。”。②描述选购情景与产品。选购情景设计为“假设在您经常购买乳制品的场所，售有一种‘动物福利乳制品’，它和您经常购买的普通乳制品在外观上完全一致，二者唯一的区别是动物福利乳制品要求奶牛的养殖和生产等环节需遵循良好的农场动物福利准则”。③引导支付意愿回答。常见的 3 种引导方式包括开放式法、卡片式法和二分法，二分法能够模拟消费者在真实市场的决策机制，更能激励受访者表达真实支付意愿，所以本研究采用二分法引导回答。鉴于动物福利乳制品未来的市场定位为高端乳制品，本文参照市场上常见的高端乳制品（蒙牛特仑苏、伊利金典等）确定动物福利乳制品价格。吴林海和王常伟的研究发现，消费者对动物福利产品支付的溢价区间普遍在 30%以内，且通过前期预调研发现消费者对 1 元以下的价格敏感程度较低。故本文假定市场上高端乳制品的平均零售价格为 10 元/500 毫升，将动物福利乳制品价格区间设置为（10，11]、（11，12]、（12，13]、（13，14]、（14，15]，分别表示（0，10%]、（10%，20%]、（20%，30%]、（30%，40%]、（40%，50%] 的溢价水平。先向受访者说明“目前市场上普通乳制品的平均零售价格为 10 元/500 毫升”，再询问受访者“如果动物福利乳制品和普通乳制品价格相同，即 10 元/500 毫升，您是否愿意购买?”；如果回答不愿意，则停止询问；如果回答愿意，则提高一个溢价水平，继续询问“如果动物福利乳制品价格为（11，12]，您是否愿意购买”；如果回答愿意，则继续提高溢价水平，直至回答“不愿意”，并将前一个价格区间作为该受访者的支付意愿。

3. **数据来源**

本文的样本数据采用面谈访问和网络调查相结合的调研方法获得。为确保问卷的有效性，在展开正式调研前，先邀请 5 位动物福利领域专家对问卷进行评阅，在根据其意见进行修改后，于 2020 年 7 月在黑龙江、北京、内蒙古、广东和四川地区开展预调研。预调研共回收 105 份问卷，对问卷进行修改完善后，于 2020 年 8—10 月开始正式调研。面谈访问方面，调研员为 58 名在校本科生、硕士研究生和博士研究生，经过统一培训和实践测试后，组织调研员在各自家乡展开调研。调研地点选在大型商超的乳制品销售窗口，随机拦截乳制品消费者进行面谈调查。网络调查方面，以网络问卷平台为载体，通过样本服务随机发放电子问卷，并通过陷阱题、最短时间限制等措施提高问卷质量。正式调研共发放问卷 1 200 份，经过人工检查和筛选，剔除存在异常值的问卷 63 份，最终剩余有效问卷 1 137 份，其中面谈访问回收问卷 391 份，网络调查回收问卷 746 份，问卷有效率达 94.75%。

样本来源地涵盖华北地区（北京、天津、河北、山西和内蒙古）、东北地区（辽宁、吉林和黑龙江）、华东地区（上海、江苏、浙江、安徽、福建和山东）、中南地区（河南、湖南、广东和海南）、西南地区（重庆、四川、贵州和云南）、西北地区（陕西、宁夏和新疆）共 25 个省（市、自治区）。样本基本信息如表 8 所示。

表 8　受访者基本统计特征

变量	分类	样本数（个）	比例（%）	变量	分类	样本数（个）	比例（%）
性别	男	519	45.65	家庭月收入（元）	(0，4 000]	141	12.40
	女	618	54.35		(4 000，6 000]	232	20.40
年龄（岁）	(16，20]	51	4.49		(6 000，8 000]	193	16.97
	(20，30]	453	39.84		(8 000，10 000]	189	16.62
	(30，40]	375	32.98		(10 001，12 000]	134	11.79
	(40，50]	105	9.24		(12 000，14 000]	96	8.44
	(50，60]	120	10.55		(14 000，16 000]	79	6.95
	(60，∞)	33	2.90		(16 000，∞)	73	6.42
受教育程度	初中及以下	33	2.90	居住地	城镇	924	81.27
	高中（中专）	108	9.50		农村	213	18.73
	大专	156	13.72	居住地区	华北地区	278	24.45
	本科	474	41.69		东北地区	318	27.97
	研究生	366	32.19		华东地区	145	12.75
饲养经历	是	564	49.60		中南地区	189	16.62
					西南地区	108	9.50
	否	573	50.40		西北地区	99	8.71

4. 变量设定

实证分析中，被解释变量为支付意愿，即支付溢价的多少，解释变量为农场动物福利认知、农场动物福利态度、动物福利关注度、消费者个人特征、消费者家庭特征和乳制品消费特征。具体的变量定义和预期方向如表 9 所示。

表 9　变量定义与预期方向

变量名称	定义与赋值	预期方向	均值	标准差
支付意愿	不支付溢价=0，支付（0，10%］溢价=1，支付（10%，20%］溢价=2，支付（20%，30%］溢价=3，支付（30%，40%］溢价=4，支付（40%，50%］溢价=5		1.50	0.92
内涵认知	非常好=5，较好=4，一般=3，较差=2，极差=1	+	4.09	0.59
情感认知	非常生气=5，比较生气=4，一般=3，不太生气=2，不生气=1	+	4.51	0.58
价值认知	非常好=5，较好=4，一般=3，较差=2，极差=1	+	4.04	0.67
农场动物福利认同	非常认同=5，比较认同=4，一般=3，不太认同=2，不认同=1	+	3.44	1.69
立法诉求	非常有必要=5，比较有必要=4，无所谓=3，比较没必要=2，非常没必要=1	+	4.64	0.48
认证诉求	非常有必要=5，比较有必要=4，无所谓=3，比较没必要=2，非常没必要=1	+	3.07	1.29
动物福利信息关注度	非常关注=5，比较关注=4，一般=3，不太关注=2，几乎不关注=1	+	2.43	1.10
动物福利报道或事件关注度	非常关注=5，比较关注=4，一般=3，不太关注=2，几乎不关注=1	+	2.39	1.10
性别	男=1，女=0	－	0.44	0.50
年龄（岁）	(16，20]=1，(20，30]=2，(30，40]=3，(40，50]=4，(50，60]=5，(60，∞)=6	－	2.90	1.16
受教育程度	初中及以下=1，高中（中专）=2，大专=3，本科=4，研究生=5	+	3.91	1.06
饲养经历	是=1，否=0	+	0.50	0.50
家庭月收入水平（元）	(0，4 000]=1，(4 000，6 000]=2，(6 000，8 000]=3，(8 000，10 000]=4，(10 001，12 000]=5，(12 000，14 000]=6，(14 000，16 000]=7，(16 000，∞]=8	+	3.80	1.45

（续）

变量名称	定义与赋值	预期方向	均值	标准差
居住地	城镇＝1，农村＝0	＋	0.81	0.39
乳制品购买频率	几乎每天购买＝5，一周2～3次＝4，一周1次＝3，一周不到1次＝2，几乎不购买＝1	＋	3.34	0.99
乳制品质量安全风险感知	非常高＝5，比较高＝4，一般＝3，比较低＝2，非常低＝1	—	3.77	0.76
乳制品质量安全关注度	非常关注＝5，比较关注＝4，一般＝3，不太关注＝2，几乎不关注＝1	＋	4.12	0.83

5. 模型构建

消费者的支付意愿属于等级分类变量，故采用有序 Logistic 模型进行分析。具体形式为

$$\ln\left(\frac{p(y_i \leqslant j)}{1-p(y_i \leqslant j)}\right)=\alpha_j-\sum_{i=1}^{i}\beta_i x_i+\varepsilon \tag{4}$$

被解释变量 y_i 的取值概率为：

$$\begin{aligned} p(y_i=j \mid x_i) &= p(y_i \leqslant j \mid x_i)-p(y_i \leqslant j-1 \mid x_i) \\ &= \frac{\exp(\alpha_j-\beta x_i)}{1+\exp(\alpha_j-\beta x_i)}-\frac{\exp(\alpha_{j-1}-\beta x_i)}{1+\exp(\alpha_{j-1}-\beta x_i)} \end{aligned} \tag{5}$$

式（5）中，p 为消费者在某一价格水平上支付的概率，y_i 为消费者愿意支付的最高溢价水平，j 为溢价水平的分类，x_i 为消费者支付意愿的第 i 个影响因素，α_j 为常数项，β_i 为第 i 个影响因素的待估系数，μ 为随机误差项。

（三）模型估计分析

1. 动物福利乳制品支付意愿分析

总体而言，样本中愿意购买动物福利乳制品的受访者占比为92.88%，但仍有81位受访者不愿意购买（表10）。具体来看，有87位受访者愿意购买动物福利乳制品但并不愿意支付溢价；接近一半的受访者仅愿意支付不超过10%的溢价；超过两成的受访者愿意支付（10%，20%］的溢价；有10.82%的受访者愿意支付（20%，30%］的溢价；仅有39位受访者愿意支付超过30%的溢价，占比不足4%；没有受访者愿意支付40%以上的溢价。可见，虽然大部分消费者对农场动物福利产品有较强的购买意愿，但当前消费者对农场动物福利产品的支付意愿仍有待提高，这可能是因为农场动物福利产品在国内市场属于高端产品，而且对绝大多数消费者来说属于新鲜事物，虽然消费者愿

意尝试农场动物福利产品，但受支付能力和消费习惯影响，支付意愿偏低。此外，随着价格的上涨，消费者的支付意愿随之下降，说明价格是影响消费者对农场动物福利产品支付意愿的重要因素。

表 10　支付意愿统计分析情况

支付意愿	样本数（个）	比例（%）
不愿意购买	81	7.12
愿意购买但不支付溢价	87	7.65
溢价（0，10%]	558	49.08
溢价（10%，20%]	249	21.90
溢价（20%，30%]	123	10.82
溢价（30%，40%]	39	3.43
溢价（40%，50%]	0	0

2. 动物福利乳制品支付意愿影响因素分析

在进行回归分析前，需要对模型进行检验。多重共线性检验结果显示 VIF 均值为 1.45，说明不存在明显的多重共线性问题。平行线检验结果显示的卡方值为 28.313，显著性为 0.795，大于 0.05，说明模型符合平行线假设，可以使用有序 Logistic 模型进行回归分析。拟合优度检验结果显示的卡方值为 139.594，显著性为 0.000，说明模型整体拟合程度较好。为减少异方差的影响，采用稳健回归对模型进行估计。

根据模型 1 的回归结果可知，内涵认知、情感认知、价值认知、受教育程度和家庭月收入水平对支付意愿存在显著的正向影响（表 11），与预期方向一致。内涵认知、情感认知和价值认知均属于农场动物福利认知，根据技术接受模型，消费者对产品的价值判断即感知有用性是影响支付意愿的重要原因之一，对动物福利的认知越清楚的消费者，对动物福利乳制品的价值评判可能越高，支付意愿就越高。受教育程度越高的消费者总体上对动物福利乳制品的理解和接受能力可能越强，相应的支付意愿也越高。家庭月收入水平越高的消费者，可能越注重自身需求的满足，对动物福利乳制品的价格越不敏感，支付意愿就越高。

乳制品质量安全风险感知、乳制品质量安全关注度和立法诉求对支付意愿存在显著的负向影响（表 11）。其中，乳制品质量安全风险感知的影响方向与预期一致，根据风险感知理论，消费者通常是风险规避型的，对乳制品质量安全风险的感知越高，越倾向于以规避风险的方式获得效用，对动物福利乳制品的支付溢价水平越低。乳制品质量安全关注度的影响方向与预期不一致，对于消费者来说，动物福利乳制品是新鲜事物，存在较多的信息不对称，消费者对其质量安全情况了解较少，往往不愿意花费较高的信息搜集成本去尝试，这就导致对乳制品质量安全关注度越高的消费者越不愿意支付更高的溢价。立法诉求的影响方向与预期不一致，这可能是因为立法诉求越高的消费者认为改善农场动物福利更多是政府的责任，是相关法律法规的缺失导致农场动物福利水平下降，改善农场动物福利的成本不应由消费者承担，故其支付意愿越低。

表 11　支付意愿影响因素回归结果

变量	模型 1			模型 2			模型 3		
	系数	标准误	Z 值	系数	标准误	Z 值	系数	标准误	Z 值
内涵认知	0.303*	0.229	1.72	0.165*	0.122	1.76	0.337*	0.239	1.81
情感认知	0.294*	0.236	1.87	0.198*	0.121	1.73	0.365*	0.245	1.89
价值认知	0.368**	0.197	2.09	0.197**	0.103	1.97	0.382**	0.209	2.04
农场动物福利认同	0.032	0.068	0.47	0.012	0.039	0.30	0.022	0.072	0.30
立法诉求	−0.477*	0.266	−1.79	−0.297**	0.149	−2.00	−0.491*	0.288	−1.70
认证诉求	0.033	0.095	0.35	0.014	0.051	0.27	0.045	0.101	0.44
动物福利信息关注度	0.104	0.147	1.37	0.055	0.080	1.12	0.064	0.157	0.41
动物福利报道或事件关注度	0.105	0.154	0.68	0.051	0.088	0.58	0.116	0.170	0.68
性别	−0.018	0.229	−0.08	−0.016	0.128	−0.12	−0.106	0.256	−0.41
年龄	0.043	0.125	0.35	0.017	0.067	0.25	0.030	0.128	0.23
受教育程度	0.369**	0.152	2.42	0.199**	0.080	2.48	0.300**	0.156	2.57
饲养经历	0.100	0.235	0.43	0.095	0.131	0.38	0.059	0.253	0.23
家庭月收入水平	0.154**	0.089	2.34	0.096*	0.050	1.92	0.147***	0.094	2.92
居住地	0.129	0.328	0.39	0.096	0.177	0.54	0.083	0.351	0.52
乳制品购买频率	0.066	0.118	0.56	0.047	0.065	0.72	0.027	0.133	0.38
乳制品质量安全风险感知	−0.246**	0.159	−2.11	−0.095**	0.089	−2.24	−0.289**	0.172	−2.37
乳制品质量安全关注度	−0.227**	0.154	−2.05	−0.107**	0.084	−2.28	−0.248**	0.174	−2.42
样本数		1 056			1 056			900	

（续）

变量	模型 1			模型 2			模型 3		
	系数	标准误	Z 值	系数	标准误	Z 值	系数	标准误	Z 值
Wald chi2		44.52			47.85			43.62	
Prob>chi2		0.000 2			0.000 1			0.000 0	
Pseudo R2		0.049 8			0.047 6			0.043 6	

注：***、**、*分别表示解释变量系数在 1%、5%和 10%的置信水平上具有统计显著性。

农场动物福利认同、认证诉求、动物福利信息关注度、动物福利报道或事件关注度、性别、年龄、饲养经历、居住地、乳制品购买频率对支付意愿影响不显著（表 11）。农场动物福利认同和认证诉求均属于农场动物福利态度，根据计划行为理论，消费者态度向意愿转化的过程还受到主观规范和知觉行为控制的影响，可能是消费者认为自己对动物福利乳制品的接受能力和经济条件不足，无法支付更高的溢价水平，即支付意愿受到知觉行为控制的阻碍，故影响不显著。动物福利信息关注度和动物福利报道或事件关注度均属于动物福利关注度，对支付意愿影响不显著的原因可能是：一方面，动物福利在国内尚处于起步阶段，消费者在购买乳制品时，对奶牛的福利情况关注较少；另一方面，受经济发展水平和现实社会文化的制约，媒体对动物福利报道或事件的长期曝光较少，使得消费者关注度较低。年龄对支付意愿的影响不显著，可能是因为年轻消费者虽然能够接受动物福利乳制品，但受到收入水平限制，支付溢价水平较低；而年长消费者虽然不受收入水平限制，但对动物福利乳制品的接受能力较弱，支付溢价水平较低。性别、饲养经历和居住地等消费者特征对支付意愿的影响不显著，说明不同性别、不同饲养经历和不同居住地的消费者对动物福利乳制品的支付意愿不存在显著差异。乳制品购买频率对支付意愿的影响不显著，可能是因为乳制品购买频率较高的消费者对某一乳制品保持较高的忠诚度，对其他乳制品支付意愿较低。

为检验结果的稳健性，采用替换回归方法和截取部分数据回归两种方式。模型 2 中，将有序 Logistic 模型更换为有序 Probit 模型进行回归估计；模型 3 中，随机扣除部分东北地区和华北地区的样本进行回归估计。结果显示，模型 2 和模型 3 的估计结果（影响方向、大小和显著性程度）与模型 1 基本一致，说明结果是稳健的。

3. 不同收入群体异质性分析

结合前文分析，价格是影响消费者支付意愿的重要因素，且家庭月收入水平对支付意愿有显著正向影响，所以将样本按照家庭月收入水平进一步细分。

本文参考国家统计局的五等份收入分组方式，按照收入水平由低到高将样本五等份划分为低收入组、中低收入组、中等收入组、中高收入组和高收入组。但考虑到样本数量过少可能会导致结论偏差，加之受访者出于保护隐私不会告知实际收入水平，故本文根据预调研的实际收入情况采用收入三等份方式对预调研样本进行分组并确定最终划分标准：将家庭月收入水平低于 6 000 元的划分为低收入群体，6 001～10 000 元的划分为中收入群体，10 001 元以上的划分为高收入群体，分别对 3 组样本进行回归估计。

对低收入群体来说，内涵认知和情感认知对支付意愿的影响更为显著，而对中、高收入群体来说，价值认知对支付意愿的影响更为显著（表 12），说明对于中、高收入群体来说，农场动物福利的功能影响更能促进消费者进行溢价支付。动物福利报道或事件关注度只对高收入群体的支付意愿有显著的正向影响，这可能与高收入群体在物质需求得到满足后，更加追求精神层面的满足，从而更关注动物福利报道或事件有关。年龄只对高收入群体支付意愿有显著的正向影响，这可能是因为高收入群体的中老年消费者更注重养生，对动物福利乳制品等高端乳制品的营养价值更加肯定，愿意支付更高的溢价。饲养经历只对低收入群体支付意愿有显著的正向影响，说明在支付能力较弱、对价格较为敏感时，饲养经历越丰富的消费者，支付意愿越高，这可能是由于拥有饲养经历的低收入群体更清楚改善动物福利水平的成本支出与积极作用。另外，乳制品购买频率只对中收入群体的支付意愿有显著的正向影响，说明购买乳制品频率越高的中收入群体对动物福利乳制品的支付意愿越高，这可能是因为中收入群体在乳制品购买频率变高后会更倾向于尝试高端乳制品，而低收入群体在购买频率变高后依然关注乳制品价格，高收入群体由于对价格的敏感程度较低，受购买频率影响较小。

表 12　不同收入样本的支付意愿影响因素回归结果

变量	低收入群体			中收入群体			高收入群体		
	系数	标准误	Z 值	系数	标准误	Z 值	系数	标准误	Z 值
内涵认知	0.772**	0.392	2.07	0.182	0.511	0.34	0.148	0.301	0.49
情感认知	0.853**	0.513	2.12	0.162	0.389	0.11	0.182	0.318	0.57
价值认知	0.003	0.405	0.15	0.932***	0.461	2.82	0.526**	0.251	2.10
农场动物福利认同	0.091	0.193	0.63	0.034	0.133	0.40	0.076	0.098	0.58
立法诉求	−0.360*	0.524	−1.91	−0.183*	0.503	−1.89	−0.355**	0.368	−1.97
认证诉求	0.002	0.210	0.28	0.166	0.191	0.77	0.087	0.119	0.73

（续）

变量	低收入群体			中收入群体			高收入群体		
	系数	标准误	Z值	系数	标准误	Z值	系数	标准误	Z值
动物福利信息关注度	0.284	0.370	0.62	0.164	0.264	0.73	0.045	0.191	0.73
动物福利报道或事件关注度	0.062	0.362	0.54	0.139	0.383	0.45	0.346*	0.221	1.75
性别	−0.793	0.636	−0.70	−0.088	0.449	−0.43	0.243	0.297	0.82
年龄	−0.616	0.361	−1.52	0.040	0.195	0.10	0.196*	0.156	1.92
受教育程度	0.584***	0.308	2.72	0.436**	0.258	2.06	0.445**	0.222	2.00
饲养经历	0.436*	0.414	1.66	0.086	0.449	0.55	0.135	0.313	0.43
居住地	0.159	0.511	0.28	0.522	0.808	0.76	0.452	0.534	0.85
乳制品购买频率	0.004	0.295	0.46	0.303**	0.191	1.98	0.029	0.151	0.19
乳制品质量安全风险感知	−0.289**	0.311	−2.52	−0.206*	0.340	−1.69	−0.205*	0.202	−1.80
乳制品质量安全关注度	−0.173*	0.267	−1.93	−0.521**	0.269	−1.99	−0.232**	0.274	−2.15
样本数		337			350			369	
Wald chi2		44.99			37.18			28.23	
Prob>chi2		0.000 0			0.000 1			0.008 4	
Pseudo R2		0.089 2			0.063 3			0.046 7	

注：***、**、*分别表示解释变量系数在1%、5%和10%的置信水平上具有统计显著性。

三、结论与建议

（一）结论

规模化奶牛养殖场经营者对五种福利的态度均集中在比较赞同区域，普遍认为福利对于奶牛养殖业发展具有一定的积极作用，其中，对生理福利和卫生福利的影响比较认同。同时，经营者也表示实施动物福利所增加的运营成本会增加企业经营风险。而文化程度、养殖规模、生理福利认知态度、环境福利认知态度、卫生福利认知态度、政府扶持和预期收益 7 个因素对规模化养殖场奶牛福利实施意愿的影响具有统计显著性。

消费者对农场动物福利产品有较为强烈的支付意愿，但支付的溢价水平有一定的提升空间，通过消费者对农场动物福利产品的溢价支付促进养殖主体改善农场动物福利是可行的。消费者的支付意愿主要受到农场动物福利认知、立法诉求、受教育程度、家庭月收入水平、乳制品质量安全风险感知和乳制品质量安全关注度的显著影响。

价格是影响消费者对农场动物福利产品支付意愿的重要因素，价格上涨，支付意愿随之下降。所以本文按照家庭月收入水平将消费者划分为低、中、高三个收入群体，发现影响因素在不同收入群体间的影响存在差异。这表明未来在制定农场动物福利产品营销策略时，需要根据不同消费者群体考虑不同营销策略。

公共卫生事件冲击可能会促进消费者对农场动物福利的认知、态度和关注度未来不断向好。与此同时，在“双循环”新格局下，消费向绿色、健康、安全发展的整体趋势会带动畜产品消费进一步升级，未来可考虑利用面板数据进一步分析消费者对农场动物福利产品支付意愿及其影响因素的异质性与动态性。

（二）建议

1. 加强动物福利国民教育与专业教育，提高农场动物福利认知

一方面，政府应加强动物福利国民教育。在义务教育阶段开展人文思想教育，建立人与动物和谐共处的价值观，鼓励传承并发扬我国传统动物保护观念，培养国民的动物福利情感和态度。另一方面，政府应加强动物福利专业教育。在畜牧业领域相关大专院校、科研院所、企事业单位开设动物福利专业课程，提高学生、科研人员和从业人员对动物福利的认知。

2. 完善国家层面的动物福利相关法规、标准与制度，满足立法与认证诉求

首先，政府应制定符合国情的《动物福利法》。立足于我国国情，完善现有立法体系，借鉴各国立法经验，制定《动物福利法》，为改善动物福利提供法律依据。其次，政府应建立动物福利标准体系。卫生部门和畜牧部门应在广泛听取养殖主体和消费者意见的基础上，联合行业组织、企业、科研院校等相关机构共同制定动物福利标准，为改善动物福利和实施动物福利认证制度提供标准依据。最后，政府应建立动物福利认证制度。依据动物福利标准体系，建立动物福利认证标签制度，在此基础上建立动物福利标签追溯与监管制度，促进企业开展动物福利认证。

3. 鼓励养殖主体开展动物福利改善行动，提升质量安全水平

一方面，政府应加强动物福利的宣传与推广。支持行业协会和企业通过培训讲座、行业交流、国际会议等方式，宣传动物福利改善优势，推广动物福利

改善技术，深化养殖主体动物福利改善意识。另一方面，政府应出台福利养殖补贴政策。结合各地畜禽养殖实际成本与利润情况，根据养殖规模、畜种和改善水平等制订合理的动物福利化养殖主体补贴方案，在技术、资金、设备、税收等方面予以有效激励。

4. 开拓农场动物福利产品消费市场，提高消费者支付意愿

一方面，企业应开拓农场动物福利产品消费市场。以高端产品路线进入市场，开展市场营销活动，对产品的质量安全水平、环境保护、伦理道德进行宣传，满足具有高端产品偏好的消费者的需求。另一方面，企业应采取差异化营销策略。从受教育程度较高、家庭月收入水平较高的消费者入手，以产品质量安全水平为切入点，加强农场动物福利产品特性科普，提高其支付意愿。

黑龙江省土地经营权抵押贷款缓解农户信贷约束的效应及障碍因子研究*

辛立秋　郭偲偲　鲍宪军　等

2008年，中国人民银行提出了对贷款担保方式的创新方式，其中最重要的创新就是土地经营权抵押贷款；2013年，党的十八届三中全会明确了农村承包土地的经营权抵押贷款试点正式作为一项重要的改革任务。自2014年以来，我国政府积极推进土地确权，并在政策、法规等方面分别对土地使用权进行了放宽，给予土地经营权的可抵押权，为完善农村融资条件、促进土地流转、发展规模经营、推进农业现代化等方面提供了政策上的支撑。《农村土地承包法》在2018年第二次修正，其中明确承包方可将承包土地经营权用于贷款申请，但要向发包方备案。2019年“三权分置”制度下土地经营权抵押融资制度正式确立，自此以后中国人民银行、中国银保监会、财政部和农业农村部在国务院印发的《关于开展农村承包土地的经营权和农民住房财产权抵押贷款试点的指导意见》的指导下，具体执行土地经营权抵押贷款试点工作的实际部署。2020年中央1号文件再一次强调，要推动土地经营权合法合规抵押融资。2022年中央1号文件又再次强调要稳住农业基本盘、做好“三农”工作，接续全面推进乡村振兴，确保农业稳产增产、农民稳步增收、农村稳定安宁。这些政策表现了国家发展农业的决心，并为解决“三农”问题提出了新的融资渠道。以上政策的发布和执行推动了农业适度规模化经营，与此同时，土地作为合格且有效的抵押物，使得农村生产性融资成本降低，促进融资参与方资金获取，因而，对农村农业资产的盘活、农业信贷资金的释放、信贷约束的缓解以及推动农村经济迅速发展起到了重要的作用。

推行土地经营权抵押贷款试点的过程和效果不尽如人意，究其原因，主要是牵涉农户参与意识不够、相关法律法规约束、产权交易平台构建、金融机构主动性和政府扶持政策等方面的问题。作为农业大省，黑龙江省农村金融信贷

* 黑龙江省哲学社科一般项目（课题编号：20JYB045）
项目负责人为辛立秋教授，主要参与人员有郭偲偲、谢禹、鲍宪军、陈永萍、孙宇、赵苇丽、黄龙。

约束影响农民增收，阻碍了农业经济的发展，对其土地经营权抵押贷款状况进行研究是必要的，尤其要研究土地经营权抵押贷款的实行是否能够提高农户贷款的可获得性，是否能够缓解农村信贷约束，制约其效果发挥的因素又有哪些等。

当前，国内外学者针对农地经营权抵押贷款的研究主要从以下两方面开展：一是关于农村土地经营权抵押贷款缓解农户信贷约束的效果评价方面的研究。叶剑平等（2010）分别从三个方面分析将土地抵押放开后的可能收益，一是土地投入增加和产出增长；二是明确土地产权的完整性提升土地价值；三是增加农民收入。郭忠兴等（2014）认为土地抵押可以缓解农户信贷约束，使得农户有了财富的积累和收入的增加。李韬、罗剑朝（2015）的研究发现，农村土地经营权抵押贷款试点的推广缓解了小农户贷款的困境，小农户会更加倾向于参与土地经营权抵押贷款业务。戴琳和于丽红（2020）发现，实行土地抵押贷款对粮食生产企业的信用约束有明显的影响，在其他条件相同时，实行土地抵押贷款的农户所受的信用约束程度要低于不实行的农户的 12.31%。Besley（1995）的研究指出，土地经营权抵押贷款对农村地区经济增长具有重要作用，其作用路径是通过盘活农村“沉睡土地”，提高农民参与度。学者对泰国、赞比亚和秘鲁等国农村土地抵押贷款的研究同样发现，土地抵押贷款能够降低银行信贷成本，提升银行授信意愿，进而缓解信贷约束（Feder，1988；Hay et al，1997；Field、Torero，2006）。针对农户与金融机构普遍存在的信息不对称问题，Lopez（1997）、Kemper 等（2010）指出缓解信息不对称、降低信贷风险，是提升信贷资源可获得性的关键。

二是关于农村土地经营权抵押贷款缓解农户信贷约束的影响因素的研究。Harhof D 和 Korting T（1998）认为抵押品可降低金融机构风险进而缓解农户信贷约束。当农户在缺乏有效抵押物时，将农地经营权抵押给银行，会提升土地质量，避免道德风险的发生，土地质量的上升会使金融机构更愿意向农户贷款，进而缓解农户信贷约束。Lalita A 和 Ajay K M（2007）将金融环境作为研究对象，发现金融机构数量、机构环境和服务的便捷性等金融特征对信贷可得性有一定影响。罗剑朝（2019）通过对宁夏回族自治区平罗县 658 份农户的数据进行实证分析，发现适当延长贷款期限、提高农户信用等级是优化土地经营权抵押贷款政策效果的有效方法。宋羽等（2021）基于福建省土地经营权抵押贷款的现状进行分析后得出结论，政府要对农村产权制度改革进行深化，赋予农民更多抵押担保权能，探索各类产权确权登记办法，探索多渠道、多样化的农村产权要素处置新模式，拓宽风险补偿金的覆盖面。张宁（2021）的研究发现，金融机构对新型农业经营主体供给意愿高于农户，农户的文化程度、家庭劳动力总数、农业收入等对金融机构放贷意愿有显著影响。

基于课题组实地走访黑龙江省 47 个村得到的 1 351 份调查数据，分别构建 Logistic 模型、多元线性回归模型，将试点地区与非试点地区进行对比，探究黑龙江省农户经营权抵押贷款对农户信贷约束的影响，同时以农户的信贷约束强度为被解释变量，分析各解释变量对农户所受信贷约束强度的影响，进一步甄别出黑龙江省土地经营权抵押贷款缓解农户信贷约束的障碍因子。剖析黑龙江省农户信贷约束形成原因，从需求和供给两个角度寻找最优的解决途径，为黑龙江省当前的土地经营权抵押贷款发展提供理论依据，同时对黑龙江省土地经营权抵押贷款的研究将有利于黑龙江省农村土地经营权抵押贷款体系的健全和配套措施的完善，也为政府、金融、农民提供有力的支持。

一、黑龙江农户信贷约束及土地经营权抵押贷款情况

土地经营权抵押贷款相关文件的出台以及各地区试点情况，是解决我国农户融资难、贷款难问题的重要尝试，但是由于农村信息不对称问题的存在，部分地区土地经营权流转平台建成之后，合规抵押物缺乏，再加上农民受文化程度的限制，对国家和政府的相关政策了解、掌握不及时，在很大程度上抑制了土地经营权抵押贷款的推行和发展，很多地区农户信贷约束问题依然存在。

（一）黑龙江省农户受到信贷约束情况

1. 调研地区的选择

根据黑龙江省每年进行的农村社会经济情况调查，本次调查采取随机抽样与典型抽样相结合的方式，在市（县）、镇级的样本单位采取典型抽样方式，在村及以下样本单位采取整群随机抽样的方式产生样本。本次调研，在黑龙江省土地经营权抵押贷款试点地区选择 11 个村、非试点地区选择 36 个村进行（表 1），在试点地区参与调查的农户有 288 人，非试点区参与调查的农户有 1 062 人。

表 1　土地经营权抵押贷款调研地区选择

	市（县、区）	乡镇（社区）	村	调查农户数
试点地区	绥滨	绥滨	民主	16
	富锦	城关	城东	24
	五常	常堡	中华	24
	方正	方正	建国	24

（续）

	市（县、区）	乡镇（社区）	村	调查农户数
试点地区	兰西	兰西	跃进	25
	哈尔滨	呼兰区	三家	42
	讷河	龙河	勤俭	20
	桦川	苏家店	苏家店	24
	克东	宝泉	长发	30
	庆安	久胜	久旭	30
	汤原	汤原	北靠山	29
部分非试点地区	绥棱	上集	诺敏河	35
	抚远	海青	海青	24
	依安	新兴	新合	25
	哈尔滨	延河	万宝	32
	哈尔滨	尚志	城西	30
	嫩江	长福	东岗	21
	鸡西	西郊	新发	32
	佳木斯	西格木	平安	34
	林甸	四合	新生	28
	杜蒙	腰新	中心	33
	东山	新华	永利	32

注：由于篇幅原因，本表仅展示部分非试点地区的选取。

2. 调研地区农户信贷约束识别与具体情况分析

根据调研地区问卷设计的思路，农户是否受到信贷约束的识别过程如图 1 所示。根据调研结果，在被调查者中，有 416 人有信贷需求，占比为 31%，没有信贷需求的农户为 934 人，占比高达 69%（图 2），而在有信贷需求的样本中有 179 人得到正规金融机构贷款，占比为 43.03%。

表 2 为调研地区样本的信贷约束情况。在有信贷需求但未申请贷款或申请贷款被拒绝的农户中，受到信贷约束的为 237 人，这其中包含了受到交易数量约束、自我约束、风险约束和完全数量约束的人数，这部分人群占有信贷需求农户的比例为 56.97%。此外，在成功申请到贷款的 179 位农户中，有 54 人受到部分数量约束，占申请到贷款农户的 30.17%；在受到信贷约束的 237 人中，受到交易数量约束为 133 人，占比为 56.12%，受到风险约束的有 55 人，占比为 23.21%，受到自我约束的有 28 人，占比 11.81%，受到完全数量约束

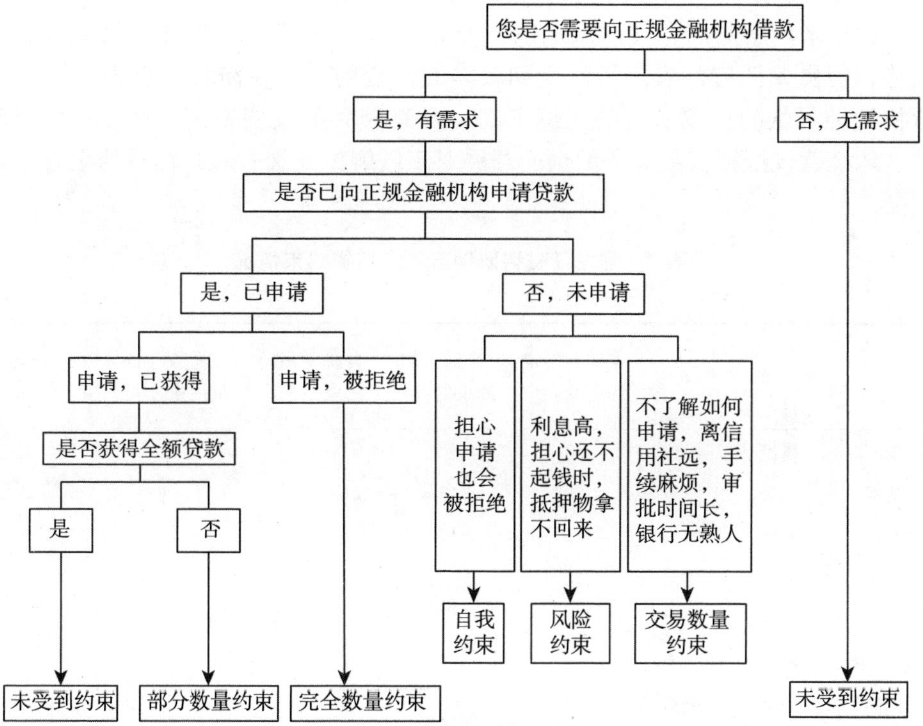

图1　农户是否受到信贷约束的识别

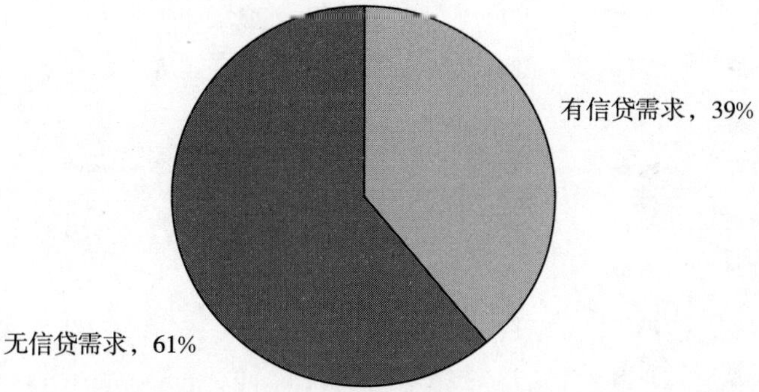

图2　黑龙江省农户信贷需求情况

的有21人，占比为8.86%。此外，在11个试点地区，受到信贷约束的农户为40人，占试点地区总样本数的13.89%，说明试点地区农户受信贷约束情况较轻；而在非试点地区，有251人受到信贷约束，占非试点地区调研人数的23.63%。在贷款规模方面，平均贷款规模为5万元，最小贷款额只有0.5万元，最多可以达到 10 万元，主要贷款用途是农业生产投入。

近年来，黑龙江省各试点地区土地经营权抵押贷款的规模呈稳步增长的趋势，但黑龙江省的农户依然受到较多的信贷约束，在涉农贷款中，土地经营权抵押贷款的规模所占的比例不高，且有较大的发展空间。因此，加速推动土地经营权抵押贷款业务的全面开展对于缓解黑龙江省农户信贷约束有重要意义。

表 2　黑龙江省调研地区农户信贷约束情况

单位：人

市（县、区）	乡镇	村	未受到信贷约束的农户	受到信贷约束的农户	自我约束	风险约束	交易数量约束	部分数量约束	完全数量约束
绥滨	绥滨	民主	13	3	1	0	1	1	0
富锦	城关	城东	22	2	0	1	1	0	0
五常	常堡	中华	19	5	0	1	3	1	0
方正	方正	建国	22	2	0	0	2	0	0
兰西	兰西	跃进	19	6	1	1	3	1	0
哈尔滨	呼兰区	三家	38	4	0	1	3	0	0
讷河	龙河	勤俭	15	5	1	1	2	1	0
桦川	苏家店	苏家店	20	4	1	1	2	0	0
克东	宝泉	长发	28	2	0	0	0	2	0
庆安	久胜	久佳	27	3	1	1	1	0	0
汤原	汤原	北靠山	25	4	0	3	1	0	0
绥棱	上集	诺敏河	22	9	1	2	5	1	0
抚远	海青	海青	15	7	1	2	1	2	1
依安	新兴	新合	17	8	1	3	3	0	1
哈尔滨	延河	万宝	24	8	1	1	5	0	1
哈尔滨	尚志	城西	25	4	2	2	0	0	0
嫩江	长福	东岗	12	9	0	0	6	1	2
鸡西	西郊	新发	25	7	2	1	3	1	0
佳木斯	西格木	平安	13	11	0	2	6	2	1
林甸	四合	新生	20	8	1	2	2	1	2
杜蒙	腰新	中心	23	10	1	2	5	1	1
东山	新华	永利	23	9	1	1	4	1	2

（二）黑龙江省土地经营权抵押贷款供求情况

1. 土地经营权抵押贷款的供给主体

近年来，黑龙江省涉农金融服务体系发展较快。在开办土地经营权抵押贷款业务方面，较早开办该业务的是中国农业银行和农村商业银行，后来中国工商银行、中国邮政储蓄银行和中国银行也陆续开办了该业务。早期的黑龙江省土地经营权抵押贷款供给主体及其贷款余额参见表3。

表3　2016年黑龙江省土地经营权抵押贷款供给主体及其贷款余额

单位：百万元

地市	农商行	农信社	邮储银行	农业银行	中国银行	建设银行	工商银行	其他机构	合计
哈尔滨	366.24	4 055.32	17.95	231.43	0.00	0.00	0.00	1 233.28	5 904.22
齐齐哈尔	26.06	1 743.94	0.36	1.39	0.00	0.00	0.00	82.45	1 854.20
牡丹江	0.00	61.42	13.84	0.00	0.00	1.50	0.00	0.00	76.76
佳木斯	0.00	2 862.73	274.94	4.14	0.00	0.00	0.00	31.03	3 172.84
大庆	392.83	265.77	0.00	7.00	0.00	0.00	0.00	49.5	715.1
鸡西	994.95	1 297.46	15.23	13.04	0.00	7.90	0.00	0.00	2 328.58
鹤岗	133.88	339.56	0.13	82.49	0.00	0.00	0.00	15.64	571.70
双鸭山	14.53	872.61	8.91	15.79	0.00	0.00	0.00	54.77	966.61
七台河	0.00	13.54	0.37	0.00	0.00	0.00	0.00	2.96	16.87
绥化	19.20	1 940.29	1.93	15.17	0.00	152.42	0.00	367.47	2 496.48
黑河	6.00	343.08	4.20	0.00	0.00	0.00	0.00	0.00	353.28
伊春	0.00	0.00	3.35	0.00	0.00	0.00	0.00	0.00	3.35
大兴安岭	0.00	246.87	0.00	54.92	0.00	0.00	0.00	0.00	301.79
全省合计	1 953.69	14 042.59	341.21	425.37	0.00	161.82	0.00	1 837.10	18 761.77

资料来源：人民银行哈尔滨支行2016年土地经营权抵押贷款开展情况调查。

根据2016年人民银行哈尔滨支行对土地经营权抵押贷款的统计情况，2016年，黑龙江省的各个地区基本上都开办了土地经营权抵押贷款业务，开办这一业务的金融机构有139家，惠及的范围相对较广，在一定程度上缓解了黑龙江省农村的信贷约束情况。

2. 土地经营权抵押贷款的需求主体

对土地经营权抵押贷款需求最多的是普通农户。农户在日常农业生产过程中，受自身积累的限制，对资金的季节性需求较为强烈。在缺乏抵押担保的情况下，多半依靠民间融资解决生产资金及临时性生活资金缺乏的问题。而土地经营权抵押贷款政策的实施，无疑为农户提供了新的融资途径，农户已成为土地经营权抵押贷款的最大需求主体。

表 4 为 2016 年黑龙江省土地经营权抵押贷款情况。从表中可以看出，2016 年，黑龙江省土地经营权抵押贷款投放总金额达到 164 亿元，贷款笔数达到 241 818 笔，每笔贷款平均额度达到 67 823 元。其中，投放贷款资金最多的地区是哈尔滨，贷款笔数为 98 213 笔，涉及总额度为 50.54 亿元，占整体贷款额度的 30.82%，每笔贷款平均额度为 51 462 元；佳木斯地区位列第二，总的贷款金额为 31.77 亿元，占整体贷款额度的 19.37%。伊春地区的贷款数额最少，只有 28 笔，总金额只有 335 万元，每笔贷款平均为 119 643 元。

表 4　2016 年黑龙江省土地经营权抵押融资需求主体贷款情况

地市	金额（百万元）	笔数（笔）
哈尔滨	5 054.23	98 213
齐齐哈尔	1 652.68	23 777
牡丹江	72.26	1 475
佳木斯	3 177.05	34 119
大庆	537.60	3 270
鸡西	1 960.83	30 398
鹤岗	571.70	7 562
双鸭山	947.89	13 346
七台河	13.91	388
绥化	1 868.19	24 298
黑河	322.58	2 363
伊春	3.35	28
大兴安岭	218.61	2 581
全省合计	16 400.88	241 818

数据来源：人民银行哈尔滨支行 2016 年土地经营权抵押贷款开展情况调查。

3. 黑龙江省农村土地承包经营权抵押贷款推行情况

农村土地承包经营权抵押贷款的贯彻落实，可以有效地解决农业生产经营主体所面临的融资担保缺乏的问题，也是搭建并完善黑龙江省农业担保体系的关键性节点，对引导更多信贷资金流向“三农”、加速推动黑龙江省农业现代化意义重大。2014 年底，黑龙江省已有 58 个县（市）试行了土地承包经营权抵押贷款业务，贷款余额高达 137.9 亿元，环比增长 70.5%。其中，仅以土地承包经营权做抵押的信贷资金已达到 39.4 亿元，环比增长 83%。而到了 2018 年 4 月末，黑龙江省 15 个土地经营权抵押贷款试点地区，已经确权的土地达到 90%以上，试点地区都完成了产权流转交易平台的建设，贷款成交 8.2 万笔，成交金额累计达到 67.5 亿元；15 个试点地区流转的耕地有 1 704 万亩，流转面积比试点前多 300 多万亩，流转率提高 4 个百分点，达到 45%。开展此项业务的金融机构包括政策性银行、股份制银行以及地方商业银行和新型农村金融机构，试点工作的推进取得初步成效，农民专业合作社和家庭农场的数量有较大幅度提升，其中农民专业合作社增至 5.93 万个，同比增长 12.3%；家庭农场（大户）增至 10.5 万个，同比增长 4%。土地规模经营面积达到 5 971 万亩，同比增长 17.1%。可见，土地承包经营权抵押贷款的实施，有效缓解了新型农业经营主体因抵押担保缺乏而引致的信贷约束问题，在一定程度上缓解了农民专业合作社、经营大户及中小农户的资金需求，有助于培育新型、规模型农业经营主体，促进农村地区农业生产快速发展。

4. 黑龙江省农村土地经营权抵押贷款模式

土地经营权抵押贷款扩展了合规抵押物范围，缓解了农户抵押担保缺乏的问题，增加了金融机构业务种类，增强了金融服务的辐射面积，使涉农金融机构服务能力和水平得到较大的提升。黑龙江省作为我国重要的商品粮生产基地，在 15 个试点地区开展了土地经营权抵押贷款业务，在各级政府、涉农金融机构和社会资本多主体的参与下，各个试点地区已经形成了符合自身特色的土地经营权抵押贷款模式，先后探索出直接担保、反担保等多种土地经营权抵押贷款模式，并且取得了较好的运行效果。

经过一段时间的运行，黑龙江省试点地区都结合当地的实际情况，对土地经营权抵押贷款的模式进行了积极探索，并逐渐形成自己的特色。表 5 整理了黑龙江省部分试点地区土地经营权抵押贷款的典型模式。

表 5　黑龙江省部分试点地区土地经营权抵押贷款模式

市县	主要模式
克山县	“四权结合”抵押模式：农地经营权＋收益权＋农民财产权＋集体机动地
兰西县	“农业经管站＋扶贫办＋农村信用社”合作开创了“一扶多”扶贫农地抵押贷款模式
绥滨县	农地承包经营权抵押贷款、流转土地经营权抵押贷款、“农户互保＋经营权”抵押贷款、“农户联保＋经营权”抵押贷款等形式
方正县	“农户＋产权交易中心＋信贷”融资模式

（续）

市县	主要模式
富锦县	"银行信贷＋金成公司＋农户土地"的信贷模式
桦川县	开展了农地经营权反担保业务，形成"银行信贷＋农业集团＋农户土地"的信贷模式
大兴安岭	推行"银行＋岭南生态农业示范区＋家庭农场"的信贷模式

资料来源：根据各地试点农地经营权抵押贷款管理办法整理。

5. 黑龙江省土地经营权抵押贷款的一般特点

第一，以确权为基础搭建土地经营权流转平台。土地作为一项资产，发挥其资产属性的基础是清晰的产权。为了确保土地经营权更好地发挥对于借贷双方的权利，并使操作流程更加规范，推动土地经营权抵押贷款的首要工作就是完成土地经营权的确权登记。截至 2018 年 4 月，黑龙江省各试点市县都组建了土地经营权领导小组，15 个农村土地承包经营权抵押贷款试点地区确权面积达到 90％以上，部分市县已经开启了颁证试点。为加快推进土地经营权抵押贷款工作，黑龙江省以全面推动土地承包经营权确权工作为契机，尝试在试点地区构建农村土地产权流转交易平台，形成以确权、登记、颁证、评估、抵押等工作为一体的工作流程（图 3）。全省 15 个土地抵押贷款试点地区都完成了农村土地产权流转交易平台的搭建，并投入运行。农村土地流转平台的搭建，在相当大的程度上加快了土地经营权抵押贷款的运作效率，使农村土地要素充满活力。

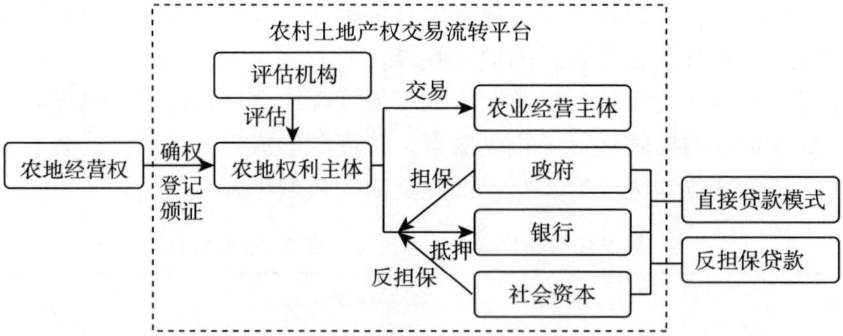

图 3　黑龙江省土地经营权抵押贷款运行流程

第二，依托多种担保行式实现土地经营权抵押贷款。有效的抵押物和担保主体是信贷政策实施的关键，在土地经营权抵押贷款业务试点、试行期，缺乏赋予土地经营权抵押权能的相关法律依据，土地经营权抵押贷款业务开展的关键一步是如何处置抵押物。因此，试点工作成功的关键在于确定合适的担保主体。黑龙江省传统的担保模式是以政府为主体，现已形成了以政府为主体、以社会资本和新型农业经营主体为辅助的多种担保主体模式。

第三，以多种处置机制缓释贷款风险。土地经营权抵押贷款面临的最棘手的问题就是贷款的抵押物处置比较困难。因此应该多角度、多路径探索抵押物处置机制以更好地缓释贷款风险，从而在现行政策框架下做到尽可能降低土地经营权抵押贷款的风险。可从以下三个方面入手：一是由政府出资设立风险补偿金。根据各地印发的《农村承包土地经营权抵押贷款风险补偿基金管理办法》，由地方财政出资设立风险补偿金用于土地抵押贷款，并进行专户管理、封闭运行、独立核算，按照一定的比例补偿由于金融机构发放贷款造成的损失。二是建立多主体治理的抵押物处置机制。在政府、信贷机构、村委会以及第三方主体的共同参与下，以农村土地产权交易平台为连结，运用直接处置、间接处置等方式来灵活处置抵押物，为金融机构降低信贷风险。黑龙江省各试点地区在 2018 年 4 月末就收回 5 611 万元的不良贷款，占总贷款的 12.2%，其中金融机构通过自主或者联合清收等方式处置的不良贷款为 4 210.2 万元，除去第三方机构收回 201 万元的保证金，17.8 万元不良贷款通过第三方机构代偿，23 万元通过流转平台收回，718 万元通过土地仲裁机构仲裁调解收回，441 万元通过法院调解收回。三是通过农业保险转嫁风险。为规避不可预知的天灾对农业生产造成的损失，农业经营主体和农户可以通过农业保险缓释金融机构的信贷风险。经过近 3 年的试点和运行，黑龙江省土地经营权抵押贷款试点初步形成较规范的制度框架，已经形成由多主体参与、多模式运行、多环节保障的多中心治理体系。

二、黑龙江土地经营权抵押贷款缓解农户信贷约束的作用机理

长期以来，信贷约束一直是农村地区经济发展领域的重点关注问题，土地经营权抵押贷款在一定程度上缓解了因缺少抵押品而产生的金融排斥，降低了信贷约束。基于前文分析，造成农户信贷约束的原因可以从金融服务的需求与供给两个层面展开分析。农户之所以无法从金融机构处得到足额贷款，除需求方农户自身认知偏差、缺乏有效抵押物等因素外，作为信贷供给方的金融机构运行中规避风险、节约成本的考虑也会造成农户的信贷约束问题。在此基础上，本研究从信贷需求与供给两个维度探究土地经营权抵押贷款对缓解黑龙江省农户信贷约束的作用机理，并将整体信贷约束划分为需求型信贷约束和供给型信贷约束（图 4）。

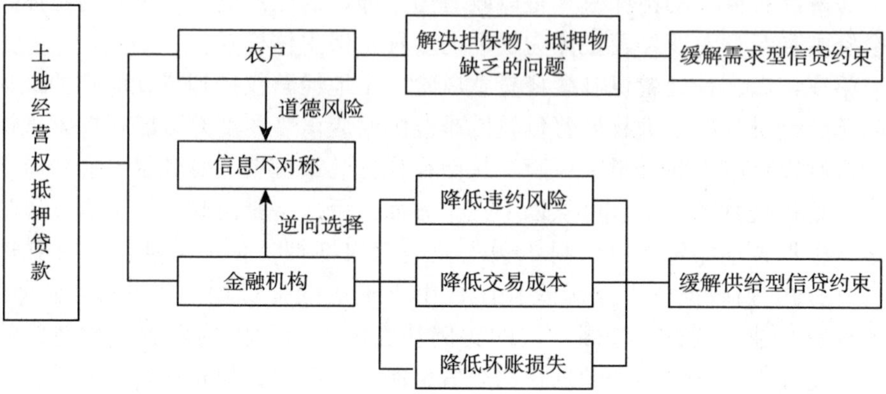

图 4　土地经营权抵押贷款对农户信贷约束的影响路径

（一）需求型信贷约束的产生原因

农户缺乏有效抵押物是造成需求型信贷约束的重要因素。对于交易双方来说，无法提供有效贷款抵押物将导致道德风险和逆向选择。在信息不对称的条件下，对信贷供给方的金融机构来说，农户无法提供有效抵押物，将难以准确地识别农户贷款信息。这导致了金融机构倾向于提高贷款利率，放款给风险较高的农户，造成逆向选择。同时，对于信贷需求方的农户来说，由于缺少有效抵押物，农户将不再担心抵押物的失去，因此倾向于拒绝还款，导致道德风险提高。此外，已有研究表明，在信息对称的情况下，信贷供给方完全掌握信贷需求方的信息，将不存在信贷约束现象。然而，信息不对称会导致金融机构对农户缺乏完全信息，无法甄别出哪些是优质贷款者，哪些是存在不还款风险的客户。因此，金融机构通常倾向于采用设立许多贷款约束条件、提高申请门槛的交易策略，以希望筛选出优质合格的贷款客户。然而这些贷款约束条件直接或间接导致了农户贷款需求下降，最终导致农户受到较强的信贷约束。

（二）供给型信贷约束的产生原因

信贷供给方出于节约成本、收益最大化的考虑将造成供给型信贷约束。正规金融机构常常存在严重的信息不对称问题。金融机构在面对农户申请贷款时，需要对申请者传递的农户特征、资产情况等信贷信息进行识别，对放出的贷款需要进行跟踪监管和后续贷款回收，这些过程无形中增加了金融机构的交易成本，抑制了金融机构的贷款供给意愿，造成了农户的信贷约束。除贷款人资格审查过程产生的交易成本外，签订贷款合同这一环节会产生交易费用。在拟定贷款合同时，需要考虑产品价格的合理性、是否满足交易双方的需求以及合同内容的可操作性。同时为避免农户存在的道德风险，金融机构发放贷款后，需要对农户的贷款使用情况进行全程监管，确保贷款方可以按时还款。此外，贷款产品的个性化定制也会产生费用，并且这项工作因政策制度的变更以及农户需求的多样化、产品的更新和完善将进一步提升金融机构的交易成本。综合以上因素，交易成本的增加会抑制金融机构的放款意愿，进而导致了农户的信贷约束。

综上所述，从农户信贷意愿来看，农户对自身存在认知偏差以及缺少有效抵押物导致需求型信贷约束；从信贷供给方来看，由于农户贷款业务交易成本高且存在较高违约风险，金融机构贷款投放意愿不强，导致了农户受到信贷约束或部分数量约束。接下来本研究基于以上机理进行实证分析。

三、黑龙江省土地经营权抵押贷款缓解农户信贷约束的效应分析

通过对文献梳理发现，国内外学者纷纷肯定了土地经营权抵押对缓解农户信贷需求的重要作用，那么土地经营权抵押贷款对缓解黑龙江省农户信贷约束的作用如何？本研究基于富锦县、无常县、方正县等地试点地区，嫩江、尚志等地非试点地区 47 个村实地调研数据，构建 Logistic 模型，研究土地经营权抵押贷款对农户信贷约束的影响，为相应对策建议的提出提供量化依据。本部分的内容安排如下：首先构建信贷约束模型；其次，设置观察组及参照组，对比试点地区与非试点地区信贷约束的异同，并进一步探究土地经营权抵押贷款对农户信贷约束的影响。

（一）模型构建

为了准确描述农户信贷约束情况，本研究通过走访调研获取农户相关数据，构建农户信贷约束评价指标体系，对农户信贷约束程度进行度量，并将是否受到信贷约束作为被解释变量，进一步研究农户信贷约束的影响因素。由于农户的信贷约束表达为两种形式，即受到信贷约束和未受到约束，对于这类离散分布的非连续被解释变量，通常选择 Probit 或 Logisitic 二元选择模型进行估计。但二元选择模型适用条件各有差异，应视其数据具体分布来决定。本研究中所使用的数据均通过随机选取得到，不服从正态分布，解释变量间不存在多重共线性，因此，应选择 Logistic 模型进行研究。

具体流程如下

$$p=\frac{1}{1+e^{-s}} \tag{1}$$

$$S=\alpha+\sum_{i=1}^{n}\beta_i X_i \tag{2}$$

式中，$0\leqslant p\leqslant 1$，p 为农户受到信贷约束的概率值；α 为常数项；β_i 为待估计系数；X_i 为信贷约束判定时的影响因素。Logistic 模型的函数图像是曲线 S 型分布，$S\in(-\infty,+\infty)$，且

$$\lim_{s\to+\infty}p=\lim_{s\to+\infty}\frac{1}{1+e^{-s}}=1 \tag{3}$$

$$\lim_{s\to-\infty}p=\lim_{s\to-\infty}\frac{1}{1+e^{-s}}=0 \tag{4}$$

其中，p 值越大表示农户信贷约束越强。Y 表示约束事件，取 0 或 1；X_1，X_2，…，X_n，是影响 Y 的自变量，则 Y 与 X 的关系可表示为

$$\ln(Y)=\ln\left(\frac{p}{1-p}\right)=\alpha+\beta_1 X_1+\beta_2 X_2+\cdots+\beta_n X_n \tag{5}$$

其中，p 表示信贷约束概率，即 $Y=1$ 时，约束事件发生；$(1-p)$ 表示没有信贷约束的概率，即 $Y=0$ 时，约束事件未发生，模型进一步化简可得：

$$p=\frac{e^z}{1+e^z}(Z=\alpha+\beta_1 X_1+\beta_2 X_2+\cdots+\beta_n X_n) \tag{6}$$

通过 p 值大小反映信贷约束强度，通常将 $p=0.5$ 设为临界值，当小于 0.5 时被定义为信贷约束较低，信贷资源可获得性较高；而大于 0.5 时被定义为信贷约束较高，信贷资源可获得性较低。

（二）指标体系的建立及变量的选择

土地经营权抵押贷款缓解信贷约束的现有研究表明，造成农户受到信贷约束的因素较多，本研究借鉴梁超（2022）、戴琳（2020）、吴万运（2020）、何广文（2018）的研究成果，同时结合本研究的内容，选取如下测度指标（表 6）。

表 6　变量设置

准则层 I	准则层 II	指标层
农户信贷情况	是否受到信贷约束（Y_1）	农户是否获得正规信贷
	信贷约束强度（Y_2）	有正规信贷需求的农户实际借款数额少于需求数额的部分与借款需求数额之比表示
土地经营权抵押贷款情况	是否为试点地区（*pil*）	农地抵押贷款试点区域

（续）

准则层 I	准则层 II	指标层
土地流转情况	是否流入（*lan*）	是否进行土地流入：1＝是，0＝否
	流入面积（*are*）	农户流入土地面积
农户个人特征	户主年龄（*age*）	户主年龄
	户主性别（*gen*）	0＝女，1＝男
	户主受教育程度（*edu*）	1＝未上过学，2＝小学，3＝初中，4＝高中，5＝中专，6＝大专，7＝大专以上
	户主身体状况（*hea*）	1＝非常差，2＝比较差，3＝一般，4＝比较好，5＝非常好
	对政策认知程度（*pol*）	不了解＝1，有点了解＝2，一般了解＝3 比较了解＝4，非常了解＝5
农户经济特征	家庭年收入（*inc*）	家庭 2018 年年收入
	家庭固定资产价值（*ass*）	家庭固定资产价值，包括房屋、汽车、农用机械等的价值
社会资本	社会资本（*cap*）	四个社会资本相关问题等级的平均值
农户家庭特征	劳动力人数（*lab*）	在农村的务农劳动力人数
	农业技术培训次数（*tra*）	农业技术培训次数
金融环境	金融机构数量（*num*）	1＝没有，2＝比较少，3＝一般，4＝比较多，5＝非常多
	与金融机构距离（*dis*）	1＝500 米以内，2＝500 米至 1 千米，3＝1～2 千米，4＝2～3 千米，5＝3 千米以上

（三）数据来源及描述性统计

本课题组选取黑龙江省 47 个村庄进行走访调研，其中试点地区包括兰西、方正等地，非试点地区包括尚志、绥棱等地，足迹遍布哈尔滨、佳木斯、鸡西等 20 多个市县，走访调研时间为 2019 年 7 月至 8 月。通过对市县样本进行典型抽样、对村级样本进行随机抽样的方法，采用问卷、访谈、电话访问等形式调查当地土地经营权抵押贷款情况。最终得到有效问卷 1 351 份，经分析筛选获得有信贷约束的农户 416 人。

变量描述性分析如表 7 所示。有效样本中过半数为男性，从年龄来看，均值在 50 岁以上，受教育程度偏低。家庭年收入超过 3 万元的家庭约占 50%，可见黑龙江省农村地区家庭收入水平较低。金融机构数量方面，83%的受访农户认为当地金融机构数量不足，无法满足农户金融业务需求。

表 7　变量描述性分析

变量	变量类型	均值	标准差	预期方向
是否受到信贷约束（Y_1）	—	—	—	—
信贷约束强度（Y_2）	—	—	—	—
是否为试点地区（*pil*）	间断变量	0.21	0.36	—
是否流入（*lan*）	间断变量	0.41	0.38	—
流入面积（*are*）（亩）	连续变量	1.97	2.53	—
户主年龄（*age*）（岁）	间断变量	52.61	11.15	—
户主性别（*gen*）	间断变量	0.58	0.49	—
户主受教育程度（*edu*）	间断变量	2.54	0.92	—
户主身体状况（*hea*）	间断变量	6.61	2.30	—
农业技术培训次数（*tra*）（次）	间断变量	0.21	0.79	—
家庭年收入（*inc*）（万元）	连续变量	3.53	1.31	—
家庭固定资产价值（*ass*）（万元）	连续变量	5.64	4.93	—
社会资本（*cap*）	间断变量	7.47	1.51	—
劳动力人数（*lab*）（人）	间断变量	3.63	1.57	—
对政策认知程度（*pol*）	间断变量	1.50	1.09	—
金融机构数量（*num*）（家）	间断变量	2.48	0.90	—
与金融机构距离（*dis*）（千米）	间断变量	4.03	1.33	—

（四）实证结果及分析

第一步，应用 SPSS 统计软件，对样本中受到信贷约束的样本数据进行 Logistic 回归分析，样本量为 416，最大似然法拟合出结果如表 8 所示。

表 8　检验表

Hosmer 和 Lemeshow 检验			
步长（T）	卡方	自由度	显著性
1	113.72	8	0.00

Hosmer - Lemshow 检验的卡方值为 113.72，d*f*（自由度）为 8，*P* 值为

0.000，说明模型整体拟合度较高。

反映土地经营抵押贷款情况的核心解释变量是否为试点地区（*pil*）回归系数为4.802（表9），且在1%的置信水平下正向显著，由于其在公式分母位置，因此土地经营权抵押贷款对农户信贷约束有显著的负向影响，符合预期方向，开展土地经营权抵押贷款业务地区的农户的信贷约束得到显著缓解。试点地区的农户受到信贷约束的概率要低于未试点地区农户。究其原因，可能是政策宣传工作已取得一定效果，农户通过了解相关信贷政策与流程，在一定程度上增加了自身获得贷款的可能性，激发其借款需求。同时，土地确权工作的开展，使土地成了合格的抵押品，降低了金融机构的风险成本，增加了金融机构足额放款的意愿，进一步缓解了农户信贷约束强度。

表9　Logistic 结果

解释变量符号	β	S.E.	Wald	自由度	显著性	Exp（B）
gen	9.468	5.171	3.352	1	0.667	34.04
age	−0.639	0.166	14.877	1	0.452	0.53
edu	5.489	1.582	12.030	1	0.315	241.90
hea	0.701	0.301	5.420	1	0.227	2.02
lab	2.036***	0.742	7.531	1	0.006	7.69
ass	2.312**	0.517	20.023	1	0.021	10.09
cap	1.338**	0.667	4.030	1	0.045	3.81
tra	−3.919**	1.914	4.192	1	0.031	0.02
inc	15.187**	3.217	22.279	1	0.012	52.19
pol	7.057**	1.500	22.119	1	0.023	1 160.87
num	3.828**	0.925	17.123	1	0.030	45.99
dis	−2.519**	1.072	5.526	1	0.019	0.08
lan	−0.123***	0.027	19.906	1	0.000	0.89
are	−5.930***	1.910	9.641	1	0.002	0.00
pil	4.802***	1.905	6.354	1	0.002	121.81
常量	−60.338	14.525	17.258	1	0.000	0.00

注：***、**分别表示解释变量系数在1%、5%的置信水平上具有统计显著性。

控制变量中的土地流转情况整体上对农户信贷约束存在负向影响，流入土地面积越大，农户受到信贷约束的概率越低。农户流入土地促进了农业生产经营方式向机械化、规模化方向转变，提高了农户对土地的利用效率，进一步增加了土地价值，有效缓解了金融机构对农户的信贷约束。金融环境层面，金融机构数量越多，农户越容易了解相关的贷款政策、贷款流程以及更容易获取相关金融政策的宣传。同时，农户居住地与最近金融机构的距离越近，其受到信贷约束的概率越低，这可能由于与金融机构距离较近，降低非交易成本的同时具有信息优势。从家庭特征来看，劳动力人数、农业技术培训次数，代表了农户从事农业活动的生产能力，在一定程度上代表农户还款能力，农户还款能力强可增加金融机构放款意愿，从而有效降低了农户受到信贷约束的概率。农户固定资产价值、家庭年收入、对政策认知程度等指标对缓解农户信贷约束、降低信贷约束概率影响显著。

四、黑龙江土地经营权抵押贷款缓解农户信贷约束的障碍因子分析

基于前文分析，以农户信贷约束强度作为被解释变量，分析各解释变量对农户信贷约束强度的影响，进一步甄别缓解信贷约束的障碍因子，回归方程如下

$$Y_2 = \alpha + \beta X + \omega\lambda + \varepsilon \tag{1}$$

其中，Y 为被解释变量，代表农户的信贷约束强度，X 为潜在影响信贷约束强度的各项指标，α 为常数项，ε 为随机扰动项。运用 OLS 回归模型对其进行估计，估计结果如表 10 所示。

表 10　线性回归结果

解释变量符号	非标准化系数		标准系数	t 值	显著性
	β	标准错误	β		
（常量）	−1.294	0.072		−18.024	0.000
gen	−0.068	0.023	−0.017	−3.002	0.503
age	−0.037	0.002	−0.230	−21.419	0.862
edu	−0.035	0.009	−0.041	−3.779	0.214
hea	−0.067	0.010	−0.080	−6.981	0.623
lab	−0.138**	0.012	−0.119	−11.744	0.013
ass	−0.047***	0.001	−0.300	−33.661	0.002
cap	−0.188	0.011	−0.148	−16.448	0.268
tra	0.017***	0.006	0.014	3.028	0.003

（续）

解释变量符号	非标准化系数		标准系数	t 值	显著性
	β	标准错误	β		
inc	−0.231**	0.021	−0.182	−11.045	0.011
pol	−0.084*	0.013	−0.065	−6.424	0.061
num	−0.058*	0.012	−0.043	−4.978	0.056
dis	0.057**	0.008	0.046	6.710	0.038
lan	−0.050**	0.003	−0.190	−15.699	0.017
are	−0.209***	0.024	−0.050	−8.556	0.000
pil	−0.194***	0.018	−0.048	−10.560	0.000

注：***、**、*分别表示解释变量系数在1%、5%和10%的置信水平上具有统计显著性。

根据多元线性回归结果我们可以得知，农地经营权抵押贷款回归系数在1%的置信水平下显著为负，可见农地经营权抵押贷款能够显著降低农户信贷约束强度。进一步说明试点地区农户受到信贷约束的强度要低于非试点地区。这是由于农地经营权抵押首先解决了农户土地产权问题，土地产权明晰，农户对土地的稳定预期得到了进一步提升。土地流转情况的回归系数在5%的置信水平下显著为负，这说明农户流入土地后，耕地面积扩大，将倾向于以机械化、规模化的生产方式来提高土地资源的产出效率，提升农户收入水平，这使得金融机构对其信用评级带来正向影响，更容易足额放款给农户。家庭年收入指标在5%水平下显著，表明家庭收入越高，农户还款能力越强，金融机构所面临的信用风险越低，放款意愿越强。农户家庭固定资产指标在1%的置信水平下显著，家庭固定资产可以充当贷款的抵押物，具有较高价值固定资产的农户相较于没有固定资产或固定资产价值较低的农户所面临的信贷约束更低。此外，固定资产的价值也在一定程度上代表了农户还款能力，高价值的固定资产反映农户有较强的还款能力，还款能力作为影响信贷约束的重要因素，其越强，农户受到的信贷约束程度也就越弱。农户家庭特征两项指标分别在5%与1%显著为负，这说明农户家庭特征对信贷约束强度有显著负向影响，表明家庭劳动力人数越多农户受到的信贷约束越弱。金融机构数量指标在10%的置信水平下显著，表明金融机构数量越多，越增强金融机构放款意愿，从而有效缓解农户信贷约束强度。

五、结论与建议

通过理论的机理分析和实证检验，说明土地经营权抵押贷款可以缓解农户信贷约束。但由于制度与流程仍处在探索阶段，还存在诸多影响因素，从某种程度上限制了黑龙江省土地经营权抵押贷款的发展。基于此，本部分从政府、金融机构、农户以及土地经营权抵押贷款所需的外部条件等方面提出相关的建议，以期提升土地经营权抵押贷款缓解农户信贷约束的实际效果。

（一）结论

金融政策推动农业农村发展离不开农业经营权的支撑，且其也是有效解决农户信贷约束困难的重要工具。当前，黑龙江省农户仍处于缺少抵押物、贷款难的困境，因此对土地经营权抵押贷款的推进和研究具有深远意义。本文以黑龙江省农户为研究对象，对其土地经营权抵押贷款信贷约束的影响进行全面讨论，主要研究结论如下。

第一，黑龙江省各试点区域发展土地经营权抵押贷款典型模式——克山县"四权结合"抵押模式、兰西县"一扶多"抵押模式、富锦市金成模式以及桦川县的新峰模式范例等。这些抵押贷款模式融合了当地担保公司的担保作用以及龙头企业的带动作用，更加促进了金融机构提供土地经营权抵押贷款的可能；同时，这些模式扩充了抵押担保的范畴，将土地经营权作为抵押品的同时，使农机具等也可成为有效的抵押物，为农户提供了更多的选择机会，提升了农户的贷款金额。当前这些模式都十分契合当地经济发展状况，土地经营权抵押贷款与精准扶贫的有效融合显著地促进了当地经济的发展。

第二，土地经营权抵押贷款通过提供有效抵押物，起到降低交易成本和贷款风险的作用，从而缓解农户信贷约束的问题。首先，提供的有效抵押物可以从根本上解决农户贷款难题，增加农户的贷款意向，降低农户的自我认知偏差，从而缓解农户的信贷约束。其次，土地经营权抵押贷款可以缓解供需双方的信息不对称情况，减少金融机构放贷和监管成本，如节约农户信息征采、贷款使用监管、贷款资金回收费用，降低一些常规服务费用，增强金融机构向农户提供贷款的意愿。最后，土地经营权抵押贷款能有效规避金融机构的贷款风险，当农户违约时，因为存在土地经营权抵押物，所以可以降低金融机构的损失。

第三，基于对理论进行梳理并结合实际情况，本研究在充分考虑了以往研究不足的前提下，构建了新型的评价指标体系。被解释变量为黑龙江省农户信贷约束情况，核心解释变量为土地经营权抵押贷款情况，构建了 Logistic 模型，实证分析了黑龙江省土地经营权抵押贷款对农户信贷约束的影响；进一步构建多元回归模型，进行土地经营权抵押贷款对农户信贷约束强度的影响的分析研究。研究结果显示，黑龙江省试点区域农户相比于非试点区域农户，受到信贷约束概率更低，验证了研究的假设。最终，有针对性地对推动土地经营权抵押贷款提出相关政策建议。

（二）政策建议

1. 加强政府对土地经营权抵押贷款的支持和引导

政府是土地经营权抵押贷款制度的倡导者和相关制度的制定者，对土地经营权抵押贷款业务具有很好的引导和助推作用。因此，应该加大政府对该业务的支持力度，为土地经营权抵押贷款业务的落地实施提供政策支撑。

第一，积极推进土地经营权流转交易平台的建设。黑龙江省土地经营权流转市场已经基本普及，但是使用效率并不高，结合当下电子化的应用，各级政府应该积极推进土地经营权流转交易平台的建设，把线下交易逐步转为线上交易。首先，为了降低金融机构处置土地经营权的难度，政府应该加大土地经营权二次流转市场的利用程度，推进土地流转市场的市—县—村三级协同发展和建设。流转市场有助于双方发现价格，提供必要的服务，如合同备案、资产评估、法律普及等，除此以外还能避免信息不对称带来的麻烦以及提高不良资产的处置效率。这样不仅能降低金融机构处置违约农户土地经营权的成本，也能降低对政府的依赖性。政府也应该推进流程的完善，在宣传、推广交易平台的同时，要控制好土地经营权流转平台的收费标准，避免出现农户因为手续费过高而不愿意在平台上交易的现象，以此缓解农户的信贷约束。

第二，在农户土地经营权抵押贷款违约时，金融机构对其进行处置，但处置过程比较困难、清偿成本相对较高，会降低金融机构向农户的放款意愿。是否能有效地处置违约的资产，关系到农户与金融机构双方的利益。探索通过转让、变更、仲裁等方式对土地经营权以及地上附着物进行处置，并保证原始农户的承包权力，抑或是建立土地流转的收储机构，把待处置的违约资产进行收储—整合—发包，选择线上进行交易，有助于高效处置零碎的违约资产，帮助金融机构把违约资产再次流转、变现，以此提高金融机构的放款意愿，缓解农户的信贷约束。

2. 推进金融机构土地经营权抵押贷款的服务创新

金融机构是土地经营权抵押贷款制度的实践者和执行者。金融机构对土地经营权抵押贷款业务的设计和行动意愿直接决定该业务的推广程度和实施效果。

首先，创新土地经营权抵押贷款的模式。不同地区、不同性质的农户适合的模式也不同，金融机构应该因地制宜开发适合不同经营主体的差异化金融产品，提升自身的服务竞争能力。土地经营权抵押贷款缓解了小农户贷款难的问题，但是大农户对其兴越不大。这是因为相对于小农户更加关注金融产品来说，大农户更加注重所承受的生产经营风险与抵押品产权归属问题，所以要对不同规模的农户制订专门的方案，提高匹配程度，满足农户家庭多元化的融资需要。金融机构应该突破传统信贷产品的限制，注重农业生产的季节性与风险性，通过金融创新设计符合农户利益的金融产品，推动农业生活生产规模化与机械化经营，提高土地价值，让金融推进土地经营权抵押贷款的发展，探索农具等其他农民资产的担保价值，拓宽农户抵押贷款的担保范围，盘活农村沉睡的资源。

其次，精简土地经营权抵押贷款的流程与手续。如果金融机构的贷款流程与手续过于繁杂，再加上农户与金融机构之间信息的不对称，会造成农户了解到的程序不够全面，准备的资料不够完善，导致农户一次次往返于农村与金融机构之间，可能会导致农民的贷款需求下降。针对农户受教育程度以及对互联网应用的限制，金融机构在推行土地经营权抵押贷款业务时要尽量简化贷款流程与程序，让农户更加方便地参与到金融市场中；在确保土地经营权抵押贷款有效的前提下，利用政府相关平台的信息，简化抵押贷款流程与手续，降低不必要的非交易成本。

3. 提升农户自身的金融素养

农户是土地经营权抵押贷款业务的需求者和受益者，该项业务能很好地解决农户在农业生产经营中的资金困境，拓宽农户合规抵押物的范围。但农户对该业务的认知及对国家政策的认识关乎农户是否存在自我排斥。因此，提升农户的金融素养也有助于土地经营权抵押贷款业务的应用和推广。

一是要提升农户的金融素质。当下农户受教育水平逐年提高，农户要有主动了解金融知识的意愿，多关注相关活动的宣传，了解农村适用的贷款方式或者多向申请到贷款的农户学习。在了解到相关信息后，农户进行抵押贷款时要对自己有信心，中央各项政策都是倾向农村的，农村经济的发展也是国家现在重要的发展方向，所以农户不要害怕申请不到款项，在有需求时要积极进行贷款，从农户自身情况出发，打破认知偏差，缓解对自身的信贷约束。

二是要提高农户的收入水平。农户的收入水平也在一定程度上影响了自身的信贷约束，收入的高低决定了农户有怎样的还款能力以及具有多高的风险承受能力。可以通过“扶智”项目定期派遣专业技术人员组织技术培训，提高农民的农业技术水平，进而提高农户的生产经营水平，提高经济效益，促使农户收入得到相应改善。另外，由于缺乏销售渠道且农产品不易保存、体积大等生物学特征导致运输成本较高，农户只能将大部分种植的粮食以低价卖出，再由收购者高价转卖出去，这其中的差价其实是农户损失的收益，而互联网可以打破时空的限制，降低各种交易成本，从而提高农户的收入水平。农户不仅要产出质量好的作物，还要卖出一个满意的价格，双管齐下提升收入，才能更好地缓解自身信贷约束。

4. 完善信用体系及相关法律等外部条件

除了政府、金融机构及农户等主体的参与，土地经营权抵押贷款业务的推广还需要有国家相关的法律法规的保障以及农村信用体系等外部条件的助力。

第一，完善有关土地经营权抵押贷款的法律与相关扶持政策。政府应该加快立法，在法律上明确土地的担保物权性质，只有理顺了土地经营权抵押贷款的政策支持和法律逻辑，土地经营权抵押贷款才能得到法律的有效保障。首先，建议在《中华人民共和国农村土地承包法》中添加“允许通过土地经营权向金融部门抵押或向社会拍卖”“将土地发包给集体经济组织成员外的主体，除初次外，不需经村民大会通过”等内容。其次，随着城镇化的发展，农民已经逐步移居城市，应该由政府牵头，试实行土地经营权有权退出机制，通过给予农民经济补偿或社会保险等方式，使土地回归农村，再进行整合、规划。

第二，健全风险保障机制及防控机制。土地经营权抵押贷款仍处于摸索阶段，涉及部门较多，政府有必要健全相关制度保障，明确风险范围责任与目标的划分，提升风险防范与处置水平，推动农村金融改革持续、稳定、健康发展。首先，要扩大农业保险的覆盖面积，由于农业的弱质性，一旦发生自然灾害，农业保险部门可以与金融机构分担风险。其次，财政部门要对贷款的风险补偿提供兜底服务，完善土地经营权抵押贷款的风险补偿制度。按照 7∶3 的比例弥补贷款本金损失，在农户出现违约现象时，风险补偿基金承担贷款本金的 70%，其余 30%由银行自行承担，分担银行发放贷款所应承担的风险。适当拓宽风险补偿基金的覆盖面，并且要做好监管工作，防范道德风险，以免国有资产的流失。最后，保险部门要对与土地经营权抵押贷款有关的保险品种进行创新，并且要积极地向多方主体进行详细宣传，只有与农民相关的风险降低了，才会增强金融机构放款意愿，从而缓解农户的信贷约束。

第三，加强金融市场的信用体系建设。完善的信用体系能够缓解农户与金融机构之间的信息不对称。首先，金融机构要做好客户的信息登记工作，避免对同一客户进行重复的信息调查，提高抵押贷款的发放效率，在收集客户信息的同时还要以到户访问等其他方式进行数据收集，完善农户信贷服务记录，并根据信用记录对客户进行信用评价，并以此作为贷款定价的依据。其次，信用评级与资产评级是金融机构的放款依据，但是不同类别主体的资金状况以及信用等级差别较大，需要区别对待，如农业企业与家庭农场等新型农业经营主体与普通农户应有所区分。而且金融机构对于违约的农户要进行调查，不应盲目下决定降低其信用等级，如果农户是因为不可抗的因素而违约，需要对农户提供一定的帮助，因为提高农户的权益是我国进行农村土地权利制度改革的初心。通过信息采集系统、信用体系建设以及差别利率的实施激励农户减少违约的现象，提高金融机构放款意愿。

技术驱动金融创新服务黑龙江省实体经济研究*

张启文

“十四五”规划明确指出，要坚持把发展经济着力点放在实体经济上，加快推进制造强国、质量强国建设，促进先进制造业和现代服务业深度融合。实业兴则金融兴，为实体经济服务是金融的天职，也是金融的宗旨。受融资模式与金融供求不平衡等因素的影响，传统金融在服务实体经济的过程中出现了“私营小微企业少，大型国有企业多”“高新技术产业少，传统产业多”的现象，我国传统金融赋能实体经济深陷资源配置的泥淖。传统金融服务实体经济所面临的困境在新时代下需要运用创新性的金融模式加以解决。近年来，人工智能、大数据、云计算和区块链等信息技术的蓬勃发展与广泛应用，为推动金融创新、破解传统金融赋能实体经济难题、实现实体经济高质量发展提供了新的契机。艾瑞咨询发布的《2018 年中国金融科技发展研究报告》显示，我国金融科技营收规模在 2013 年为 695.1 亿元，到 2018 年总规模已经达到 9 698.8 亿元，增长了 12.95%。我国传统金融机构开始探索科技驱动金融创新之路。

作为农业大省和我国重要的老工业基地，黑龙江省曾经凭借丰富的资源一度为我国经济建设做出巨大的贡献。近年来，随着改革开放的深入，黑龙江省发展优势减弱，城市竞争力下降，金融与实体经济发展不协调、不充分、不可持续等问题日益凸显。金融背离实体经济，社会资本将由实转虚，对社会发展造成严重不利影响。因此，加大金融支持实体经济的力度十分必要。在此背景下，银行业金融机构、互联网金融机构以及金融科技企业纷纷采取各项措施深化金融改革，为黑龙江省实体经济发展提供资金支持。但囿于金融改革缺乏相关理论与经验支持，黑龙江省实体经济仍面临融资效率偏低、金融资源错配等问题，仍然需要进一步提高金融服务实体经济的能力。随现代科技，尤其是计

* 黑龙江省哲学社科一般项目（课题编号：18JYD384）
项目负责人为张启文教授，主要参与人员有王思怡、田静、王丁。

算机及人工智能发展，由技术驱动的金融创新不仅极大丰富了金融服务实体经济的形式，在推动产业链、价值链的重塑与再造过程中也发挥了重要作用。

一、技术驱动金融创新服务黑龙江实体经济的现状及存在的问题

（一）技术驱动金融创新服务黑龙江实体经济的现状

1. 银行业金融机构服务实体经济效率提升

技术驱动金融创新，使得银行业金融机构服务黑龙江省实体经济的效率大幅提升。作为技术驱动金融创新的“排头兵”，无论是国有银行还是商业银行均提出了较具体的技术驱动金融创新实现目标和路径，不断扩大技术创新型金融服务在黑龙江省的覆盖范围（表 1），提高黑龙江省银行业金融机构服务实体经济的效率。由黑龙江省金融运行分析会数据可知，2019 年黑龙江省金融运行总体平稳，主要金融指标走势良好，存贷款均实现同比多增，信贷结构持续调整，贷款利率稳中下行，金融对实体经济的支撑作用不断增强。截至 2019 年 9 月末，黑龙江省贷款余额为 21 274.1 亿元，同比增长 5.6%。其中，全省企业中长期贷款同比增长 7.4%；小微企业贷款余额为 3 289.6 亿元，同比增长 5.5%；涉农贷款余额为 8 339.1 亿元，同比增长 0.03%；战略性新兴产业贷款余额为 497.3 亿元，同比增长 1.6%。全省贷款利率运行仍呈整体下行态势。

表 1　各银行由技术驱动的金融产品创新

银行	2018 年年报中相关表述
工商银行	创新在线管道服务模式，发布工程“e 钱包”；运用区块链技术创新金融工具“工银 e 信”
建设银行	基于大数据技术，创新“地押云贷”“农垦快贷”“农信云贷”等金融产品；创新“产业扶贫贷”等扶贫贷款产品
农业银行	完善“惠农 e 贷”“惠农 e 付”“惠农 e 商”平台，加快推进互联网金融服务
邮储银行	利用大数据、云计算、人工智能等信息技术，推进无纸化、智能化金融服务模式，研发手机 App“人脸识别+电子签约”功能
平安银行	通过“金融+产业”扶贫模式，建立“金融+科技+产销”扶贫闭环
浙商银行	依托数字技术推广“农房抵押贷”“光伏贷”等金融创新产品
宁波银行	创新推出“路路通”小额信贷产品

（续）

银行	2018年年报中相关表述
江阴农商行	创新“省农担”“物联网动产贷”等信贷产品
青岛银行	创新推出“惠营贷”“惠农贷”“科创贷”等金融产品
长沙银行	创新推出“惠农担”“吉湘贷”等新型信贷产品
贵阳银行	完善“爽农诚意贷”等金融产品
广州农商行	优化“太阳村民e贷”“村民分红快贷”等信贷产品
中原银行	依托大数据技术，创新推出“随心贷”“旺农贷”等惠农金融产品

资料来源：上市银行2018年年报。

为推动实体经济快速回温，黑龙江银保监局对金融服务重点领域、服务方式、服务手段方面实行“政策加码”。在政策叠加技术的驱动下，黑龙江省银行业金融机构纷纷调整服务方向，将信贷资源向小微企业以及农业生产等重点领域倾斜。具体来看，截至2020年6月，黑龙江省银行业共发放风险补偿贷款79.4亿元，受益企业达2 437户；累计投放普惠型小微企业贷款219.4亿元，支持市场主体近3万户；累计发放保单质押贷款近90亿元，同比增长6.65%，其中绝大部分是小微企业主和个体工商户，且新发放的普惠型小微企业贷款利率较2020年初下降0.77个百分点，为1 300余亿元贷款办理延期、展期、续贷，缓解资金周转压力。总的来看，在技术驱动下，黑龙江省银行业金融机构服务实体经济的效率大幅提升。

2. 非银行金融机构服务实体经济规模扩大

技术驱动金融创新，使得非银行金融机构服务黑龙江实体经济的规模扩大。自2016年8月成立哈尔滨创新金融产业园以来，黑龙江省持续引入非银行金融机构进驻，以泛活本地金融市场，为实体经济发展提供强有力的金融支撑。截至2020年第一季度末，哈尔滨市共计签约117个招商引资项目，签约金额达1 195亿元。其中，哈尔滨市工业和信息化局与深圳市优必爱信息科技有限公司签署“区块链+新科技集群”合作协议，项目投资总金额预计可达10亿元。双方合作重点为建设数字资产交易所，探索区块链场景应用，推进区块链孵化园区建设。黑龙江鑫正担保公司基于新模式在流程上进行创新和突破，开发出了“省级中小企业稳企稳岗基金贷款担保业务专用业务管理平台”，实现了一家担保公司对多家银行、多端口同时工作的批量化、便捷化操作，保证了银行与担保公司之间信息快速、准确、实时传递。

与此同时，随着黑龙江省农村信息化建设不断推进，科技驱动金融创新的成果已逐渐延伸至基层乡村。据黑龙江省农业农村厅统计，截至2020年2月末，蚂蚁金服普惠金融项目在全省 9 个市（地）36 个县（市、区）上线，总体上线数量居全国第四位，为 144 万人授信 164 亿元，累计为 17.4 万人提供 111.8 亿元的纯信用贷款。蚂蚁金服可以通过线下网点来申请纯信用贷款，审批通过后，钱很快就能到账。农户还可以通过在线方式申请贷款，蚂蚁金服将通过大数据分析做审核。由此可见，蚂蚁金服是小金额、短周期、无有效抵押物的纯信用贷款，具有贷款周期短、门槛低、满足不同层次农户的不同融资需求的鲜明特点。黑龙江省农业农村厅积极与阿里巴巴集团对接，实施专班推动、强化宣传引导、推进试点示范，其“普惠金融”项目迅速在全省铺开，成为全省农村金融服务的重要力量。

（二）技术驱动金融创新服务黑龙江实体经济存在的问题

1. 技术驱动金融创新服务实体经济存在人才紧缺问题

就金融供给主体多样性而言，金融产业链和生态圈不断拓展，由技术驱动的金融创新领域，既包括运用科技创新推动金融服务转型升级的传统金融机构，也包括运用数字技术、跨界开展金融业务的互联网企业，此外还有为金融机构提供技术外包和配套服务的金融科技企业。技术驱动的金融创新在推动金融“脱虚向实”过程中，需通过信息时代的技术创新对冲实体经济下行压力，为实体经济发展注入新动力，形成可持续发展态势。金融以技术创新助力金融体系发展。大数据、云计算、区块链等数字技术与经济发展直接相关，数字技术的创造与应用需要依靠具备专业知识的高素质人才。金融创新对技术创新要求较高，同时又需要对经济金融和国家宏观政策具备敏锐洞察力的人才。因此，金融机构需要高素质复合型人才，这种人才应具备数字创新、技术研发等能力，目前此领域人才稀缺，难以满足金融服务实体经济的人才需求。金融科技专业化人才紧缺，是技术驱动金融创新服务实体经济发展中亟须解决的重要问题。

2. 技术驱动金融创新服务实体经济存在监管不善的问题

技术驱动的金融创新，除带来便利的获取方式、高效市场创新外，也带来更多风险和不确定性。从微观层面看，技术驱动金融创新可能会增加操作风险、信用风险和信息风险，对用户信息安全和银行现有盈利模式形成挑战。从系统层面看，技术驱动金融创新增加金融系统运行复杂性，提高金融机构间关联度，同时强化市场风险波动。技术驱动金融创新对金融监管政策制定和制度设置提出更高要求。监管既可以推动金融服务实体经济，为金融发展创造健康的市场环境，也可能限制其发展。因此，应把握监管尺度，使其既可以在既定框架下支持金融发展，实现金融科技与金融业深度融合，使金融资源流向实体经济，又可以控制金融欺诈，避免高风险性金融创新活动和潜在风险。实体经济发展中有一个严重制约，就是市场信用体系不够健全，特别是国内市场信用问题更加突出，导致市场空间很难拓展，知识产权被侵犯等问题时有发生。而当前我国尚未建立一套科学的信誉评价体系和诚信体系，失信问题不能有效得以解决，导致国内市场开拓的综合成本居高不下。实体经济普遍感到国内市场开拓难于国外市场，因而一些外贸产品生产企业宁愿缩产、停产，也不愿去拓展国内市场。

3. 技术驱动金融创新服务实体经济存在信息泄露问题

在科技与金融不断融合发展的大趋势下，由于信息收集更密集且更有深度，前后端及与合作方的系统架构更复杂，部分未经过监管明确许可、有争议的获客、面客方式均会滋生大量风险，此类风险传递效应大，处置难度高，会造成较大损失。信息时代，互联网金融与企业日常运营、日常生活日益紧密结合，与此同时，互联网数据爆发式增长。企业与各金融机构交易往来信息，银行注册信息，个人购物等信息，均被纳入巨大数据网络。对用户个人而言，其支付信息、银行账户信息间具有较强相关性，信息泄露极易造成用户账号被盗风险，个人隐私及财产安全面临威胁。对企业而言，一方面，泄露客户信息会降低其公众信任度和声誉，直接影响客户选择倾向；另一方面，企业自身信息泄露，特别是与企业核心竞争力相关的信息泄露，会极大削弱企业竞争优势，造成巨大损失。互联网金融时代，市场竞争压力剧增，各大金融机构均将获客和流水放在首位，忽略信息保护与安全维护。数据信息的作用与地位日益增强，其安全问题直接关乎用户经济利益、公众信任及企业存亡，信息泄露会破坏行业发展，引发系统性风险，阻碍金融服务实体经济发展。

二、技术驱动金融创新服务黑龙江实体经济的机制分析

（一）技术驱动金融结构升级服务实体经济

总的来看，技术驱动金融创新能够推动金融结构优化升级，进而提升金融机构的服务能力与服务质量。具体表现在以下几个方面：第一，银行等传统金融机构业务办理主要通过银行各个网点的柜面，不仅制约着金融服务覆盖范围，还给企业和居民办理金融业务带来不便，增加了其鞋底成本。现阶段，信息技术的发展与进步使得柜面、自助柜员机、智慧柜员机等物理渠道与手机银行等线上渠道紧密结合成为可能，最终实现数字互联、全网立体式服务，从而以灵活的组件化产品、定制化方案，为客户提供多维度的横跨零售、对公、投

融资、私人财富管理等的综合性金融服务。第二，借助人工智能和大数据等数字信息技术，建立实体经济全产业链的金融联动触发机制，实现产业链前中后台纵向贯通集成，增强实体经济发展过程中的精准金融风险响应和智能金融风险管控的专业能力。第三，数字经济时代下，技术驱动金融创新的典型形式是数字普惠金融。这一形式不仅丰富了金融发展模式，还极大提高了金融服务的触及面，成为解决小微企业融资难和融资贵的重要方式和手段。据此，应大力推进黑龙江地区数字普惠金融的发展，为黑龙江省实体经济发展提供助力。例如，以银行为主体开展数字普惠金融业务的具体路径：一是以高安全、高规范和高效率实现银行业首例“企业级”金融科技建设工程。实现标准化、结构化、组件化，开展企业级产品、流程、数据、用户建模，将以账务为中心的系统重构为以客户为中心的系统。二是提供全视图功能，打通全行业渠道壁垒，构建一体化运营体系；整合集团全面风险视图，提升系统效率和安全性。三是建立数据管理和数据应用体系，构建全景、多维、互联、共享的统一数据视图，形成一致性的数据获取和信息交付能力。四是形成企业级工程实施方法。五是积累自主知识产权的应用软件和技术成果，通过科技攻关、迭代创新，形成金融核心技术积淀和专业力量储备。

（二）技术驱动金融资源配置优化服务实体经济发展

新一轮科技革命的到来进一步加剧了科技的竞争。科技的本质是创新，只有加强科技创新能力建设，才能够实现发展动力转换。依托互联网、大数据、人工智能、云计算等新兴技术，金融服务逐步融入人们的衣食住行和社会生活之中，使得人们触手可及原本“高大上”的金融服务，使原本游离于传统金融服务视野之外的“长尾客户”和弱势群体等能够便捷、低成本地获取金融服务。从发展趋势看，在数字技术的驱动下，金融与科技融合催生出金融行业生态。从支付结算、借贷、投资、理财等金融消费端，到产品设计、服务推送、运营组织、风险管控等金融供给端，均发生巨大变化。引入新技术工具、运用新技术思维，可快速提升金融服务效能和资源配置效率，打造黑龙江省金融市场的竞争力。

技术驱动的金融创新能够给金融业注入大量新元素，传统金融机构和互联网企业等非正规金融机构均在金融科技领域获得发展。大部分金融科技企业已覆盖支付、信贷、保险等多个细分领域，并取得显著成效。技术对金融领域的驱动作用，能够为金融体系创新和服务优化创造新的机遇。技术驱动金融资源更高效配置，助力传统金融结构优化。借助技术创新优势，可以提升传统金融机构的风控能力和金融服务实体经济能力，金融业在技术创新的驱动下能够为黑龙江省中小企业、用户提供更灵活且迅速的金融服务，使传统金融服务烦琐的流程跟步骤得以简化。传统金融机构在提供金融服务时存在诸多制约，一方面，既有的风控模型难以适用于大量用户，需要大幅提升服务成本来获取更多用户。但借助技术创新成果，传统金融机构也在数据领域、流量领域、客户下沉方面获取了更多机会，能够以更低交易成本覆盖更广泛用户，更好服务于黑龙江省实体经济发展。技术驱动的金融风控体系相较于传统金融机构的风控体系具有更高的灵活度和准确度。金融科技企业通过搭建大数据平台，能够建立一个更加高频、全面的风控建模迭代体系，风控模型的数据分析能力更加准确、更替速度更迅速。

（三）技术驱动多层次资本市场形成服务实体经济发展

投资者和融资者在资本市场中的规模和主要特征不同，对资本市场金融服务的需求也不同。金融服务的多样化需求决定了资本市场应该是一个多层次的市场经济体系。截至 2018 年底，以中小微企业为主的市场股票融资金额已超过 6 000 亿元。上海证券交易所启动科技创新板并试点登记制度，重点推进以信息披露为核心的关键制度创新，这将成为中国资本市场体制改革的起点，并试点创新型企业存托凭证，丰富融资方式。新兴金融工具和技术促进了金融服务结构和质量的变化。技术推动了金融业的快速发展，使其能够支持金融系统的安全运行。绿色科技银行构建了具有技术需求获取、成果获取、技术评价、技术转让与转化、金融服务、效果跟踪与后评价等功能的运营模式。在金融体系中，交易所是重要的金融基础设施，也是监管机构，交易所通过技术手段，实现对金融创新的驱动作用。用技术驱动金融创新是金融业服务实体经济的有效举措，交易所作为重要的金融支持平台，与诸多市场主体具有多重联系。利用区块链技术重溯证券交易流程能够提高交易效率，极大地缩短交易时间，有利于参与各方快速处理数据。智能合约的验证能够使各环节的风险自动降低，交易所已推出或者即将推出的应用是资产再抵押，资产经多次投行、对冲基金加杠杆设置后，通过区块链技术，可以使资产再抵押过程的透明度提高，投资者可通过查看基础风险评级、所有的历史记录做出投资决策。通过区块链技术进行智能监管，智能合约节省了机构和个人投资者对底层资产的尽职调查成本和时间成本。技术驱动的金融创新使金融监管环境和业态发生变化。大数据、自然语言处理的舆情监控、情绪指数等的应用，能够从大量的数据、媒体信息、用户中生成大量内容，能够帮助监管者处理分析、建立相应的指标观察市场变化、识别主体间交易情况以及通过股权关系判断是否合规。

技术创新对资本市场的影响日益广泛和深入，影响了资本市场业务的全过程，新业务模式对传统业务和服务的影响更加深入。首先，技术驱动的金融创新使新业务得以开展；其次，技术驱动的金融创新能够使信息传递效率提高，逐渐替代传统中介的作用；最后，技术驱动的金融创新能够促进金融机构不断改进创新。技术可驱动金融创新推动资本市场普惠发展，大数据与云计算等数字技术降低了金融机构的参与门槛，拓展参与投资的途径。技术可驱动金融创新对资本市场的服务模式、人工智能等技术创新服务模式，降低传统财富管理门槛限制。技术可驱动金融创新投资模式，人工智能与量化投资领域的结合主要应用在两个方面，一是深度学习，通过人工智能辅助量化交易；二是智能投顾，通过机器模仿和复制优秀基金经理的模式，用人工智能和大数据分析等手段实现资产管理。技术可驱动金融市场适度竞争，云计算技术缩小了传统金融机构基础设施之间的差距，使传统金融机构业务向财务管理转型，金融科技公司与传统金融机构的竞争与融合也将更好地服务实体经济。

三、技术驱动金融创新服务黑龙江实体经济的实证分析

（一）变量选取及数据来源

1. 变量选取

（1）金融创新指标。关于金融创新，相关研究多根据熊彼特的观点进行定义，其将建立新的生产函数定义为创新，即企业家重新组合企业要素。宏观层面上，金融创新主要包括金融市场、金融制度、金融服务、金融体系等方面的创新；中观层面上，金融创新是指政府或金融机构通过转移经营风险或降低交易成本来逐渐改变金融中介功能，以适应经济环境，进而创造新的高效率资金运营方式的过程；微观层面上，金融创新则是指金融工具的创新。借鉴已有研究成果，本文以金融盈利效率，即金融业增加值与银行存贷之和反映金融创新。为避免单一变量解释力不足，同时选择金融创新度来衡量金融创新程度，即金融投资性资产总额与交易性总额的比值。

（2）技术创新指标。技术创新是旨在创造新技术的创新，包括开发新技术或将已有的技术进行应用创新。现有研究中多以研发投入后的专利授权量为技术产出型指标，本文将专利授权量作为技术创新指标。

（3）经济增长指标。参考已有研究成果，本文以国内生产总值代替国民生产总值，选取黑龙江省国内生产总值的人均实际值来衡量黑龙江省经济增长

指标。

2. 数据来源

考虑到各项指标原始数据的连贯性及可获性，将数据时间年限锁定于1998—2018年，数据来源于1998—2018年的《黑龙江统计年鉴》《中国金融年鉴》《中国科技统计年鉴》、Wind资讯金融数据库、《黑龙江省国民经济和社会发展统计公报》。

（二）模型设定

为研究技术驱动的金融创新与经济增长的长期动态关系，本文选取非结构化的VAR模型和VEC模型。选择这两个模型的原因在于，一是VAR模型适合于分析变量间长期均衡关系；二是考虑到变量间可能存在短期波动，VEC模型中含有误差修正项，可反映变量间短期波动偏离长期均衡的程度。VAR模型基本形式如下

$$\Delta AD_t = \boldsymbol{\alpha} \times \boldsymbol{\beta}' + \sum_{i=1}^{p-1} \varphi_i \Delta AD_{t-i} + \boldsymbol{\beta} X_t + \varepsilon_t \tag{2}$$

其中，ΔAD_t为内生变量，X_t为外生变量，$\boldsymbol{\alpha}$为调整参数矩阵，$\boldsymbol{\beta}$为协整向量矩阵，p为滞后阶数，ε_t为随机扰动项。式（2）转化为VEC模型的形式如下

$$\Delta AD_t = \alpha \times ecm_{t-1} + \sum_{i=1}^{p-1} \psi_i \Delta AD_{t-i} + \beta X_t + \varepsilon_t \tag{3}$$

其中，ecm_{t-1}为误差修正项，式（3）表明模型可确保信息完整性。

（三）实证结果分析

1. 平稳性检验

为防止出现异方差问题，在平稳性检验前对变量进行取自然对数处理。经济类型的时间序列变量往往存在明显的时间趋势性，若直接采用原始数据建模与分析，易出现“伪回归”现象。因此在分析前，首先对时间序列做平稳性检验，使变量满足平稳条件或经过同阶差分后平稳。本文采用ADF单位根检验法，该检验的原假设为被检验的时间序列是含有单位根的非平稳时间序列。若能够拒绝原假设，则认为变量平稳；反之对变量的差分的序列做单位根检验，并依次确定差分阶数与平稳性。变量平稳性检验结果见表2。

由表2可知，各变量的P值均大于0.05，在5%统计水平下通过显著性检验，不能拒绝原假设，即全部时间序列不平稳。再对变量的一阶差分序列作ADF单位根检验，此时变量检验统计量均小于临界值，且P值均小于0.05，由此拒绝原假设，即全部变量一阶差分序列均平稳，故可对变量建模分析。

表 2　ADF 单位根检验

变量	统计量	临界值			P 值	结论
		1%水平	5%水平	10%水平		
经济增长（ln*GDP*）	−0.049	−3.832	−3.030	−2.655	0.942	不平稳
差分后经济增长（dln*GDP*）	−3.476	−2.692	−1.960	−1.607	0.001	平稳
金融盈利效率（ln*f*）	−2.229	−4.533	−3.674	−3.277	0.449	不平稳
差分后金融盈利效率（dln*f*）	−3.261	−3.857	−3.040	−2.661	0.033	平稳
金融创新度（ln*fil*）	−1.445	−3.809	−3.021	−2.650	0.540	不平稳
差分后金融创新度（dln*fil*）	−6.135	−3.832	−3.030	−2.655	0.000	平稳
技术创新（ln*pat*）	−1.412	−3.809	−3.021	−2.650	0.556	不平稳
差分后技术创新（dln*pat*）	−3.853	−3.832	−3.030	−2.655	0.010	平稳
金融盈利效率与技术创新交互项（ln*fx*×ln*pat*）	−0.830	−3.832	−3.030	−2.655	0.787	不平稳
差分后金融盈利效率与技术创新交互项（dln*f*×ln*pat*）	−3.759	−3.857	−3.040	−2.661	0.012	平稳
金融创新度与技术创新交互项（ln*fil*×ln*pat*）	−0.852	−3.832	−3.030	−2.655	0.781	不平稳
差分后金融创新度与技术创新交互项（dln*fil*×ln*pat*）	−6.066	−3.832	−3.030	−2.655	0.000	平稳

注：显著性水平选取 5%。

2. 协整检验

变量通过单位根检验后，通过 Johansen 协整检验验证黑龙江省经济增长水平与技术创新、金融创新及二者交互项间的协整关系，分别采用迹统计量和极大特征根统计量判断，协整检验结果见表 3。

表 3　Johansen 协整检验

原假设	特征根	迹检验			极大特征根检验		
		统计量	临界值	P 值	统计量	临界值	P 值
无	0.979	152.356	83.937	0.000	69.316	36.630	0.000
至多一个	0.894	83.040	60.061	0.000	40.418	30.440	0.002
至多两个	0.654	42.623	40.175	0.028	19.101	24.159	0.209
至多三个	0.521	23.521	24.276	0.062	13.254	17.797	0.212
至多四个	0.433	10.267	12.321	0.108	10.201	11.225	0.075
至多五个	0.004	0.066	4.130	0.833	0.066	4.130	0.833

在迹检验统计量中，对于原假设变量间存在“无”“至多一个”“至多两个”的协整关系个数中，检验统计量对应的 P 值小于 0.05，可以拒绝原假设，而在“至多三个”“至多四个”和“至多五个”协整关系的假设下，检验统计量对应的 P 值大于 0.05，无法拒绝原假设。故迹检验统计确定黑龙江省经济增长水平与技术驱动的金融创新指标间存在三个协整关系。在极大特征根检验下，拒绝“无”“至多一个”协整关系的原假设，接受“至多两个”协整关系的原假设，即极大特征根检验得到经济增长指标与技术驱动金融创新间存在两个协整关系。故通过协整检验的两个统计量，最终确定黑龙江省经济增长与金融盈利效率、金融创新度、技术创新以及技术创新与金融创新交互项之间存在长期稳定均衡变动关系。协整方程如下

$$AD=-99.867\ln f+1.162\ln fil-107.439\ln f\times\ln pat+3.37\ln fil\times\ln pat+ecm \tag{4}$$

其中，*ecm* 为误差修正项。

由式（4）可知，金融盈利效率、金融盈利效率与技术创新交互项与黑龙江省经济增长水平呈负相关关系，而金融创新度、金融创新度与技术创新交互项与黑龙江省经济增长水平呈正相关关系。

3. 误差修正模型

在长期协整关系成立的基础上，进一步验证短期内各变量对黑龙江省经济增长水平的影响情况，通过建立误差修正模型来分析。该模型以长期均衡方程的残差项作为考虑因素，同时分别以变量的差分项作为短期变量来建立回归方程，重点检验随机扰动项 $ECM(-1)$ 系数的显著性，仅当随机扰动项系数小于 0，且通过显著性检验，才可认为存在短期反向修正机制，即随机扰动项存在反方向作用，进而保证长期的均衡关系（表 4）。

表 4　误差修正模型

变量	系数	T 统计量
常数项（c）	0.045	0.656
随机扰动项［ECM（−1）］	−0.828**	−2.529
修正后金融盈利效率（$D\ln f$）	−1.021	−0.794
修正后金融创新度（$D\ln fil$）	−0.833**	−2.756
修正后技术创新（$D\ln pat$）	0.328	0.297
修正后金融盈利效率与技术创新交互项（$D\ln f\times\ln pat$）	−0.570	−0.519
修正后金融创新度与技术创新交互项（$D\ln fil\times\ln pat$）	0.518*	1.827

（续）

变量	系数	T 统计量
R^2	0.662	
调整的 R^2	0.493	
F 统计量	3.920	
P 值	0.021	

注：**、* 分别表示解释变量系数在 5%和 10%的置信水平上具有统计显著性。

由表 4 可知，随机扰动项 $ECM(-1)$ 的系数为－0.828，同时 T 统计量在 5%统计水平下显著，可见存在短期反向修正机制，通过随机扰动项反向调节，保证长期内经济增长与金融创新、技术创新间具有长期平衡关系。短期内，金融创新度及金融创新度与技术创新交互项两个变量系数均显著，由系数判断，短期内金融创新度显著负向影响经济增长水平，而金融创新度与技术创新交互项则显著正向影响黑龙江省经济增长水平。

4. **格兰杰因果检验**

通过 Granger 因果检验分别验证经济增长水平与金融盈利效率、金融创新度、技术创新以及金融盈利效率、金融创新度分别与技术创新交互效应之间的因果关系，结果见表 5。

表 5　Granger 因果检验

原假设	F 统计量	P 值
金融盈利效率不是金融创新度与技术创新交互项的 Granger 原因	0.372	0.551
经济增长水平不是金融盈利效率的 Granger 原因	0.668	0.426
金融创新度不是经济增长水平的 Granger 原因	2.749	0.116
经济增长水平不是金融创新度的 Granger 原因	13.148	0.002
技术创新不是经济增长水平的 Granger 原因	6.277	0.023
经济增长水平不是技术创新的 Granger 原因	5.464	0.032
金融盈利效率与技术创新交互项不是经济增长水平的 Granger 原因	4.808	0.043
经济增长水平不是金融盈利效率与技术创新交互项的 Granger 原因	5.151	0.037
金融创新度与技术创新交互项不是经济增长水平的 Granger 原因	5.618	0.030
经济增长水平不是金融创新度与技术创新交互项的 Granger 原因	18.969	0.000

由表 5 可知，在黑龙江省经济增长水平与金融盈利效率间的因果关系检验中，对于两个原假设，两个检验统计量值对应的 P 值均大于 0.05，即在

5%统计水平下未通过显著性检验，即接受原假设，故黑龙江省经济增长水平与金融盈利效率不存在互动的因果关系。同理，黑龙江省经济增长水平与金融创新度的因果检验表明二者存在单向因果关系，其中金融创新度是黑龙江省经济增长水平的 Granger 原因，而黑龙江省经济增长水平不是金融创新度的 Granger 原因。黑龙江省经济增长水平与技术创新间存在双向因果关系，即黑龙江省经济增长水平与技术创新互为 Granger 原因。黑龙江省经济增长水平分别与金融盈利效率和技术创新交互项、金融创新度和技术创新交互相间均存在双向因果关系，黑龙江省经济增长水平是技术创新与金融创新交互项的 Granger 原因，反之亦然。

5. VAR 模型定阶与稳定性检验

建立黑龙江省经济增长水平与技术驱动的金融创新间的 VAR 模型，以研究其对经济增长水平的动态影响。在模型构建前通过 AIC 准则和 SC 准则确定最佳滞后阶数，检验结果见表 6。

表 6　VAR 模型定阶

滞后阶数	LogL 准则	LR 似然比	最终预测误差（FPE）	AIC 准则	SC 准则	HQ 准则
0	102.447	NA	0.000	−10.152	−9.854	−10.102
1	184.607	103.781 0*	1.52e-14*	−15.011 23*	−12.923 53*	−14.657 91*

由表 6 可知，5 个统计量反映在滞后 1 期时，VAR 模型最优，故可对黑龙江省经济增长与金融创新（金融盈利效率、金融创新度）、技术创新以及二者交互项（金融盈利效率、金融创新度分别与技术创新交互项）建立 VAR（1）模型。上述内容可确定 VAR（1）模型滞后，接下来对 VAR（1）模型随机残差序列做单位根平稳性检验，以验证模型合理性。

表 7　VAR 模型特征根检验

残差单位根（Root）	模数（Modulus）
0.979	0.979
−0.798	0.798
0.671	0.671
0.274 713−0.187 661i	0.333
0.274 713 +0.187 661i	0.333
−0.150	0.150

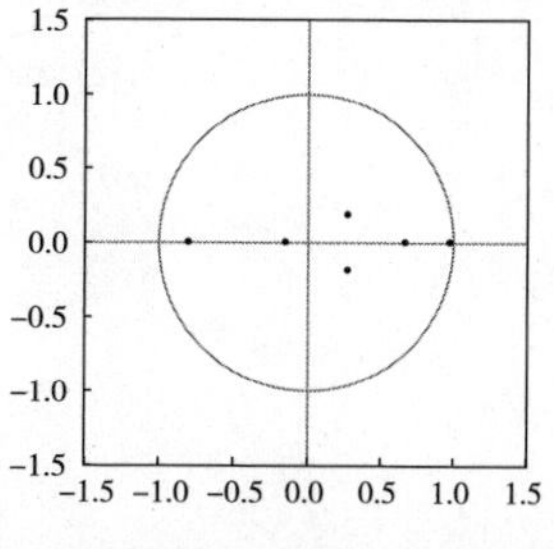

由表 7 可知，残差单位根均小于 1，且检验的根均位于单位圆内，表明所

构建的 VAR（1）模型稳定，故可通过脉冲函数及方差分解研究变量间波动关系。

6. 脉冲响应函数

由图 1 可知，从左到右依次为金融盈利效率、金融创新度、技术创新以及金融盈利效率与技术创新交互项、金融创新度与技术创新交互项受 1 个标准差冲击后，在滞后 10 期内黑龙江省经济增长水平的反应。其中实线为脉冲响应函数值，虚线为两个标准差的置信限。

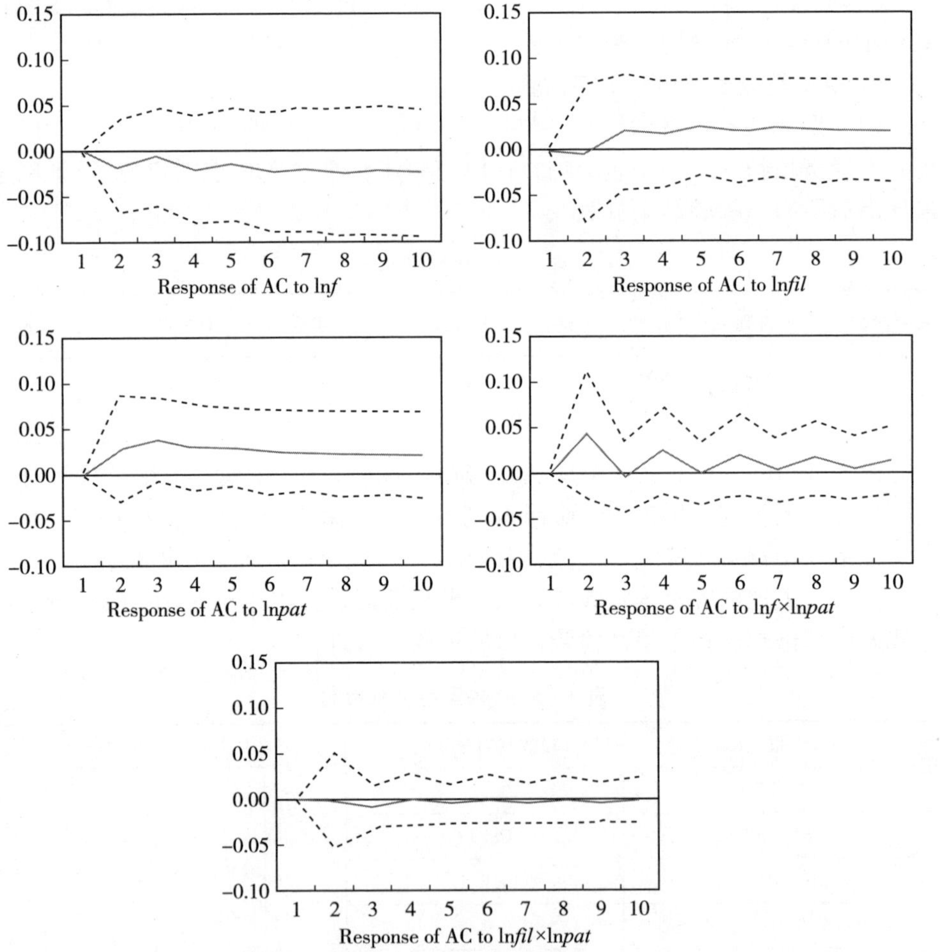

图 1 脉冲响应函数

由图 1 可知，当金融盈利效率受 1 个标准差冲击后，在 10 期内均对黑龙江省经济增长水平产生负向影响，即金融盈利效率的波动将导致黑龙江省经济增长水平负向变动；而金融创新度受1个标准差冲击后，将对黑龙江省经济增长水平产生正向影响，且影响作用较稳定，即金融创新度正向影响黑龙江省经济增长水平；技术创新受到冲击时，对黑龙江省经济增长水平的正向影响也较稳定且持久；此外，当金融盈利效率与技术创新交互项受到冲击后，对黑龙江省经济增长水平的影响同样为正向，但影响效果较为波动，随着时间推移，影响程度逐渐减弱。金融创新度与技术创新交互项受到冲击后，对黑龙江省经济增长水平无显著影响。

7. 方差分解

在VAR（1）模型的基础上，对黑龙江省经济增长水平进行方差分解（表8），研究技术驱动的金融创新对经济增长的波动解释情况。

表8　方差分解

时期	标准误	经济增长水平	金融盈利效率	金融创新度	技术创新	金融盈利效率与技术创新交互项	金融创新度与技术创新交互项
1	0.149	100.000	0.000	0.000	0.000	0.000	0.000
2	0.171	89.615	1.047	0.062	2.846	6.420	0.010
3	0.192	86.360	0.936	1.173	6.207	5.144	0.181
4	0.205	82.839	1.797	1.745	7.512	5.948	0.159
5	0.222	81.658	1.984	2.809	8.285	5.070	0.195
6	0.235	80.059	2.785	3.239	8.520	5.222	0.175
7	0.250	79.639	3.084	3.793	8.644	4.659	0.181
8	0.262	78.814	3.686	4.048	8.644	4.641	0.168
9	0.274	78.586	3.968	4.359	8.632	4.288	0.167
10	0.285	78.110	4.396	4.527	8.586	4.225	0.158

由表8可知，技术创新在期末的累计方差贡献度为8.586%，对黑龙江省经济增长水平的波动解释度最高。其次分别为金融创新度、金融盈利效率以及金融盈利效率与技术创新交互项，三个变量对黑龙江省经济增长水平的方差贡献度均在4%以上，可见三个变量对黑龙江省经济增长水平的波动具有一定解释作用。金融创新度与技术创新交互项在期末的方差贡献度仅为0.158%，表明此变量无法显著引起黑龙江省经济增长水平的波动。

通过方差分解，可确定技术创新对黑龙江省经济增长水平的波动解释作用最大，金融盈利效率、金融创新度以及金融盈利效率与技术创新交互项也对黑龙江省经济增长水平的波动产生一定效果，而金融创新度与技术创新交互项则并非黑龙江省经济增长水平波动的原因。

综上所述，技术驱动的金融创新与黑龙江省经济增长间关系的估计结果与现实较吻合。近 20 年来，黑龙江省经济发展综合水平不断提高，金融业发挥重要作用。金融规模的扩大和金融业结构框架的完善，为黑龙江省实体经济发展提供支持。黑龙江省作为农业大省，其存在较多不可抗因素，如，农业人口分布的地域广、缺乏完善的信用体系、农业自然灾害相对影响较大。但随着互联网的发展，信息不对称逐步弱化，技术驱动的金融创新已展开有益探索。但科技赋能金融创新的力度及金融盈利资金的合理应用方面仍有待加强，技术创新虽在一定程度上驱动了金融创新，但仍缺乏技术驱动的增值型金融服务，金融创新未实现质的飞跃，金融系统效率提升有限，短期内虽可推动实体经济发展水平提升，但长期推进经济发展的能力不稳定。因此，需要进一步发挥技术驱动作用，加速科技与金融的深度融合，以推进黑龙江省实体经济发展。

四、技术驱动金融创新服务黑龙江省实体经济的路径选择

（一）增强技术驱动金融创新服务实体经济动力

1. 促进信息技术与金融深度融合

进一步推动互联网、大数据、人工智能等信息技术同金融服务业的深度融合，推动融合科技加速向数字化、网络化、智能化发展，建立金融科技基础设施和数据资源管理体系，鼓励金融服务继续从线下向线上转移，加快产品创新和金融普惠的步伐。聚焦行业典型应用，推进关键信息技术在金融行业的试点应用、商用部署和推广。充分运用金融科技效用，借助大数据深入挖掘，量化客户风险承受能力、投资偏好、投资模型等，为客户提供更个性化的产品服务及策略咨询，不断满足客户多样化需求。金融机构应着重发展三方面，一是拓展金融服务渠道宽度，顺应互联网发展潮流，合理布局线上渠道，推进网点的轻型化、智能化转型，提升线上线下一体化跨渠道服务水平。二是延伸金融服务半径长度，发挥移动智能终端技术优势，突破金融服务“最后一公里”制约，提升金融服务可得性和便捷性。三是提升金融服务精准度。运用大数据、人工智能等技术，深度挖掘符合群体特征的金融服务需求，建立有针对性的专门经营机制，降低金融服务门槛，提升金融服务精细化运作。

大数据、云计算、区块链以及人工智能等新型信息技术集中涌现，相关职能部门应出台政策鼓励新技术与新金融加速融合，加快创新金融机构产品。应打造全面的黑龙江省科技信息服务平台，包括网络借贷、农村电商以及金融支持农业信息综合服务等平台，以推进服务黑龙江省实体经济的金融产品与科技深入融合，使科技嵌入基础性金融服务，从移动支付、网络结算入手，打破物理网点局限性，降低农村用户准入门槛，拓展符合生活场景的综合性金融服务，提高数字普惠金融的覆盖面，促进金融降本增效。而且通过储备高素质的科技人才，特别是熟悉金融业务的科技人才，能够加速推进金融产品与科技深度融合，为实体经济发展提供资金。通过支持金融机构与科技融合，鼓励其采用技术手段对实体经济生产经营、人民生活及消费信息进行大数据分析，为创新网络融资产品提供强力的技术支撑。此外，还应完善绿色金融产品和服务体系，鼓励金融机构利用数字技术加快创新绿色金融产品和服务，为黑龙江省污染防治、清洁能源、节水、生态保护、绿色农业等绿色领域提供资金支持，助力黑龙江省实体经济发展。

2. 重视科技与人才的合力作用

（1）人才引进方面。只有坚持引进优秀科技人才，才能助力实体经济发展，推动黑龙江省实体经济发展。近年来，中共中央、国务院及有关部门出台一系列政策，鼓励科技特派员等农业农村科技人才和农村实用人才从事农业农村现代化和新农村建设，助力实体经济发展。黑龙江省作为农业大省，应在国家相关政策指导下，围绕各地区经济社会发展需求出台政策措施，大力实施创新驱动发展战略，以人才工程为抓手引进人才，创新人才发展体制机制，促进科技人才流动，引导科技人才为乡村发展各个领域的创新驱动发展做出贡献。通过加快农村科技人才队伍建设，推动科技创新创业人才和部门整合科技、信息、资金以及管理等生产要素，深入开展科技创新创业和服务，为推进黑龙江省实体经济发展提供人才支撑。应创新乡村科技人才引进机制，改善农村创业创新环境，吸引金融、科技等各类人才返乡就业或创业，加强相关职能部门间的协作，解决外来引进人才待遇问题，同时加大对乡土人才的支持力度，加强科技人才在农业创业创新方面的荣誉感与使命感。

（2）人才培养方面。实体经济发展，人才应先行，应大力培养本土科技人才，实施人才培养工程。通过加强本土科技人才培养，实施人才振兴行动计划，开展各类技能培训班。政府部门应灵活运用人才培养政策、创业补贴和创业担保贷款等政策支持人才培养工作。具体至金融领域，应鼓励金融机构加大科技投入，打造智慧银行发展的新模式，为黑龙江省各地区居民提供除存取款、转账等传统业务外的自助服务，为消费者提供更加快捷的人工智能服务；还应健全人才培养机制，通过加强对金融产品开发、市场拓展以及互联网平台运营人才的培训来提高其基本业务素养，培养合规意识。同时，应完善金融机构的绩效考核管理体系和薪酬管理体系，提高技术驱动的金融创新业务在考核指标体系中的权重，满足科技人才的薪酬、福利待遇诉求，激发科技人才的创新能动性，助力黑龙江省实体经济发展。

3. 树立科技先行发展理念

聚焦人工智能、大数据、区块链、高端芯片、下一代互联网等前沿领域、新兴领域，鼓励支持理论与实践创新，充分发挥政府、企业、科研院所等各方力量，在技术研发、数据共享、安全保护、人才培养等方面统筹布局，瞄准科技前沿，突破核心技术瓶颈，培育领军人才，共同推动信息科技产业的发展与合作。一方面，明确金融产品和服务供给方是数字技术研发的主导者，用户是金融服务和产品的真正需求者。因此，应加强用户对金融专业信息、互联网操作等相关知识的学习，同时，使用户较快了解金融机构新产品和新服务。另一方面，应将技术驱动作为金融产品和服务创新的核心动力，突出培养高层次金融科技人才，大力开发急需紧缺人才，推进各类金融科技人才队伍建设。要适应金融业知识和科技技能等要素密集的特点，以提高专业水平和创新能力为核心，以高层次人才和急需紧缺人才培养为重点，加强金融科技融合型、复合型人才的培养和使用，倡导科技文化建设，以技术创新强化金融创新正外部性，加快金融创新服务实体经济发展。

数字普惠金融即科技赋能普惠金融，应在相关部门的正确领导和监管下，金融机构以科技先行作为发展理念，同时强化黑龙江省居民科技思维和科技意识。一方面，应引导金融机构树立科技先行的发展理念，鼓励其将创新效率置于首位。另一方面，由于黑龙江省部分农村居民受教育程度有限，接受新型技术创新的能力较弱，影响其对技术驱动金融创新活动的理解，阻碍新型金融产品的推广与应用。因此，应加强农村地区科技理念的普及与推广。加强农村基础教育，提高农村居民基础科学素养；加强农村地区科普活动，利用网络平台加快科技信息资源共享；加强农村科普人才建设，切实发挥科普人员在科普工作中的作用。结合黑龙江省金融产业发展实际情况，依托大数据等信息技术为黑龙江省文化产业和金融信用体系提供支持。针对黑龙江省农村居民缺乏金融知识，应加大力度普及金融知识，将金融知识与打击电信诈骗、消费者权益保护等工作有机结合，加大金融知识宣传活动力度，树立技术驱动金融创新的发展理念，推进乡风文明建设，提升农村居民的金融知识水平和风险防范意识。

（二）完善技术驱动金融创新服务实体经济方式

1. 引导商业性金融机构发挥主力作用

黑龙江省实体经济发展对金融的需求日益增多，但商业性金融机构的金融供给仍相对不足。而且传统商业性金融机构大都面临转型压力，在技术迭代不断加速的情况下，商业性金融机构需要找到可以继续推动增长的“第二曲线”。在对技术驱动金融创新的利用上，虽然正规金融机构仍为金融市场主要供给主体，但无论在产品方面还是在服务模式创新方面，非正规金融机构的表现要优于传统商业性金融机构，导致传统金融机构陷入增量和存量焦虑。因此，应支持和鼓励商业性金融机构在农村数字普惠金融发展中发挥主力作用。虽然民间金融机构对新型数字信息技术的应用较充分，但商业性金融机构基于资金实力、法人治理、管理经验以及风控能力，仍为不可取代的农村金融供给主体。政府部门应引导金融机构进行战略调整，主动承担起发展黑龙江省普惠金融和服务实体经济的时代使命，推进技术驱动的金融创新，服务省内“长尾”客户，降低黑龙江省精准化、差异化的获客和授信成本，加速黑龙江省数字普惠金融的可持续发展。

2. 引导金融科技企业发挥创新先导作用

金融科技企业引领着技术驱动金融创新、投入和发展，其通过大数据、云计算、区块链以及人工智能等技术获取大量数据，有效跨越了普惠金融发展的障碍，同时降低交易成本，提升了工作效率和风控能力。但随着社会内外部形势不断变化，金融科技企业的城市零售业务不断触及市场和客户增长的“天花板”，发展初期由宽松政策环境带来的较低合规成本逐渐消失。黑龙江省实体经济发展为金融科技企业提供重要场景，推动其将工作重心向黑龙江省金融市场转移，有助于加快黑龙江省数字普惠金融发展进程。因此，政府相关职能部门应在管控金融风险的前提下，加大对金融科技企业开发业务及创新金融产品的支持，鼓励其与具备网点和资金优势的金融机构合作，通过优势互补共同服务于黑龙江省普惠金融发展。

3. 发挥财税的激励引导作用

以技术驱动的金融创新作为黑龙江省实体经济发展进程中的助力，不仅需要财政政策积极配合，还需要完善财税激励机制，引导金融资源要素流向黑龙江省各个领域，尤其是“三农”领域。应对涉农金融机构降低税率或给予其他财税优惠政策，引导其增加信贷投入以服务黑龙江省“三农”领域。首先，应建立农村金融产品创新激励机制，可由各地财政出资建立专项基金，奖励为支持乡村特色农业开发而推出运用数字技术的金融产品的金融机构。鼓励金融机构探索低成本、可再生、易推广、符合各地实际的农村金融产品和服务模式，以加快建立和完善本土化的金融产品体系。其次，应加大货币政策的支持力度，使财政资金引领和撬动技术驱动金融创新。加强财政部门与金融机构的合作，应批量收集纳入政府风险补偿基金、政策担保公司等增信机制的农村用户的信息并发放惠农贷款。再次，应构建财政与政策性金融服务实体经济的互动融合机制，对农村普惠金融业务的奖励和补贴加大力度。最后，应加强财政、税收和金融政策的多方位、一体化协调融合，降低技术驱动金融创新的税收负担。探索引导性资金支持方式，充分发挥市场配置资源的决定性作用、金融机构技术驱动的创新主体作用以及财税杠杆作用。应建立和完善以激励为导向的金融政策体系，发挥好财政和金融的双向作用，完善财政支持体系和担保体系，政府应通过承担部分融资风险适当激励金融机构建立不断创新和服务“三农”的意识。同时，还应建立贷款补偿资金，探索建立政府、金融机构、担保机构的可持续合作体制与机制。

（三）保障技术驱动金融创新服务实体经济效果

1. 完善差异化监管保障体系

多样性的金融供给主体使得金融业的分工逐渐趋于市场化、专业化、精细化，扩展了金融产业链和生态圈。金融供给主体不仅包括通过运用科技创新来推动金融服务转型升级的传统金融机构，还包括运用数字技术、跨界开展金融业务的互联网企业。此外，还有为金融机构提供技术外包和配套服务的金融科技企业。金融产品上线交付速度随着黑龙江省金融业务流程的不断调整优化而逐渐加快，相较于过去，众多金融资产的转换更加便捷、高效，但分业分段监管的有效性和针对性随着金融活动的实时性、不间断性的逐渐显著而下降。监管部门需要高度重视这一问题，应建立和完善差异化监管政策保障体系，引导和激发金融机构服务黑龙江省实体经济的积极性和可持续性，监督其从定性和定量角度开展服务实体经济的考核评估、通报，加强监管部门对金融机构的激励约束以提升政策效果。技术驱动的金融创新在高效的网络基础设施支持下将有效降低准入门槛和服务成本，有助于提升农村金融服务的普惠性。

合理的监管体系是技术创新和金融风险在技术驱动金融创新服务实体经济发展过程中保持在一个相对平衡状态的重要保障。金融机构外包业务（如区块链、智能数据分析、身份识别等技术运用）过程中产生的金融风险缺乏监管，会对金融系统稳定造成冲击。一方面，金融机构在与外包服务机构建立外包业务时，应对其进行专门化管理并纳入自身业务，并承担外包业务风险中风险管控主体责任。金融机构应建立严格的风险管控制度和检测制度，明确各方责任义务等。金融机构与服务外包提供商签订的外包协议必须涵盖外包业务的所有环节，并详细且明确界定双方权利和义务关系，保证外包业务得以规范运行。另一方面，监管部门应加强对金融外包风险的监测，建立多层次监管机制，强化行业自律机制的引导作用。

2. 打造技术驱动金融创新监管沙箱

随着大数据、云计算、区块链以及人工智能等信息技术不断融入黑龙江省经济社会的各个层面和领域，技术驱动的金融创新在服务实体经济过程中，既发挥积极作用，也存在由技术创新造成的新风险。因此，要推动技术驱动的金融创新高质量发展，金融监管就要应对技术驱动的金融创新为普惠金融发展带来的机遇和挑战，做到鼓励创新与防范风险的统一。目前，技术驱动的金融创新在降低金融风险的同时，也引入新的风险。部分国家和地区采用限制性监管方式，根据技术驱动金融创新的本质，纳入其现有监管体系；还有部分国家和地区建立科技创新检验机制，以平衡创新与风险。英国金融行为监管局（FCA）提出了“监管沙箱”，我国可借鉴，通过大力发展监管科技、创新监管工作机制、完善金融消费者权益保护机制等，推进技术驱动金融创新高质量发展，更好服务于黑龙江省实体经济。

首先，应加快建设黑龙江省金融监管的基础设施。技术驱动的金融创新应遵循政府引导与市场主导相结合的原则，加强监管，健全财政金融协同机制，加大力度进行推广和试点，优化基础设施环境。监管科技通过收集和分析数据，可快速识别金融项目优劣，大幅提升金融监管效率。我国监管科技目前仍处于探索阶段，尤其是黑龙江省金融监管科技的应用局限性较大，需要系统推进监管科技发展。应完善数据信息实用和数据安全方面的相关法律法规，清晰界定金融数据信息的所有权、使用权和收益权。应鼓励开发和应用监管科技工具，鼓励金融机构加强与金融科技企业的合作，在明确准入资质和技术标准的前提下，采用第三方成熟的产品、技术和解决方案，扶持真正具有技术创新含量的金融科技应用。

其次，应健全试验性金融的监管体系。英国“监管沙箱”的核心内容是为技术驱动的金融创新提供测试，通过以行政区域为界划定试验区试行金融监管科技，监管部门可适度放宽或豁免法律的适用。我国以创新产品为界的“监管沙箱”应搭建金融科技创新产品的测试平台，围绕农村金融产品创新、农村消费者权利保障、风险控制措施等建立监管试验场。我国可为技术驱动的金融创新产品设立专门的测试机构，并予以委托测试的立法权，严格把控准入门槛。

再次，应优化监管部门对金融监管的角色定位。“监管上位、产品下位”是我国金融监管的基本特征，监管被视为国家部门的活动，金融产品和服务的供给则被视作经营者的活动。在实践中应统一监管机构与监管对象，应在深化金融监管体制改革基础上，创新监管工作机制，加强监管部门与金融机构、金融科技企业的沟通，使其符合法律法规和监管层的规制要求，并与消费者沟通，了解其需求，维护其合法权益。

最后，应完善黑龙江省金融消费者权益保护机制。应对黑龙江省金融消费者做好权益保障工作，制订科学合理的消费者保护计划，包括试验范围、信息披露、产品合同、隐私保护、损失赔偿以及技术标准等，以规避创新风险，避免将技术创新风险从金融机构转移至金融消费者。还应打通消费者意见反馈、投诉和维权通道，构建跨业综合机构以健全内部纠纷解决机制。此外，监管部门还应联合社会组织、消费者保护协会以及行业协会，建立和完善第三方纠纷解决机制。

3. 完善金融监管科技体系

2019 年，中国人民银行金融科技委员会召开了第一次会议，提出要逐步建立金融科技监管规则体系，持续强化监管科技的应用，提升风险态势感知和预防能力，增强金融监管的专业性、统一性和穿透性。在技术驱动和监管趋严的双重需求下，监管科技的重要性日益凸显。2014 年，我国首次提出监管科技的相关工作，起步相对较晚。中国人民银行金融科技委员会于 2017 成立，主要通过强化监管科技应用实践来丰富金融监管。中国证监会于 2018 年 8 月正式印发《中国证监会监管科技总体建设方案》，完成了监管科技建设工作的顶层设计，2019 年监管科技已进入制度化和具体运用的探索阶段。近年来，大数据、云计算、区块链以及人工智能等技术深刻影响金融变革，在科技与金融不断融合发展的大趋势下，技术驱动的金融创新因具有低成本、低门槛等优势，不断渗透至农村地区，在解决黑龙江省普惠金融发展困境的同时也带来新的风险。由于信息收集更密集且更有深度，前后端及与合作方的系统架构更为复杂，部分未经过监管明确许可、有争议的获客、面客方式均会滋生大量风险，此类风险传递效应较大，处置较难，会造成较大损失。因此，在完善和推进黑龙江省数字普惠金融发展的过程中，也应运用监管科技提升黑龙江省金融监管能力。

监管科技的本质在于在监管部门与金融机构间通过技术创新建立可信赖、可持续、可执行的监管协议和合规性评估机制。随着监管合规对数据依赖程度的提升，金融监管科技智能化成为必然趋势，因此，政府相关职能部门应助力打造金融监管科技的生态圈。首先，应在金融监管体系中纳入黑龙江省数字普惠金融主体，完善相关的法律法规，明确界定投融资领域，避免不法人员游走于监管空白区域。其次，监督数字金融行业内部自律情况，督促其履行责任与义务，及时披露信息，并保护消费者信息，严防信息泄露，使消费者权益得到合法保障。再次，金融监管部门应合理运用大数据、云计算、区块链以及人工智能等技术，预判金融风险态势，以实时收集、整合、共享监管数据，及时发现违规操作和高风险交易等潜在风险，达到精准识别、有效防范金融风险的效果。最后，金融机构采取应用对接、系统嵌入等方式，将法律法规、规章制度、监管政策等转化为数字协议，一方面，自动化方式可减少工作量，提高工作效率；另一方面，自动化方式可有效减少人工干预，避免理解歧义，便于精准执行。

关于黑龙江省黑土地保护与利用的研究*

崔宁波　兰　惠　肖　扬　时骄禹　杨佳利等

黑土地凭借其优良的性状以及高度的稀缺性，被誉为“耕地中的大熊猫”，是极为珍贵的土壤资源。作为粮食生产最基础的物质载体，黑土地不仅承担着保障粮食安全的责任，更肩负着提供生态服务的重担。然而，受国内持续增长的粮食需求和错综复杂的国际形势的综合影响，粮食供求呈现紧平衡的态势，进一步加大了耕地生产的压力，特别是对于贡献了全国1/5粮食产量的黑土地来说，迫切需要提升其综合生产能力。与此同时，为了确保粮食供给能力不下降，以增产为目标的持续高强度的利用，使黑土地面临的生态压力也越来越大，并逐渐呈现出土壤有机质含量下降、理化性状与生态功能衰退的问题，严重威胁到黑土地在粮食安全中“压舱石”的地位。但黑土地资源作为一种典型的公共物品，纵然有保护政策的约束，在生产利用过程中也难免存在追求短期经济效益却不顾长期生态效益的行为，生态补偿则是协调粮食生产与黑土地生态保护矛盾的重要激励手段，可以通过显化黑土地生态服务功能所产生的生态效益，并将其内部化纳入黑土地利用收益，弥补由黑土地保护外部性引发的比较利益低下的问题。

对此，我国已有多项宏观政策涉及耕地生态补偿的内容，从2016年《国务院办公厅关于健全生态保护补偿机制的意见》，到2019年《自然资源部　农业农村部关于加强和改进永久基本农田保护工作的通知》，再到2021年《关于深化生态保护补偿制度改革的意见》，均提到要完善耕地生态补偿机制，在《东北黑土地保护规划纲要（2017—2030年）》中更是针对性地提出鼓励探索东北黑土地保护奖补措施，充分调动地方政府和农民保护黑土地的积极性。尽管在实践过程中已经进行多次尝试，但黑土地的生态补偿仍存在着政策规划不

---

* 黑龙江省社科基金习近平总书记“七一”重要讲话精神专题重点研究项目（项目编号：21JYA441）。

项目负责人为崔宁波教授，主要参加人员有兰惠、肖扬、时骄禹、杨佳利、王婷、赵端阳、原海峰等。

够详尽、补偿方式单一、补偿主体划分不清晰、补偿标准不统一等问题，在一定程度上阻碍了黑土地保护与利用向更高层次推进。因此，黑土地生态补偿需要立足于现阶段粮食生产与生态保护的需要，通过建立更为完善、具体的生态补偿制度，以达到用养平衡的目的。基于此，本节以厘清黑土地生态补偿制度的历史沿革为基础，从内涵界定和理论缘起两个方面剖析黑土地生态补偿制度的理论逻辑，于客观要求、施策效果和实践困境中归纳其现实逻辑，并从战术层和保障层两个层面设计黑土地生态补偿的制度框架，旨在为缓解由黑土地生态效益趋紧与粮食供求紧平衡态势引起的双重压力、助力实现黑土地利用经济效益和生态效益的双赢提供思路建议。

一、黑土地生态补偿制度的历史沿革

改革开放以来，伴随着社会经济的高速发展，城镇化建设与农业生产之间的矛盾逐渐显现，建设用地的扩张牺牲了大量的耕地，导致耕地面积减少、质量下降、生态恶化。作为保障粮食安全的重要载体，黑土地在经过高强度的利用和粗放的生产后，逐渐暴露出有机质含量下降、生态功能退化等问题，生态补偿制度也随之浮现。现有政策文件中关于黑土地生态补偿的相关内容较少，故本部分以耕地生态保护为起点，到初步提出耕地生态补偿制度，再到完善耕地生态补偿制度并加入黑土地生态补偿的内容为路线，梳理黑土地生态补偿制度的变化，并将其历史沿革划分为“萌芽—初建—深化”三个阶段（图 1）。

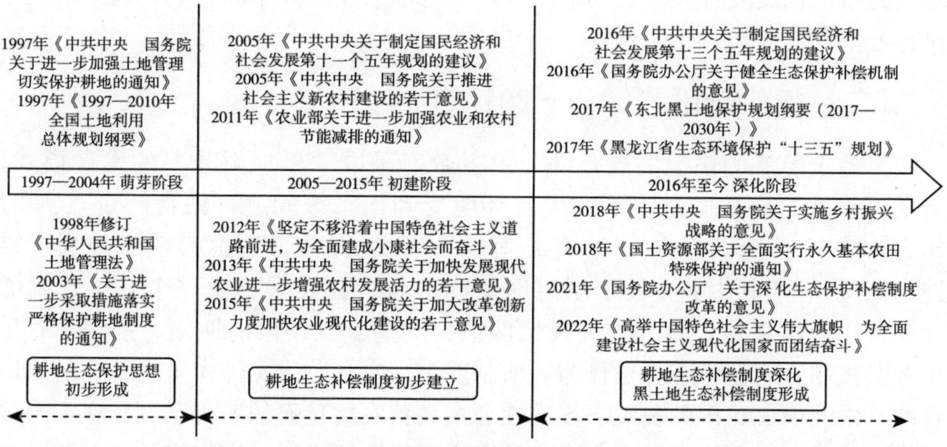

图 1　黑土地生态补偿制度的历史沿革

（一）萌芽阶段（1997—2004 年）

在这一时期，得益于香港和澳门的回归、西部大开发战略的提出以及中国加入世贸组织的契机带来了新的投资机遇，但也因此引发了乱占耕地的现象。据统计，1997—2004 年，全国每年新增建设用地 570 万亩，其中占用的农民耕地达到了 304 万亩。为缓解由高强度利用带来的耕地问题和进一步提升耕地保护政策的效益，1997 年中共中央、国务院发布了《关于进一步加强土地管理切实保护耕地的通知》，明确要在国家统一规划指导下，按照谁开发耕地谁受益的原则，以保护和改善生态环境为前提，鼓励耕地后备资源不足的地区与耕地后备资源较丰富的地区进行开垦荒地、农业综合开发等方面的合作。相比于以往单一强调保障耕地数量动态平衡的要求，耕地的生态环境问题已经开始得到重视。同年发布的《1997—2010 年全国土地利用总体规划纲要》也强调要在保护生态环境的前提下，保持耕地总量动态平衡，土地利用方式也要由粗放向集约转变，以实现土地利用经济、社会、生态效益三统一。于 1998 年修订的《中华人民共和国土地管理法》（以下简称《土地管理法》）以立法形式将“十分珍惜、合理利用土地和切实保护耕地”确立为我国的基本国策，并将保护和改善生态环境、保障土地的可持续利用作为土地利用的原则之一。2003 年发布的《关于进一步采取措施落实严格保护耕地制度的通知》，积极支持生态脆弱地区基本农田整理，确保当地有足够数量的基本口粮田，并积极提高耕地质量。耕地生态保护的思想在这一阶段初步形成，但相关政策仅将生态保护作为目标的形式提及，对于耕地生态保护工作的部署不够明确，并且由于这一阶段的城镇化发展有大量的用地需求，加之国家发展战略的影响，政策的实际执行效果并不理想。

（二）初建阶段（2005—2015 年）

为追求经济的快速发展，部分地方政府采取“土地财政”的发展模式，造成了耕地数量和质量下滑、生态环境受到损害等问题，粮食产量在 1997 年为 49 417 万吨，但在 2004 年下降到 46 947 万吨，这也为政府敲响了警钟。2005 年《中共中央关于制定国民经济和社会发展第十一个五年规划的建议》中首次提出，按照谁开发谁保护、谁受益谁补偿的原则，加快建立生态补偿机制，这是生态补偿作为一项制度第一次在政府文件中被提及。随后出台的《中共中央　国务院关于推进社会主义新农村建设的若干意见》在大力加强耕地质量和生态建设的内容中，补充说明要继续实施土壤有机质提升补贴试点，建立生态补偿机制，初步将生态补偿与耕地质量提升挂钩。2011 年，农业部出台《农业部关于进一步加强农业和农村节能减排的通知》，要求在研究制定农业和农村节能减排的相关政策时，建立完善农业生态补偿机制，并特别提出要发挥企业和农民的主体作用。2012 年党的十八大正式揭开了生态文明建设的序幕，有力推动了耕地生态补偿制度的进一步优化，十八大报告中指出要完善最严格的耕地保护制度，建立反映市场供求和资源稀缺程度、体现生态价值和代际补偿的资源有偿使用制度和生态补偿制度，对耕地生态补偿制度的规划提出了具体的要求。继而在 2013 年的中央 1 号文件中，将耕地生态补偿划为农业补贴中的举措进行阐述，表明要完善主产区利益补偿、耕地保护补偿、生态补偿办法，加快让农业获得合理利润，并继续实施土壤有机质提升补助。2015 年的中央 1 号文件与 2013 年中央 1 号文件的思路基本一致，健全粮食主产区利益补偿、耕地保护补偿、生态补偿制度，并继续实施种粮农民直接补贴、良种补贴、农机具购置补贴、农资综合补贴等政策，扩充了补贴的种类，以提高农业补贴政策效能。在这一阶段，为弥补以往耕地保护政策效能发挥不足，耕地生态保护的观念进一步深化，耕地生态补偿制度在国家层面也逐步受到重视并初步建立，从宏观上明确了制度实施的原则与要求，也特别凸显了企业和农民作为参与主体的重要地位。但这一阶段的耕地生态补偿政策缺少确切的实施细则，而且大多以各类农业补贴作为生态补偿的主要形式，补偿的内涵较为单一，缺乏对于耕地生态环境保护的针对性。

（三）深化阶段（2016 年至今）

耕地保护政策的调整反映了耕地利用方式的转变，随着十八大以后生态文明建设的开展，耕地生态补偿制度也进一步深化。2016 年的中央 1 号文件承接上一阶段的部署，提出耕地数量、质量、生态“三位一体”保护，完善耕地保护补偿机制，更加强调耕地生态保护的重要性，表明进一步完善制度的需要。同年出台了《国务院办公厅关于健全生态保护补偿机制的意见》，针对耕地生态补偿制度进行了专门的论述，并规划耕地生态补偿的实施方向。2017 年《东北黑土地保护规划纲要（2017—2030 年）》，按照以绿色生态为导向的农业补贴制度改革要求，鼓励探索东北黑土地保护奖补措施，调动地方政府和农民保护黑土地的积极性，由此，黑土地生态补偿首次出现在国家层面的文件中。黑龙江政府为加强寒地黑土保护，在《黑龙江省生态环境保护“十三五”规划》中，提出建立黑土地消耗补偿长效机制。2018 年的中央 1 号文件突破性地提出建立市场化、多元化生态补偿机制，鼓励以市场为导向开展多种形式的生态补偿。2018 年发布了《关于全面实行永久基本农田特殊保护的通知》，按照谁保护、谁受益的原则，鼓励探索耕地保护激励性补偿和跨区域资源性补偿，丰富了耕地生态补偿的可能形式。在 2021 年的《关于深化生态保护补偿制度改革的意见》与 2022 年的二十大报告中，均涉及健全耕地休耕轮作制度、完善生态保护补偿制度的内容。在这一阶段，耕地生态补偿制度已经作为一项国家政策被确立并不断深化，在明确制度实施的原则与要求的基础上，扩充了更为具体的制度实施方向和多种形式的补偿方案，未来的发展趋势也更加明朗。黑土地生态补偿制度也在这一阶段得以形成，但相较于耕地生态补偿制度，黑土地生态补偿制度出现较晚，受到的关注度不够，且政策制定的思路也大多与耕地生态补偿的内容相似，对于黑土地在耕地资源中的特殊性体现得不够明显，缺乏具体的举措与相应的管理机制。

二、黑土地生态补偿制度的理论与现实逻辑

作为耕地保护政策中必不可少的一部分，黑土地生态补偿制度在经历政策变迁后逐步形成，对平衡黑土地利用与保护间的关系愈发关键。明晰黑土地生态补偿制度的理论逻辑与现实逻辑，是构建黑土地生态补偿制度框架的重要前提。其中，理论逻辑从内涵界定和理论缘起两个层面在理论上回答了什么是黑土地生态补偿和为什么补偿的问题；现实逻辑从客观要求、施策效果和实践困境三个方面基于实际情况理顺了黑土地生态补偿制度构建的依据、现状和亟须解决的问题，为后续制度的构建及进一步完善提供了方向和落脚点。

（一）理论逻辑

1. 黑土地生态补偿制度的内涵界定

目前关于黑土地生态补偿制度的内涵在国内学术界尚无明确的定论，但生态补偿以及耕地生态补偿在国内外学术界都引起了广泛的讨论。国外学者很少直接使用生态补偿这一概念，更多使用生态服务付费（Payment For Ecologic Services，PES）或者生态系统服务补偿（Compensation For Ecologic Services，CES）这两个概念。其中，最常用的概念是生态服务付费，其基本含义是通过对生态环境服务的使用者给予一定的费用补偿，以此激励其生态环境保护的行为。国外早期研究认为，生态服务付费通过市场价格机制，使产生外部性问题的生产经营者对总成本收益与私人成本收益间的差额进行补偿，赔偿产生生态负外部性的行为或奖励产生生态正外部性的行为，是生态服务的受益者向生态服务的提供者或管理者付费的一种补偿方式。另外，也可以看作社会主体之间的资源转移，通过激励机制使个人或集体的土地使用决定与自然资源管理的利益目标相一致，以防止生态系统和自然资源的过度恶化。对于耕地来

说，耕地生态补偿为维持生态系统健康的异质土地提供公平的市场价值补偿，可以维持成本和收益的平衡并促进耕地生态服务的供给。国内早期研究认为，生态补偿通过协调各利益主体的关系，将生态环境的外部性进行内部化，以实现生态保护和促进生态服务功能的增值。而对于耕地生态补偿的含义一般有两种不同方向的理解，一种是侧重于考虑农户进行生产种植活动的机会成本，将耕地生态补偿看作是对农户因承担生产种植活动和耕地保护任务而丧失的公平发展机会进行补偿。另一种则是侧重于考虑耕地生态效益的外部性，认为耕地生态补偿是由生态效益的受益者向供给者提供补偿的行为，通过将外部性内部化，显化耕地的生态效益。

基于上述观点以及对黑土地特殊性的认识，本文认为黑土地生态补偿制度应是在综合考量黑土地的粮食生产效益和生态效益的基础上，以经济手段对黑土地利用过程中产生的正外部性进行补偿的制度举措。需要特别注意的是，"补偿"不等同于"补贴"。"补贴"强调的是对于所产生损失的弥补，更多的是通过政府转移支付的手段实现。而"补偿"在"补贴"的基础上更加强调对于正向行为的激励，除政府转移支付以外，也可通过市场机制等多种手段实现。此外，在黑土地生态补偿制度的内涵中，也蕴藏着三对重要关系：一是整体和局部的关系。既要以顶层设计统筹整体，建立系统性、全局性的规划安排，兼顾相关利益主体的需求，确保形成合力推动制度的顺利施行，又要以差异化的视角规划局部，充分考虑不同区域黑土地资源条件情况、开发利用状态以及经济发展水平等客观现实，以科学的方法制定差异化的补偿标准和方案，确保因地制宜，避免"一刀切"。二是短期和长期的关系。既要立足当下，保障种粮农民收益，弥补因保护利用使短期的经济效益受到的损失，又要放眼长远，提升黑土地生产能力，不因生态修护而降低粮食产能，借助长效措施妥善处理黑土地资源发展与保护的关系，协调黑土地利用的经济效益与生态效益。三是政府和市场的关系。既要夯实政府功能，充分发挥政府在黑土地生态补偿中的引导作用，并履行好监督和管理的职责，规范生态补偿行为，又要引入市场机制，以市场化、多元化的补偿形式，灵活解决政府在政策执行过程中效率低下的问题，并以多种资金筹措渠道，缓解政府的财政压力，充分发挥市场机制的调节作用。

2. 黑土地生态补偿制度的理论缘起

（1）经济逻辑：由黑土地的基本经济属性决定。一方面，黑土地本身的生态社会属性决定了黑土地属于公共物品的范畴，具有非排他性也具有非竞争性。黑土地提供的生态服务既无法排除他人享用其生态效益，也不会因单个人而影响到他人享用的程度，并且受益者具有分布广泛和高度不确定性的特点，所以在没有政策约束的条件下容易产生“公地悲剧”和“搭便车”问题。尤其在目前传统种粮收益较低的情况下，难免在保护利用过程中出现以牺牲生态环境为代价满足自身利益，而不顾黑土地长期持续效益的行为。因此，依据“谁受益，谁补偿”的原则形成生态补偿的政策约束，可以缓解黑土地资源因公共物品属性导致的生态效益减少的问题。另一方面，黑土地资源具有强烈的正外部性，使黑土地质量的提升与生态效益的保护面临着重大挑战。黑土地的利用价值不仅在于经济方面，还体现在多种生态功能带来的生态社会效益上。农户和集体经济组织等作为黑土地的直接经营者，其保护行为给整个社会带来了极大的生态社会效益，但自身由于治理成本的存在产生了负向效益。这种未能将黑土地农用的外部效益（生态效益和社会效益）纳入黑土地经营和保护主体的收益，却需承担保护成本的行为，会造成黑土地保护与否之间的综合效益效应失效，产生经济效益主导效应，尤其在目前大部分农民收入较低的情况下，农民追求私人收益最大化，主动承受损失并进行黑土地保护的意愿较低，相应地就会减少这种正外部性行为。此外，这种黑土地保护的正外部性还存在跨区域外溢的特征，往往经济发展较好的地区（城镇居民区）黑土地保护目标较低，会无偿获得黑土地保护目标较高的地区（农作物种植区）在农用过程中产生的生态社会效益，具有“理性人”特征的黑土地保护重点区地方政府就会选择偏离预先的保护目标，导致黑土地保护政策失灵。因此，在黑土保护外部效益的持续性、普遍性和跨区域性特征下，需要对黑土地的正外部性进行补偿，将生态效益外部性内部化，纳入自身的保护收益，降低或消除与不保护之间的综合效益差（图 2），以此提高黑土地经营主体和重点保护区的保护积极性。

（2）制度逻辑：由耕地产权制度的特点决定。一方面，现有耕地产权制度中所有权主体的模糊导致在实践中所有权主体缺乏对耕地的归属感，制度本身无法给黑土地生态保护主体提供一种有效的激励保护。外部效应是黑土地保护激励机制构建的理论基础，而产权界定是对这一稀缺资源权属性、分割性和排他性的认定，是任何外部效应内部化的前提。目前，黑土地生态保护制度仍然以法规约束和行政监管为主，农民对土地的权能往往受到政府的限制。德姆塞茨认为，产权作为一种社会工具，能够帮助人们出于规避自身受损而将外部性内化并完成双方交易的合理预期。在市场经济运行下，产权界定不明、主体及权能不清是阻碍其发挥作用的一个重要原因。根据科斯产权理论，产权制度安排及边界的清晰度会导致不同的激励结果和资源配置效率，所有外部效益问题的本质就是产权问题，某项事务或活动对周围环境造成不良影响，行为人却并未因此而付出任何补偿，而清晰的产权可以有效地解决外部不经济问题。在目

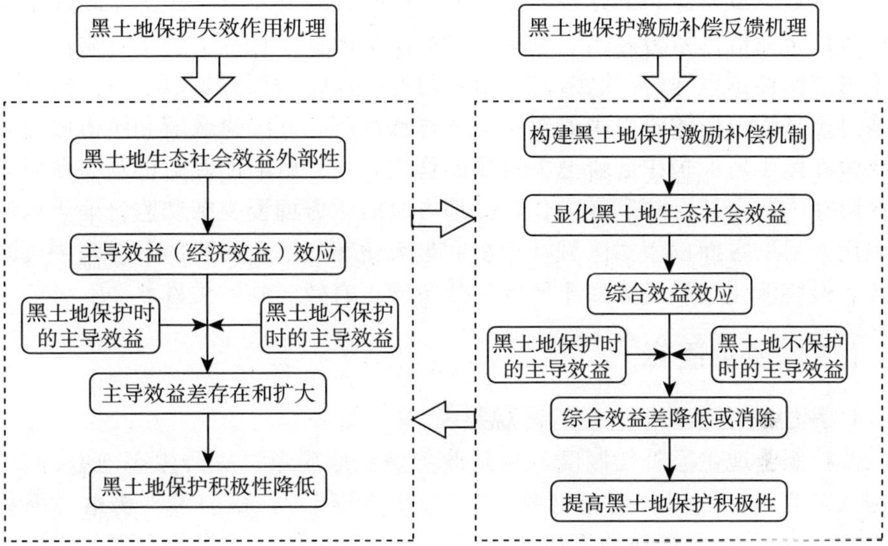

图 2　黑土地保护失效与激励补偿之间的作用反馈关系

前所有权主体尚不明晰的情况下，需要辅以黑土地生态补偿的激励手段，以补偿的形式弥补所有权主体因采纳保护行为而损失的部分经济利益，巩固对黑土地的责任归属，提升其对生态效益的关注度。另一方面，土地公有制可以统筹各方力量为生态补偿这类共同制度提供制度保障。纵观土地所有制的变迁历程，土地公有制在调动农民生产种植的积极性和发挥集体组织的统筹力量上有显著的优越性。区别于土地私有制，土地公有制更加注重全体成员的利益，更有助于实现黑土地资源经济效益和生态效益的统一。就黑土地生态补偿制度而言，土地公有制既可以为其减少制度实施的阻碍，使局部利益服从整体利益，又可以提升其制度实施的效率，协调国家、地方政府与农民的利益诉求。

（3）主体逻辑：由相关主体的目标诉求决定。黑土地保护已经不能再作为一项政策被孤立实施，更多的是在制度约束和激励下，多方参与主体在不同利益诉求下为实现自身利益最大化而进行博弈，最后达到均衡的复杂过程，在这个过程中，如果自身期望得到了满足必然会主动地参与黑土地保护工作，如果不能得到满足就会退出博弈，出现保护积极性不高的问题。农户和集体经济组织等黑土地保护的主要执行者，由于黑土地外部性的存在和自身收入较低的事实，他们希望得到这种外部性受益者的经济补偿和政策支持；城镇居民等社会空间人群是黑土地粮食供给、水涵养、空气调节等生态服务功能的无偿消费者，理应为黑土地保护做出一定的补偿，但在缺乏相应付费平台和约束的情况下，大多数人没有意识到这种“搭便车”的行为，其主动承担黑土地保护义务的积极性也较低。双方在没有约束和管制的情况下，往往会为了各自利益使博弈陷入“囚徒困境”，无法实现黑土地保护区域共同利益最大化。从根本来说，仅通过市场配置资源难以消除黑土地的外部性问题，中央政府和地方政府的行为决策在黑土地保护中起着至关重要的作用。中央政府的利益诉求和期望是包括区际在内的全社会福利最大化，而地方政府一方面要支持和监督黑土地的保护利用，另一方面出于本区域社会福利最大化和经济发展目的，会与中央政府博弈，最终演化结果成为黑土地保护政策能否有效实施的关键。

（二）现实逻辑

1. 黑土地生态补偿制度的客观要求

践行黑土地生态补偿制度，一是改善黑土地质量、提升生态效益的要求。根据《东北黑土地保护规划纲要（2017—2030 年）》，目前黑土耕地总面积约为 2.78 亿亩，占全国耕地面积的比例约为 13%，但由于自然因素的影响和高强度的开发利用，导致黑土地的质量下降显著。据统计，典型黑土区中存在水土流失的面积有 4.47 万平方千米，黑土层的流失速度每年接近 1 厘米。加之土壤酸化和耕作方式的影响，出现黑土地逐渐变薄变瘦变硬、土壤有机质含量下降等问题，黑土地所能提供的保持水土、涵养水源、调节气候、改善人居环境等生态功能也随之受到影响。而黑土地生态补偿最根本的目的就是保护黑土地的生态环境，确保黑土地质量不下降。

二是确保国家粮食安全，落实藏粮于地的要求。黑土区以全国 13%的耕地面积，贡献了全国 25%的粮食产量和粮食商品量，是保障国家粮食安全的“压舱石”。随着我国迈入新发展阶段，国内食品消费结构持续升级，对粮食生产的质量和结构提出了更高的要求。同时，受到新冠肺炎疫情和地缘政治等因素的影响，粮食贸易形势不稳定，也在一定程度上影响了我国的粮食安全。在此形势下，要严格落实藏粮于地战略，以满足保障国内粮食供给对于耕地产能提升的需要。黑土地生态补偿既有助于维持生态功能，实现可持续利用，又有助于提升黑土地产能、缓解粮食生产压力。

三是保障种粮农民收益、激励保护行为的要求。虽然农业是国家的支柱型产业，但从事农业生产的农民获得的收益偏低，出于理性的考量，农民会选择投入更少、收益更高的生产方式，容易产生依靠投入大量农药、化肥实现增产增收的现象。然而，采纳黑土地生态保护行为在短期内必定会影响产量的提升，对于增收的效果并不明显。农户作为黑土地保护最直接的主体，需要通过生态补偿、以经济手段激励其采纳保护行为，保障其合理收益。

2. 黑土地生态补偿制度的施策效果

各省市对于生态补偿制度已经展开多项实践，例如吉林省长白镇对于森林生态效益的补偿、黑龙江省对于矿产资源开发的生态补偿和水源地的流域生态补偿、辽宁省对于湿地和森林的生态补偿均颁布了具体的实施细则，并且在过去几年中，黑龙江省也尝试将生态补偿与扶贫工作结合在一起，推行生态扶贫。但相较于森林、流域和矿产的生态补偿，黑土地的生态补偿多是由省政府出资，以耕地地力保护补贴、粮食生产者补贴、保护性耕作补贴三种直接与黑土地保护相关的方式拨付到各市、县（区），再下发到黑土地实际经营者手中。经过黑土地保护利用工程的推行以及各项补贴的施行，黑土地生态补偿工作取得了显著的成效：一是黑土地质量明显改善。黑龙江省的耕层土壤有机质每千克平均增加 3 克以上，耕作层深度达到 30 厘米以上，耕层土壤含水率平均增加 2.46%。二是粮食单产大幅提高。自 2018 年开始实施黑土地保护利用试点项目以来，海伦市项目区的水稻每亩平均增产 40 千克，巴彦县项目区的玉米每亩平均增产 50 千克。三是农民收益逐步提升。各类黑土地保护补贴以资金形式交予农民，对于增加农民收入有着直接作用，并且增产也具有增收效应，巴彦县项目区的农户得益于产量的提升，每亩的收益增加 150 元以上。四是新型农业技术得到广泛应用。梨树县通过“普惠敞开”补贴的形式，减少农民购置新型机械或采纳新型技术的成本，使无人驾驶播种机、无人机植保、虫情探测灯等新型机械、新型技术得到大面积的推广。

3. 黑土地生态补偿制度的实践困境

纵然政府在实施黑土地生态补偿制度时进行了有益探索，但在实践过程中仍存在着困境。

第一，相关主体目标存在冲突。补偿制度涉及的主体有中央政府、地方政府和农户，造成现行黑土地生态补偿制度实施效果不理想的主要原因在于各主体目标的冲突。中央政府以保障国家粮食安全和维护生态环境为主要目标，侧重于保障整个社会的持续稳定发展，并制定黑土地生态补偿制度，为目标的实现提供必要保障。地方政府出于政绩考核的压力，则以提升区域内的经济发展水平为主要目标。落实生态补偿制度一方面会增大地方政府的财政压力，另一方面对于积攒政绩的作用并不突出，因此容易出现低强度执行的情况。而农户作为理性经济人的主要目标则是保障自身利益不受损害，以更低的成本获得更高的收益，对于黑土地生态补偿制度的认识并不到位，使政策推行存在困难。

第二，补偿标准的制定不够精细。现有政策体系中关于补偿标准的制定尚没有明确、统一的方法，没有形成共识性的意见作为支撑制度实施的指导依据。并且目前大多数的补偿标准还是由各地方政府按照全省的补贴金额、实际面积、技术条件等因素确定的，未能全方位考虑各区域黑土地质量、生态外部效益和区域经济发展水平的差异，导致在年度预期收益还未明确的情况下，补贴标准远低于非农化收益和保护成本。“一刀切”的补偿标准也未能在补偿顺序和补偿数额上关注到黑土地保护重任区的特殊性，有可能会产生负向激励效应。

第三，补偿方式较为单一。尽管在多部政策文件中倡导实行市场化、多元化的生态补偿制度，但在实践中仍呈现出政府主导力量强、市场化程度低、社会组织参与度不高的状态。以政府为主导实施生态补偿制度在实践过程中会更为畅通，实施成本更低。引入市场机制虽然可以调节政府效率低下的问题，但也会因此付出更大的实施与监管成本，推行难度较大，市场化的方式尚未落到实处。但长期以政府为主导的补偿方式容易忽视资源条件的区域差异以及时空变化，会在一定程度上影响激励作用的持续性。

第四，资金筹措存在困难。现有黑土地生态补偿的资金主要来源于中央政府、省政府和地方财政，相对单一且不足，没有形成专门的资金管理和筹集渠道，社会资本的参与机制也尚不健全。相较黑土地保护的长久需要，中央政府每年固定的财政补贴远远不够，地方政府用于黑土地生态补偿的预算数额又受自身财政约束，想要维持补偿制度全方位运行实为困难。而一些城镇居民、社会企业等黑土地生态外部效益的受益者因缺少相应的付费渠道也难以参与其中，导致黑土地生态补偿只能通过降低标准来完成保护任务。

三、基于黑土地保护利用试点县的现实研判

（一）试点县的黑土地生态补偿机制分析

黑土地是国家粮食综合生产能力的基石，国家制定的《土地管理法》《中华人民共和国基本农田保护条例》《东北黑土地保护规划纲要（2017—2030年）》以及地方政府通过的《吉林省黑土地保护条例》《黑龙江省耕地保护条例》等有关土壤环境保护的法律法规和指导实施意见为黑土地保护利用完成了顶层设计。2015—2017 年，中央财政每年安排 5 亿资金，以“大专项＋任务清单”的管理方式在东北四省区开展 17 个试点县的黑土地保护利用工作，2018—2019 年，资金投入规模扩大至 8 亿元，试点县增加至 32 个。依照中央要求，结合自身经济发展水平，各试点县区为解决黑土区生态环境和生产能力的可持续性问题，积极探索相应的保护模式和补偿方案，其中 7 个试点县的实施方案如表 1 所示。

表1　试点县黑土地保护利用的补偿方案

地区	补偿主体	补偿项目	补偿资金（万元/年）	补偿方式	资金来源
梨树县	农户和集体经济组织	2017年2万亩秸秆覆盖还田及深松深耕技术、土壤养分调控、有机肥施用、水田深翻、水肥一体化等	3 125	大部分用于购买设备、设施建设，少数用于技术补偿、直接补贴等	80%来自中央政府补贴，20%来自县级自筹
开鲁县	农户和集体经济组织	20万亩黑土地分三年完成秸秆还田、深翻深松、增施有机肥，整合水利项目、减肥减量项目、减肥增效项目等	2 000	直接补贴农户，出资购买和建设相应配套设施	中央政府补贴、市县级财政出资
新民市	农户、集体经济组织和龙头企业	20万亩黑土地分三年完成配套设施建设、秸秆还田、有机肥施用等	3 000	直接补贴、招标补助、基础设施建设等	中央政府补贴
铁岭县	农户、集体经济组织、农业企业	10万亩黑土地分三年实施土地深松、秸秆粉碎还田、粮豆轮作、有机肥施用等	3 000	物化补助和购买服务	中央政府补贴
公主岭市	农户、集体经济组织、社会化服务组织、有机肥生产企业	10万亩黑土地分三年完成秸秆翻压还田、增施有机肥、养分调控、粮豆轮作、耕地质量检测	1 500	按亩直补、技术补贴、监测设施建设	中央政府补贴
桦川县	农户和集体经济组织	60万亩黑土地分三年完成旱田、水田不同模式的秸秆还田、测土配方施肥以及农牧结合有机肥施用等	4 210	85%左右的资金按不同技术模式直接补助，15%左右的资金用于土地质量检测及评价	中央政府补贴、市县级财政预算
海伦市	农户和集体经济组织	50万亩黑土地分三年完成秸秆粉碎还田、有机肥施用、大田轮作、物化技术等	4 210	80%左右的资金为直补补贴，20%左右的资金用于基础设施建设	国际级贫困县补助、中央政府补贴、市县级财政出资

资料来源：各试点县政府文件或通知。

从补偿主体来看，各试点县主要以小农户和集体经济组织为主，但侧重点不同，相应的资金使用和补偿方式也有所不同。其中，黑龙江省的桦川县和海伦市是以农民专业合作社、家庭农场等新型农业经营主体为核心的典型案例，在资金使用上除了少部分用于基础设施和土地监测评价体系建设外，80%以上的资金直接按不同作业模式以货币形式发放补贴。这种补偿形式一方面直接降低了农户黑土地保护利用的成本，公共基础设施也得到了保障；另一方面，直接补贴到手的货币灵活性强，有助于提高农户的参与积极性，但如果监督管理不到位，就无法确保资金真正用于黑土地保护上。新民市、铁岭县、公主岭市等地的补偿主体还涉及社会化服务组织、农业生产企业等，补偿多以物化补助、购买服务以及招标补助等形式直接用于改善黑土地质量和相应的配套设施建设。除此之外，吉林省梨树县的资金大量用于设施建设，重视农业生产技术的应用，率先投资建设了全国最大的黑土地改良基地，流转土地 3 000 亩作为黑土地保护利用的研发基地，地方级财政收入的 3%用于科技研发和人才培训，并依托各大科研机构进行技术推广，大大提高了黑土地的保护利用效率，被誉为“梨树模式”。从补偿资金额度看，由于各试点县黑土地保护利用方案和经济发展水平有所差异，补偿的额度也高低不一，直接补贴多数是以作物类别及耕作模式为划分标准。资金来源上，各地基本相同，渠道单一，主要来自中央政府补贴及各级政府的财政预算，没有设立专门的保护资金，虽然资金来源有一定的稳定性，但相比黑土地的持续利用和保护，这些资金还远远不够。

（二）试点县的黑土地生态补偿经验借鉴与现存问题

1. 试点县黑土地生态补偿实践的经验借鉴

目前，各个试点县的黑土地保护利用补偿方案均取得一定成绩，秸秆还田率和有机肥施用量大大提高，黑土地耕层厚度大多增加 15 厘米以上，农民增收效果明显，这为黑土地保护激励补偿机制构建提供了良好的借鉴。一方面，试点县的补偿主体都以农户和集体经济组织为主，产权明晰，补偿标准和补偿方式都是深入基层调研后确定的，在尊重农民偏好的基础上，通过直接补贴或设施建设等方式使其切身受益，激发了农民对黑土地保护的积极性，与之相应的条例规则约束和质量监测评价体系也提高了主体间自我监督和相互监督保护工作落实情况的主动性。另一方面，中央政府的财政投入和政策支持是黑土地保护利用的主要驱动力。黑土地分布广泛的特性，决定了中央政府与地方政府在保护监管上的“委托—代理”关系，多个试点县地方政府在政绩考核压力下仍能抑制“征地冲动”，甚至给予一定的资金投入，使双方博弈趋于社会期盼的均衡状态，源于奖惩并行的补偿实践实现了外部效益的内部化，将黑土地过度利用带来的机会成本和生态、社会效益损失纳入市场成本，使经营主体为自身的生态破坏行为付出足够代价以弥补黑土地损失。

2. 试点县黑土地生态补偿实践的现存问题

黑土地保护和持续利用需要长期关注，从当前实践效果来看，各试点县的保护补偿方案还存在以下问题。

(1) 资金来源比较单一。中央政府和地方政府成为黑土地保护的主要财政支持，没有形成专门的资金管理和筹集渠道，梨树县的资金投入远高于其余试点县也是其黑土地保护利用工作出色的重要原因。相较黑土地保护的长久需要，中央政府每年 3 000 万元的补贴远远不够。地方政府用于黑土地保护利用的预算数额更大程度上取决于自身的财政实力，多数地区财政资金不足以维持补偿机制的稳健运行。并且在区际转移支付上，城镇居民等黑土地外部效益的受益者和保护目标较低的地区，缺少相应的支付渠道为自身消费买单，加大了黑土地重点保护区的资金筹措压力，其受偿意愿无法满足。

(2) 补偿标准的确定较为简单。大多数试点县的补贴主要以成本费用、不同区位技术条件和利用方式为依据，并未全方位考虑黑土地质量差异、外部效益和区域经济发展水平，导致人多地少的地区人均补偿标准就会偏低，不足以弥补过度开发利用带来的经济价值，从而产生负向激励效应。并且“一刀切”的补偿模式不利于推动区际间的转移支付，使得承担过多黑土地保护责任的地区在补偿顺序和补偿数额上未得到相应关注。

(3) 补偿方案实施的配套机制尚不完善。补偿方案的实施效果不仅取决于科学合理的规划，还需要相应的配套机制来保障落实。首先，大部分试点县为了增加资金使用的灵活性，直接给了经营主体现金补贴，但这些现金发放的及时性以及能否真正用于规定的秸秆还田或有机肥模式无法保证；其次，法规条例等命令管制方式，对农村基层来讲存在严重的信息不对称现象，许多破坏行为难以真正受到处罚；最后，试点区的公众参与较初期有了很大的进步，但由于自身经验限制和相关约束的缺乏，仍然还处在宣传普及阶段，尚且不能形成群众监督的合力。

四、黑土地生态补偿制度的基本框架

黑土地生态补偿制度不仅能在短期内保障种粮农民的收益，从长期来看还能降低黑土地的生态风险甚至提升其粮食生产能力。但制度的高效落实终究需要依靠健全的制度运行机制，为此黑土地生态补偿制度应从理论逻辑和现实逻辑出发，着力突破现阶段的实施困境，于战术层和保障层搭建更为完善的制度框架（图 3），助力实现黑土地利用经济效益和生态效益的双赢。

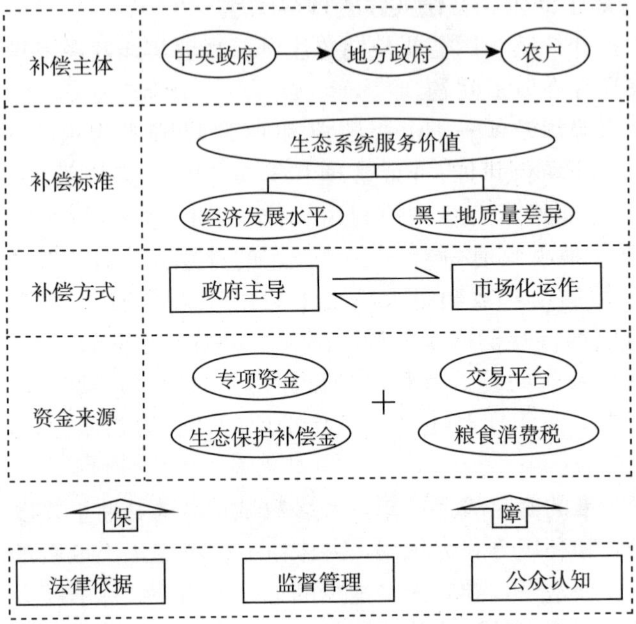

图 3　黑土地生态补偿制度的基本框架

(一) 战术层

1. 明晰补偿主体，确定责任归属

补偿主体既包括在生产经营活动中实际承担黑土地生态保护责任的受偿主体，又包括从生态保护中受益的补偿主体。承担黑土地生态保护责任的主体即直接进行生产经营活动的农户，但由于生态保护所具有的强烈的外部性，受益主体的范围十分广泛，精准识别受益主体存在困难。然而，鉴于黑土地的公共物品属性，若由个人提供补偿则会出现市场失灵的问题，所以中央政府作为公共利益的代表，应承担受益主体的补偿责任。地方政府一方面代表城镇居民的利益，作为补偿主体向实际承担生态保护的农户进行转移支付，实现城镇居民以及自身作为受益者的生态补偿；另一方面，考虑到黑土区在保障国家粮食安全和耕地生态安全上的社会生态效益，黑土区的地方政府也是横向跨区域生态补偿中的受偿主体，而其他粮食主销区的地方政府则应为补偿主体。农民作为生态保护的主要执行者，不仅承担了保障农产品供给的重任，更是无条件地提供黑土地的生态服务，中央及地方政府理应为其提供生态补偿。

2. 细化补偿标准，明确测算依据

科学合理的补偿标准是激励生态保护主体的关键，也是保障补偿制度顺利

运行的必要条件。目前关于补偿标准的测算有两种认可度较高的思路，一是根据因采纳生态保护行为而产生的机会成本测算。我国实行最严格的耕地保护制度，在生产活动中需格外注重生态保护，采用绿色生产方式，而农民则会因此减少化肥、农药的施用量，放弃短期内可以得到的高产出，另外，也丧失了选择其他土地利用方式的机会，由此产生了机会成本。二是以黑土地保护者提供的生态系统服务价值作为标准进行测算。黑土地在提供基本的食物生产功能外，还提供气候调节、水文调节、土壤保持、生物多样性维持等多种生态服务功能，这也是黑土地资源存在外部性的原因。机会成本法虽然测算思路相对简单，但若以农民因选择生态保护而丧失的经济利益为标准，由于农业生产受到自然因素的影响，在实际操作中难以衡量。若以选择其他土地利用方式产生的收益为标准，受到区位因素的影响，补偿标准也难以确定。虽然生态系统服务价值法没有把机会成本考虑在内，但其测算思路更为具体可行，并且明确体现出"谁受益、谁补偿"的原则，更有利于确定补偿责任的归属。除了考虑生态系统服务价值以外，还应根据各区域的经济发展水平、黑土地质量差异，探索"普惠性补偿＋绩效性补偿"的差异化补偿标准。

3. 完善补偿方式，协调主体利益

依照2019年国务院办公厅发布的《建立市场化、多元化生态保护补偿机制行动计划》，现阶段应采用政府主导、企业和社会参与、市场化运作的黑土地生态补偿方式。政府凭借其自身优势，可以制定详细的黑土地生态补偿政策或法律法规，以强制性的手段来规范生态补偿行为。除了采取最为直接的资金补偿以外，政府应该探索更为多元化的补偿方式。例如，向黑土区及区域内农户提供基础设施建设或农业生产物资的实物补偿，以农业绿色生产技术培训或高端技术人才输送为形式的技术补偿，针对黑土地重点保护区采取减免税收等优惠的政策补偿和对农户的社会保障补偿等。与此同时，为了避免长期以政府为主导造成的激励效果减弱的问题，还应积极发挥市场机制的作用。市场化的补偿方式：一是可以体现在区际间的财政转移支付上，由粮食主销区对黑土区提供的生态服务中所包含的市场价值进行补偿；二是开发绿色生态农业，把绿色生态农产品纳入生态标识体系，将生态农产品与一般农产品的价差作为对种植户的生态补偿，或是通过建立绿色生态农业的产业体系，提供就业机会。三是建立碳汇交易平台或排污权交易平台，将碳汇和排污权作为生态产品进行交易，其收益可视为对生态效益的补偿。

4. 拓宽资金渠道，缓解给付压力

充足的资金是保障黑土地生态补偿工作顺利开展的前提，但目前黑土地生态补偿的资金主要依靠政府的财政支持。首先，中央政府以及粮食主销区的地方政府可以通过设立耕地生态补偿专项资金，专门用于补偿资金的发放，确保资金来源的稳定，而政府的专项资金也是生态补偿中最主要的资金来源。其次，政府也可以对排污企业或对黑土地生态环境有负面影响的企业征收生态保护补偿金，将其纳入耕地生态补偿专项资金，以此提高企业破坏黑土地生态环境的成本。同时，在建立排污交易平台和碳汇交易平台的过程中，政府出于平台维护与监管的责任可以对企业收取平台运行费用，将此部分收费作为黑土地生态补偿的备用资金，以多种方式拓宽专项资金的来源渠道。最后，也可以通过向享受黑土地生态功能正外部性的城镇居民或社会企业征收粮食消费税，畅通其付费渠道，吸纳社会资本。

（二）保障层

1. 法律依据保障

完善的法律法规是政府进行宏观调控的重要保障，对黑土地生态补偿的实施具有权威性的解释。只有黑土地生态补偿制度有法可依，才能得到高效落实，而且以法律法规形式确立下来的黑土地生态补偿制度，可以有效地调节在补偿工作中可能产生的纠纷。但目前所实行的耕地生态补偿制度多以政府颁布的政策为主，依靠行政手段保障运行，容易出现补偿效果与预期不相符的情况，因此黑土地生态补偿亟须建立健全法律保障。首先，在现行的《土地管理法》《中华人民共和国环境保护法》等法律文件中增加有关黑土地生态补偿的内容，以立法的形式明确黑土地生态补偿的主体、标准、方式、资金筹措以及监督管理等问题。其次，地方政府应在中央纲领性法律的基础上，因地制宜地颁布适用于本区域的法律法规。对于耕地生态补偿工作的监督管理，也在一定程度上依赖于完善的法律法规。应在法律层面明确规定耕地生态补偿中各主体的权利与义务，并明确补偿资金的用途，使监督管理工作有法可依。最后，以清晰的产权制度，提升生态补偿的效率。《中华人民共和国民法典》（以下简称《民法典》）明确农村土地承包经营权是独立的财产权利，要严格遵循《民法典》的相关规定和“三权分置”原则，通过股份合作制等组织形式进一步赋予农民更加持久和稳定的黑土地承包经营权，厘清土地权利内容和关系，减少流转过程的摩擦成本，在产权上保障农民的补偿受体地位，增加其稳定感和收入预期，激励其增加黑土地保护投入。各级政府的黑土地保护目标也要协调统一，将具体保护规划从中央落实到区域，防止地方政府因为经济发展和政绩考核压力，不顾农民权益占用和征收土地。

2. 监督管理保障

黑土地生态补偿是一项系统工程，引导农户积极参与黑土地保护行为需要多部门、多领域协调配合，必须有一套权威、高效、规范的责任落实和约束管理体系，才能压实地方政府、农户及新型农业经营主体的黑土地保护责任。由省级政府出台将补偿政策的范围、对象、方式、标准、资金管理等纳入相关的黑土地保护的激励补偿条例，促进黑土地激励补偿走向法制化和规范化。首先，鼓励采用“物联网+监管”、遥感等信息化手段，构建天空地数字农业管理系统，实现自动化监测、远程无线传输和网络化信息管理，跟踪黑土地质量变化趋势，切实提高监管效率和监管精准性。其次，建立省—市—县（区）一体化的垂直监管体系，健全黑土地质量监测评价机制及相应的责任体系，统一管理办法，鼓励各级政府积极采用信息化手段提高补偿落实的监管工作效率，强调“数质并重”和公开透明。建立以绩效评价为导向的项目资金安排机制，将黑土地政策目标实现情况、任务清单完成情况、组织实施情况、培训指导情况、资金使用监督管理情况等纳入地方政府绩效考核，严格奖惩措施，不仅能压实黑土地生态补偿责任，还能不断提高财政资金使用效益。最后，也要强化农户的责任管理。通过探索黑土地生态补偿发放与黑土地保护责任落实挂钩机制，强调农户的对等权利和义务，建立起“契约式”的补偿关系，并提升其在相关决策过程中的参与度，使农户既成为责任主体也成为监督主体之一。简而言之，在经济发展过程中，要绷紧黑土地生态保护这根弦，重视农户作为黑土地生态保护的经营主体、受偿主体和保护主体地位，不断加强政策支持、完善主体建设、强化责任管理，以此积极引导农户的黑土地生态保护行为。

3. 公众认知保障

公众对于黑土地外部效益和生态补偿的认知，是顺利推行黑土地保护生态补偿工作的重要一环。首先，要通过宣传教育使公众了解到黑土地资源的生态环境现状与实行黑土地生态保护工作的重要性，以电视媒体及现场宣传等方式披露黑土地生态保护信息、普及生态知识、推广技术路线和政策措施，使公众清楚认知粗放生产方式带来的负面影响、黑土地保护的外部效益，意识到黑土地生态保护的危机性与紧迫性。其次，应帮助公众树立黑土地生态服务有偿使用的观念，积极引导公众树立正确的黑土地生态价值观，培养公众对于黑土地生态保护的责任意识。同时还要总结其他生态补偿试点地区的成功经验，推介典型案例，凝聚社会共识，营造良好的社会环境和舆论氛围，促进非试点区农户参与黑土地生态补偿。最后，深入开展高素质农民培训工程、农村实用人才带头人素质提升计划，着力提高种植大户、新型农业经营主体骨干人员的科学施肥、耕地保育水平，再广泛开展体验式、参与式的培训活动，通过农民喜闻乐见的方式促进黑土地生态保护技术进村入户，使其摒弃落后的种植理念。

五、黑土地保护的区域生态补偿机制构建

在依照上述生态补偿制度基本框架的基础上，吸取各试点县补偿方案的经验教训，黑土地保护生态补偿还应形成由区内和区际两部分构成的区域补偿机制，在配套机制的运行保障下，相互依存，互为补充，形成黑土地保护生态补偿的长效稳健体系，实现经济效益、社会效益和生态效益相统一的黑土资源可持续利用。

（一）黑土地保护的区内生态补偿机制

黑土地保护区内生态补偿机制的构建思路如图 4 所示。首先，立足于以农户和集体经济组织为黑土地保护激励补偿的受偿主体，以黑土地的生态社会效益为补偿标准出发点，考虑县域经济发展水平，对不同质量的单位黑土地面积执行差异化补偿标准，同时评估自身的补偿盈余或赤字。其次，在补偿方式上，可以在试点县实物、技术和货币补偿基础上，加入社会保障和农业保险等，将“基于黑土地经济价值衍生的社会保障”通过激励补偿机制变为“基于黑土地外部效益补偿的社会保障”，即将显化后的生态社会效益部分用于农村社会保障；同时，还可以紧跟国家政策方向与财政支持，以黑土地保护可持续利用为根本目的，建立统一的农业保险体系。最后，在资金来源上形成包括中央—市级—县级纵向转移支付和县域区际间横向转移支付在内的运转体系。依据循序渐进和社会经济发展的原则，建立包括黑土地出让金、政府财政、黑土

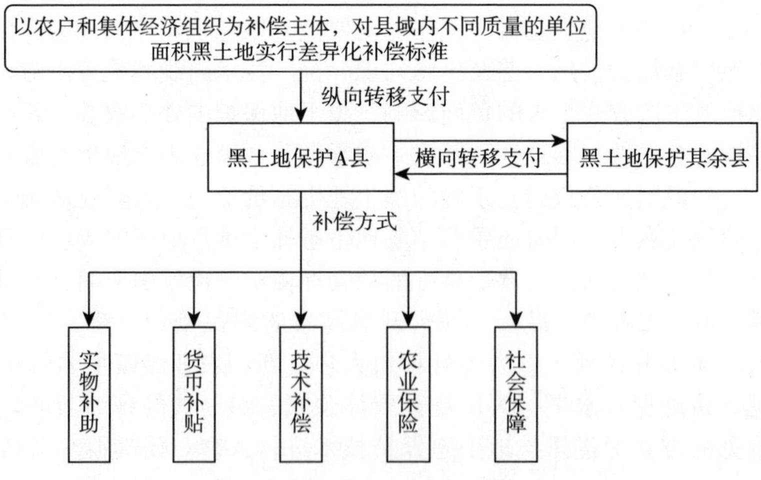

图 4　黑土地保护区内生态补偿机制构建思路

地生态社会效益税等在内的多元化融资渠道，使城镇居民等有相应支付渠道为自身消费买单；同时，设立黑土地保护经济补偿专项基金，统一管理，特定条件下也可将其统一纳入高一级的政府财政，再通过转移支付的方式回归到黑土地保护经济补偿融资体系之中，弱化市、县（区）级政府“理性人”的利益驱动性。对于依上述思路构建的区内保护激励补偿机制可以先试点，而后不断优化并扩大实施区域，通过直接受偿和奖罚并行调动经营主体的黑土地保护积极性。

（二）黑土地保护的区际生态补偿机制

黑土地主要分布于东北四省区，区际间的补偿机制运行主要依赖于上级政府的调控和区际间的协商，其主要涉及三个层次：第一，依照区内补偿标准测算方法，确定县际间的黑土地补偿标准；第二，确定四省区省际间的补偿标准；第三，在上级政府调控下，确定市际间的补偿标准。可以通过设立与粮食产量挂钩的黑土地保护调解基金，由黑土地保护目标较低的地区向重点保护区支付包括为维持粮食安全、生态服务供应所必须支付的保护费用和放弃开发的机会成本等在内的经济补偿。但其中由于理性人的驱使，黑土地保护目标较低的地区政府很难自愿支付补偿费用，在区际间协商未果时，上级政府的调控体现在两个方面：一是出于公平原则的考虑，委托专业机构对区际间黑土地保护补偿标准重新测算，对双方进行协调；二是对于协调后的横向转移资金进行纵向转移，下发到相应的具体单位。

关于完善粮食主产区利益补偿机制问题的研究*

师 帅　周林庆　温添馨　臧发霞 等

粮食安全是维系经济发展和社会稳定的“压舱石”，是国家安全的重要基础。2019 年十三届全国人大二次会议期间，习近平总书记在河南代表团参加审议时强调“要扛稳粮食安全这个重任”。2020 年中央 1 号文件指出：确保粮食安全始终是治国理政的头等大事。党中央、国务院历来高度重视粮食生产、保障粮食安全这一重大民生问题。在国家粮食安全战略实施过程中，粮食主产区是保障国家粮食安全的核心区域，在确保国家粮食安全中发挥着至关重要的作用。

随着新冠肺炎疫情全球蔓延，世界经济遭遇重创，我国经济发展面临新的挑战，加之居民食物消费结构升级转型导致的粮食结构性短缺，保障粮食安全面临新的要求。2006 年我国取消了农业税费，稳步构建起粮食生产利益补偿制度体系，以粮食最低收购价和收储政策的价格补贴及种粮补贴、耕地地力保护补贴、农机具购置补贴等为主的直接补贴，有力促进了粮食生产平稳发展。通过实施粮食生产利益补偿机制，能够在经济结构转型过程中有效筑牢农业基础地位，推进粮食生产稳定发展，使我国粮食综合生产能力不断提高，确保我国粮食安全。

我国现行的粮食主产区利益补偿体系主要包括三个方面：对粮食主产区生产者的补贴、对粮食主产区的补贴以及产销区间的利益协调机制。这对增加农民收入、提高农民积极性、发展粮食生产、保障粮食安全起到了重要作用，但在实施过程中也存在一定的问题。在粮食生产者的补贴政策中，一是粮食补贴激励效果不显著，中国土地经营的细碎化使得粮食补贴政策对于农民收入并无太大影响，加之农业生产资料价格的快速上涨，抵消了粮食补贴政策给农民带来的部分收益，使得补贴激励效果并不显著。二是不注重粮食生态安全，现行

* 黑龙江省哲学社会科学研究规划项目（课题编号：21ZK024）
项目负责人为师帅副教授，主要参加人员有周林庆、温添馨、臧发霞等。

的补贴项目忽略了对耕地的可持续利用和生态保护，使得粮食主产区的土壤肥力下降，各地普遍地存在种地与养地的矛盾。三是粮食补贴成本较高，由于发放标准的不统一和发放程序的复杂性，导致了较高的发放成本，同时实行最低收购价政策、临时收储政策等所产生的相关成本均由中央财政负担，中央财政为此承担了巨额成本。此外，对产粮大县的奖励多用于弥补财政欠账，用于基础设施建设和公共事业改善等支持再生产的资金比例很低，从这个意义上讲，并未完全实现财政奖励的初衷。

粮食主产区与主销区之间的产销利益协调机制有利于充分发挥粮食产销区各自的比较优势，协调粮食产销合作关系，对于保障粮食主产区的粮食生产、发展主产区的粮食加工业也起到了重要作用。但这种产销协调机制尚未完善，行政色彩较强，缺乏对粮食加工企业的引导机制，产销区间的利益联结机制并不稳定，销区对产区粮食生产支持力度不够。因此，现有粮食主产区利益补偿机制仍具有完善空间，以充分发挥保障国家粮食安全、提高农民种粮积极性及增加粮食主产区农民收入的重要作用。

目前学者对粮食主产区利益补偿机制的研究颇多，Liu 等认为粮食不仅是基本生活资料，也是关系国家安全的重要战略资源，而农民种粮意愿是保障粮食安全的关键，粮食补贴政策有利于激发农民的种粮积极性。焦晋鹏研究发现，粮食主产区利益补偿机制的效果具有复合性，既能促进农业可持续发展，又能为补偿机制的实施提供良好的保障措施，最终实现促进农民增收、提高农户种粮意愿的目的。高昕也认为实施粮食主产区利益补偿机制不仅有利于激励农民种粮，而且有利于提高粮食产量、劳动生产率和土地产出率。但是，李天来认为仅仅依靠国家对农业的补贴政策，很难长期维持地方政府和农民种粮的积极性。此外，张忠明认为，由于粮食生产的天然弱质性，使得粮食生产相比种植经济作物和发展二三产业效益低下，现有粮食主产区利益补偿机制难以弥补粮食主产区与粮食主销区的发展差距。因此，Clune 提出粮食补贴政策制定是关键，但制定可持续农业发展的公共政策更重要，不仅要求政策足够细致入微，还要让所有农业生产者都能从政策的实施中受益。张霞与康涌泉指出，当前我国所实施的粮食主产区利益补偿机制主要依赖于国家在政策上的强力制约以及各地方政府的被动性接受，要建立完善的粮食主产区利益补偿机制，需要协调各利益主体，同时还要实施完善的利益保护措施，调动粮食主产区发展粮食产业的积极性，促进地区经济发展。

综上，多数学者对粮食主产区利益补偿制度的研究均取得了一定的成果，主要包括：一是粮食主产区利益补偿对国家粮食安全的研究；二是对粮食主产区农民利益补偿的研究；三是对粮食主产区政府现有的农业补贴政策实施效果的评价；四是对粮食主产区农民收入的分析。以上研究对粮食主产区利益补偿机制的进一步完善和丰富有一定的参考价值和借鉴意义。但目前的研究还存在一些不足：一是现有的文献大多是停留在理论层面的研究成果，缺少数据的支撑。二是缺乏对粮食主产区政府之间的利益补偿机制的对比研究，即从多个粮食主产区省级层面对比分析利益补偿机制的必要性和补偿标准。三是对粮食主产区现有的利益补偿效果的评价较少。四是对粮食主产区利益补偿机制的研究大多停留在宏观层面，从微观视角对粮食主产区利益补偿机制的研究匮乏。五是粮食主产区利益补偿方式不完善，精确度不高，不能充分激励粮食主产区生产粮食的积极性。综上所述，粮食主产区的粮食生产与我国粮食安全密切相关，但目前粮食主产区利益补偿机制需进一步完善。因此，针对上述存在的不足，本文通过对黑龙江省和河南省两大粮食主产区利益补偿机制的对比研究，进一步科学、精准地完善利益补偿方式，促进粮食主产区粮食生产与经济均衡发展，确保粮食安全，农民增收，生态宜居与产业兴旺。

一、粮食主产区利益补偿机制现状分析

（一）我国粮食支持政策历史变迁

改革开放前的 30 年，农民基本上没有得到来自政府对粮食生产的支持。相反，政府通过对粮食的统购统销、农产品价格“剪刀差”限制了农民收入的提高。改革开放以后，我国推行了对粮食生产的支持政策，但政策一直不稳定，经历了诸多变革。按照对粮食生产支持政策的手段不同，支持政策可分为间接支持政策和直接支持政策。

（二）我国现有粮食主产区利益补偿机制

我国现有粮食主产区利益补偿机制主要包括“四补贴”“一支持”“一奖励”。“四补贴”指的是粮食直补、良种补贴、农资综合补贴和农机购置补贴，“一支持”指的是最低收购价，“一奖励”指的是国家产粮大县奖励政策。初步形成了综合性收入补贴、生产性专项补贴、最低收购价政策和区域性补贴相结合的粮食主产区利益补偿体系（图 1）。这些政策的实施既兼顾了国家粮食安全，同时又考虑了农民收入水平的提高，而且对粮食主产区经济发展也给予了支持。

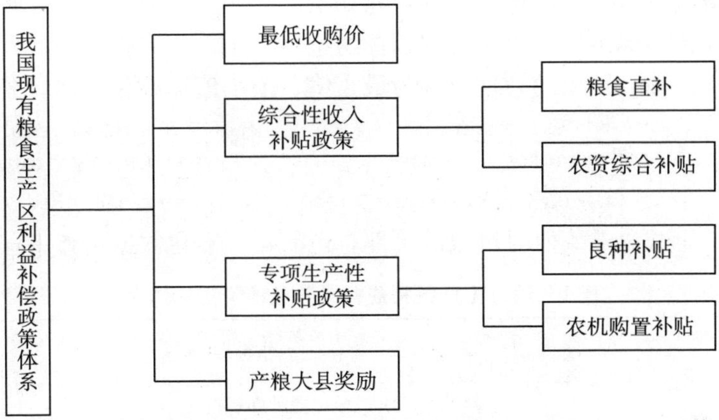

图1　我国现有粮食主产区利益补偿政策体系

二、评价体系与研究方法

（一）粮食主产区利益补偿效应的评价——基于黑龙江省与河南省的对比

为探讨当前阶段我国粮食主产区利益补偿政策的实施效果，本文基于科学性、系统性、独立性、合理性、操作性、动态性及数据可获取性原则，选取河南省和黑龙江省两大粮食主产区，构建粮食主产区利益补偿效应的综合评价体系（表1）。评价指标分为三级：第一级为粮食主产区利益补偿效应；第二级指标考虑到粮食主产区利益补偿效应的内涵，结合其所涉及的主体、区域及产业的实际情况，由农业生产能力、居民生活水平、区域经济发展和基本公共服务供给水平4个二级指标组成；第三级指标共由20个指标构成。数据主要来源于历年《黑龙江统计年鉴》《河南统计年鉴》等。

（二）指标确权方法

计算评价指标权重时，熵值法是一种客观赋值法，可以避免人为因素带来的偏差。熵值法主要依据各项指标所提供信息的大小来确定指标权重。通过熵值法来判断某个指标的离散程度，指标的离散程度越大，表明该指标对综合评价的影响越大。因此可根据指标相对变化程度来确定各个指标的权重，为多指标综合评价提供依据。通过熵值法，计算粮食主产区利益补偿效应评价体系中各指标的权重和综合得分，其中综合得分为各单项指标的标准化指数与该指标权重的乘积之和。

用熵值法进行综合评价的主要步骤如下。

(1) 指标的标准化。由于各项指标的量纲、正负方向存在差异，需对数据进行标准化处理。常用的处理方法为最大值、最小值标准化方法，公式如下

$$正向指标\ x'_{ij}=\frac{x_{ij}-\min x_{ij}}{\max x_{ij}-\min x_{ij}} \qquad 负向指标\ x'_{ij}=\frac{\max x_{ij}-x_{ij}}{\max x_{ij}-\min x_{ij}}$$

$$(i=1,\ 2,\ 3,\ \cdots,\ n;\ j=1,\ 2,\ 3,\ \cdots,\ n)$$

此外，为避免求熵值时对数准确性，还需对标准化数据进行平移处理。

表 1　粮食主产区利益补偿效应评价指标体系

目标层	系统层	指标层	单位
粮食主产区利益补偿效应	农业生产能力	1. 机械化播种面积占比	—
		2. 机械化收获面积占比	—
		3. 有效灌溉面积占比	—
		4. 人均粮食产量	千克
		5. 农业劳动生产率	元/(人·年)
	居民生活水平	1. 农民人均纯收入	元
		2. 农民人均消费支出	元
		3. 城镇居民人均可支配收入	元
		4. 城镇居民人均消费支出	元
		5. 城镇居民失业率	—
	区域经济发展	1. 人均 GDP	元
		2. 人均财政收入	元
		3. 二三产业产值比重	—
		4. 人均全社会固定资产投资额	元
		5. 城镇化率	—
	基本公共服务供给水平	1. 人均财政支出	元
		2. 每万人拥有职业医师数	个
		3. 参加养老保险人数占比	—
		4. 参加医疗保险人数占比	—
		5. 高中阶段毛入学率	—

(2) 计算第 i 年第 j 个指标的权重。$P_{ij}=x'_{ij}/\sum x'_{ij}$。

(3) 计算第 j 项指标的熵值。$e_{ij}=-k\sum p_{ij}\ln p_{ij}$，其中 k 为常数，$k=1/\ln(m)$，m 为评价指数。

(4) 计算第 j 项指标。 变异系数：$\delta_j = 1 - e_j$。

(5) 计算权重。 $w_j = \delta_j / \sum \delta_j$ 。

(6) 计算综合得分。 $S_j = \sum w_j x'_{ij}$ 。

三、粮食主产区利益补偿效应评价结果分析

根据上述研究方法，本文选取我国粮食主产区河南省和黑龙江省为样本，以两地 2005—2019 年的数据为基础开展实证研究，从横向和纵向两个维度评价两省主产区粮食利益补偿的效应：一是分别评价黑龙江省和河南省粮食利益补偿的效应，二是对比黑龙江省和河南省粮食利益补偿的政策效应。

（一）黑龙江省和河南省粮食利益补偿效应纵向评价

1. 黑龙江省粮食利益补偿效应评价

从整体效应看，黑龙江省粮食主产区利益补偿效应综合评价结果得分由 2005 年的 0.085 分增加到 2019 年的 0.891 分（图 2），年均增长率 17%，利益补偿效应快速增加。其中，2008 年的年增长率最高，达到 48.7%，2013 年的年增长率最低，为 2.6%，到 2019 年年增长率有所回升，达到 9.5%，但增长率总体呈下降趋势。综上可知，黑龙江省粮食主产区利益补偿效应呈现下降趋势。利益补偿初始阶段，农民和地方政府积极性明显提高，激励效果显著，但随着社会经济的不断发展，补偿效应逐渐弱化，对农民和地方政府的激励作用渐弱。

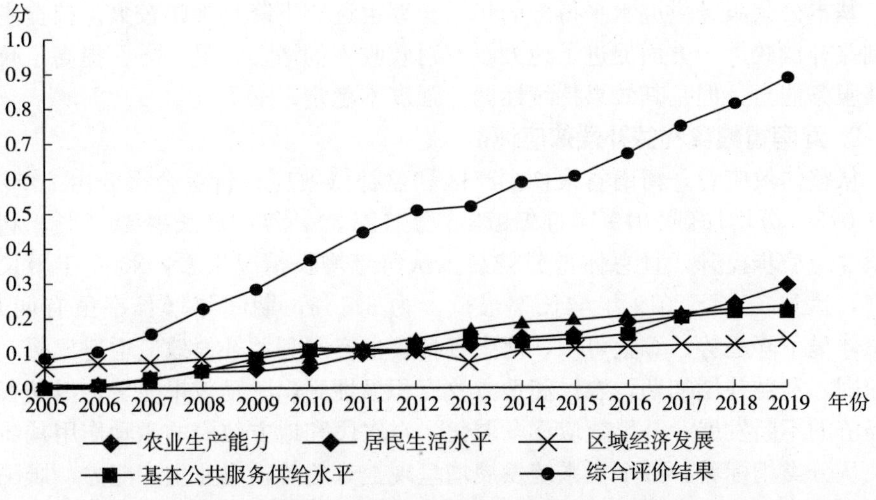

图 2　黑龙江省粮食主产区利益补偿效应评价

从分类指标看，四个子系统的发展呈现上升趋势。农业生产能力、居民生活水平、区域经济发展、基本公共服务供给水平得分年均增长率分别为21.4%、28.3%、5.3%、23.1%。由此可见，黑龙江省农业生产能力、居民生活水平、区域经济发展、基本公共服务供给水平得分在粮食主产区利益补偿政策实施下均有明显提高，粮食主产区利益补偿对居民生活水平、农业生产能力的提升作用尤为明显。

从各个子系统来看：①农业生产能力得分增加了 0.224 分，这表明伴随着粮食主产区利益补偿政策的有效落实，农业投入不断增加，农业基础建设进一步完善，使粮食机械化水平、生产率及产量等显著提高。农业生产能力得分增加较高，但是年增长率逐渐下降。从整体来看，政府的资金保障、政策的扶持、生产资料的增加，极大地提升了农民对农业投入的积极性。②居民生活水平得分增加了 0.287 分，居四个子系统之首。这充分表明粮食主产区利益补偿政策对居民生活水平提升作用显著。粮食主产区利益补偿政策不仅提升了地方政府财政实力，而且增加了农民收入，使城镇居民和农村居民生活水平均有明显改善，但居民生活水平得分年增长率波动明显且整体呈下降趋势。③区域经济发展得分仅提高 0.076 分，是四个子系统中得分增加最少的一个系统。该增长率呈现波动下降态势，其中 2013 年和 2015 年分别为负增长和零增长，波动较大。综上可知，粮食主产区利益补偿政策对区域经济发展的作用不明显，主要受到政府的粮食生产奖励额度偏低、区域经济发展机会不均衡等的影响。因此，为破解粮食主产区的区域经济发展滞后瓶颈，需加快经济发展，采取更优惠及高效的扶持政策。④基本公共服务供给水平增加了 0.207 分，但从整体来看，基本公共服务供应水平得分的年增长率也逐年下降且降幅较大。粮食主产区利益补偿政策一方面促进了地方政府财政收入的增加，另一方面提高了政府公共服务能力，但是其效果持续性弱，强度不稳定。

2. 河南省粮食利益补偿效应评价

从整体效应看，河南省粮食主产区利益补偿效应评价综合得分由 2005 年的 0.073 3 分增加到 2019 年的 0.973 6 分（图 3），年均增长率 18.8%，利益补偿效应稳步提升，且总体得分较高。从每年增长情况来看，2006 年增长率最高，达到 57%，2019 年增长率最低，为 6.1%，期间年增长率虽有回升，但总体呈下降趋势。综上可知，河南省粮食主产区利益补偿效应增速放缓。究其原因，利益补偿初期，农民和地方政府积极性高，激励效果显著，但随着社会经济的不断发展，补偿效应逐渐弱化，对农民和地方政府的激励作用减弱。

从分类指标看，各个子系统发展均呈现上升趋势，农业生产能力、居民生活水平、区域经济发展、基本公共服务供给水平得分年均增长率分别为

13.1%、13.6%、33%、45.7%。随着粮食主产区利益补偿政策的实施，河南省农业生产能力、居民生活水平、区域经济发展和基本公共服务供给水平得分都有所提高，基本公共服务供给水平得分和居民生活水平得分提高得较为明显。

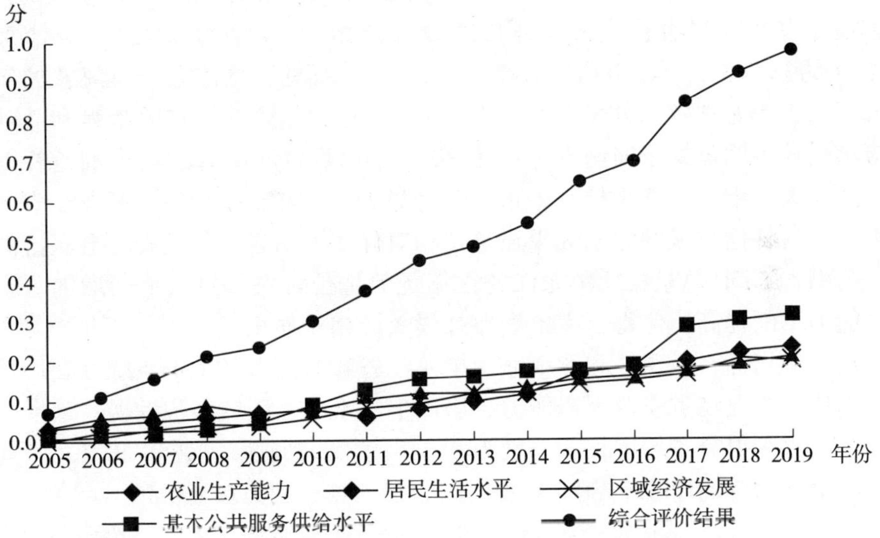

图 3　河南省粮食主产区利益补偿效应评价

具体从各个子系统来看：①农业生产能力得分增加了 0.18 分，表明农业投入不断增加，农业基础建设不断完善，使得农业生产能力不断提高，尤其是政府直接发放惠民补贴，极大提升了农民种粮积极性。但是相比较而言，农业生产能力得分位于四个子系统末位，且年增长率逐渐下降，甚至 2009 年和 2013 年呈现负增长。综上可知，由于产粮大县普遍是财政穷县，地方政府的资金保障能力较弱，对农业基础设施投入不足，相关扶持政策不完善，落实不彻底，而且农业比较收益偏低，影响了农民对农业投入的积极性。②居民生活水平得分增加了 0.2 分，且分年度增长率有波动并处于递减趋势。粮食主产区利益补偿政策的实施，一方面提升了地方政府财政实力，加快地区经济发展；另一方面各种政府种粮补贴也增加了农民收入。③区域经济发展得分增加了 0.21 分，说明粮食主产区利益补偿政策对区域经济发展作用明显。由此可知，河南省出台的粮食生产扶持政策，增加了粮食产品附加值，有效带动了相关行业发展。④基本公共服务供给水平得分增加了 0.31 分。河南省粮食利益补偿增加了地方政府财政收入及基本公共服务支出，提高了政府公共服务能力，有效保障了人民群众的基本公共服务需求。

（二）黑龙江省和河南省粮食利益补偿效应横向评价

从整体效应来看，由图 4 可以清晰地看出黑龙江省和河南省粮食主产区利益补偿效应整体呈稳步上升趋势。黑龙江省粮食主产区利益补偿效应评价综合得分从 2005 年的 0.085 分增加到 2019 年的 0.891 分，年均增长率为 17%；河南省粮食主产区利益补偿效应评价综合得分由 2005 年的 0.073 3 分增加到 2019 年的 0.973 6 分，年均增长率为 18.8%。可见，总体上，河南省的年均增长率高于黑龙江省。分段上看，自 2008 年开始，黑龙江省的粮食利益补偿效应增长速度明显快于河南省；但是 2015 年以后，河南省的粮食利益补偿效应反超黑龙江省，并逐步拉开差距。此趋势表明，在补偿初期，黑龙江省各级政府给予的补偿政策的激励效果显著，相对优于河南省。但随着社会经济的发展，河南省 GDP 总量相比黑龙江省占据优势地位，农业投入不断增加，农业生产能力不断提高，使得河南省利益补偿效应相对强化。

从分类指标看，图 2 和图 3 显示黑龙江省和河南省各个子系统发展均呈现上升趋势。黑龙江省农业生产能力、居民生活水平、区域经济发展、基本公共服务供给水平得分年均增长率分别为 21.4%、28.3%、5.3%和 23.1%。河南省各项指标的年均增长率分别为 13.1%、13.6%、33%和 45.7%。

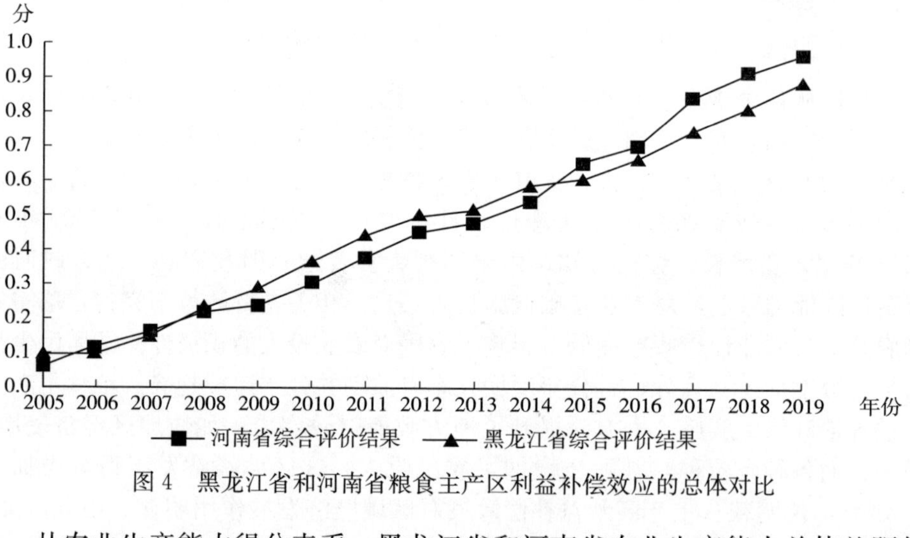

图 4　黑龙江省和河南省粮食主产区利益补偿效应的总体对比

从农业生产能力得分来看，黑龙江省和河南省农业生产能力总体差距较小，但是黑龙江省农业生产能力年均增长率远高于河南省。从居民生活水平得分来看，黑龙江省居民生活水平相对高于河南省，且年增长率接近河南省 1 倍。说明黑龙江省粮食主产区利益补偿政策对促进农民增收效果明显，农民收入水平涨幅在一定程度上代表了居民生活水平的高低。这一指标从侧面反映了政府助农政策的有效性，不仅提升了地方政府财政实力，而且提高了农民从事粮食生产的积极性。从区域经济发展来看，河南省和黑龙江省区域经济发展得分分别增加 0.21 分、0.076 分，河南省得分增长是黑龙江省的 2.6 倍，年均增长率更是黑龙江省的 6.2 倍，差距尤为明显。这与黑龙江省经济发展水平相对较低、地方财政增收能力较弱、经济增长缓慢有较大关联。首先，黑龙江省现有粮食主产区利益补偿政策对促进区域经济发展的作用较弱；其次，产粮大县大多财政收入较低，对粮食产业的投入和支持能力不强，造成利益流失，弱化区域经济发展；最后，粮食主产区承担保护国家粮食安全的重担，就不得不放弃发展一些收益较高的二三产业，这就使得粮食主产区陷入了发展困境。因此，破解区域经济发展滞后的瓶颈，应采取更高效的扶持政策，合理调整产业结构，加快经济发展。从基本公共服务供给水平得分看，河南省略优于黑龙江省。该优势在 2016 年后更为明显。河南省粮食利益补偿政策不仅促进了地方政府财政收入的增加，而且也提高了政府公共服务力。

综上所述，黑龙江省和河南省均为我国产粮大省，具有生产粮食的优势，但这种优势对经济发展的促进作用有限。由于粮食比较利益低，反而出现了地方财政发展困境、经济增长缓慢的现象。现阶段，粮食主产区利益补偿政策主要针对农户，一定程度上能激发农民从事粮食生产的积极性，实现农民增收，但是对于发展粮食产业的利益补偿政策亟待完善。此外，在粮食主产区还存在农业投入大、财政收入少的状况，导致粮食主产区利益流失，影响粮食主产区经济发展和农民种粮积极性。

四、粮食主产区利益补偿机制存在的问题

（一）粮食主产区补偿标准较低致使激励效果欠佳

1. 未充分调动农民的种粮积极性

农民作为理性经济人，其种粮行为的积极性与农民的收入水平高度相关。从全国的情况看，在农民的各种收入来源中，工资性收入和家庭经营性收入所占比例最大。虽然自 2018 年开始，粮食补贴政策调整为“农业支持保护补贴”，适度提高了粮食补贴额度，但是我国的粮食补贴只占农民收入的 3%左右，远低于发达国家水平。此外，近年来农业生产资料价格呈普遍增长的态势，粮食补偿的额度不能完全弥补农业生产资料以及物价上涨的幅度。复合性的因素致使农民追逐务工的工资性收入，影响了种粮积极性。

2. 粮食补贴促进农民增收的作用有限

自2006年我国取消了农业税，稳步构建起粮食生产利益补偿制度以来，在促进粮食生产平稳发展和农民收入增长方面发挥了一定作用。但是，粮食的必需品属性决定其提价才能使农民增收，这就导致粮食补贴保证粮食供给与促进农民增收的功能很难同时得到实现。尽管粮食价格也在持续上涨，而且2016年农业补贴改革后补贴额度明显增加，但农业生产成本的增长幅度已然超过粮食价格上涨幅度，农业补贴对促进农民增收的效果仍很有限。

（二）补偿精准性与指向性待提高

1. 补偿资金用途具有分散性

我国粮食补偿政策实施以来，补偿对象主要以流通环节为主，补偿传导链条较长，往往造成补偿资金沉淀于流通环节，真正落实到农民手中的实际补偿资金较少。同时粮食补偿资金是粮食补偿政策的实施载体，只有把粮食补偿资金用于粮食生产，粮食补偿政策才能发挥作用。而甘肃三县的调查显示，只有16％左右的农民把粮食补偿资金用于农业生产，因此，粮食补偿资金无法真正用于粮食生产，政策效果大打折扣。

2. 粮食补偿政策运行程序复杂

粮食补偿政策实施过程中需要做大量的调查、统计工作，此外粮食补偿政策的实施还要涉及财政部门、农业部门等多个部门之间的协调和配合，但是现实情况是各部门之间缺少必要的信息沟通平台，使得粮食补偿政策落实效率偏低，导致粮食补偿发放历时长，政策的执行成本也较高。因此，实施更加合理的差异化补偿标准、简化补偿手续、降低政策执行成本，是今后完善粮食补偿政策体系的关键所在。

3. 补偿终端未必均为粮食生产主体

首先，对粮食主产区与粮食主销区进行对比分析，从表面看，粮食调出区可以多得中央的粮食补贴和农业投入，但得到的补贴越多，地方政府配套基金也越多。由于粮食主产区政府财政实力普遍不强，因此，这些粮食主产区财政负担不堪重负，陷入“产粮越多财政负担越重”“贡献越大义务越多”的不利境地。“粮食大县”无不成“财政穷县”。由于每斤商品粮都含有主产区政府的补贴，当生产的粮食调往主销区时，这部分补贴也随之调入粮食主销区，形成“穷省”补贴“富省”的不合理现象。另外，国家为了粮食安全，确保18亿亩耕地红线，对主产区的土地限制非常严格，在某种程度下发展工业的机会减少。在当前财政体制下，粮食调出区并没有换来更多的转移支付，没有获得相应的利益补偿。

其次，从粮食种植户角度来看，粮食补偿最终受益者不一定是种粮户。虽然国家粮食补偿以“谁种粮谁受益”为原则，但是在具体实施过程中，仍然存在种粮主体不完全是最终受益者或是部分农户未领到补偿的情况。一方面，由于种粮户是土地承包者，与土地所有者非统一主体；另一方面，部分种粮户对国家补偿政策了解较少。此外，也存在补贴打款账户遗失的情况。

（三）普惠性政策弱化了支持效应

1. 粮食补偿促进主产区经济增长效应不明显

现行粮食主产区利益补偿机制，大多属于普惠性粮食生产补贴政策，忽视了粮食主产区经济社会的特殊性，没有将稳定粮食生产与促进粮食主产区经济发展有效结合起来，粮食主产区面临着经济发展缓慢、发展不均衡的困境。此外，由于资源禀赋及经济特性的差异，粮食主产区的经济增长具有一定的异质性。研究结果表明，2005—2019 年，同为粮食主产区的黑龙江省和河南省的经济发展水平差距较大。与黑龙江省相比，河南省的财政实力较强，更具粮食生产财政投入实力，而且粮食生产方面的投入对二三产业影响较小，对经济发展的促进作用较明显。

2. 粮食补偿对粮食产量提高的激励作用未凸现

近年来，黑龙江省积极贯彻国家的粮食主产区利益补偿政策，并在提高粮食产量、劳动生产效率以及农业生产投入产出比等方面取得一定效果，但仍然存在进一步的提升潜力。这主要是由于农业支持保护补贴及粮食生产者补贴等粮食主产区的利益补偿政策具有普惠性。政府执行的粮食主产区利益补偿政策只能释放出国家鼓励种植粮食作物的信号，目的指向性不够清晰，未针对黑龙江省的实际状况进行相应调整，导致粮食补偿对粮食产量提升的激励作用未凸现。

（四）粮食大县奖励政策实施效果不理想

1. 财政支持不稳定

产粮大县的奖励资金额度以上年的粮食产量为依据，奖励额度越高的省市，代表去年的粮食产量越高。当然，也不是绝对按照产量分配奖励资金，也要考虑该地区的经济发展水平。从我国近年的产粮大县补偿具体分配数据可以看出（图 5），国家给予产粮大县的财政补偿具有波动性特点，补偿总金额与粮食产量不完全正相关，且奖励资金分配有均衡的趋势。虽然产粮大县的补偿也综合考虑了区域经济的差异性，但是经济发展相对落后地区的产粮大县与经济发达地区的产粮大县应享受同样受偿权益。否则部分对国家粮食安全贡献很大的主要产粮大县，仅因其在落后地区而获得较低的补偿，将挫伤农民种粮的积极性。

2016 年产粮大县奖励资金分配表

排名	地区	万元	排名	地区	万元	排名	地区	万元
1	黑龙江	615 085	11	江西	171 836	21	广西	20 687
2	河南	525 573	12	江苏	166 889	22	宁夏	19 129
3	山东	282 855	13	辽宁	111 887	23	广东	11 660
4	安徽	268 958	14	山西	74 600	24	福建	10 439
5	河北	267 210	15	新疆	71 356	25	海南	9 826
6	吉林	255 903	16	重庆	55 555	26	青海	8 878
7	内蒙古	228 317	17	云南	42 481	27	浙江	8 723
8	湖南	206 456	18	陕西	39 242	28	西藏	4 753
9	湖北	197 589	19	甘肃	35 504			
10	四川	188 360	20	贵州	27 980	合计	3 927 731	

2017 年产粮大县奖励资金分配表

排名	地区	万元	排名	地区	万元	排名	地区	万元
1	黑龙江	709 892	11	江西	198 916	21	宁夏	28 157
2	河南	481 380	12	江苏	192 617	22	贵州	26 845
3	安徽	288 571	13	辽宁	131 262	23	福建	9 977
4	吉林	277 795	14	新疆	74 428	24	青海	9 670
5	内蒙古	256 839	15	重庆	72 717	25	海南	9 614
6	山东	244 821	16	陕西	56 133	26	广东	8 924
7	四川	242 537	17	云南	47 061	27	浙江	6 331
8	湖南	233 318	18	山西	45 479	28	西藏	4 052
9	湖北	222 966	19	广西	44 316			
10	河北	200 995	20	甘肃	35 845	合计	4 161 458	

2018 年产粮大县奖励资金分配表

排名	地区	万元	排名	地区	万元	排名	地区	万元
1	黑龙江	588 418	11	江苏	184 281	21	广西	52 656
2	河南	481 458	12	江西	182 688	22	宁夏	28 411
3	安徽	289 547	13	辽宁	126 459	23	青海	24 377
4	湖北	268 857	14	新疆	90 885	24	浙江	19 468
5	吉林	266 373	15	云南	75 658	25	福建	13 975
6	内蒙古	254 897	16	重庆	75 559	26	广东	13 378
7	四川	251 486	17	陕西	65 488	27	海南	12 691
8	湖南	249 120	18	山西	61 905	28	西藏	7 657
9	山东	240 720	19	贵州	60 518	29	北京	633
10	河北	233 109	20	甘肃	52 758	30	天津	611

2019 年产粮大县奖励资金分配表

排名	地区	万元	排名	地区	万元	排名	地区	万元
1	黑龙江	490 557	11	江西	153 039	21	广西	41 907
2	河南	372 786	12	江苏	134 103	22	宁夏	21 958
3	湖北	241 644	13	辽宁	97 779	23	青海	20 833
4	安徽	222 149	14	新疆	78 914	24	浙江	16 564
5	湖南	210 814	15	云南	66 609	25	福建	12 237
6	四川	202 647	16	重庆	58 788	26	广东	11 733
7	内蒙古	191 974	17	山西	54 795	27	海南	7 053
8	河北	187 378	18	陕西	52 984	28	西藏	6 618
9	山东	186 054	19	贵州	52 630	29	北京	523
10	吉林	184 287	20	甘肃	43 819	30	天津	505

图 5　2016—2019 年产粮大县奖励资金分配表

资料来源：财政部官网。

2. 财政支持幅度偏小阻碍公共服务水平提升

与产粮大县的财政缺口相比，产粮大县财政奖励幅度相对较小，而且多数粮食主产县财力困难，又要投入配套资金，财政支出压力大，对农业基础设施投入非常少，公共产品供给严重不足。产粮大县政府对奖励资金的使用有较大的自主权，为促进本地经济发展，地方政府会将有限的财政资金投向短期内可产生直接经济效益的二三产业部门，而忽视对基本公共服务的投入。因此，在中央政府相应的财政补助较少的情况下，难以激发地方政府部门对基本公共服务公共支出的积极性，不利于公共服务水平的提升。

3. 未能有效缓解粮食主产县财政困难

中央财政对产粮大县奖励资金是为了促进和保护粮食主产县地方政府抓粮食生产的积极性，使粮食主产县财政支出困境得到一定程度的缓解，但是奖励资金与实际需要相比，资金额度较小。国家为了确保18亿亩耕地红线，严格限制粮食主产区的土地用途，亦限制了粮食主产区发展其他产业的机会。

4. 产粮大县奖励的区域异质性

中央财政对产粮大县实行动态奖励机制，每年根据近年全国各县级行政单位粮食生产情况，筛选入围县，按因素法分配奖励资金。近年来，对产粮大县的奖励标准和奖励原则没有发生太大的变化，只是奖励因素的权重略有调整。产粮大县奖励政策所考虑的奖励因素及权重中，只是将商品粮的权重增加了，没有充分考虑不同地区人口数量、财政状况等实际情况，对于人口数量多、财力困难的地区和产粮大县来说，这个奖励因素与权重过于简单。

（五）粮食产销区利益不平衡

1. 产销区收入差距拉大

粮食主产区肩负着我国粮食安全的重任，更加侧重粮食生产。将相对有限的资源投入到粮食生产中，限制了主产区经济的发展，使得主产区财政收入远低于主销区水平，甚至低于全国平均水平。虽然粮食主产区给予种粮农户一定的利益补偿，在一定程度上调动了农户种粮的积极性，但是仍不能从根本上缩小粮食主产区与主销区的收入差距。

2. 主产区的粮食补贴流向主销区

粮食主产区和粮食主销区利益关系发生的纽带是粮食。粮食主销区以发展工业为主，粮食产量呈下降趋势，但人口增长却带来粮食需求量大幅增长，所需的粮食必须从主产区购买才能满足需求，导致主产区粮食的大量调出（图6）。由于每斤商品粮都含有主产区政府的补贴，当生产的粮食调往主销区时，实际上是主产区部分补贴、地方财政收入和利益流向了经济较为发达的粮食主销区，造成了“财政穷省”补贴“财政富省”现象。

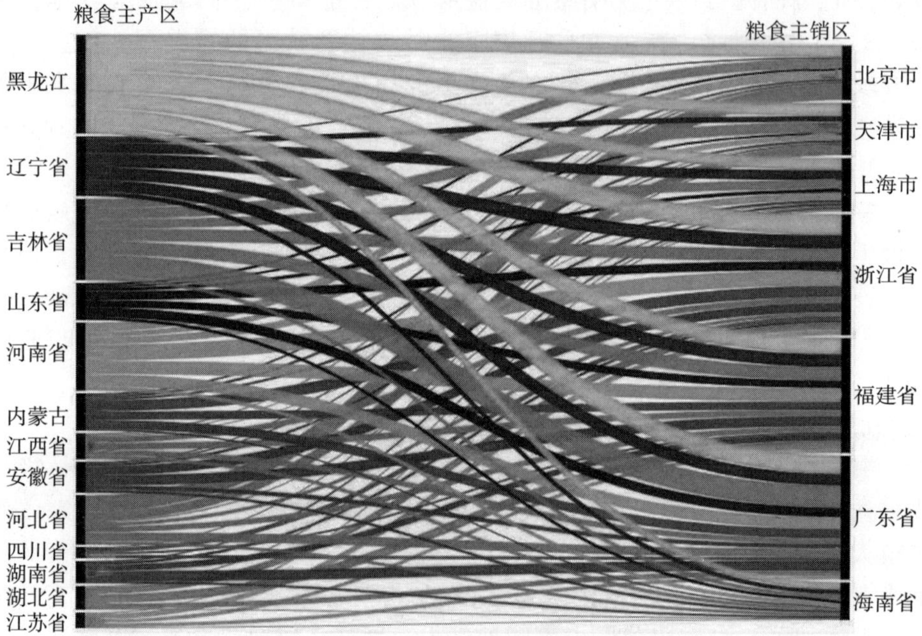

图 6　粮食产销区间的粮食流向

五、结论与建议

（一）结论

第一，我国粮食主产区利益补偿历经了间接支持政策到直接支持政策的变迁，粮食补偿政策初步形成了以粮食直接补贴和农资综合补贴为主的综合性收入补贴、以良种补贴和农机具购置补贴为主的专项性生产补贴、最低收购价政策相结合的粮食补贴政策体系，在一定时期内，对增加农民收入、提高农民积极性、发展粮食生产、保障粮食安全起到了推动作用。

第二，当前粮食主产区利益补偿政策的边际贡献逐渐减弱。对黑龙江省与河南省粮食利益补偿效应的评价结果显示，总体来看，黑龙江省与河南省的补偿效应均有所提高，但提高速度趋缓。黑龙江省农业生产能力、居民生活水平、区域经济发展、基本公共服务供给水平得分在粮食主产区利益补偿政策实施下均有明显提高，粮食主产区利益补偿对居民生活水平、农业生产能力的提升作用尤为明显；改善经济状况及基本公共服务供给水平的效果有限。河南省农业生产能力、居民生活水平、区域经济发展和基本公共服务供给水平得分都有所提高，粮食生产区利益补偿对区域地方政府基本公共服务供给能力和居民生活水平的提升作用较为明显。

第三，粮食主产区利益补偿效应在各主产区间具有异质性。研究初期，黑龙江省的利益补偿效应增长速度明显快于河南省；但是研究后期，河南省的利益补偿效应反超黑龙江省，并逐步拉开差距。两省农业生产能力总体差距较小，但是黑龙江省年均增长率远高于河南省。黑龙江省粮食主产区利益补偿政策对促进农民增收效果优于河南省，但是黑龙江省的区域经济发展情况明显弱于河南省，基本公共服务供给水平略低于河南省。

第四，粮食主产区利益补偿仍存在一些痼疾。这主要包括：粮食主产区利益补偿标准较低，致使激励效果欠佳；补偿精准性与指向性有待提高；普惠性政策弱化了支持效应；产粮大县奖励政策实施效果不明显及粮食产销区利益不平衡。

第五，创新粮食主产区利益补偿机制。多角度完善主产区粮食利益补偿机制，保障补偿机制高效运行，提高粮食补偿标准并建立动态调整机制，加大对粮食核心产区的扶持力度，发挥粮食碳汇功能“引补偿”，以促进产销区利益平衡，由“普惠制”补贴向“专惠制”补贴转变，协调粮食增产与区域发展。

（二）政策建议

1. 提高粮食补偿标准并建立动态调整机制

根据经济学机会成本理论，对种粮农户的补贴应以种植粮食作物的每亩纯收入与种植经济作物的每亩纯收入（即种植粮食作物的机会成本）差额为标准。由于黑龙江省各地种植的经济作物品种不尽相同，在计算种植粮食作物的机会成本时，可采取统一标准，以甜菜、亚麻、马铃薯、花生、中药材、食用菌、蔬菜、花卉八类经济作物的平均每亩纯收入作为种植粮食作物的机会成本。然后，分别以全省玉米、水稻、大豆等粮食作物的亩均纯收入与其相比较，确定玉米、水稻、大豆等粮食作物各自的补贴标准。鉴于现阶段财力有限，尚不能完全按种植粮食作物的机会成本损失进行补贴，但应以此为依据逐渐提高补贴标准，缩小粮食生产补贴与种粮机会成本损失之间的差距，首先保证不降低种粮农户的收益率。

建立粮食生产补贴动态调整机制。要逐步把综合粮食补贴与种子价格、农资价格、粮食价格联系起来，根据价格变化情况，适时调整补贴标准，进而缩小种粮农民与其他行业劳动者之间的收入差距。对种粮农户补贴所需资金可以通过以下渠道解决：一是争取中央财政的转移支付。按照“谁受益，谁承担成本”的基本原则，中央向粮食主销区收取粮食消费税，并将其作为粮食主产区利益补偿基金，粮食消费税的税率应为每斤调出的商品粮需分摊的主产区粮食补贴成本；二是尝试在本省粮食销售末端环节通过黑龙江省税务机关征收一定数额的粮食消费税作为补充资金；三是提高农地征用补偿金额度，用于扩充粮食生产补贴资金。

2. 加大对粮食核心产区的扶持力度

粮食核心产区具有粮食生产比较优势大、基础条件好、生产水平高、商品粮调出量大的特点，是主产区粮食生产的核心区域，对保障国家粮食安全的重要性更在一般主产区以上。因此，粮食主产区利益补偿应重点向粮食核心产区倾斜，要在国家主体功能区划的基础上，进一步界定核心产区的范围，以便各类资源真正向核心区集中，通过支持核心产区发展，以点带面，推动我国粮食安全水平全面提高。要完善扶持核心产区发展的各类机制。建立政策保障机制，加快制定全国性的粮食核心产区发展规划，为未来核心区发展提供指导和依据，要研究制定核心区发展的优惠政策，通过优惠政策引导各类资源向核心产区流动；要建立投入保障机制，各类支农资金要重点向核心产区倾斜，加大对核心产粮大县一般性转移支付、财政奖励、粮食产业建设项目支持力度，对财政困难的核心产区，要增加中央财政对农业基础设施投入力度，取消一些项目的地方资金配套要求，减轻核心产区地方政府财政压力，各类支农资金尽量集中使用，实现重点突破，提高资金使用效率和效果；要建立科技保障机制，加大对核心产区的科技投入，重点支持粮食产业发展的关键领域、重要产品、核心技术的科学研究，增强科技对核心产区发展的保障能力；要加强核心产区农技推广体系建设，加快农业科技成果转化。通过科技保障能力的提高，在耕地面积减少的情况下，通过提高单产保障国家粮食安全。

3. 促进粮食主产区增产与区域发展协调

我国现有粮食补贴政策目标是产量目标和收入目标。产量目标是指粮食支持政策将粮食产量维持在一个较为合理的水平上，即要保证充足的粮食供给，以保证国内粮食需求，保障粮食安全。收入目标是指粮食支持政策以提高粮食生产者受益为目标。从前述研究可以看出，虽然当前粮食支持政策中包括了粮食直补、农资综合补贴等以增加农民收入为目标的多种措施，但总体上来讲，我国粮食支持政策的主要目标还是“产量支持”，即增加粮食产量、保障粮食安全。传统粮食支持政策的“增加粮食产量”和“增加农民收入”两个目标在一定范围内是冲突的，尤其是当粮食产量已经达到一定水平以后，继续增加产量则会导致农民边际效用减少。由于粮食的比较效益低，粮食主产区在发展粮食生产的同时付出了更多的机会成本，造成“产粮大县、财政穷县”的现象。

从长久来说，这也不利于粮食安全长效机制的构建。所以粮食主产区利益补偿政策的目标应从促进整个主产区发展的角度考虑。根据粮食主产区为保障国家粮食安全所做出的贡献和付出的成本，增加对粮食主产区的转移支付和各项支持，促进主产区经济社会加快发展，确保主产区得到合理的利益补偿。通过促进主产区发展，增强主产区粮食综合生产能力，以生产潜力的提高保障粮食安全，从而实现粮食增产、农民增收和区域发展，只有这样才能构建粮食安全的长效机制。因此，粮食主产区利益补偿应重点向粮食核心产区倾斜，要在国家主体功能区划的基础上，进一步界定核心产区的范围，以便各类资源真正向核心产区集中，通过支持核心产区发展，以点带面，推动我国粮食安全水平全面提高。

4. 由“普惠制”补贴向“专惠性”补贴转变

现行的粮食补贴基本以地区为主，同一地区补贴标准基本相同，类似于“普惠制”补贴的模式。目前这种类似于“普惠制”的补贴模式，没有考虑农户的特征差异性。实证分析表明，粮食补贴政策对不同类型农户的粮食增产和家庭增收的促进效应存在一定的差异。其中，年内地区复种指数较高、家庭土地经营规模大、粮食种植比例高的种粮大户对粮食补贴政策的变动反应敏感，显示出明显的政策影响效应。因此，粮食补贴政策在注重公平的同时也要兼顾效率，根据补贴对象的不同，实施差异化的补贴政策措施，在具体实施过程中，可以适当向粮食主产区和种粮大户倾斜，提高粮食补贴政策的实施绩效。但是，粮食补贴政策的调整也应适当考虑耕地少的小农户的利益，尤其是耕地面积少的贫困农户的利益，可以考虑以较高的补贴率推进小农户的合作经营，既促进了农业生产的规模经营又照顾到小农户的利益。

可以借鉴部分地区的经验，出台针对种粮大户的直接补贴措施。粮食种植面积在一定规模的粮食种植户或者合作社，自行向耕地所在的乡镇政府提出补贴申请，提供第二轮土地承包证明、租种耕地合同书原件和身份证原件以及相关复印件，村委会需在申报表上签注审核意见。各乡镇核对后，将原件退回种粮大户，补贴资金由县或乡镇财政部门通过农民“一折（卡）通”账户发放，建议补贴标准比现行补贴标准略有提高。同时，建议地方政府在农地流转管理过程中，对将流转农地用作粮食生产的种粮农民给予奖励；此外，除了对入选“全国种粮大户”的农民进行奖励外，地方政府也可以对当地典型的种粮大户给予一定的精神和物质奖励；地方政府在项目安排上加大对种粮大户的扶持投入，例如对种粮大户的水利、道路、土地质量等农田基础设施建设加大投入，提高建设标准。

5. 发挥粮食碳汇功能“引补偿”，促进产销区利益平衡

粮食安全是治国安邦的头等大事，政府作为市场经济的宏观调控者，承担

着粮食安全的主要责任，在确保粮食主产区粮食产量提高的同时，要进一步完善粮食主产区利益补偿机制，由“等补偿”到“引补偿”，运用行政规制与市场化机制相结合的形式，协调粮食主产区和粮食主销区的利益，激励农民种粮积极性，保障粮食安全。

为调动粮食主产区生产粮食的积极性，促进产销区利益平衡：一是充分发挥宏观调控作用，政府应根据经济发达的粮食主销区调入粮食的数量收取一定的补偿金，来给予粮食调出区相应的补助，弥补粮食调出区利益流失。二是运用市场化机制，充分发挥粮食碳汇功能“引补偿”。

由政府主导搭建全国粮食产销合作平台，支持鼓励粮食主产区和粮食主销区建立长期稳定的粮食产销协作关系。政府要鼓励主销区龙头骨干企业跨地区建立商品粮仓储基地、加工园区和销售网络，提升粮食产量和品质，拉长产业链条，主产区政府给予一定的政策支持和保护，营造良好的合作关系，让主产区农民在粮食产业增值增效中获得更大收益。

市场化产销区利益补偿机制，粮食主产区要千方百计“引补偿”。全国的粮食产销区利益补偿，由国家统一部署，对于粮食主产区，则应积极出台方案，引领产销区利益平衡，由“等补偿”到“引补偿”。协调产销双方利益，建立优势互补产销协作模式。应基于工业和粮食生产之间比较效益的差异，充分利用工业高碳排放和粮食的碳汇功能，结合我国的碳达峰碳中和目标，在粮食主销区的工业发达地区与粮食主产区的产粮大县间建立碳交易平台，建设初期可以与全国现有的碳交易市场接轨，参考国内现行碳交易定价机制；运行后期可以考虑在黑龙江省开设独立的碳交易市场，充分发挥黑龙江省粮食生产与林业碳汇的功能，推动经济发展方式向绿色低碳转型，加强生态文明建设。

黑龙江省资源型城市和地区经济转型的协调发展*

徐鑫亮

本文将黑龙江省资源型城市和地区经济转型看作是一个复杂的系统，从“产业—社会—空间”三个方面对系统整体的协调发展关系、模式与演化过程进行分析，探讨2008—2018年黑龙江省资源型城市和地区协调发展水平在时间和空间上的变化趋势①。

一、黑龙江省资源型城市和地区经济系统协调发展模式

黑龙江省资源型城市和地区在经济转型期内“产业—社会—空间”系统内部的演化特征与具体的指标紧密相关。本节运用面板模型对时间序列数据进行回归分析，从影响因素的角度分别对“产业—社会—空间”各子系统内的要素指标相关关系及协调发展进行评价，进而得出黑龙江省资源型城市和地区“产业—社会—空间”系统协调发展模式与演化过程。

（一）产业子系统内协调发展关系

1. 指标选取与模型构建

本部分在探讨黑龙江省资源型城市和地区产业系统的变化特征时，借鉴已有文献的指标选择并考虑指标的可获取性及不同指标之间的多重共线性，选取以下控制变量：第一产业占GDP的比例（%）、产业结构升级测度、工业企业数（个）、就业密度（人/千米^2）、外资利用度（%）、科技投资占比（%）、市场化程度（%）。

---

* 黑龙江省社会科学基金青年项目（课题编号：18JYC257）。
项目负责人为徐鑫亮副教授，主要参加人员有孟蕊、朱美荣、赵毓婷、吕双、赵玥。

① 本文摘自《黑龙江省资源型城市和地区经济转型发展对策研究》第4章。

选取 2008—2018 年黑龙江省各资源型城市和地区的相关指标数据，进行产业子系统影响因素的测算。根据各影响因素的实际情况和面板数据的固有特点，建立面板数据回归模型如式（1）所示：

$$Y=\alpha+\beta_1X_1+\beta_2X_2+\beta_3X_3+\beta_4X_4+\beta_5X_5+\beta_6X_6+\beta_7X_7+\varepsilon_{it} \quad (1)$$

式中，Y 为黑龙江省区域经济发展水平（GDP）的自然对数；β_i（$i=1$，2，…，7）是不同控制变量的回归系数；α 为常数项；X_1 代表第一产业占 GDP 的比例；X_2 代表产业结构升级测度；X_3 代表工业企业数；X_4 代表就业密度；X_5 代表外资利用度；X_6 代表科技投资占比；X_7 代表市场化程度；ε_{it} 为随机扰动项，其中 i 代表不同的资源型城市和地区，t 代表不同年份。

本研究选取 ADF - Fisher 方法进行单位根检验。单位根存在则说明该序列中数据不平稳；此时可对序列数据进行差分处理，如果差分处理后仍存在单位根，则说明数据依然不平稳，即数据较差，不适合进行进一步的分析。产业子系统的 ADF 检验数据如表 1 所示。

表 1　产业子系统影响因素的单位根检验结果

变量	统计量（t）	Prob 值（p）	临界值（1%）	临界值（5%）	临界值（10%）	结论
$Y\Delta$	−3.587	0.006	−3.487	−2.886	−2.580	稳定
$X_1\Delta$	−3.690	0.004	−3.488	−2.887	−2.580	稳定
$X_2\Delta$	−3.588	0.006	−3.488	−2.887	−2.580	稳定
$X_3\Delta$	−8.366	0.000	−3.487	−2.886	−2.580	稳定
$X_4\Delta$	−9.195	0.000	−3.487	−2.886	−2.580	稳定
$X_5\Delta$	−8.804	0.000	−3.487	−2.886	−2.580	稳定
$X_6\Delta$	−13.062	0.000	−3.487	−2.886	−2.580	稳定
X_7	−3.861	0.002	−3.486	−2.886	−2.580	稳定

注：Δ 表示一阶差分后通过检验。

研究的时间跨度为 11 年，可以采用 Kao 检验进行协整性检验。在设定的条件下，所选取的 7 个解释变量与被解释变量之间的 Prob 值<0.01，说明该时间序列通过协整性检验，即证明黑龙江省资源型城市和地区的产业子系统与 7 个解释变量之间存在长期均衡的发展关系，可利用面板数据进行回归分析。

进一步利用 F 检验、BP 检验和 Hausman 检验对模型进行检验，判定所选用的模型类型，检验结果如表 2 所示。

由表 2 可知，F 检验得出 FE 模型优于 POOL 模型，Hausman 检验得出 RE 模型优于 FE 模型。因此，选取 RE 模型进行分析。

表 2　模型估计检验结果汇总

检验类型	检验值	检验结论
F 检验	F（11，113）＝46.322，p＝0.000	FE 模型
BP 检验	χ^2（1）＝233.962，p＝0.000	RE 模型
Hausman 检验	χ^2（7）＝35.784，p＝0.000	RE 模型

2. 模型结果分析

研究以 RE 模型作为最终结果，从表 3 影响因素指标变化来看，可得出以下结果。

针对指标 X_1 第一产业占 GDP 比例而言，其呈现出 5%的显著性（t＝1.907，p＝0.039＜0.05），说明第一产业占比对经济发展具有显著的负面影响。黑龙江省作为我国主要的粮食产业，第一产业产值仍然保持逐年增长的态势，但随着第三产业发展，其占 GDP 的比例逐年降低。黑龙江省的“十四五”规划中指出“我省支持农产品主产区保护永久基本农田和生态空间，夯实农业生产基础，提高农产品供给水平和质量”。这说明，在政策的引导下，黑龙江省第一产业仍然继续发展，保障我国粮食安全。

针对 X_2 产业结构升级测度而言，其呈现出 5%水平的显著性（t＝2.098，p＝0.015＜0.05），说明产业结构升级测度对经济发展会产生显著的正向影响。这符合产业结构升级有助于经济发展的预期。产业结构调整与重构是资源型城市和地区经济转型的最重要方式，是构建黑龙江省资源型城市和地区协调发展体系，实现经济可持续发展的重点。

针对 X_3 工业企业数而言而言，其呈现出 10%水平的显著性（t＝0.007，p＝0.003＜0.05），说明工业企业数对经济发展存在正向影响。企业数象征着产业发展繁荣程度，能侧面体现政策对企业的引入优势，对经济发展起到促进作用。

针对 X_4 就业密度（人/千米^2）而言，其并没有呈现出显著性（t＝－1.158，p＝0.249＞0.05），因而说明就业密度（人/千米^2）对经济发展的影响较小。

针对 X_5 外资利用度而言，其并没有呈现出显著性（t＝0.892，p＝0.374＞0.05），说明外资利用度对经济发展无明显作用。这也反映了黑龙江省经济发展对外依赖较低，主要是依赖国内资本的投资与支持。

针对 X_6 科技投资占比而言，科技投资占比反映了黑龙江省资源型城市和地区的技术进步，但其并没有呈现出显著性（t＝－0.075，p＝0.058＞0.05），说明其对经济发展无明显作用。这也反映了技术的投入短期内难以转化成为经济水平。在进一步的经济转型过程中，需要在加强科技投资的同时，提高科技成果转换效率。

针对 X_7 市场化程度而言，其呈现出 1%的显著性（$t=-2.098$，$p=0.038<0.05$），说明市场化程度对经济发展作用效果为正。说明黑龙江省经济转型过程中，市场成熟度较低，空间较大，对经济发展有一定的促进作用。

表 3　产业子系统影响因素面板分析结果

项	POOL 模型	FE 模型	RE 模型
截距	8.295 (6.287**)	8.301 (8.052**)	6.890 (6.405**)
X_1	−0.017 (−2.556*)	−0.015 (1.907**)	−0.039** (1.907)
X_2	1.945 (5.144)	0.348 (−2*)	0.015** (2.098)
X_3	0.002 (10.569**)	0.001 (2.089*)	0.003*** (0.007)
X_4	0.023 (1.172)	0.120 (−1.158)	0.249 (−1.158)
X_5	0.043 (0.869)	0.022 (0.892)	0.374 (0.892)
X_6	−0.057 (−0.005)	−0.063 (0.516 3)	0.058 (−0.075)
X_7	20.123 (0.396***)	5.089 (0.048 1***)	0.038*** (2.098)
R^2	0.683	0.135	0.052
调整 R^2	0.665	−0.003	−0.002
样本量	132	132	132
检验	$F(7, 124)=38.206$，$p=0.000$	$F(7, 113)=2.515$，$p=0.019$	$\chi^2(7)=6.781$，$p=0.452$
因变量：ln_1 地区生产总值（亿元）			

注：***、**、*分别表示解释变量系数在 1%、5%和 10%的置信水平上具有统计显著性。

（二）社会子系统内协调发展关系

1. 指标选取与模型构建

本节中以城市的人口密度作为被解释变量，借鉴已有文献的指标选择并考虑指标的可获取性及不同指标之间多重共线性，选取以下控制变量：非农就业人口占比（%）、人口城镇化率（%）、在岗职工工资水平（元）、中小学学校数（个）、医院床位数（个）。

选取2008—2018年黑龙江省各资源型城市和地区的相关指标数据，进行社会子系统影响因素的测算。根据各影响因素的实际情况和面板数据的固有特点，建立面板数据回归模型如式（2）所示：

$$Y=\alpha+\beta_1X_1+\beta_2X_2+\beta_3X_3+\beta_4X_4+\beta_5X_5+\varepsilon_{it} \tag{2}$$

式中，Y 为黑龙江省各资源型城市和地区人口密度；β_i（$i=1$，2，…，7）是不同控制变量的回归系数；α 为常数项；X_1 代表非农就业人口占比；X_2 代表人口城镇化率；X_3 代表在岗职工工资水平；X_4 代表中小学学校数；X_5 代表医院床位数；ε_{it} 为随机扰动项，其中 i 代表不同的资源型城市和地区，t 代表不同年份。

本研究选取ADF-Fisher方法进行单位根检验。社会子系统的ADF检验数据如表4所示。

表4　社会子系统影响因素的单位根检验结果

变量	统计量（t）	Prob值（p）	临界值（1%）	临界值（5%）	临界值（10%）	结论
$Y\Delta$	−11.035	0.000	−3.482	−2.884	−2.579	稳定
$X_1\Delta$	−2 566 179	0.000	−3.486	−2.886	−2.580	稳定
$X_2\Delta$	−12.181	0.000	−3.482	−2.884	−2.579	稳定
X_3	−4.158	0.001	−3.487	−2.886	−2.580	稳定
X_4	−3.269	0.016	−3.486	−2.886	−2.580	稳定
X_5	−4.812	0.000	−3.486	−2.886	−2.580	稳定

注：Δ表示一阶差分后通过检验。

研究的时间跨度为11年，可以采用Kao进行协整性检验。在设定的条件下，所选取的5个解释变量与被解释变量之间的Prob值<0.01，说明该时间序列通过协整性检验，即证明黑龙江省资源型城市和地区的社会子系统与5个解释变量之间存在长期均衡的发展关系，可利用面板数据进行回归分析。

面板模型涉及的3个模型分别是混合POOL模型、固定效应FE模型和随机效应RE模型，利用F检验、BP检验和Hausman检验对模型进行检验，检验结果如表5所示。

根据表5的结果可知，F检验说明FE模型优于POOL模型，Hausman检验说明RE模型优于FE模型。因此，本研究最终以RE模型作为最终结果。

表 5 模型估计检验结果汇总

检验类型	检验值	检验结论
F 检验	F（10，116）＝1 668.706，p＝0.000	FE 模型
BP 检验	χ^2（1）＝366.558，p＝0.000	RE 模型
Hausman 检验	χ^2（4）＝0.472，p＝0.976	RE 模型

2. 模型结果分析

研究以 RE 模型作为最终结果，从表 6 影响因素指标变化来看，可得出以下结果。

针对 X_1 非农就业人口占比而言，其呈现出 1%水平的显著性（t＝1.340，p＝0.015＜0.05），说明就业人口的产业分布情况对人口密度具有显著的正向影响。产业布局是人口移动的主要驱动力，尤其对黑龙江省资源型城市和地区而言，经济转型期第二产业链条延伸与加强、同时在空间上重新调整布局，也就是说人口空间分布的变化会随着产业结构的调整发生变化。这一方面说明了产业调整对黑龙江省资源型城市和地区的人口活动产生影响；另一方面，产业结构的变动影响了产业就业人口的分布，也影响了人口密度。

针对 X_2 人口城镇化率，其呈现出 10%水平的显著性（t＝0.366，p＝0.042＜0.05），说明城镇化水平对人口密度有正向影响。伴随着我国城镇化的发展进程，城镇化率对人口密度必然存在影响，在黑龙江省资源型城市和地区区域此影响程度较小。

针对 X_3 在岗职工工资水平，其呈现出 5%水平的显著性（t＝－7.264，p＝0.000＜0.01），且回归系数值为－0.000＜0，说明在岗职工工资水平与人口密度呈负相关。在岗职工工资水平能够反映居民的收入水平，进而展现居民的生活质量。黑龙江省资源型城市和地区面临着人口老龄化严重、人口流失的问题，在岗职工工资并不能保证人口密度的提升。因此，只有切实提高居民收入水平，改善人口外流的局面，才能对人口密度产生影响。

针对 X_4 中小学学校数而言，其呈现出 1%水平的显著性（t＝0.010，p＝0.010＜0.05），说明中小学学校数量能够显著影响人口密度；针对 X_5 医院床位数，其呈现出 1%水平的显著性（t＝－0.202，p＝0.084 0＜0.05），说明医院床位数能够显著影响人口密度。教育和医疗是社会子系统中比较重要的社会服务项目，教育资源的分配和城市中医院的分布，对人口的流动具有一定的吸引作用。尤其是中小学的就近就学原则和中心城区医疗质量普遍更高，将会加剧人口密度的不均衡。

表6　社会子系统影响因素面板分析结果

项	POOL 模型	FE 模型	RE 模型
截距	81.319 (0.763)	101.953 (23.773**)	−263.452 (−0.967)
X_1	−35.329 (−0.300)	—	0.015*** (1.340)
X_2	12.317 (0.600)	4.767 (0.436)	0.042* (0.366)
X_3	0.000 (1.642)	−0.000 (−7.720**)	−0.000** (−7.264**)
X_4	0.245 (6.798**)	−0.000 (−0.098)	0.010** (0.001 0)
X_5	−0.001 (−1.852)	−0.000 (−0.297)	0.084 0*** (−0.202)
R^2	0.468	0.406	0.363
调整 R^2	0.447	0.33	0.338
样本量	132	132	132
检验	$F(5, 126)=22.185$，$p=0.000$	$F(4, 116)=19.855$，$p=0.000$	$\chi^2(5)=71.762$，$p=0.000$
因变量：人口密度（人/千米²）			

注：***、**、*分别表示解释变量系数在1%、5%和10%的置信水平上具有统计显著性。

（三）空间子系统内协调发展关系

1. 指标选取与模型构建

黑龙江省资源型城市和地区的社会系统要素关系复杂，本部分以城市的建成区经济密度作为被解释变量，借鉴已有文献的指标选择并考虑指标的可获取性及不同指标之间多重共线性，选取以下控制变量：城市建成区面积（千米²）、土地城市化率（%）、城市绿地覆盖率（%）、人均城市道路面积（千米²）、每万人拥有公共交通数（台）。

选取2008—2018年黑龙江省各资源型城市和地区的相关指标数据进行空间子系统影响因素的测算。根据各影响因素的实际情况和面板数据的固有特点，建立面板数据回归模型如式（3）所示：

$$Y=\alpha+\beta_1 X_1+\beta_2 X_2+\beta_3 X_3+\beta_4 X_4+\beta_5 X_5+\varepsilon_{it} \tag{3}$$

式中，Y 为黑龙江省各资源型城市和地区建成区经济密度；β_i（$i=1, 2, \cdots,$

7）是不同控制变量的回归系数；α 为常数项；X_1 代表城市建成区面积；X_2 代表土地城市化率；X_3 代表城市绿地覆盖率；X_4 代表人均城市道路面积；X_5 代表每万人拥有公共交通数；ε_{it} 为随机扰动项。

本研究选取 ADF－Fisher 方法进行单位根检验。社会子系统的 ADF 检验数据如表 7 所示。

表 7　空间子系统影响因素的单位根检验结果

变量	统计量（t）	Prob 值（p）	临界值（1%）	临界值（5%）	临界值（10%）	结论
$Y\Delta$	−11.894	0.000	−3.482	−2.884	−2.579	稳定
$X_1\Delta$	−11.116	0.000	−3.482	−2.884	−2.579	稳定
X_2	−2.806	0.057	−3.481	−2.884	−2.579	稳定
$X_3\Delta$	−5.652	0.000	−3.486	−2.886	−2.580	稳定
X_4	−4.611	0.000	−3.481	−2.884	−2.579	稳定
X_5	−4.074	0.001	−3.481	−2.884	−2.579	稳定

注：Δ 表示一阶差分后通过检验。

研究的时间跨度为 11 年，可采用 Kao 进行协整性检验。在设定的条件下，所选取的 5 个解释变量与被解释变量之间的 Prob 值$<$0.01，说明该时间序列通过协整性检验，即证明黑龙江省资源型城市和地区的空间子系统与 5 个解释变量之间存在长期均衡的发展关系，可利用面板数据进行回归分析。

利用 F 检验、BP 检验和 Hausman 检验对模型进行检验，检验结果如表 8 所示。

表 8　模型估计检验结果汇总

检验类型	检验值	检验结论
F 检验	F（11，115）＝49.874，p＝0.000	FE 模型
BP 检验	χ^2（1）＝174.334，p＝0.000	RE 模型
Hausman 检验	χ^2（5）＝7.776，p＝0.169	RE 模型

根据 F 检验结果，FE 模型优于 POOL 模型；根据 Hausman 检验结果，RE 模型优于 FE 模型。因此，本部分选取 RE 模型进行分析。

2. 模型结果分析

研究以 RE 模型作为最终结果，从表 9 影响因素指标变化来看，可得出以下结果。

针对 X_1 城市建成区面积而言，其呈现出 10%水平的显著性（t＝−0.595，

p=0.015<0.05)，且回归系数数值为负，说明城市建成区面积对经济密度影响为负，符合预期。由于城市新增城区面积往往在已有城区的边缘，处于郊区的位置，建成区面积的扩大为城市发展提供了空间保障，然而空间发展的周期性使得新拓展的区域经济效应不明显，整体的经济密度可能出现下降。

针对 X_2 土地城市化率而言，其呈现出10%水平的显著性（t=0.366，p=0.042<0.05)，说明土地城市化水平对经济密度有正向影响。伴随着我国城镇化的发展进程，土地城市化是必然的趋势，然而城乡用地的转化对城市的经济影响较小。

针对 X_3 城市绿地覆盖率而言，其呈现出5%水平的显著性（t=2.620，p=0.009<0.01)，并且回归系数值为0.051>0，说明城市绿地覆盖率对城市的经济密度有显著的正向影响。对于黑龙江省资源型城市和地区环境问题一直是制约城市经济持续性发展的关键问题，一方面，资源型产业长期粗放式发展模式积累了一定的环境问题；另一方面，资源型城市和地区无法摒弃资源型产业，新的环境问题不断出现，不仅需要环境的保护，也需要进行环境的治理。

针对 X_4 人均城市道路面积而言，其呈现出5%水平的显著性（t=5.111，p=0.000<0.01)，并且回归系数值为0.240>0，说明城市的交通状况对经济密度有显著的正向影响；针对 X_5 每万人拥有的公共交通数而言，其呈现出5%水平的显著性（t=7.685，p=0.000<0.01)，并且回归系数值为0.250>0，说明城市的公共交通状况对经济密度有显著的正向影响。人均城市道路面积和城市公共交通都能够有效反映空间子系统中的交通支持能力。以上分析说明，城市的交通支持能力与经济密度正向相关，能力越强，经济密度越高。

表9　空间子系统影响因素面板分析结果

项	POOL模型	FE模型	RE模型
截距	−3.046 (−3.533**)	−3.916 (−2.398*)	−0.636 (−0.484)
X_1	0.004 (1.157)	0.016 (1.334)	−0.015*** (−0.595*)
X_2	−4.576 (−4.883**)	1.844 (1.188)	0 042* (0.366)
X_3	0.014 (0.775)	0.092 (4.210**)	0.009** (2.620**)
X_4	0.316 (4.210**)	0.189 (4.097**)	0.000** (5.111**)

（续）

项	POOL 模型	FE 模型	RE 模型
X_5	0.587 (12.720**)	0.197 (6.283**)	0.000** (7.685**)
R^2	0.675	0.504	0.465
调整 R^2	0.662	0.435	0.444
样本量	132	132	132
检验	$F(5, 126)=52.352$，$p=0.000$	$F(5, 115)=23.408$，$p=0.000$	$\chi^2(5)=109.496$，$p=0.000$
因变量：建成区经济密度（亿元/千米²）			

注：***、**、*分别表示解释变量系数在1%、5%和10%的置信水平上具有统计显著性。

（四）产业—社会—空间协调发展机理

由黑龙江省资源型城市和地区的“产业—社会—空间”系统的影响因素分析可知，产业子系统中包括了：第一产业占GDP的比例、产业结构升级测度、工业企业数、就业密度、市场化程度等相互影响的指标；社会子系统中包括了：非农就业人口占比、人口城镇化率、在岗职工工资水平、中小学学校数、医院床位数等相互影响的指标；空间子系统中包括了：城市建成区面积、土地城市化率、城市绿地覆盖率、人均城市道路面积、每万人拥有公共交通数等相互影响的指标。不同子系统中各个指标要素也存在着相互关联、相互制约的联系，由此可以构建黑龙江省资源型城市和地区“经济—社会—空间”系统协调发展作用模型，如图1所示。

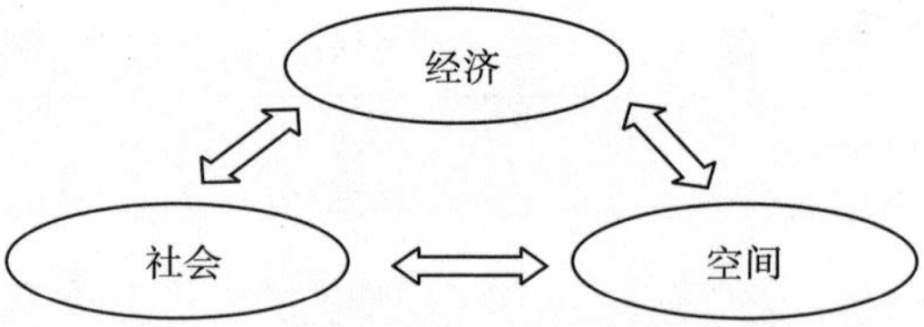

图1 “经济—社会—空间”协调发展模型

黑龙江省资源型城市和地区经济发展是一个整体性的复杂系统，涉及不同子系统、不同系统要素之间的相互关联。黑龙江省资源型城市和地区对我国早期的经济建设做出了极大的贡献，然而受城市类型、区位条件等的限制，各个资源型城市和地区之间以及“经济—社会—空间”各个子系统间均存在相互作用、相互影响、相互制约的关系。对不同子系统中的影响因素进行分析，探究不同层面下各个子系统、影响要素之间的相互关系，对研究系统内部的作用机制及耦合关系至关重要。根据前文的分析，“产业—社会—空间”系统要素的相互作用如图 2 所示。

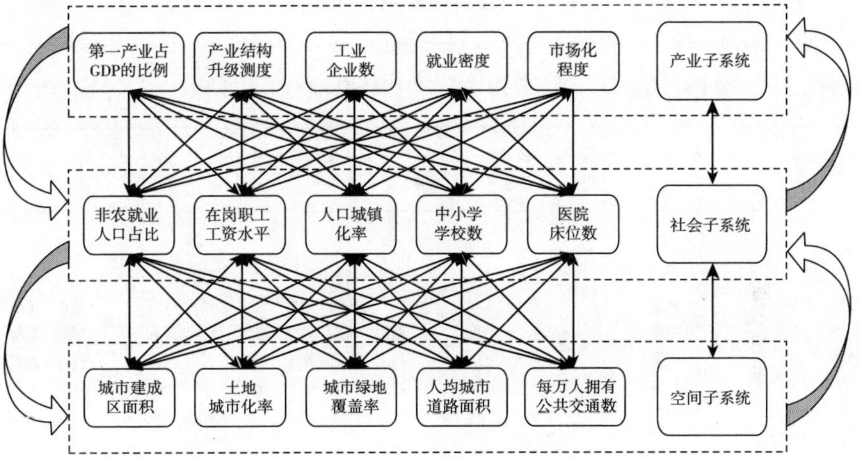

图 2 “产业—社会—空间”系统要素作用机理

二、黑龙江省资源型城市和地区经济的指标体系构建

本部分在第一部分经济系统各影响要素协调发展理论的基础上，参考已有文献中指标体系的选取，并结合黑龙江省各经济要素的实际特征，构建黑龙江省经济要素协调发展的指标体系。

（一）测度指标的选取

在测度指标的选取时，将黑龙江省资源型城市和地区经济系统作为指标体系的目标层；经济系统可以分为产业、社会、空间三个子系统，将此三个子系统作为指标体系的系统层；进一步地，以各个子系统的构成要素作为指标体系的准则层；最后据准则层中的各个要素选取具体的指标项，指标项的选取要充分考虑指标的代表性以及指标数据的可获取性。具体的指标体系如表 10 所示。

（二）测度指标的内涵

1. 产业系统

（1）区域经济水平。地区生产总值是指一个地区内所有常住单位在一定时期内生产活动的最终成果。

表 10　黑龙江省资源型城市和地区与地区经济协调发展指标体系

目标层	黑龙江省资源型城市与地区																			
系统层	产业系统							社会系统							空间系统					
准则层	区域经济水平		产业结构			开放创新程度		社会经济水平	人口结构		人民生活水平		社会服务水平		空间经济水平			用地面积		支撑体系
指标层	地区生产总值（亿元）	第一产业占GDP的比例（%）	产业高度化（%）	规模以上工业企业数量（个）	就业密度（万人/千米²）	外资利用水平（%）	科技投资占一般财政支出比重（%）	人均地区生产总值（万元/人）	人口密度（万人/千米²）	非农产业就业人口占比（%）	城镇化率（%）	在岗职工平均工资（元）	教育设施配置水平（%）	医疗设施配置水平（%）	建成区经济密度（万元/千米²）	城市建成区面积（千米²）	土地城市化率（%）	城市绿地覆盖率（%）	人均城市道路面积（千米²/人）	每万人拥有公共交通数（台/万人）

（2）产业结构。按照较为通用的分类，将产业结构分为第一、第二、第三产业。

第一产业占 GDP 的比例是指一产产值在区域经济产值中的占比。近年来，黑龙江省一产产值占比虽然有上升的趋势，但第一产业属于生产率较低的低级产业，产业附加值较低。一产占比对经济发展具有负面影响效应。

产业高度化是衡量产业结构发展水平的指标，计算公式如下

$$\text{产业高度化}=\frac{\text{第一产业产值}+\text{第二产业产值}\times 2+\text{第三产业产值}\times 3}{\text{地区生产总值}} \tag{4}$$

规模以上工业企业数量是指满足年主营业务收入的企业数量，一般主营业务收入门槛设定为 2 000 万元。可以衡量产业要素的集聚水平，反映区域内产业分工是否完善。

就业密度是衡量产业就业人员规模的主要指标。计算公式如下

$$\text{就业密度}=\frac{\text{城市就业人员数量（万人）}}{\text{城市建成区总面积（平方千米）}} \tag{5}$$

（3）开放创新程度。外资利用水平是当年实际利用外资占地区生产总值的比例，反映了地区经济在国际经济中的参与程度和外部经济对内部经济运行的影响。计算公式如下

$$外资利用水平=\frac{当年实际利用外资金额（万美元）}{地区生产总值（亿元）}\times 100\% \quad (6)$$

科技投资占一般财政支出的比例，也称为科技支出占比。一般财政支出是指一般公共服务支出、公共安全支出、地方统筹的各项社会事业支出等，其中包括科学技术支出、教育支出等。科技支出占比可用来衡量对科学技术的投入水平，计算公式如下

$$科技支出占比=\frac{科学技术支出（万元）}{一般财政支出（万元）}\times 100\% \quad (7)$$

2. 社会系统

(1) 社会经济水平。社会经济是体现社会发展程度的重要水平，是经济系统各要素协同发展程度的反馈，这里用人均地区生产总值衡量社会系统的经济水平。

$$人均地区生产总值=\frac{地区生产总值（万元）}{城市总人口（人）} \quad (8)$$

(2) 人口结构。人口密度反映城市区域内人口密集程度，用来衡量区域人口分布情况。计算公式为

$$人口密度=\frac{城市总人口（万人）}{城市总面积（平方千米）} \quad (9)$$

就业结构是第一、二、三产业的就业人员数量在区域就业人员总数中的比重，即第二、第三产业的从业人口反映产业经济重心的集中程度。

城镇化率是城市非农业人口占城市总人口的比例，是反映城市化水平的重要指标。计算公式为

$$城镇化率=\frac{城市非农人口（人）}{城市总人口（人）}\times 100\% \quad (10)$$

(3) 人民生活水平。在岗职工平均工资代表一个地区居民的收入水平，能够衡量区域人民的生活水平。

(4) 社会服务水平。社会生活的基础设施的配置是城镇居民生产生活的基本保障，这里选取每十万人拥有的九年义务教育学校数量（普通中学和普通小学数）来衡量教育设施配置水平；选取每十万人拥有的医疗机构床位数（医院床位数）来衡量医疗设施配置水平。

教育设施配置水平的计算公式为

$$教育设施配置水平=\frac{（普通小学数量+普通中学数量）（个）}{地区人口总数（十万人）} \quad (11)$$

医疗设施配置水平的计算公式为

$$医疗设施配置水平=\frac{医疗床位数量}{地区人口总数（十万人）} \quad (12)$$

3. 空间系统

(1) 空间经济水平。建成区经济密度反映城市建成区各类经济活动的运行状况，是衡量土地利用效率的指标。计算公式为

$$\text{建成区经济密度}=\frac{\text{第二、三产业产值（亿元）}}{\text{建成区面积（平方千米）}} \tag{13}$$

(2) 用地面积。城市建设用地是空间系统的主要组成部分，是各种产业行为和社会活动发生的载体，能够为经济的发展提供支撑和保障。

城市建成区面积指城市形成区内已经建设开发过、公共设施基本完备的区域的面积。

城市绿地覆盖率是用来衡量城区绿化水平的指标，是绿地面积与建成区面积的比值。计算公式为

$$\text{城市绿地覆盖率}=\frac{\text{建成区绿地面积（平方千米）}}{\text{建成区面积（平方千米）}}\times 100\% \tag{14}$$

土地城市化率反映城市建设程度和土地利用效率，是城市建设用地面积与城市总面积的比值。计算公式为

$$\text{土地城市化率}=\frac{\text{城市建设用地面积（平方千米）}}{\text{城市总面积（平方千米）}}\times 100\% \tag{15}$$

(3) 支撑体系。支撑体系是经济系统有效运转的保障，这里用交通条件相关指标进行衡量。

人均城市道路面积是交通设施发展水平的衡量标准。

每万人拥有公共交通数指每万人平均拥有的公共交通车辆的数量，能够粗略衡量居民交通需求的满足度。计算公式为

$$\text{每万人拥有公共交通数}=\frac{\text{公共交通运营车标台数（台）}}{\text{城区总人口（万人）}} \tag{16}$$

三、黑龙江省资源型城市和地区经济协调发展测度

为研究黑龙江省资源型城市和地区与地区协调发展的时空演变，考虑数据搜集的实效性，本研究选取 2008—2018 年数据进行分析。数据主要来源于历年《黑龙江统计年鉴》《中国城市统计年鉴》《中国区域经济统计年鉴》等。对于部分默认值，采用插值法、趋势预测法进行补充，以保证数据的科学性和完整性。

（一）数据处理

1. 数据标准化

由于指标体系中各指标的量纲不一，数据数值差距悬殊，且不同指标对

于系统的影响方向不同，本研究采用离差标准化对指标数据进行标准化处理。

首先，将收集得到的全部数据组成初始矩阵 $\boldsymbol{X}=(x_{ij})_{mn}$，其中 x_{ij} 表示第 i 个城市的第 j 个指标值，$i=1, 2, \cdots, n$；$j=1, 2, \cdots, m$，m 代表指标个数，n 表示城市数量。

其次，对数据指标 x_{ij} 进行处理，处理公式为

$$y_{ij}=\frac{x_{ij}-x_{j\min}}{x_{j\max}-x_{j\min}}(+) \tag{17}$$

$$y_{ij}=\frac{x_{j\max}-x_{ij}}{x_{j\max}-x_{j\min}}(-) \tag{18}$$

式（17）（18）中，x_{ij} 表示第 i 个城市的第 j 个指标值。$x_{j\max}$ 和 $x_{j\min}$ 分别表示第 j 项指标的最大值和最小值，$x_{j\max}-x_{j\min}$ 是指标数据的极差。$\boldsymbol{Y}=(y_{ij})_{mn}$ 是公式转换后得到的标准矩阵，$y_{ij}\in[0, 1]$。

最后，对数据进行平移处理，得到新的数据矩阵 $\boldsymbol{Y}'=(y'_{ij})_{mn}$。

$$y'_{ij}=y_{ij}+0.5$$

2. 熵值法确定指标权重

熵值法既能保持各项评价指标的相对独立性，又能表现单项指标与整体系统之间的关联性，本文选用熵值法计算指标权重。熵值法的计算过程如下：

第 j 个指标对应的熵值 E 为

$$E_j=-\sum_{i=1}^{n}(p_{ij}\times \ln p_{ij})/\ln(m) \tag{19}$$

式（19）中，p_{ij} 是第 i 个城市的第 j 个指标的比重，$p_{ij}=\frac{y'_{ij}}{\sum_{i=1}^{n}y'_{ij}}$。

进一步，熵权的计算公式是

$$w_j=\frac{1-E_j}{m-\sum_{j=1}^{m}E_j} \tag{20}$$

式（20）中，$w_j\in[0, 1]$，$\sum_{j=1}^{n}w_j=1$。

根据熵值法计算得到的指标权重如表 11 所示。进而计算得到各个子系统的综合评分 U_i，其中 $i=1$ 表示产业系统；$i=2$ 表示社会系统；$i=3$ 表示空间系统。U_i 的公式为

$$U_i=\sum_{j=1}^{m}w_{ij}y_{ij} \tag{21}$$

式（21）中，j 是每个子系统的指标，m 是指标的总数。那么，系统整体的综合评分计算公式为

$$T=aU_1+bU_2+cU_3 \tag{22}$$

研究认为，各个子系统对经济发展的作用效果是相同的，因此选择相同的权重系数，即 $a=b=c=\frac{1}{3}$。

表 11 黑龙江省城市和地区“产业—社会—地区”经济系统指标权重

系统	指标	影响方向	权重
产业系统	X_1地区生产总值	+	0.239 7
	X_2第一产业占 GDP 的比例	—	0.053 8
	X_3产业高度化	+	0.056 6
	X_4规模以上工业企业数量	+	0.190 9
	X_5就业密度	+	0.111 4
	X_6外资利用水平	+	0.222 7
	X_7科技投资占一般财政支出比例	+	0.101 9
	X_8市场化程序		
社会系统	Y_1人均地区生产总值	+	0.171 2
	Y_2人口密度	+	0.110 0
	Y_3非农产业就业人口占比	+	0.016 6
	Y_4城镇化率	+	0.105 1
	Y_5在岗职工平均工资	+	0.085 0
	Y_6教育设施配置水平	+	0.219 8
	Y_7医疗设施配置水平	+	0.292 2
空间系统	Z_1建成区经济密度	+	0.158 3
	Z_2城市建成区面积	+	0.251 6
	Z_3城市绿地覆盖率	+	0.150 9
	Z_4土地城市化率	+	0.212 4
	Z_5人均城市道路面积	+	0.148 8
	Z_6每万人拥有公共交通数	+	0.077 9

（二）耦合协调度测算

在经济体系中，产业—社会—空间各个子系统相互影响，共同作用，使得

系统整体从无序向有序发展，耦合度即可反映各子系统之间动态关联程度。本部分关于经济要素的协调发展追评分析包括耦合度测算和耦合协调度测算两方面，其中耦合度（C）反映各子系统之间相互影响和关联的程度；耦合协调度（D）反映系统各要素的协调发展水平。

1. 耦合度测算

本研究参考姜磊针对三系统耦合的研究中对耦合度测度模型的分析，选用耦合度测算模型如下。

双系统模型：

$$C=\left[(U_1\times U_2)/\left(\frac{U_1+U_2}{2}\right)^2\right]^{1/2} \tag{23}$$

三系统模型：

$$C=\left[(U_1\times U_2\times U_3)/\left(\frac{U_1+U_2+U_3}{3}\right)^3\right]^{1/3} \tag{24}$$

式（23）（24）中，耦合度测算值的范围为［0，1］，数值越大说明耦合协调性越好；反之，则说明协调性越差。参考已有研究，可以将耦合度分为五种类型，如表 12 所示。

表 12　黑龙江省城市和地区“产业—社会—地区”经济系统耦合类型

耦合度	耦合类型	代码
$0\leqslant C\leqslant 0.3$	低水平	Ⅰ
$0.3<C\leqslant 0.45$	拮抗	Ⅱ
$0.45<C\leqslant 0.6$	磨合	Ⅲ
$0.6<C\leqslant 0.75$	高水平	Ⅳ
$0.75<C\leqslant 1$	良性有序	Ⅴ

经过测算得出，黑龙江省城市和地区经济系统的耦合度和三个子系统之间的耦合度值较高，其中产业—空间系统的耦合度最小值为 0.852，社会—空间系统的耦合度的最小值为 0.753，产业—社会—空间系统的耦合度最小值为 0.884。产业—社会系统中，黑河市在 2008 年和 2009 年的耦合值分别为 0.737 和 0.676，处于高水平耦合的状态，其余各城市各年度的耦合值都处在良性有序状态。

2. 耦合协调度测算

耦合度仅仅能反映子系统之间相互作用的强度，并不能反映子系统的协调发展水平，由此引入协调发展度。协调发展度 D 的计算公式为

$$D_j=\sqrt{C_j\times T_j} \tag{25}$$

本研究参考陈秀山教授的研究，将各系统之间的耦合协调度等级程度划分成 6 个等级，如表 13 所示。当 $D\leqslant 0.5$ 时，各系统处于失调发展阶段，当 $D>0.5$ 时，各系统处于协调发展阶段。

表 13　经济要素各子系统的耦合协调等级

耦合度	耦合类型	代码
$0\leqslant D\leqslant 0.2$	重度失调	Ⅰ
$0.2<D\leqslant 0.35$	中度失调	Ⅱ
$0.35<D\leqslant 0.5$	轻度失调	Ⅲ
$0.5<D\leqslant 0.65$	勉强协调	Ⅳ
$0.65<D\leqslant 0.8$	良好协调	Ⅴ
$0.8<D\leqslant 1$	优质协调	Ⅵ

选取 2008 年、2013 年、2018 年作为指标年，计算各个子系统的耦合度值，结果如表 14 至表 16 所示。

表 14　黑龙江省城市和地区“产业—社会—地区”经济系统耦合协调度（2018 年）

城市	产业—社会		产业—空间		社会—空间		产业—社会—空间	
	耦合协调度	耦合类型	耦合协调度	耦合类型	耦合协调度	耦合类型	耦合协调度	耦合类型
哈尔滨市	0.876	Ⅵ	0.812	Ⅵ	0.858	Ⅵ	0.848	Ⅵ
齐齐哈尔市	0.531	Ⅳ	0.533	Ⅳ	0.619	Ⅳ	0.559	Ⅳ
鸡西市	0.428	Ⅲ	0.412	Ⅲ	0.494	Ⅲ	0.443	Ⅲ
鹤岗市	0.408	Ⅲ	0.388	Ⅲ	0.483	Ⅲ	0.424	Ⅲ
双鸭山市	0.396	Ⅲ	0.396	Ⅲ	0.467	Ⅲ	0.419	Ⅲ
大庆市	0.599	Ⅳ	0.647	Ⅳ	0.753	Ⅴ	0.663	Ⅴ
伊春市	0.358	Ⅲ	0.363	Ⅲ	0.475	Ⅲ	0.395	Ⅲ
佳木斯市	0.481	Ⅲ	0.490	Ⅲ	0.539	Ⅳ	0.503	Ⅳ
七台河市	0.470	Ⅲ	0.489	Ⅲ	0.558	Ⅳ	0.505	Ⅳ
牡丹江市	0.519	Ⅳ	0.576	Ⅳ	0.606	Ⅳ	0.566	Ⅳ
黑河市	0.346	Ⅱ	0.411	Ⅲ	0.432	Ⅲ	0.394	Ⅲ
绥化市	0.513	Ⅳ	0.514	Ⅳ	0.582	Ⅳ	0.535	Ⅳ
城市群	0.494	Ⅲ	0.503	Ⅳ	0.572	Ⅳ	0.521	Ⅳ

表 15　黑龙江省城市和地区"产业—社会—地区"经济系统耦合协调度（2013 年）

城市	产业—社会		产业—空间		社会—空间		产业—社会—空间	
	耦合协调度	耦合类型	耦合协调度	耦合类型	耦合协调度	耦合类型	耦合协调度	耦合类型
哈尔滨市	0.736	Ⅴ	0.721	Ⅴ	0.748	Ⅴ	0.735	Ⅴ
齐齐哈尔市	0.463	Ⅲ	0.463	Ⅲ	0.506	Ⅳ	0.477	Ⅲ
鸡西市	0.459	Ⅲ	0.457	Ⅲ	0.460	Ⅲ	0.458	Ⅲ
鹤岗市	0.434	Ⅲ	0.412	Ⅲ	0.466	Ⅲ	0.437	Ⅲ
双鸭山市	0.423	Ⅲ	0.432	Ⅲ	0.432	Ⅲ	0.429	Ⅲ
大庆市	0.693	Ⅴ	0.777	Ⅴ	0.780	Ⅴ	0.749	Ⅴ
伊春市	0.390	Ⅲ	0.406	Ⅲ	0.462	Ⅲ	0.418	Ⅲ
佳木斯市	0.465	Ⅲ	0.473	Ⅲ	0.447	Ⅲ	0.462	Ⅲ
七台河市	0.520	Ⅳ	0.537	Ⅳ	0.544	Ⅳ	0.533	Ⅳ
牡丹江市	0.468	Ⅲ	0.519	Ⅳ	0.515	Ⅳ	0.500	Ⅳ
黑河市	0.285	Ⅱ	0.396	Ⅲ	0.338	Ⅱ	0.336	Ⅱ
绥化市	0.431	Ⅲ	0.475	Ⅲ	0.476	Ⅲ	0.46	Ⅲ
城市群	0.481	Ⅲ	0.501	Ⅳ	0.515	Ⅳ	0.500	Ⅲ

表 16　黑龙江省城市和地区"产业—社会—地区"经济系统耦合协调度（2008 年）

城市	产业—社会		产业—空间		社会—空间		产业—社会—空间	
	耦合协调度	耦合类型	耦合协调度	耦合类型	耦合协调度	耦合类型	耦合协调度	耦合类型
哈尔滨市	0.715	Ⅴ	0.655	Ⅴ	0.687	Ⅴ	0.685	Ⅴ
齐齐哈尔市	0.498	Ⅲ	0.484	Ⅲ	0.466	Ⅲ	0.483	Ⅲ
鸡西市	0.379	Ⅲ	0.374	Ⅲ	0.415	Ⅲ	0.389	Ⅲ
鹤岗市	0.419	Ⅲ	0.394	Ⅲ	0.431	Ⅲ	0.414	Ⅲ
双鸭山市	0.309	Ⅱ	0.306	Ⅱ	0.352	Ⅲ	0.321	Ⅱ
大庆市	0.587	Ⅳ	0.678	Ⅴ	0.699	Ⅴ	0.653	Ⅴ
伊春市	0.408	Ⅲ	0.417	Ⅲ	0.429	Ⅲ	0.418	Ⅲ
佳木斯市	0.430	Ⅲ	0.412	Ⅲ	0.387	Ⅲ	0.409	Ⅲ
七台河市	0.467	Ⅲ	0.470	Ⅲ	0.504	Ⅳ	0.480	Ⅲ
牡丹江市	0.418	Ⅲ	0.486	Ⅲ	0.444	Ⅲ	0.448	Ⅲ
黑河市	0.296	Ⅱ	0.380	Ⅲ	0.237	Ⅱ	0.299	Ⅱ
绥化市	0.451	Ⅲ	0.419	Ⅲ	0.407	Ⅲ	0.425	Ⅲ
城市群	0.448	Ⅲ	0.456	Ⅲ	0.455	Ⅲ	0.452	Ⅲ

根据测算的结果可以得出结论：黑龙江省内城市群经济系统的耦合协调值一直处于“轻度失调—勉强协调”状态，从2008—2018年3个截面状态分析，系统及子系统的耦合协调等级呈现由低向高的转变，说明系统运行是逐步向有序的状态演进，如图3所示。“产业—社会”子系统的耦合协调等级一直处于“Ⅲ轻度失调”等级；“产业—空间”子系统在2008年处于“Ⅲ轻度失调”等级，2013年演进为“Ⅳ勉强协调”等级，2018年维持在“Ⅳ勉强协调”等级，且数值0.503大于2013年的0.501。“社会—空间”子系统在2008年处于“Ⅲ轻度失调”等级，2013年演进为“Ⅳ勉强协调”等级，2018年维持在“Ⅳ勉强协调”等级，且数值0.572大于2013年的0.515。“产业—社会—空间”经济系统的耦合协调等级在2008年和2013年处于“Ⅲ轻度失调”等级，2018年演进为“Ⅳ勉强协调”等级。结合前文中关于耦合度数值的分析，可以发现黑龙江省城市与地区经济系统及各子系统呈现较高程度的耦合度，但耦合协调度较差且不均衡，这说明了三个子系统之间关联性较强，但各个子系统之间的发展存在一定的不均衡性，协调发展水平存在差异。

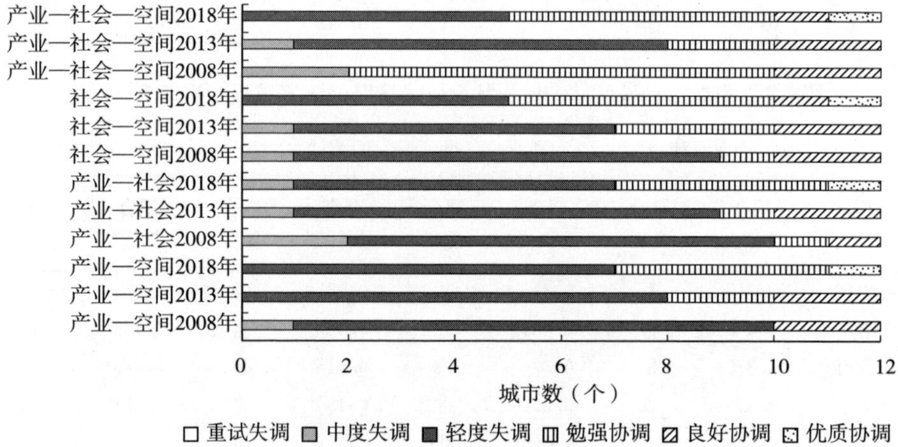

图3 黑龙江省城市群各年耦合协调度的类型数目

四、黑龙江省资源型城市和地区经济协调发展评估

（一）时序分析

1. 经济系统发展水平时序变化

根据数据标准化处理结果及表11中指标权重，计算各子系统的综合评分

U 和系统整体的综合评分 T，得出黑龙江省内 12 个城市的经济系统及子系统的经济发展水平得分及平均值，如表 17 至表 20 所示。

表 17　黑龙江省各城市经济系统综合得分

年份	哈尔滨	齐齐哈尔	鸡西	鹤岗	双鸭山	大庆	伊春	佳木斯	七台河	牡丹江	黑河	绥化	平均值
2008	0.464	0.224	0.144	0.164	0.097	0.437	0.165	0.160	0.223	0.197	0.107	0.173	0.213
2009	0.496	0.193	0.145	0.157	0.116	0.428	0.171	0.159	0.227	0.234	0.089	0.168	0.215
2010	0.478	0.201	0.148	0.167	0.127	0.482	0.180	0.175	0.271	0.238	0.103	0.207	0.231
2011	0.473	0.189	0.167	0.166	0.137	0.500	0.184	0.209	0.255	0.244	0.102	0.190	0.235
2012	0.491	0.211	0.180	0.197	0.156	0.528	0.218	0.217	0.270	0.269	0.097	0.209	0.254
2013	0.531	0.221	0.200	0.185	0.174	0.565	0.172	0.204	0.275	0.245	0.121	0.206	0.258
2014	0.546	0.231	0.234	0.170	0.181	0.514	0.173	0.209	0.234	0.251	0.124	0.201	0.256
2015	0.564	0.251	0.154	0.213	0.166	0.474	0.175	0.194	0.249	0.268	0.126	0.200	0.253
2016	0.555	0.246	0.201	0.166	0.180	0.470	0.157	0.196	0.250	0.255	0.123	0.203	0.250
2017	0.601	0.302	0.192	0.215	0.187	0.446	0.165	0.211	0.251	0.279	0.136	0.203	0.266
2018	0.715	0.315	0.196	0.182	0.173	0.461	0.166	0.248	0.255	0.321	0.158	0.284	0.289

表 18　黑龙江省各城市产业子系统得分

年份	哈尔滨	齐齐哈尔	鸡西	鹤岗	双鸭山	大庆	伊春	佳木斯	七台河	牡丹江	黑河	绥化	平均值
2008	0.456	0.257	0.107	0.137	0.062	0.314	0.148	0.201	0.180	0.198	0.215	0.205	0.207
2009	0.521	0.149	0.089	0.103	0.110	0.288	0.149	0.182	0.156	0.285	0.149	0.183	0.197
2010	0.424	0.151	0.078	0.105	0.102	0.373	0.159	0.176	0.257	0.263	0.135	0.210	0.203
2011	0.372	0.129	0.101	0.098	0.098	0.330	0.163	0.264	0.203	0.260	0.120	0.123	0.188
2012	0.404	0.148	0.125	0.171	0.122	0.391	0.253	0.265	0.231	0.309	0.063	0.170	0.221
2013	0.493	0.169	0.198	0.137	0.169	0.467	0.108	0.232	0.253	0.212	0.102	0.175	0.226
2014	0.487	0.196	0.306	0.104	0.216	0.327	0.110	0.233	0.144	0.232	0.102	0.180	0.220
2015	0.505	0.243	0.075	0.225	0.200	0.279	0.121	0.171	0.192	0.274	0.096	0.161	0.212
2016	0.576	0.264	0.221	0.096	0.195	0.296	0.064	0.183	0.198	0.241	0.073	0.190	0.216
2017	0.531	0.346	0.166	0.217	0.171	0.271	0.074	0.181	0.180	0.214	0.103	0.184	0.220
2018	0.676	0.199	0.117	0.098	0.103	0.254	0.065	0.181	0.160	0.234	0.098	0.195	0.198

表 19　黑龙江省各城市社会子系统得分

年份	哈尔滨	齐齐哈尔	鸡西	鹤岗	双鸭山	大庆	伊春	佳木斯	七台河	牡丹江	黑河	绥化	平均值
2008	0.220	0.167	0.200	0.116	0.357	0.166	0.153	0.240	0.136	0.024	0.183	0.209	0.181
2009	0.227	0.179	0.201	0.113	0.359	0.173	0.153	0.253	0.146	0.021	0.184	0.214	0.185
2010	0.232	0.185	0.209	0.121	0.395	0.178	0.175	0.270	0.173	0.025	0.190	0.227	0.198
2011	0.192	0.198	0.225	0.140	0.440	0.182	0.178	0.270	0.187	0.029	0.195	0.235	0.206
2012	0.203	0.208	0.234	0.153	0.454	0.192	0.188	0.274	0.194	0.032	0.177	0.241	0.213
2013	0.246	0.203	0.232	0.169	0.473	0.187	0.183	0.267	0.205	0.049	0.177	0.247	0.220
2014	0.248	0.209	0.225	0.160	0.473	0.187	0.186	0.259	0.211	0.054	0.170	0.249	0.219
2015	0.249	0.201	0.228	0.126	0.428	0.191	0.200	0.253	0.219	0.061	0.173	0.247	0.215
2016	0.206	0.192	0.211	0.164	0.380	0.179	0.179	0.249	0.203	0.075	0.176	0.226	0.203
2017	0.273	0.213	0.233	0.203	0.414	0.191	0.214	0.262	0.275	0.081	0.178	0.269	0.234
2018	0.370	0.253	0.246	0.208	0.476	0.209	0.270	0.278	0.287	0.121	0.327	0.324	0.281

表 20　黑龙江省各城市空间子系统得分

年份	哈尔滨	齐齐哈尔	鸡西	鹤岗	双鸭山	大庆	伊春	佳木斯	七台河	牡丹江	黑河	绥化	平均值
2008	0.196	0.157	0.154	0.111	0.641	0.182	0.127	0.248	0.257	0.082	0.133	0.223	0.209
2009	0.202	0.167	0.168	0.124	0.636	0.191	0.141	0.270	0.269	0.098	0.137	0.234	0.220
2010	0.220	0.180	0.188	0.158	0.678	0.201	0.176	0.286	0.277	0.148	0.221	0.264	0.250
2011	0.245	0.201	0.176	0.173	0.729	0.207	0.186	0.294	0.285	0.156	0.252	0.281	0.265
2012	0.282	0.206	0.188	0.192	0.740	0.210	0.197	0.304	0.304	0.195	0.279	0.299	0.283
2013	0.247	0.199	0.185	0.184	0.755	0.221	0.197	0.305	0.316	0.211	0.266	0.301	0.282
2014	0.248	0.187	0.182	0.168	0.743	0.221	0.207	0.300	0.310	0.215	0.254	0.299	0.278
2015	0.261	0.186	0.185	0.172	0.714	0.214	0.210	0.301	0.312	0.221	0.265	0.300	0.278
2016	0.267	0.190	0.191	0.182	0.734	0.227	0.225	0.304	0.322	0.222	0.242	0.308	0.284
2017	0.287	0.197	0.196	0.188	0.653	0.229	0.239	0.311	0.348	0.225	0.248	0.309	0.286
2018	0.376	0.216	0.201	0.209	0.653	0.223	0.291	0.327	0.442	0.254	0.331	0.346	0.322

将 2008—2018 年黑龙江省各城市经济系统及其子系统发展得分平均值绘制曲线如图 4 所示。

由图 4（a）中可以看出，2008—2018 年黑龙江省城市群经济综合发展水平在 0.2～0.3 波动，且整体呈现上升趋势，其中在 2014—2015 年略微出现下降趋势，但下降幅度不明显，且在 2016 年继续保持上升趋势。图 4（b）中，

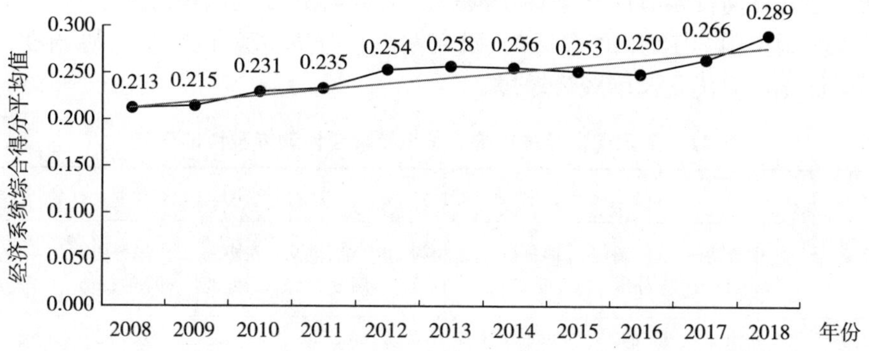

（a）

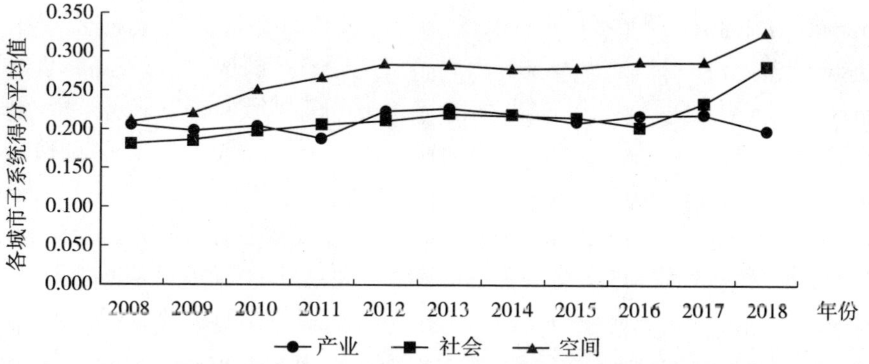

（b）

图 4　黑龙江省各城市经济系统及子系统经济发展得分平均值

各子系统比较，空间子系统得分较高，大于产业子系统和社会子系统得分，说明三个子系统中空间子系统发育最好，空间要素在经济发展中起更重要的作用；社会子系统和空间子系统除个别年份略微下降外，整体呈现上升状态，说明社会子系统和空间子系统一直在良好发育中；而产业子系统波动较大，在2013 年达到最高值后开始持续下降，2018 年下降到较低值，说明产业子系统2013 年后发育不良甚至出现衰退的情况。各个子系统的发展水平说明目前黑龙江省的城市发展模式仍是一种较为粗放的经济发展模式，更依赖空间资源的消耗，而不是产业转型发展。

2. 耦合协调度时序变化

从表 21 黑龙江省经济系统及子系统耦合协调度及协调程度可以看出，“产业—社会—空间”系统耦合协调程度从“轻度失调”逐渐演化到“勉强协调”，耦合协调度 D 值大体呈现持续上升趋势，在 2013 年到达临界值 0.5，随后2014—2016 年略有降低，2017 年后又持续上升，说明系统运行状态虽然略有波动，但整体向良性有序状态逐步演进。从数值上看，耦合协调度从 2008 年的 0.452 调整到 2018 年的 0.522，研究期内上升 0.07，说明整体协调度虽然在逐渐优化，但优化速度较为缓慢。

表 21　黑龙江省经济系统及子系统耦合协调度及协调程度

协调耦合度	产业—社会		产业—空间		社会—空间		产业—社会—空间	
	耦合协调度 D 值	协调程度	耦合协调度 D 值	协调程度	耦合协调度 D 值	协调程度	耦合协调度 D 值	协调程度
2018 年	0.494	Ⅲ	0.503	Ⅳ	0.572	Ⅳ	0.522	Ⅳ
2017 年	0.488	Ⅲ	0.505	Ⅳ	0.531	Ⅳ	0.507	Ⅳ
2016 年	0.465	Ⅲ	0.499	Ⅲ	0.511	Ⅳ	0.492	Ⅲ
2015 年	0.472	Ⅲ	0.497	Ⅲ	0.514	Ⅳ	0.493	Ⅲ
2014 年	0.482	Ⅲ	0.500	Ⅲ	0.514	Ⅳ	0.496	Ⅲ
2013 年	0.481	Ⅲ	0.506	Ⅳ	0.515	Ⅳ	0.500	Ⅲ
2012 年	0.474	Ⅲ	0.502	Ⅳ	0.509	Ⅳ	0.494	Ⅲ
2011 年	0.452	Ⅲ	0.476	Ⅲ	0.498	Ⅲ	0.474	Ⅲ
2010 年	0.455	Ⅲ	0.477	Ⅲ	0.486	Ⅲ	0.472	Ⅲ
2009 年	0.444	Ⅲ	0.457	Ⅲ	0.463	Ⅲ	0.454	Ⅲ
2008 年	0.448	Ⅲ	0.456	Ⅲ	0.455	Ⅲ	0.452	Ⅲ

如图 5 所示，可以看出三个子系统的耦合协调程度大体上处在持续上升状态。“产业—社会”子系统在 2008—2018 年一直维持在“轻度失调”状态，然而在研究期内耦和协调度在 2008—2012 年在波动中上升，在 2015 年、2016 年出现较大幅度下降，随后又再次上升。整个研究期内，耦合协调度数值上升 0.046。“产业—空间”在“轻度失调”和“勉强协调”状态摇摆，但从数值看，即使系统耦合协调程度达到“勉强协调”，其数值也均小于 0.505，接近协调与失调状态的临界点。“社会—空间”子系统的耦合协调程度在 2008—2011 年表现为“轻度失调”，在 2012 年后表现为“勉强协调”，其耦合协调度值在 2013—2016 年表现持平略下降后，在 2017 年、2018 年表现出较大增幅。数据表明，“社会—空间”子系统一直向良性有序演进，研究期内耦合协调度值增加 0.117，有较大的提升。

2008—2018 年，各研究单元的耦合协同类型均呈现演进趋势，最明显的是研究期初始的年份，各系统中均存在有耦合协调类型为“中度失调”的城市，而随着城市经济的发展，研究期后期已经基本不存在“中度失调”的城市

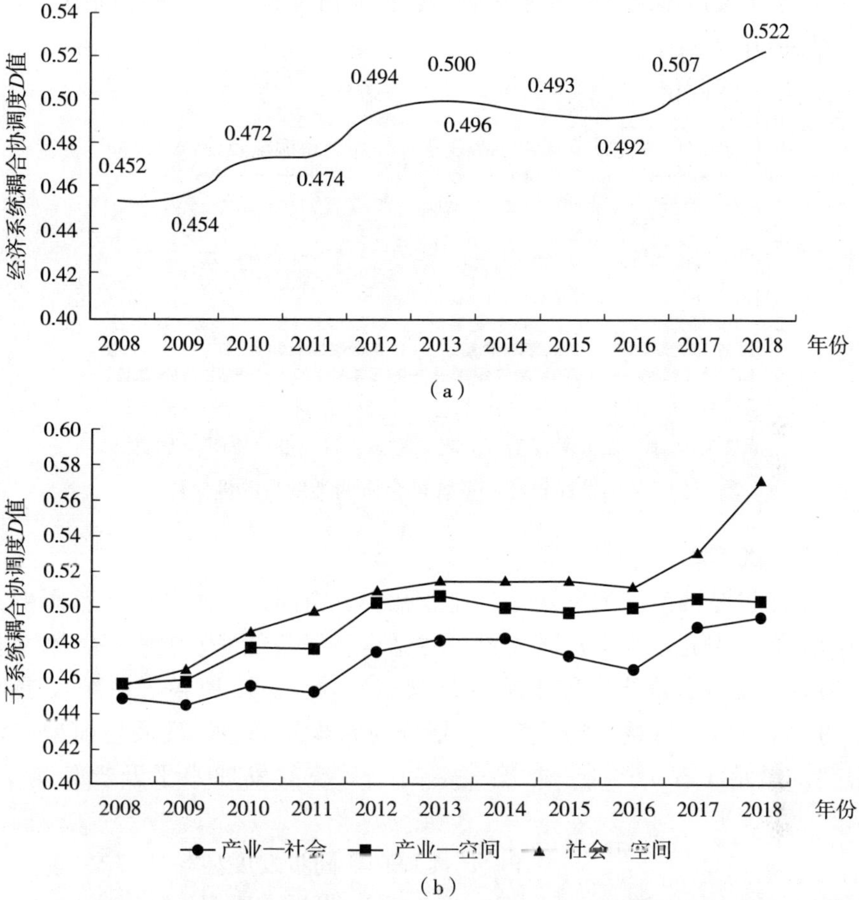

图 5　黑龙江省经济系统及子系统耦合协调度及协调程度时序演进

了。黑龙江省经济系统耦合协调类型与数量具体变化如图 6 所示，从图中可以看出，“产业—社会—空间”系统中，协同发展的城市数目从 2 个增加到 7 个，而且在 2018 年出现了一个优质协调的城市；“产业—社会”子系统中，协同发展的城市数目从 2 个增加到 5 个，而且在 2018 年出现了一个优质协调的城市；“社会—空间”子系统中，协同发展的城市数目从 2 个增加到 4 个，而且在 2018 年出现了一个优质协调的城市；“产业—空间”子系统中，协同发展的城市数目从 3 个增加到 7 个，而且在 2018 年出现了一个优质协调的城市。可以得出，在研究期内系统及子系统的耦合协调程度略有提升；在整个研究期内存在着个别城市耦合类型的反复与倒退，说明城市各个子系统的发展过程不是一蹴而就的，而是在曲折波动中逐渐变得成熟。但可以看出城市群中，各城市的耦合协调水平发展不一致，差距显著，就群域角度而言，区域协同的发展还有待进一步提升。

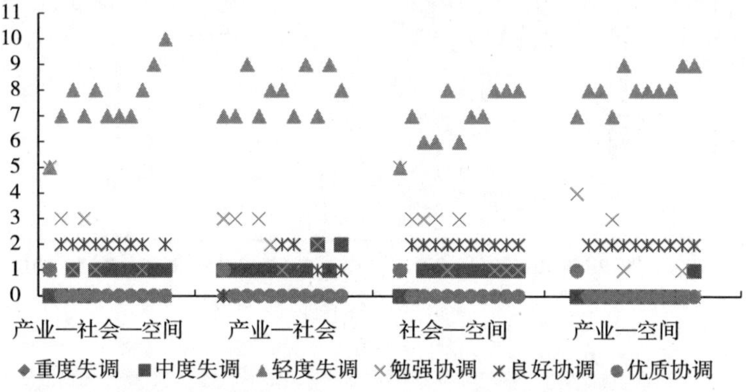

图 6　黑龙江省经济系统耦合协调类型与数量变化

3. 协调发展类型的时序变化

黑龙江省经济系统的发展是产业、社会、空间三个子系统相互影响共同作用的结果。由此，参考已有文献，并结合各子系统的发展水平，本文将耦合协调类型按照子系统发展水平进行进一步划分。按照各子系统发展水平评分的比值 P_i，可以将子系统发展划分为同步发展型、发展超前型和发展滞后型。黑龙江省“产业—社会—空间”系统的发展水平及比值如表 22 所示。

$$P_i=\frac{U_i}{T}\begin{cases}0.9\leqslant P_i\leqslant 1.1, & \text{同步发展型}\\ P_i<0.9, & \text{发展滞后型}\\ P_i>1.1, & \text{发展超前型}\end{cases} \tag{27}$$

由表 22 所示数值可以看出产业子系统 2008—2009 年处于同步发展型，自 2010 年后开始处于发展滞后型；社会子系统在整个观察期内一直处于同步发展型；空间子系统 2008—2009 年处于同步发展型，自 2010 年后开始处于发展超前型。进一步地，经济子系统可以再次细分：2008—2009 年表现为同步发展型的耦合轻度失调；2010—2016 年表现为空间发展超前型、产业发展滞后型的耦合轻度失调；2017—2018 年表现为社会发展超前型、空间发展超前型、产业发展滞后型的耦合勉强协调。由此得出结论，三个子系统中空间子系统的发展一直较有优势，产业子系统发展较为滞后。结合 P_1 的数值来看，产业子系统的滞后程度逐渐加重，说明黑龙江省产业发展水平缓慢，已经成为制约全省经济发展的短板，需要着重加以研究。

表 22　黑龙江省“产业—社会—空间”系统发展水平及比值

年份	综合（T）	产业（U_1）	社会（U_2）	空间（U_3）	P_1	P_2	P_3	耦合协调等级
2018	0.289	0.198	0.324	0.346	0.685	1.121	1.194	Ⅳ
2017	0.266	0.220	0.269	0.309	0.827	1.011	1.161	Ⅳ
2016	0.250	0.216	0.226	0.308	0.865	0.904	1.231	Ⅲ
2015	0.253	0.212	0.247	0.300	0.838	0.976	1.186	Ⅲ
2014	0.256	0.220	0.249	0.299	0.859	0.973	1.168	Ⅲ
2013	0.258	0.226	0.247	0.301	0.876	0.957	1.166	Ⅲ
2012	0.254	0.221	0.241	0.299	0.871	0.950	1.178	Ⅲ
2011	0.235	0.188	0.235	0.281	0.803	1.000	1.198	Ⅲ
2010	0.231	0.203	0.227	0.264	0.876	0.981	1.143	Ⅲ
2009	0.215	0.197	0.214	0.234	0.916	0.997	1.088	Ⅲ
2008	0.213	0.207	0.209	0.223	0.971	0.983	1.046	Ⅲ

注：$P_1=U_1/T$；$P_2=U_2/T$；$P_3=U_3/T$。

（二）空间分异

1. 经济系统发展水平空间差异

根据表 21 中的计算结果，选取 2008 年、2013 年、2018 年的数据进行黑龙江省各城市经济系统发展水平的分析，如图 7 所示。

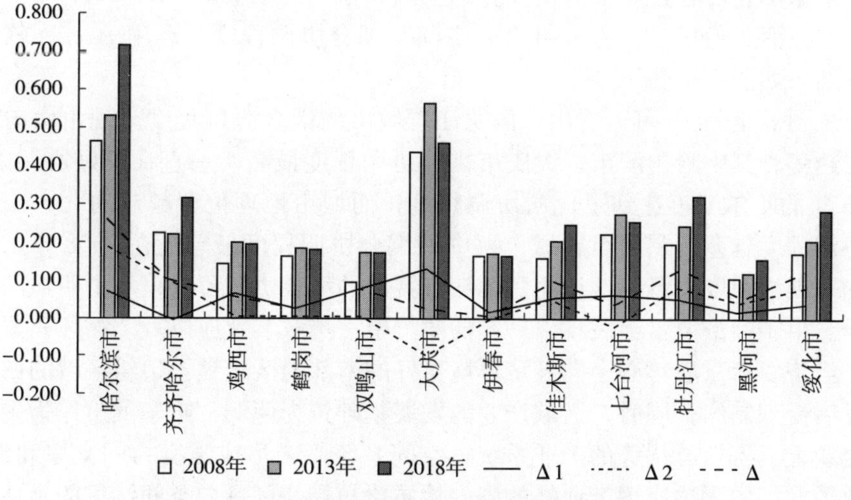

图 7　黑龙江省各城市经济系统发展水平

注：图中 Δ1 为 2013 年与 2008 年城市经济系统发展水平的差值；Δ2 为 2018 年与 2012 年城市经济系统发展水平的差值；Δ 为 2018 年与 2008 年城市经济系统发展水平的差值。

如图 7 所示，黑龙江省各城市的经济发展存在较大差距，2018 年的城市发展水平为：哈尔滨市（0.715）＞大庆市（0.461）＞牡丹江市（0.321）＞齐齐哈尔市（0.315）＞绥化市（0.284）＞七台河市（0.255）＞佳木斯市（0.248）＞鸡西市（0.196）＞鹤岗市（0.182）＞双鸭山市（0.173）＞伊春市（0.166）＞黑河市（0.158）。可以看出，省会城市哈尔滨的经济系统发展最优，远超过其他城市；除哈尔滨市、牡丹江市、佳木斯市、大庆市外，其他城市发展较差，甚至不到哈尔滨市的二分之一，因此需要从区域整体的角度进行城市集群发展规划，要着重突出中心城市的带动作用。可以说，黑龙江省内的资源型城市中除了依赖石油资源的大庆市外，其他的发展均较为滞后。比较 2008 年到 2018 年经济系统发展水平的增量，可以看出哈尔滨市、佳木斯市、牡丹江市、绥化市、黑河市 5 个城市的经济水平表现为阶梯式增长，五个城市都维持着循序渐进的增速；鸡西市、鹤岗市、双鸭山市、大庆市在 2008—2013 年表现为跳跃式增长，而 2013 年和 2018 年的经济发展评分出现了下滑，说明这几个城市的经济在 2008—2013 年保持着增长，而 2013 年之后经济出现了衰退，其中大庆市出现了较大的衰退，衰退程度达到了 0.1；伊春市在 3 个年份中，经济发展水平趋同，维持在 0.17 左右，说明经济发展水平几乎没发生明显变化；齐齐哈尔市的经济则在 2013 年出现了一定的衰退，而在 2018 年出现大幅度的提升，发展路径不同于其他城市。

2. 耦合协调度空间差异

根据黑龙江省各城市的耦合协调度测算值，选取 2008 年、2013 年、2018 年三个截面年份的“产业—社会—空间”耦合协调程度，运用 Arcgis 软件的处理结果如图 8 至图 10 所示。

从图 8 至图 10 可以看出，黑龙江省城市的耦合协调程度呈现由南向北衰减的趋势。其中哈尔滨市、大庆市耦合协调程度最高，一直在良好协调以上，2018 年的哈尔滨市达到了优质协调程度；而城市地理位置越趋向北方，其耦合协调程度越差，黑河市在城市群中的耦合协调程度最差，在 2008 年、2013 年均表现为中度失调。这说明黑龙江省城市的耦合协调程度显示出明显的区域差异。由于经济要素会表现出一定的“集聚—扩散”效应以及“循环积累”效应，经济要素重心势必会向经济环境更好的南部地区迁移，边缘区域的城市经济发展受到制约；同时，区域产业的发展基础较为薄弱，哈尔滨市作为中心城市也缺乏具备核心优势的产业系统，空间系统尚未形成强有力的支撑和保障，导致黑龙江省无法实现产业链的省内均质化布局与区域内空间链条的延伸。在这种背景下，如何发挥中心城市的带头作用，合理进行省域内城市分工和产业分布是进一步加强经济发展的重心。

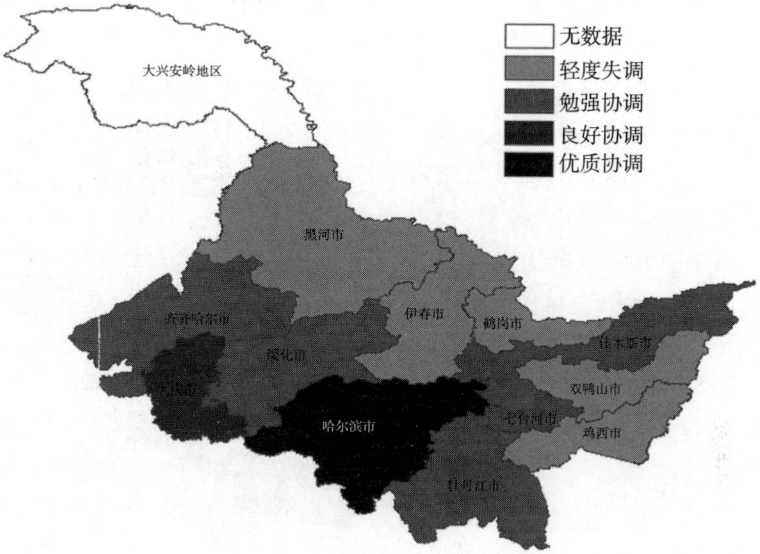

图 8　黑龙江省“产业—社会—空间”耦合协调等级分布（2018 年）

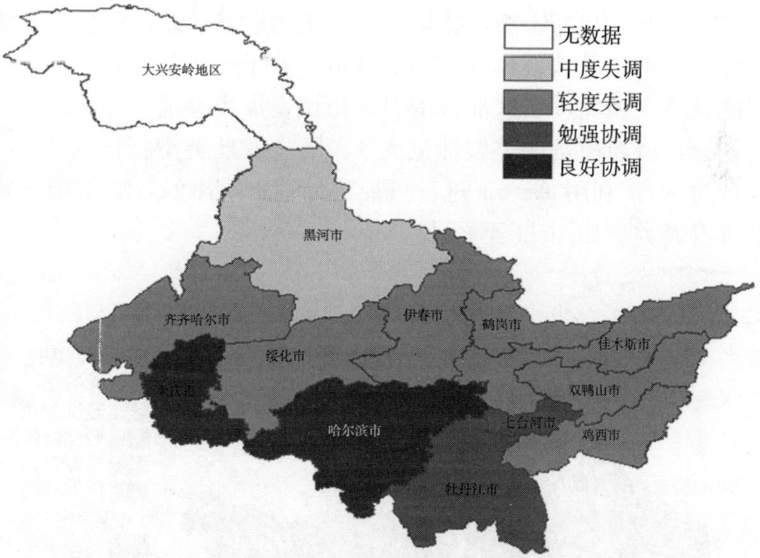

图 9　黑龙江省“产业—社会—空间”耦合协调等级分布（2013 年）

3. 协调发展类型的时序变化

2008 年、2013 年、2018 年三个截面年中，耦合协调程度表现出一定的优化演进趋势。结合前文对各城市“产业—社会—空间”耦合度分析来看，各个

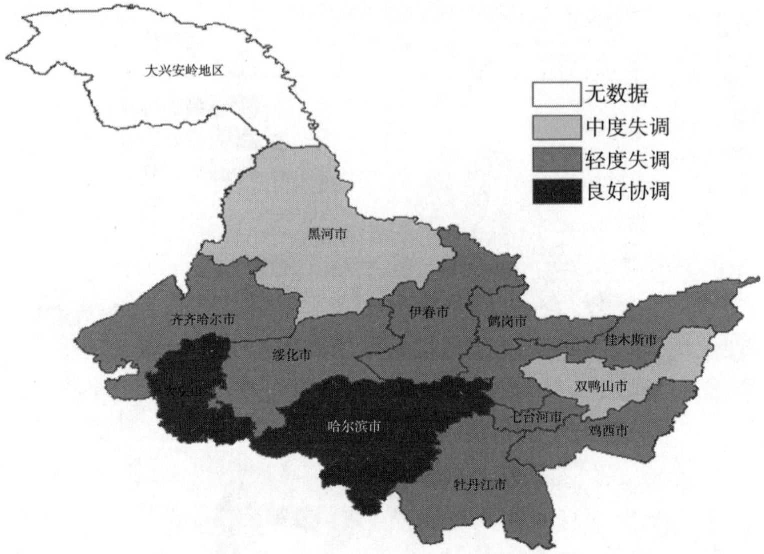

图 10　黑龙江省“产业—社会—空间”耦合协调等级分布（2008 年）

截面年中，耦合度基本上处于良性有序状态，说明经济系统运转良好，各子系统之间形成了有效的相互影响，能够产生一定的联动效果。但从耦合协调程度来看，大部分城市，尤其是研究前期的城市，处于失调状态，说明系统之间处于不平衡的状态。因此，在这部分中引入协调发展类型辅助分析。根据协调发展类型的划分，将超前发展类型标记为 1、同步发展类型标记为 0.5、滞后发展类型标记为−1，利用 Arcgis 进行可视化处理，得出的各城市耦合协调程度及各子系统发展类型如图 11 至图 13 所示。

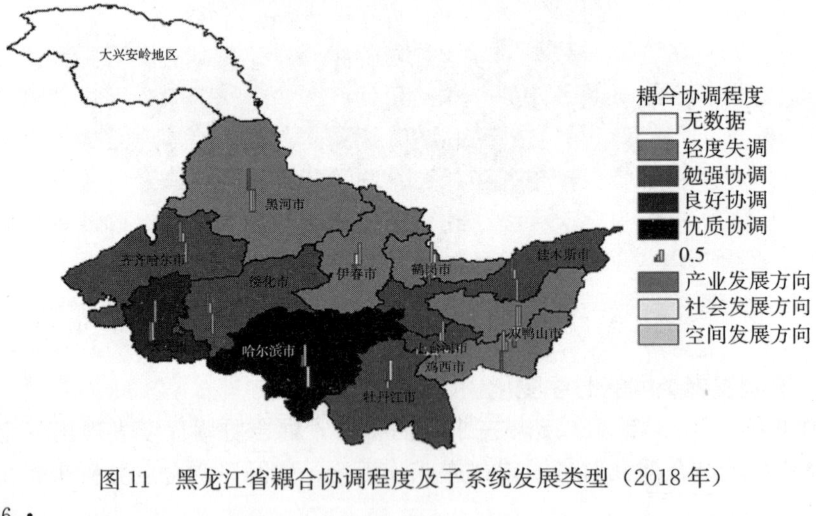

图 11　黑龙江省耦合协调程度及子系统发展类型（2018 年）

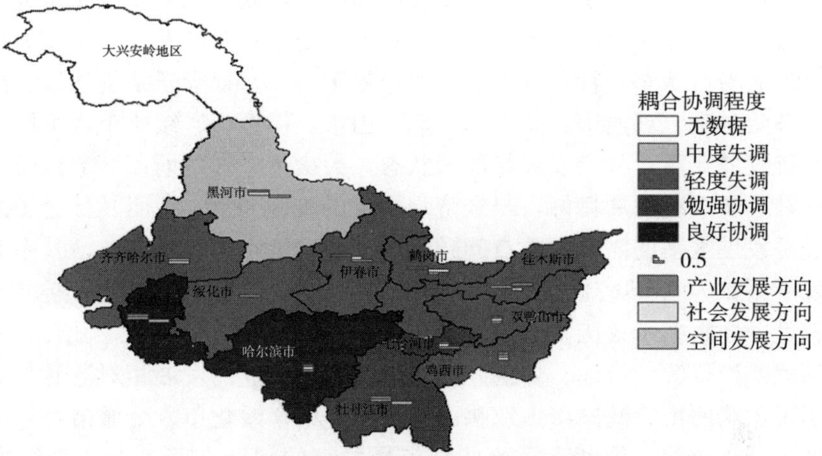

图 12　黑龙江省耦合协调程度及子系统发展类型（2013 年）

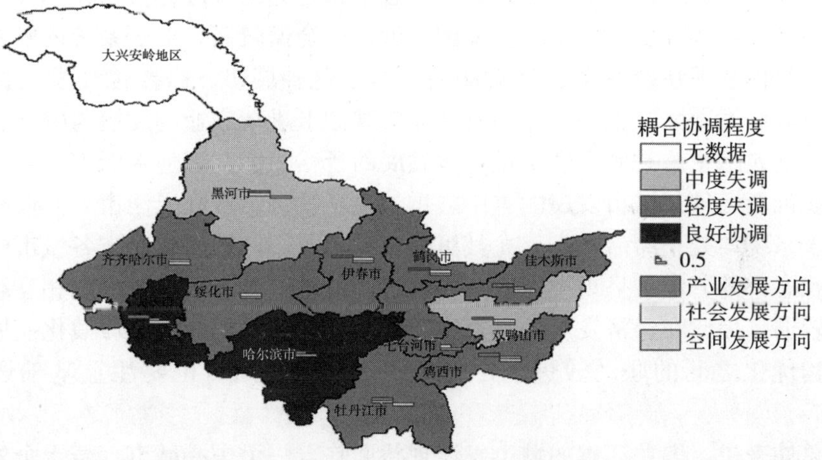

图 13　黑龙江省耦合协调程度及子系统发展类型（2008 年）

从上图中可知，哈尔滨市的经济子系统发展最为协调且在 2013 年三个子系统最为均衡，处于同步发展状态；2008 年、2018 年都属于社会子系统发展超前、空间子系统发展滞后状态，这说明哈尔滨市的经济水平更多地依赖社会子系统的充分发展带动，而不是空间规模的扩展；产业子系统发展评分略低于系统综合得分，但仍处于同步发展的状态，说明产业系统的状态可以满足现有的经济水平。对于空间子系统发展滞后的城市，尤其是哈尔滨市这种省域中心城市，更需要通过加快产业发展，合理规划产业布局，增强与其他地级市之间的经济联系，在提升城市竞争力的同时发挥城市的产业带动作用。

其他城市的空间子系统发展程度相对较好，均处于同步发展状态或者超前发展状态。其中大庆市、佳木斯市、七台河市处于社会子系统同步发展、产业子系统发展滞后状态；牡丹江市、黑河市处于产业、社会子系统均发展滞后状态；齐齐哈尔市、鸡西市、鹤岗市、双鸭山市、伊春市、绥化市六个城市处于产业系统发展滞后，社会发展超前的状态。大庆市、佳木斯市、七台河市三个城市的社会子系统发展良好，与经济水平发展步调一致，说明其社会子系统能满足经济发展水平的需求。重点问题在于产业发展水平程度较差，其中大庆的产业发展系数为 0.552、七台河的产业发展系数为 0.626，与佳木斯（0.733）相比较低，原因在于大庆、七台河是典型的资源型城市和地区，城市产业建设长期依赖矿产资源（石油、煤炭）的开采，其他产业的发展相对滞后。对于齐齐哈尔市、鸡西市、鹤岗市、双鸭山市、伊春市、绥化市六个城市，社会子系统发展也处于超前发展状态，这些城市最关键的问题在于产业子系统发展落后，各城市的产业发展系数分别是：齐齐哈尔（0.631）、鸡西市（0.599）、鹤岗市（0.537）、双鸭山市（0.592）、伊春市（0.392）、绥化市（0.685）。以上城市的耦合协调程度都处于轻度失调程度，耦合值较高，但子系统的发展并不均衡，具体表现在产业发展相对滞后。对于这种城市，需要优先发展优势产业，将其做大做强，进一步在已有产业的基础上进行产业的发展与融合。产业发育不良是阻止这类城市经济进一步发展的桎梏，因此如何降低生产成本、营造产业创新条件是城市发展的重中之重。对于牡丹江市和黑河市，产业和社会两个子系统均处于滞后状态，尤其黑河市的耦合协调程度在全省各城市中处于垫底状态，部分年份呈现中度失调的状况。这说明各个子系统之间相互影响的效应较弱，因此在经济发展的过程中，这两个城市要综合考虑城镇化发展和产业结构优化之间的联动演进，在刺激经济发展的同时也要注重基础设施的建设。

总体来说，黑龙江省的城市发展现状面临着一个中心城市、若干个外围城市的问题，城市发展的空间分异程度较高。因此要制定区域整体规划，充分发挥省会城市的带动作用。对于周边城市，要形成省域城市群的合理分工，实现跨城市、跨产业的分工合作，避免城市之间出现产业雷同和无序竞争状态。各城市的空间发展水平相对超前，这说明空间子系统能够提供一定的支撑保障作用，可以有效促进各城市之间的协同发展。此外，各城市的产业发展水平均较为滞后，完善产业结构、优化产业链条是必须处理的问题。黑龙江省内城市大多数属于资源型城市和地区的范畴，优势产业主要是依托自然禀赋形成的第二产业。这需要借助国家政策扶植的契机，调整区域经济结构，推动产业结构改革。

公共政策执行视角下政策措施落实审计质量研究*

陈凤霞　张盛楠　谭嘉黎

2014年10月，《国务院关于加强审计工作的意见》首次对审计工作提出了新的要求，要求在国家重大决策的部署贯彻落实中进一步发挥审计促进和保障作用，促进政策落地生根和不断完善。2015年12月，《关于完善审计制度若干重大问题的框架意见》进一步深化要求，要求审计在维护国家经济命脉安全、促进深化改革、全面依法治国、加强廉政建设中发挥更为重要的作用，力争在2020年形成与国家治理体系和治理能力现代化建设相匹配的审计监督机制。

我国审计署官方网站自2015年6月开始关注稳增长等一系列政策措施贯彻落实情况，这表明跟踪国家重大政策措施和宏观调控部署落实情况对发挥审计治理功能至关重要。审计结果公告包含了有关部门和地区推进国家重大政策措施贯彻落实的具体举措，报告了跟踪审计发现的主要问题，推广了整改效果较好且有借鉴意义的事例。

根据政策措施跟踪审计实施情况，总体来说，绝大多数的部门能够结合当地实际情况主动作为，对审计查出的问题进行认真、全面的整改，并取得了良好的成效。但是，仍有部分政策措施落实不到位。通过对审计结果公告的分析不难发现，政策措施落实审计工作正在稳步进行，审计机关和审计人员审计参与度都在上升，并开始在审计工作中主动作为。但是，纵观政策措施落实的审计过程和审计结果，审计质量普遍不高，财政统筹资金使用不合理，资金投放不及时，财政资金产生的经济效益低下，重点项目进度延缓，扶贫资金没有及时下放等现象仍然普遍存在。

开展政策措施落实审计是党中央、国务院赋予审计机关的一项重要任务，是新时代国家审计的新使命，是完善国家治理体系现代化建设的重要路径选

* 黑龙江省哲学社会科学研究规划项目（课题编号：17JYE398）
项目负责人为陈凤霞副教授，主要参加人员有黄晓波、王虹、张盛楠、谭嘉黎、周淑伟等。

择，是国家审计发挥促进和保障作用的重要体现。从近几年的审计实践看，政策措施落实审计程序没有常规化增加了审计风险，审计资源和项目要求不匹配导致审计取证较难，审计人员素质与政策措施落实审计的需求仍存在差距，对审计发现的问题分析不足，导致审计成果未能充分体现，审计机关协调配合不够，导致审计效率低下。总的来说，政策措施落实情况审计工作在艰难中推进，且质量较低，因而，提高政策措施落实情况审计质量的研究，提高政策措施落实审计的质量是摆在广大审计人面前一个急需解决的问题。

本文主要基于公共政策执行视角，挖掘政策措施落实审计的理论依据，研究政策措施落实审计的特点，探讨政策措施落实审计的概念，从过程审计质量和结果审计质量研究衡量政策措施落实审计质量的标准，从理论和实证两个方面探讨影响政策措施落实审计质量的影响因素，找到提高政策措施落实审计质量的措施路径。开展政策措施落实审计，有助于增强政府权力运行的合规性与合法性，各类方针政策协调配合形成合力，推动国家政策和宏观部署落地生根。本文可为审计机关和审计人员在开展审计工作的实践中提供借鉴和参考，真正发挥国家审计在国家治理中的监督作用，打通政策措施贯彻落实的“最先一公里”和“最后一公里”，打破“中梗阻”，促进政府政策措施的落地生根与完善。

审计质量研究是审计实务界和审计理论界的经典话题，同时，审计质量的难以观测也是审计实务界和审计理论界面对的经典难题。政府审计质量的研究方法有很多，研究的视角也各有不同。马曙光考虑到政府审计成果可以体现在财务效益和审计质量两方面，以审计署驻各地方特派办为研究对象进行研究，结果表明审计人员素质对国家审计质量具有显著的正向影响。但是马曙光的研究并没有考虑不同地区经济水平和审计任务数的差异对政府审计质量的影响。王芳认为程序审计质量与结果审计质量正相关，并且结果审计质量可以很好地诠释政府审计质量。黄溶冰充分考虑了政府审计“免疫系统”功能的发挥，研究其对政府审计质量的影响，结果表明，前期审计效力与当期审计效力负相关，前期审计效果与当期审计效力也负相关。周航率先提出研究政府审计质量的最合适的模型是琼斯模型，很多学者在此基础上展开政府审计质量的实证研究。还有的学者利用公开的政府审计信息研究政府审计质量，范雪茹等利用2000—2012年审计署的审计报告数据进行研究，发现在政府审计质量的众多影响因素中，审计的监管力度对审计质量的影响最大。蔡春等认为政策措施落实（执行效果）审计的本质是绩效审计。付忠伟等、史吉乾则更强调政策执行效果审计对审计结果的跟踪、报告，究其本质为跟踪审计。张继勋强调政策贯彻落实的标准仍需进一步明确界定，政策执行效果审计最高效、最全面的审计程序仍有待进一步讨论。晏维龙认为政策执行效果审计的哲学基础是实事求是，蔡春等则认为政策执行效果审计适用审计产生的普遍动因——受托责任观。蔡春认为政策执行效果审计工作重点应放在政策执行前的机制审计和政策执行后的审计评估上。

纵观政策落实审计的研究，无论从理论上还是从实践上，都处于积极探索阶段，很多问题还没有取得广泛共识，其中不乏关于政策执行效果审计概念的基础问题的探讨。同时，已有文献中，对于政策措施落实审计的研究多集中于规范分析，缺少对政策执行效果审计的效果研究和实证检验。政策执行效果审计的研究内容大多停滞在宏观层面的建议和解释说明上，研究的广度和深度有待进一步拓展。学者们不断强调"政策执行效果审计"这一新型国家审计，并反复阐述其重要意义，但对于到底如何评价政策执行效果审计效果，如何实证研究政策执行效果审计，很少有学者给出明确的回答。其原因是：一方面，国家审计数据相对难以获取，我国政府审计的信息数据尚未完全公开；另一方面，政策执行效果审计的研究仍处于积极探讨的阶段，其实证检验存在大量空白。本文以实证研究的方法，研究政策（措施落实）执行效果审计质量影响因素等问题，不仅丰富了政策执行效果审计的研究成果，而且能促使审计部门意识到政策执行效果审计在国家治理体系建设中的积极作用，进而更好地发挥政策执行效果审计促进经济增长的作用。

一、研究方法与研究思路

（一）研究方法

1. 文献研究法

本研究运用了文献研究法，归纳并梳理了国内外学者关于政府审计、政府审计质量、政府审计质量的衡量指标、政策措施落实审计现状的研究成果，以期从不同的角度找出研究政策措施落实审计质量影响因素的切入点，构建研究思路；同时对政策措施落实审计、政策措施落实审计质量相关内容进行概述，以期找到契合本研究的理论，作为本研究的理论基础。

2. 问卷调查法

通过编制《政策措施落实审计质量影响因素研究调查问卷》，对政策措施落实审计质量的影响因素进行研究。问卷调查的内容主要分为两部分，第一部分是被调查者的个人基本情况，第二部分是政策措施落实审计质量影响因素的调查。

3. 实证分析法

设计调查问卷，以 Excel 和 SPSS22.0 为数据处理工具，对调查问卷的数据进行录入，并运用描述性分析、信度检验、效度检验、回归分析等方法展开分析，找出政策措施落实审计质量的关键影响因素，提出提高政策措施落实审计质量的政策建议。

4. **定性分析和定量分析相结合**

对政策措施落实审计质量的影响因素进行定性分析，依据收集来的数据和实证结果进行定量分析，最后依据定量分析的结果，结合政策措施落实审计工作的实际情况，提出提高政策措施落实审计质量的建议。

（二）研究思路

本研究的研究思路如下图 1 所示。

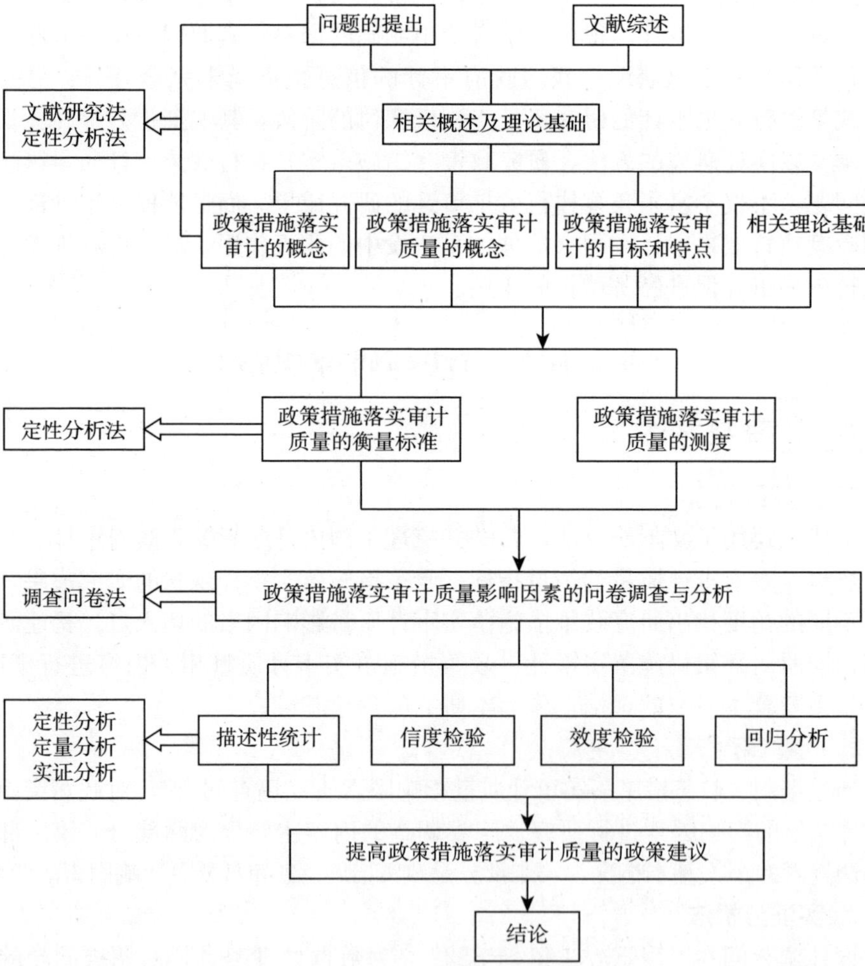

图 1　研究思路

二、政策措施落实审计质量的衡量与测度及理论基础

（一）政策措施落实审计质量的衡量标准

政府审计质量的衡量一直是学术界讨论的话题，由于政府审计质量内在的复杂性和不可观测性，使得很难直接对其进行衡量，学术界还没有统一的标准。政策措施落实审计本质上是一种新型的政府审计，因此，借鉴政府审计质量的衡量方法来研究政策措施落实审计质量是十分合理的。Copley 和 Doucet 在 1993 年指出，政府审计质量可以从过程和结果两个维度衡量，而且这两种不同维度不是独立存在的，前者以审计人员对审计准则的遵循为依据，后者以审计报告或工作底稿的评价为依据。要想达到高政策措施落实审计质量的要求，势必需要高质量的审计过程和高质量的审计结果，只有两者均达到高质量，并且在二者合力的作用下，才能产生高质量的审计报告。参照 Copley 和 Doucet 的观点，本研究从审计过程和审计结果两个维度来衡量政策措施落实审计质量。

1. 过程审计质量衡量观

在政策措施落实审计的审计过程中，往往以审计人员对审计准则的遵循为依据。在政策措施落实审计过程中，需要注意审计的前期准备、审计人员专业胜任能力与审计需求的匹配、审计风险的控制、执行审计程序的严谨性、审计中后期事项的把握等环节，而上述环节在实施过程中的质量均体现了政策措施落实审计质量。在审计过程质量方面，常常采用审计人员在审计过程中严格依据审计程序、按照政府审计准则进行政府审计以及被审计单位遵循公认会计原则的程度等作为代理变量，但是，这些指标很难精准量化，为了解决这个问题，学者们往往采取“评分”的方式衡量审计过程对政府审计质量的影响，但这样往往具有较强的个人主观性，会有损审计固有的客观性和真实性。

2. 结果审计质量衡量观

在审计结果质量方面，学者认为无法直接参与政府审计，无法直接获得审计过程数据，往往倾向于选择政府审计工作的直接结果和间接结果如审计报告、审计建议等来度量政府审计质量。基于审计结果衡量政策措施落实审计质量，直观地说，就是站在审计报告信息使用者的角度提取需要的有价值的信息并做出决策，这时政策措施落实审计质量将体现在审计报告的真实性、可靠性、完整性方面，最终达到判断政策措施落实审计质量优劣的目的。报告已知的实质性差错、内部控制弱点和未遵循审计准则之处均体现了政策措施落实审

计的审计结果质量。此外，还可以将审计过程质量和审计结果质量纳入同一衡量体系。在审计过程质量无法直接观测的情况下，审计结果质量指标可以作为替代变量来代表政府审计质量的总体水平。

（二）政策措施落实审计质量的测度

1. 以查出的违规金额数作为代理变量

吴联生教授首次提出以查出的违规金额数作为代理变量。查出的违规金额数是政府审计工作成果的一个直接表现，衡量了政府审计质量的优劣。研究者能够直接观察和度量查出的违规金额数。在无法获得过程审计质量信息的情况下，大部分学者选择从审计结果角度来度量审计质量，其中，查出的违规金额数就是一个很好的选择。董延安认为政府审计质量应以金额指标来表示，从而消除不同审计对象形成的政府审计质量差异，被审计单位财政财务收支的错误一般情况下都会导致经济上的损失。鉴于此，以金额指标体现政府审计对财政财务收支违法违规行为的控制效果是可行的。此外，查出的违规金额数占应查出违规金额数的比例反映了政府审计的检查力度，是政府审计质量第一过程（审计机关对被审计单位的检查过程）的衡量指标。从现实情况看，用查出的违规金额数代表政策措施落实审计质量符合我国政府审计信息公开情况。但是，政策措施落实审计的审计目标不仅仅局限于被审计单位意识到自己的错误和纠正自己的错误，政策措施落实审计的目标更多的是持续地跟踪审计，因此，以查出的违规金额数作为代理变量有一定的片面性。

2. 以审计报告被采纳的报告数作为代理变量

根据免疫系统理论，以审计报告被采纳的报告数作为代理变量，不仅符合我国政府审计质量的行政性特征，也体现出我国政府审计发挥了“免疫系统”的揭露和抵御功能。马曙光率先使用审计报告被采纳的报告数作为政府审计质量的替代变量。另外，考虑到研究的可行性，审计报告被采纳的报告数也是政府审计质量衡量的合理选择。从审计结果角度来说，审计报告是审计工作成果的集中体现，也是审计成果的最终表现；审计报告被采纳反映了审计结果的执行效果。审计报告被采纳，说明审计发现的问题可靠、及时。当审计报告被采纳后，本级政府和上级审计机关就会对审计报告中的具体问题进行详细了解，敦促被审单位及时纠正，并持续跟踪审计质量的改善情况。当审计报告不被采纳时，说明提出的审计报告可能存在失真和不及时的问题，这样的审计报告并不具有现实意义。此外，还有用政府审计预算数直接反映政策措施落实审计质量的，但可行性有待商榷。因此，本研究认为，审计报告被采纳的报告数是用来衡量政策措施落实审计质量的有效指标。

（三）理论基础

1. 公共政策执行理论

公共政策执行是政策过程的重要环节，是实现政策目标和解决政策问题的直接途径。从 20 世纪 70 年代开始，以美国为代表的西方公共政策研究学者将公共政策研究的主题和重心从政策制定转移到政策的执行、评估上。公共政策执行理论认为，政策执行中，由于信息不充分、有限理性、既得利益等因素的影响，政策执行是存在偏差的，美国的公共政策学家威廉·邓恩指出，政策监测在政策分析中处于核心地位，必须对政策执行进行检测。因此，本研究认为，政策措施落实审计就是基于政策监测需要，对公共经济政策执行效果所做的审计监督。同时，该理论还认为，要保证公共政策有效实施，就要充分发掘影响政策执行的因素，找出阻碍政策顺利执行的因素。基于此，本研究从理论与实证两个角度研究了政策措施落实审计质量影响因素。

2. 国家治理理论

国家治理是国家审计在经济新常态下的职能拓展，国家审计作为国家治理体系的重要组成部分，应为国民经济良好运行及健康发展保驾护航。国家治理体系现代化建设的要义是在法治的前提下，政府、市场、社会三者各司其职，各尽其能，共同治理，保障国民经济有序发展，健康运行。传统的审计工作的审计重点是检查各方面资金预算的执行情况，主要表现是审计结果不够公开，不够透明，国家审计功效集中体现为监督检查。国家审计依旧发挥监督功效，但审计效果、审计效率和审计流程的科学合理性亟待加强。自刘家义审计长提出发挥国家审计“免疫系统”功效以来，国家审计就集防范、揭露、抵御功效于一身，从审计过程的事前、事中、事后全方位进行监督。

3. 公共受托责任理论

公共受托责任理论是普遍适用的审计动因，公共受托责任观念是国家审计由来和变革的基础。政府承担受托责任的重要手段是制定明确的公共政策，并配置相关的资源，完善相应监督机制，从而保证公共政策执行的有效性，缩小政策执行预期效果与执行效果的偏差。政策措施落实审计是国家为保证公共受托责任更加有效履行而应运而生的新型国家审计，公共受托责任理论是政策措施落实审计由来的内在根本性动因。为保证国家公共受托责任有效履行，保障政府承担公共受托责任的重要手段全面发挥作用，实现国家审计的本质目标，国家审计机关必须开展政策措施落实审计。因此，政策措施落实审计是国家审计目标实现的应有之义和顺应时势的自然延伸。根据《审计法》的规定，行政上，本级人民政府领导各级地方审计机关，业务上，上一级审计机关领导各级地方审计机关。虽然从形式上说，代表公众的审计利益的本级人民政府与上一级审计机关，应该保证利益的一致，但不同群体的公众利益表现并不相同，从而形成不同群体利益相关者之间的冲突。法规规定，地方审计长的任免需征求上一级审计机关的意见，但事实上地方政府仍有最终的决定权。在政策措施落实审计工作中，审计机关既要接受本级人民政府的领导，又要接受上一级审计机关业务上的领导。上级审计机关从审计结果和审计效率等审计角度要求本级审计机关开展工作，而本级政府更加关注当地经济发展状况，而使得公众利益表现有所不同。这就要求政策措施落实审计的审计人员在审计工作中，明确审计工作的总目标，明确审计工作的重点内容，明确审计需求，进而合理地投入审计资源。

三、政策措施落实审计质量影响因素的实证分析

（一）问卷的设计与发放

本次问卷调查的目的是了解政策措施落实审计质量的影响因素，并据此提出提高政策措施落实审计质量的策略。政策措施落实审计是一项专业性较强的业务活动，因此被调查对象势必要对审计问题有深刻的认识，能够真实、准确地表达政策措施落实审计的现状，只有这样，才能保证调查问卷所获数据的真实性和可靠性，才能保证调查问卷的公允性和可用性。最后，本问卷的调查对象选取了对政策措施落实审计工作有清楚认识，对审计问题有深刻了解的相关人员。本研究在设计调查问卷时，遵循三个原则：第一，问卷重点突出，问题清晰明了。问卷不能使被调查者产生歧义；内容应该重点突出，易于被调查者理解；问题设置应与政策措施落实审计质量的研究息息相关，这样的问卷调查才有意义。第二，调查对象选择具有针对性。设计调查问卷时，充分考虑被调查者的身份、工作、文化程度、年龄等因素。第三，调查数据便于分析和整理。调查问卷的最终目的是获得政策措施落实审计质量的影响因素，获取的答案应该是真实并且客观的。调查问卷的设计应考虑调查结果获取的简便性和可操作性。

本研究致力于研究政策措施落实审计质量的影响因素，因此，问卷调查主要涉及被调查者的个人基本情况和影响因素及影响程度两部分。

第一部分是被调查者的个人基本情况。这部分主要涵盖被调查者的职业、学历水平、工作年限、专业以及对政策措施落实审计的了解程度和对政策措施落实审计质量的现状满意度，共 6 道题。

第二部分是政策措施落实审计质量的影响因素及其影响程度的调查。本研究将影响程度分为影响非常大、影响较大、影响一般、影响较小及无影响 5 个等级，并对应赋以 5、4、3、2、1。共 16 道题。

问卷采取电子问卷的形式，一共发放了 400 份调查问卷，回收 317 份，问卷回收率为 79.25%，满足了数据的要求，获取的数据具有代表性。此次被调查对象的选择具有很强的针对性，主要选择了政府机关审计人员、注册会计师、高校教师为研究对象。政府机关审计人员是政策措施落实审计工作的开展者，对政策措施落实审计的现状有着深刻的了解，注册会计师对审计问题和审计质量的影响因素有着深刻的见解，高校教师对政策措施落实审计进行了理论研究。所以，调查问卷的结论具有一定的说服力。同时，本调查也为后续的分析提供了有效的基础。

（二）影响因素的选取及假设的提出

对于政策措施落实审计质量影响因素的选取，本研究主要基于相关文献和政策措施落实审计的现状，提出了 13 个假设。

（1）国家审计管理体制。我国实行的是行政型国家审计体制，因此，政策措施落实审计质量也呈现出行政性特征。最初基于我国的国情选择的国家审计体制相较于其他三种体制存在着明显的缺陷。在市场经济蓬勃发展，政府审计职能不断扩展，审计范围实现全覆盖的背景下，行政型国家审计体制已经渐露弊端，不能适应深化改革和经济新常态的需要。因此，现行的国家管理体制势必会影响政策措施落实审计工作的开展，进而影响政策措施落实审计质量。由此提出：

假设 1——国家管理体制与政策措施落实审计质量呈正相关。

（2）国家法律法规和现行政策。国家法律法规的制定能为政策措施落实审计提供一个良好的制度环境和制度保障。相关法律法规为政策措施落实审计发挥“发现”、“报告”和“揭露”功能提供了方向性的指导，审计机关以及审计人员可以按照法律法规的要求规范工作。所以，国家法律法规和现行政策的制定对提高政策措施落实审计质量有着积极作用。但是，现阶段，政策措施落实审计工作仍然缺乏法律法规和现行政策的指导，一些具体审计问题的定性、处理方法和评价方式都缺少法律和政策支撑，这都会影响政策措施落实审计质量。由此提出：

假设 2——国家法律法规和现行政策与政策措施落实审计质量呈正相关。

（3）地区经济发展状况。政策措施落实审计的工作过程是一个双向过程，正向过程是我国审计机关对被审计单位在政策措施落实等方面情况进行审计，检查被审计单位的违法和违规问题；反向过程是被审计单位采纳国家审计机关的审计建议并进行适当整改；地区经济发展状况越好，正向过程的审计控制效果就越好；地区经济发展状况越好，经济承受能力越强，反向过程的纠正力度越大，所以，反向过程的审计控制效果就越好。即地区经济的发展状况会影响政策措施落实审计质量。由此提出：

假设 3——地区经济发展状况与政策措施落实审计质量呈正相关。

(4) 各级政府部门的配合情况和重视程度。政策措施落实审计作为一种国家治理工具，其审计结果是否促进相关中央政策措施的贯彻落实，是否提高政策措施落实效率，是否改善政策措施落实效果，以及其作用时间、作用效力是否可持续，都体现了政策措施落实审计质量的好坏。审计信息需要在各个部门之间传递，政策措施落实审计需要各部门的积极配合，这一工作若得到相关各部门的配合与重视，必然能达到事半功倍的效果，必然能够保证政策措施落实审计质量。由此提出：

假设 4——各级政府部门积极配合与重视，对政策措施落实审计质量有积极的影响。

(5) 社会公众的参与和监督。作为政府审计信息的主要服务者，作为政策措施落实的得益者，公众有权力也有必要知晓政府审计的成果。当然，由于信息不对称现象的普遍存在和政策措施落实审计信息保密因素的存在，公众对政策措施落实审计的审计成果尚不能完全了解。近年来，审计结果受到了社会公众越来越高的关注，审计结果公告受到了各省级审计机关越来越高的重视，这说明社会公众对于政府审计监督的参与意愿越来越强烈，对于地方经济和社会发展的关心程度越来越高。审计结果的公开为观察政策措施落实审计质量提供了绝佳的窗口，审计署近年来对政策措施落实审计的审计结果披露较为重视。现阶段，审计署每季度公布一次审计公告，并对审计结果公告予以政策性的解读，向社会定期公布审计报告的重点，并向公众解读发布审计报告的重点。这在一定程度上提高了政策措施落实审计的透明度，增强了社会公众对政策措施落实审计的进一步了解，使得公众对政府审计监督作用的发挥有着更加直观理解。这不仅有益于提高政策措施审计质量，而且也加强了社会公众对政府的信任。由此提出：

假设 5——社会公众的参与和监督影响政策措施落实审计质量。

(6) 审计技术手段的运用。王涛指出，审计技术手段是审计质量的过程要素，审计手段的运用对政策措施落实审计质量有影响。政策措施落实审计的审计范围广，审计内容丰富，审计时间较短，审计工作量大，势必要采用一定的技术手段，例如，采用云计算，建立数字化管理方式来提高工作效率，保证工作质量。由此提出：

假设6——审计技术手段的运用有助于提高政策措施落实审计质量。

(7) 审计质量控制体系是否完善。审计质量控制体系建立的初衷就是帮助审计机关和审计人员加强审计质量的控制，保障政策措施落实审计的工作质量。审计质量控制体系的完善有助于审计机关和审计人员保质保量地完成审计工作。由此提出：

假设7——审计质量控制体系的完善有助于提高政策措施落实审计质量。

(8) 审计的工作量。根据前文的分析，政策措施落实审计覆盖范围很广，它覆盖了31个省、自治区、直辖市以及29个中央部门、近10家中央企业，在全国范围内以“统一审计方案，统一组织领导，统一标准口径，统一审计报告，统一审计公告”为组织原则开展工作，可见，审计工作量非常大。审计机关和审计人员在有限的时间内，面对如此大量的审计任务，审计质量必然受到影响。由此提出：

假设8——审计工作量的大小严重影响政策措施落实审计质量。

(9) 审计时间的长短。如果一项审计工作的审计时间较短，而审计工作量较大，审计人员就需要有侧重地选择审计范围，有针对性地选择审计程序，这就有可能导致审计未能及时发现问题，这就会对政策措施落实审计质量产生影响。由此提出：

假设9——审计时间的长短会影响政策措施落实审计质量。

(10) 审计人员。审计人员是审计工作的具体执行者和审计质量的保障者，因此，审计人员是审计质量的重要决定因素。下面将分四个方面分析审计人员对政策措施落实审计质量产生的影响。

①合格的审计人员数量。结合前文的分析，如果审计工作量很大，审计时间很短，在审计机关没有大量的合格的审计人员的情况下，政策措施落实审计工作是无法保质保量完成的。因为，一个人的能力是有限的，即使超负荷地完成了审计工作，也无法保证工作完成的质量。由此提出：

假设10a——拥有大量合格的审计人员会保障政策措施落实审计质量。

②审计人员的职业判断水平。审计职业判断强调审计人员对待审计过程中的不确定性采用的预测和判别，强调审计人员对自己专业知识的运用，强调审计人员对自身从业经验的发挥。审计职业判断贯穿于计划阶段、实施阶段和终结阶段等各个环节，贯穿于整个审计过程。在政策措施落实审计工作中，面对复杂的政策系统和完整的政策周期，选择哪些政策去审计，如何贴近审计目标，靶向开展审计工作；面临新情况，如何依法审计，都需要专业的审计判断。不难理解，审计判断越准确，审计目标越有可能最大限度地实现，整个审

计过程就越合规、越完善，形成的审计意见越恰当，政策措施落实审计的审计质量也就越高，审计职业判断在政策措施落实审计中的重要性不言而喻。由此提出：

假设 10b——审计人员的职业判断水平与政策措施落实审计质量呈正相关。

③审计人员保持独立性以及对审计准则的遵循程度。审计职业判断说到底是审计人员的判断，是人为的判断。这就要求我国审计机关的审计人员具备深厚的专业知识和丰富的工作经验，同时高度遵循审计准则，专业知识的扎实深厚必然造就较强的业务能力，业务能力又必然牵涉审计判断的准确性和真实性。当然，审计人员不可避免地会带入主观性，这个过程中难免会牵涉到主观臆断，一旦情况严重，必然会影响政策措施落实审计质量。此外，审计人员在受到各方面因素制约时，在权衡各种审计方法后，如何保持独立性也同样影响审计质量。由此提出：

假设 10c——审计人员越独立，对审计准则越遵循，政策措施落实审计质量越高。

④审计人员对国家重大方针政策的熟悉程度。刘杰指出，政策措施落实审计作为第三方的工具主要用来评价、检验政府为推动经济发展而出台的一系列政策措施的落实效果。现阶段，政策措施落实审计的目标可以分解为四个分目标：一是观察现状，进行政策措施具体部署的调查与了解；二是查明问题，进行政策措施执行进度的揭示与披露；三是评价绩效，进行政策措施实际效果的评估与分析；四是提出建议，进行政策措施贯彻落实的敦促与推动。审计人员明确审计目标和明细疑点之后，就需要选定审计程序对问题进行清查。在问题的确认过程中，审计人员应考虑到与相关法律法规的结合，试图阐明问题的本质，以便最终形成审计工作底稿。最后一步，当然是本着整体优化原则、考虑到审计的经济成本和审计的时间成本，权衡单个问题的审计方法，优化组合审计方法，力图实现政策措施落实审计的审计目标。在整个实现政策措施落实审计目标的过程中，要求审计人员对国家重大方针政策高度熟悉。由此提出：

假设 10d——审计人员对国家重大方针政策的熟悉程度影响政策措施落实审计质量。

(11) 审计机关的独立性。根据公共受托责任理论，在政策措施落实审计工作中，审计机关既要接受本级人民政府的领导，又要接受上一级审计机关业务上的领导。上级审计机关从审计结果和审计效率等审计角度要求本级审计机关开展工作，而本级政府更加关注当地经济发展状况，而使得公众利益表现有所不同。审计机关独立性越强，政策措施落实审计质量越容易得到保证，所以，在双重领导管制下，审计机关能否保持独立性，会对政策措施落实审计质量产生一定的影响。由此提出：

假设 11——审计机关的独立性与政策措施落实审计质量呈正相关。

（12）政策措施落实审计工作外包。将政策措施落实审计工作外包主要是利用注册会计师的经验优势。因为，从理论上和实践上来说，民间审计的发展相较国家审计而言更加成熟，注册会计师相较国家审计人员而言经验更加充足，在审计过程中面对了更为复杂的问题。所以，可以充分利用注册会计师的经验优势，在遵循保护国家机密、维护国家经济命脉安全的基础上，将一些不涉密的审计项目外包给具有合格资质的事务所，将更多的人力和物力资源投入到重点审计项目上，最终实现政策措施落实审计质量的提高。由此提出：

假设 12——政策措施落实审计工作外包有助于提高政策措施落实审计质量。

（13）审计成果的利用率。审计工作过程的优劣体现了审计质量，审计结果的好坏同样体现审计质量。根据信号传递理论，审计成果的利用率反映了审计结果的好坏，在某种程度上体现了审计质量。如果被审计单位充分利用审计机关的审计成果，对审计问题进行了相应的跟踪整改，更能体现审计价值。由此提出：

假设 13——审计成果的利用率影响了政策措施落实审计质量。

（三）问卷数据分析与评价

本文主要利用 Excel 和 SPSS22.0 进行样本数据的统计分析，具体包括被调查者基本情况的描述性分析、信度检验、效度检验以及回归分析。

1. 被调查者基本情况的描述性分析

（1）被调查者的职业。从表 1 可知，对政策措施落实审计有着深刻理解的政府审计机关审计人员占 17.98％，他们对关于政策措施落实审计如何开展有深刻的认识。同样对审计质量以及审计质量的影响因素等问题有着深刻理解的注册会计师占 10.72％。对审计理论前沿性问题保持高度敏感性的高校教师占 33.75％，在审计理论上，特别是对政策措施落实审计上的相关问题有一定的研究。一方面，通过理论分析指出政策措施落实审计质量的影响因素，另一方面，通过理论联系实际，指出政策措施落实审计质量的影响因素。其他人员主要是指从事财务工作的相关人员，本研究着重选取那些对政策措施落实审计工作同样了解的人员。综上所述，调查问卷结果的可靠性得到了保证。

表1 被调查者的职业

职业	样本数（人）	百分比（%）
政府机关审计人员	57	17.98
注册会计师	34	10.72
高校教师	107	33.75
其他人员	119	37.55

（2）被调查者的学历。从表2可知，被调查者的学历水平普遍较高，研究生及以上学历的调查者超过样本的1/4，本科及以上学历的被调查者占样本总数的近80%。

表2 被调查者的学历

学历	样本数（人）	百分比（%）
研究生及以上	81	25.55
大学本科	168	53.00
专科	68	21.45
专科以下	0	0

（3）被调查者的工作年限。从表3可知，被调查者的工作年限大部分在15年以上，占样本总数的41.32%，只有很少部分人的工作年限在5年以下，仅占被调查者总数的8.52%，这表明被调查者的工作经验丰富，具有一定专业能力，增加了问卷的可靠性和可信度。

表3 被调查者的工作年限

工作年限	样本数（人）	百分比（%）
5年以下	27	8.52
5年（包含）至10年	69	21.77
10年（包含）至15年	90	28.39
15年（包含）以上	131	41.32

（4）被调查者的专业。从表4可知，73.18%的被调查者是财务相关专业出身，对会计和审计知识十分了解，近20%的受访者是经济相关专业，对国家的宏观政策和战略方针十分熟悉。总体来说，被调查者对问卷相关问题发表的看法应该是公正而且客观的，因此，问卷具有一定的代表性。

表 4　被调查者的专业

专业	样本数（人）	百分比（%）
会计（或财务管理）	130	41.00
审计	102	32.18
经济	62	19.56
其他	23	7.26

（5）被调查者对政策措施落实审计的了解程度。从表 5 可知，80%的被调查者对政策措施落实审计十分了解，只有 11.67%的受访者对政策措施落实审计不了解，这表明被调查者对问卷相关问题发表的看法应该是有代表性的，因此，问卷具有一定的说服力。

表 5　被调查者对政策措施落实审计的了解程度

对政策措施落实审计的了解程度	样本数（人）	百分比（%）
非常了解	87	27.44
一般了解	155	48.90
了解很少	38	11.99
不了解	37	11.67

（6）被调查者对政策措施落实审计质量现状的满意度。从表 6 可知，72.24%的被调查者对政策措施落实审计质量的现状不是很满意，这也符合前文的分析，现阶段，政策措施落实审计质量普遍较低。

表 6　被调查者对政策措施落实审计质量现状的满意度

被调查者对政策措施落实审计质量现状的满意度	样本数（人）	百分比（%）
非常满意	37	11.67
一般满意	51	16.09
不太满意	138	43.53
不满意	91	28.71

2. 信度检验

本研究采取调查问卷的方式研究政策措施落实审计质量的影响因素，在对调查问卷结果进行统计分析之前，必须对其进行信度检验，因为，只有信度在可接受的范围之内，调查问卷的结果才具有统计的意义，统计结果才具有价值。本研究采用 Alpha 系数作为信度的衡量标准，Alpha 系数值越大，信度就越高。一般而言，Alpha 系数在 0.9 以上，表明信度非常好；Alpha 系数在 0.8～0.9，表明信度可以接受；Alpha 系数在 0.7～0.8，表明调查问卷需要重新修订但仍具有一定价值；Alpha 系数在 0.7 以下，表明应该放弃。

根据表 7 分析可知，Cronbach's Alpha 为 0.837，为 0.8～0.9，说明该问卷信度可以接受。

表 7　信度检验

Cronbach's Alpha	项数
0.837	15

3. 效度检验

为了保证调查问卷具有代表性，需要进行因子分析。在因子分析前，首先进行 KMO 检验和巴特利球形度检验，KMO 检验系数大于 0.5，P 值小于 0.05 时，问卷才有结构效度，才能进行因子分析。

由表 8 可知，KMO 值达到 0.937，Bartlett 的球形度检验 P 值为 0，说明适合做因子分析。

表 8　KMO 和 Bartlett 的检验

KMO 和 Bartlett 的检验		
取样足够度的 Kaiser－Meyer－Olkin 度量		0.937
Bartlett 的球形度检验	近似卡方	1 706.84
	df	120
	Sig.	0

由表 9 可知，按照大于 1 的标准可提取 2 个公共因子，累积解释量达到 46.494%。

表 9　解释的总方差

成分	解释的总方差					
	初始特征值			提取平方和载入		
	合计	方差的%	累积（%）	合计	方差的%	累积（%）
1	6.188	38.677	38.677	6.188	38.677	38.677
2	1.251	7.817	46.494	1.251	7.817	46.494

效度反映了测量结果的正确程度，解释了结构变量与测量变量之间的关系，反映了测量数据与预测量目标之间的接近程度。本研究采用结构效度进行效度检验。根据表10分析成分矩阵可知，各因子的载荷量均在0.6以上，说明该问卷的结构效度比较可观。

表10 成分矩阵 *a*

成分矩阵 *a*	成分	
	1	2
国家审计管理体制	−0.285	0.636
国家法律法规和现行政策	0.638	0.256
地区经济发展状况	0.718	−0.173
各级政府部门的配合情况和重视程度	0.652	−0.136
社会公众的参与和监督	0.705	0.193
审计技术手段的运用	0.681	−0.183
审计质量控制体系是否完善	0.703	0.212
审计的工作量大小	0.615	0
审计时间的长短	0.612	−0.722
合格审计人员的数量	0.683	−0.015
审计人员的职业判断水平	0.712	−0.041
审计人员保持独立性以及对审计准则的遵循程度	0.55	0.23
审计人员对国家重大方针政策的熟悉程度	0.765	0.09
审计机关的独立性	0.671	−0.101
政策措施落实审计工作外包	0.802	−0.002
审计成果的利用率	0.602	0.147

4. 回归分析

分析表11得出如下结论。

表11 回归结果分析

项目	非标准化系数		Sig.	*t*
	β	标准误差		
（常量）	5.509	0.347	0.23	1.493
国家审计管理体制	0.094	0.046	0.012	2.246
国家法律法规和现行政策	−0.038	0.046	0.027	2.183

（续）

项目	非标准化系数		Sig.	t
	β	标准误差		
地区经济发展状况	0.004	0.051	0.335	1.082
各级政府部门的配合情况和重视程度	0.054	0.048	0.032	1.13
社会公众的参与和监督	−0.039	0.049	0.421	−0.805
审计技术手段的运用	0.011	0.045	0.306	1.246
审计质量控制体系是否完善	−0.092	0.046	0.056	2.005
审计的工作量大小	0.018	0.041	0.366	2.441
审计时间的长短	0.036	0.047	0.443	2.769
合格审计人员的数量	0.063	0.045	0.034	1.397
审计人员的职业判断水平	0.143	0.044	0.001	3.258
审计人员保持独立性以及对审计准则的遵循程度	0.009	0.042	0.027	0.218
审计人员对国家重大方针政策的熟悉程度	−0.155	0.051	0.003	3.044
审计机关的独立性	0.13	0.041	0.002	3.135
政策措施落实审计工作外包	0.008	0.054	0.387	0.142
审计成果的利用率	−0.007	0.04	0.66	−0.169

（1）国家审计管理体制与政策措施落实审计质量的相关系数为 0.094，Sig. 值为 0.012，小于 5%。因此，国家审计管理体制与政策措施落实审计质量呈显著正相关关系，因此，假设 1 成立。

（2）国家法律法规和现行政策与政策措施落实审计质量的相关系数为 −0.038，Sig. 值为 0.027，小于 5%，t 值为 2.183。问卷调查显示，有 20.50% 的被调查者认为国家法律法规和现行政策对政策措施落实审计质量影响非常大，有 31.86%的被调查者认为国家法律法规和现行政策对政策措施落实审计质量影响较大，有 23.34%的被调查者认为国家法律法规和现行政策对政策措施落实审计质量影响程度一般，只有极少数被调查者认为国家法律法规和现行政策对政策措施落实审计质量影响极小。因此，国家法律法规和现行政策对政策措施落实审计质量产生影响。

（3）地区经济发展状况与政策措施落实审计质量的相关系数为 0.004，Sig. 值为 0.335，大于 5%，未通过显著性检验，因此，假设 3 不成立。

（4）各级政府部门的配合情况和重视程度与政策措施落实审计质量的相关系数为 0.054，Sig. 值为 0.032，小于 5%，通过了显著性检验。在 317 份有效问卷中，超过 3/4 的被调查者认为政策措施落实审计质量受到各级政府部门的配合情况和重视程度的影响。所以，假设 4 成立。

（5）社会公众的参与和监督与政策措施落实审计质量的相关系数为−0.039，Sig. 值为 0.421，大于 5%，未能通过显著性检验，因此，假设 5 不成立。

（6）审计技术手段的运用与政策措施落实审计质量的相关系数为 0.011，Sig. 值为 0.306，大于 5%，未能通过显著性检验，因此，假设 6 不成立。

（7）审计质量控制体系是否完善与政策措施落实审计质量的相关系数为−0.092，Sig. 值为 0.056，接近但大于 5%，未能通过显著性检验，因此，假设 7 不成立。

（8）审计工作量的大小与政策措施落实审计质量的相关系数为 0.018，Sig. 值为 0.366，大于 5%，未能通过显著性检验。问卷调查显示，有 10.41%的被调查者认为审计工作量的大小对政策措施落实审计质量影响非常大，有 15.77%的被调查者认为审计工作量的大小对政策措施落实审计质量影响较大，有 22.08%的被调查者认为审计工作量的大小对政策措施落实审计质量影响程度一般，大多数被调查者认为审计工作量的大小对政策措施落实审计质量影响极小。因此，假设 8 不成立。

（9）审计时间的长短与政策措施落实审计质量的相关系数为 0.036，Sig. 值为 0.443，远大于 5%，未能通过显著性检验，在 317 份有效问卷当中，有 201 位被调查者认为审计时间的长短对政策措施落实审计质量影响一般，甚至没有影响。因此，假设 9 不成立。

（10）合格审计人员的数量与政策措施落实审计质量的相关系数为 0.063，Sig. 值为 0.034，小于 5%，通过了显著性检验。问卷调查显示，有 37.54%的被调查者认为合格审计人员的数量对政策措施落实审计质量影响非常大，有 25.55%的被调查者认为合格审计人员的数量对政策措施落实审计质量影响较大，有 13.25%的被调查者认为合格审计人员的数量对政策措施落实审计质量影响程度一般，只有 8%的被调查者认为合格审计人员的数量对政策措施落实审计质量无影响。因此，假设 10a 成立。

（11）审计人员的职业判断水平与政策措施落实审计质量的相关系数为 0.143，Sig. 值为 0.001，小于 5%，通过了显著性检验。问卷调查显示，有 45.74%的被调查者认为审计人员的职业判断水平对政策措施落实审计质量影响非常大，有 19.87%的被调查者认为审计人员的职业判断水平对政策措施落实审计质量影响较大，有 9.5%的被调查者认为审计人员的职业判断水平对政策措施落实审计质量影响程度一般，只有 10.4%的被调查者认为审计人员的职业判断水平对政策措施落实审计质量无影响。因此，假设 10b 成立。

（12）审计人员保持独立性以及对审计准则的遵循程度与政策措施落实审

计质量的相关系数为 0.009，Sig. 值为 0.027，小于 5%，通过了显著性检验。只有不到 8%的被调查者认为政策措施落实审计质量不受审计人员独立性以及对审计准则的遵循程度的影响。因此，假设 10c 成立。

（13）审计人员对国家重大方针政策的熟悉程度与政策措施落实审计质量的相关系数为－0.155，Sig. 值为 0.003，小于 5%，通过了显著性检验。因此，假设 10d 成立。

（14）审计机关的独立性与政策措施落实审计质量的相关系数为 0.13，Sig. 值为 0.002，小于 5%，通过了显著性检验。问卷调查显示，有 19.87%的被调查者认为审计机关独立性对政策措施落实审计质量影响非常大，有 24.92%的被调查者认为审计机关独立性对政策措施落实审计质量影响较大，有 35.65%的被调查者认为审计机关独立性对政策措施落实审计质量影响程度一般，只有 10.73%的被调查者认为审计机关独立性对政策措施落实审计质量无影响。因此，假设 11 成立。

（15）政策措施落实审计工作外包与政策措施落实审计质量的相关系数为 0.008，Sig. 值为 0.387，大于 5%，未能通过显著性检验，因此，假设 12 不成立。

（16）审计成果的利用率与政策措施落实审计质量的相关系数为－0.007，Sig. 值为 0.660，大于 5%，未能通过显著性检验，因此，假设 13 不成立。

综上，国家审计管理体制、国家法律法规和现行政策、各级政府部门的配合情况和重视程度、合格审计人员的数量、审计人员的职业判断水平、审计人员保持独立性以及对审计准则的遵循程度、审计人员对国家重大方针政策的熟悉程度、审计机关的独立性对政策措施落实审计质量的影响是显著的，其余项目对政策措施落实审计质量的影响不显著。

四、结论与建议

（一）结论

（1）政策措施落实审计就是基于政策监测需要，对公共经济政策执行效果所做的审计监督。政策措施落实审计是政府审计职能拓展的结果，是审计机关被赋予的一项重要的历史使命。

（2）要保证公共政策有效实施，就要充分发掘影响政策执行的因素，找出阻碍政策顺利执行的影响因素。

（3）政策措施落实审计质量的衡量标准和测度方法可以基于过程和结果两个维度，为政策措施落实审计的质量的影响因素研究奠定了理论基础。

（4）国家审计管理体制、审计法律法规和现行政策、各级政府部门的配合情况和重视程度、合格审计人员的数量、职业判断水平、保持独立性以及对审计准则的遵循程度、对国家重大方针政策的熟悉程度以及审计机关的独立性对政策措施落实审计质量的影响都是显著的。

（5）可以从改革现行的国家审计管理体制、进一步健全审计法规体系以及完善实务操作规范、加强政府部门间的配合、提高审计机关和审计人员的独立性、加强审计队伍建设等措施来提高政策措施落实审计质量。

（二）政策建议

1. 积极推进国家审计管理体制改革

针对我国国家审计机关的独立性不高，且很难对政府活动进行公正的审计监督和客观评价政府业绩，并对其权力形成制衡，因此，应朝着立法型审计模式的方向改革，将审计机关独立出来，直接对全国人大负责并向其直接报告工作。这样，政府审计就不仅仅是国家宏观调控的组成部分，审计机关的独立性将大大提高，国家审计“免疫系统”的功能将得到更好的发挥，政策措施落实审计质量将进一步得到提高。

2. 尽快建立健全相关审计法律法规体系，完善实务操作规范

针对政策措施落实审计质量偏低情况，应进一步建立健全法规体系以及完善实务操作规范。国家各级审计机关和审计人员对政策措施落实审计的审计重点、审计流程以及评价标准等都存在疑虑。政策措施落实审计的法律法规还不健全，没有相关的法律法规对政策措施落实审计的审计原则、风险评估程序、重点审计项目筛选、组织模式等内容做出具体的规定。政策措施落实审计还欠缺一套有权威性和公认力的审计评价标准，“政策措施落实缓慢”“运营管理不规范”和“政策完成后效益不佳甚至浪费”等问题的审计评价标准模棱两可，绝大多数的审计评价标准以审计人员的主观判断为依据。如果审计人员的专业胜任能力与其实际承担的任务不匹配，就有可能做出不准确的审计判断，导致形成值得商榷的审计结论，出具的审计报告的可信度和说服力不足，各级政府在使用政策措施落实审计的结果时需要进行调整，工作量大大增加。

3. 加强政府部门间的协调和配合

加强政府部门间的协调和配合，是提高政策措施落实审计质量的有效途径之一。

政策措施落实审计本身是一项复杂的工作，涉及政策实施、资金拨付与使用、项目建设与管理等多方面的内容，需要协调的机构多，审计对象数量多，审计时间也较长。此外，政策措施落实审计涉及各个领域，各个领域的审计事

项有着自身的特性，不同的政策措施在落实过程中会存在较大的差异，不同政策措施发挥作用的途径与方法可能各异。在政策措施落实审计工作的实施中，审计项目一般由省级审计机关统一组织，相关处室、各地市局、部分县区审计局的审计人员共同参与、配合实施。在审计过程中，要求审计人员能够打破处室的界限，从审计目的出发，完全依据业务能力和业务专长划分审计组，最终实现上下联动，增强审计合力。这样，政策措施落实审计质量将得到进一步提高。

4. 进一步强化审计机关和审计人员的独立性

独立性是审计发挥监督作用的灵魂。研究结果表明，审计机关和审计人员的独立性越强，政策措施落实审计的质量越高。我国审计机关采取双重领导体制，属于行政模式。设立双重领导体制的初衷是为了增强审计机关的独立性，保障审计监督职能的发挥。但是，现实情况是，双重领导体制已经限制了审计机关的独立性，影响了审计监督职能的发挥。因此，可以通过改革双重领导体制来提高审计机关的独立性。

审计人员也是影响政策措施落实审计质量的重要因素。审计人员在审计机关独立性欠缺的大环境下，能否保持自身的独立性，对政策措施落实审计质量至关重要。审计人员应遵守职业准则，具体操作上可以借鉴注册会计师审计关于保持审计师独立性的具体做法，强化独立性的保持，以提高政策措施落实审计质量。

5. 持续加强审计队伍建设

审计队伍建设对提高政策措施落实审计质量至关重要。审计队伍建设的目的是培养大量合格的审计人员。合格的审计人员不仅熟悉国家的方针政策，而且还要具有较高的职业判断水平。审计机关应当加大提升审计人员素质的力度，强化审计人员的理论学习。审计人员应当加强对政策措施落实审计过程的了解，应当将创新的理念应用于实际工作，不断创新方法，采取科学高效的手段实施审计。除需要掌握扎实的专业技能外，审计人员还要密切关注各项经济政策，准确把握政策的变动情况，深刻理解这些政策的指向和意图，提高自身的政治素养，丰富自身的经济知识。审计人员应该发挥主观能动性，积极作为，审计机关可以通过知识讲座、政策解读以及专业培训等活动更新审计人员的知识体系，开阔审计人员的眼界，最终，共同推动审计人员队伍建设。

突破性创新驱动黑龙江省制造企业技术跨越的机理与路径决策建议*

胡畔　孙越　刘慧莹　张淼　吕淇瑶

作为东北老工业基地之一，黑龙江省拥有一批国内领先的装备制造企业，但自主创新发展缓慢，近年来显现“产业衰退”迹象。本文以黑龙江省制造企业为重点研究对象，以突破性创新驱动企业技术跨越的机理为理论焦点，重点研究制造企业技术跨越的路径障碍，利用突破性创新驱动企业技术跨越的动力机制，揭示突破性创新驱动技术跨越的微观机理、动力模式与能力重构等。

一、黑龙江省制造企业创新能力发展现状和存在的问题分析

（一）黑龙江省制造企业创新能力发展现状

1. 黑龙江省制造产业发展规模

对比其他省高技术产业生产经营状况，可知黑龙江省处于落后状态，如表1所示。首先，黑龙江省所在的东北地区研发企业数量、新产品销售收入等均较为落后。2015年，东北地区研发企业数量为362家，是西部地区研发企业数量的32.1%；2019年，该差距扩大，仅为西部研发企业数量的20.9%。根据2015—2020年《中国高技术产业统计年鉴》，2015年黑龙江省仅有90家研发企业，为全国平均值的22.56%；2019年仅有81家研发企业，远低于全国平均的660家。其次，在东北三省黑龙江也同样落后，其2015年新产品销售收入和利润总额分别为76.11亿元和55.28亿元，低于吉林省的128.32亿元和117.35亿元；2019年，这两项虽超过吉林省，但与全国平均水平相差甚远。

---

* 黑龙江省哲学社会科学规划项目（课题编号：18JYE653）
项目负责人为胡畔副教授，主要参加人有李玉、蔡玉秋、孙越、刘慧莹、张淼、吕淇瑶。

表 1　全国各地区高技术产业生产经营基本情况

地区	研发企业数量（个）		新产品销售收入（亿元）		利润总额（亿元）		新产品出口总额（亿元）	
	2015 年	2019 年	2015 年	2019 年	2015 年	2019 年	2015 年	2019 年
全国	12 373	20 465	41 413.49	59 164.22	38 382.91	53 756.74	16 757.55	20 064.05
东部地区	8 853	14 060	31 554.40	44 839.01	29 159.93	40 625.24	12 402.81	15 507.96
中部地区	2 031	3 893	6 223.83	9 373.36	5 913.99	8 706.07	3 237.78	3 324.03
西部地区	1 127	2 077	3 059.60	4 287.86	2 808.73	3 847.14	1 088.49	1 172.99
东北地区	362	435	575.65	664.00	500.25	578.30	28.47	59.08
辽宁	181	249	371.22	332.81	327.61	285.10	18.04	41.68
吉林	91	105	128.32	147.69	117.35	127.92	7.32	17.09
黑龙江	90	81	76.11	183.49	55.28	165.28	3.12	0.31
江苏	2 501	3 607	7 843.76	8 783.71	7 423.35	8 036.57	3 579.34	4 332.39
广东	2 164	5 265	12 328.86	22 005.08	11 258.13	19 839.83	5 502.69	7 536.63

数据来源：根据 2015—2020 年《中国高技术产业统计年鉴》整理。

2. 黑龙江省制造企业发展速度

黑龙江省技术研发的发展速度缓慢，且有下降趋势。如图 1、图 2 所示。自 2014 年起，黑龙江省研发企业数量略有增长后又下降，无疑对技术创新有消极影响。黑龙江省研发人员数量从 2014 年起呈逐年递减的趋势，虽然 2019 年有较大增长，但仍远低于 2016 年。

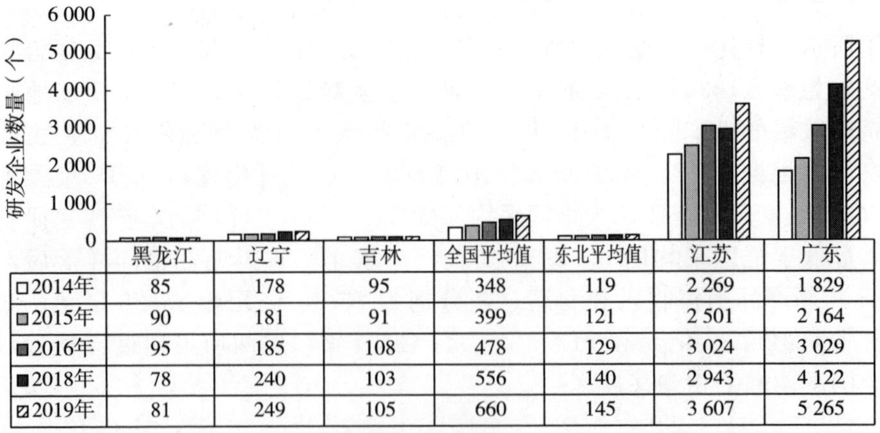

	黑龙江	辽宁	吉林	全国平均值	东北平均值	江苏	广东
□2014年	85	178	95	348	119	2 269	1 829
■2015年	90	181	91	399	121	2 501	2 164
■2016年	95	185	108	478	129	3 024	3 029
■2018年	78	240	103	556	140	2 943	4 122
▨2019年	81	249	105	660	145	3 607	5 265

图 1　2014—2019 年黑龙江与其他地区研发企业数量变化比较

数据来源：根据 2015—2020 年《中国高技术产业统计年鉴》整理。

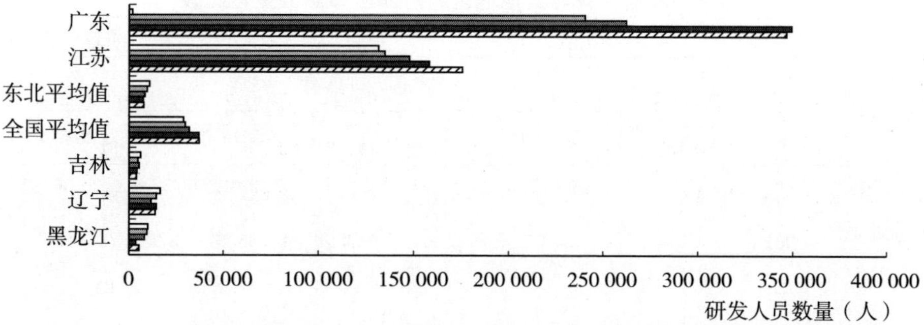

	黑龙江	辽宁	吉林	全国平均值	东北平均值	江苏	广东
□2014年	10 051	16 594	6 140	28 837	10 928	131 488	1 829
▨2015年	9 551	14 554	4 742	29 789	9 616	134 748	240 302
■2016年	8 244	11 762	5 385	31 874	8 464	147 558	262 122
■2018年	3 699	14 518	4 280	36 981	7 499	157 976	349 061
▨2019年	5 458	13 936	3 931	37 023	7 775	175 291	346 437

图 2　2014—2019 年黑龙江与其他地区研发人员数量变化比较

数据来源：根据《中国高技术产业统计年鉴》（2015—2020 年）整理。

黑龙江省新产品销售收入和出口总额也落后于其他地区，如表 2、表 3 所示，虽然销售收入增长较快，但出口总额却出现明显下滑，可见高科技产品国际竞争力不强。2014—2019 年，黑龙江省出口总额下降 89.66%，而全国出口总额增长 35.13%，可见黑龙江省新产品国际竞争力滑坡明显。

表 2　黑龙江省与其他地区新产品销售收入变化比较

单位：亿元

地区	新产品销售收入				
	2014 年	2015 年	2016 年	2018 年	2019 年
全国	35 494.2	41 413.5	47 924.2	56 894.2	59 164.2
东北地区	568.1	575.7	726.0	737.3	664.0
辽宁	360.5	371.2	439.4	562.2	332.8
吉林	129.8	128.3	189.8	136.3	147.7
黑龙江	77.7	76.1	96.8	38.8	183.5
江苏	6 998.8	7 843.8	9 108.3	8 808.5	8 783.7
广东	10 857.4	12 328.9	15 542.8	20 851.0	22 005.1

表 3　黑龙江省与其他地区新产品出口总额变化比较

单位：亿元

地区	新产品出口总额				
	2014 年	2015 年	2016 年	2018 年	2019 年
全国	14 848.5	16 757.5	18 166.3	19 332.0	20 064.1
东北地区	31.8	28.5	91.2	65.7	59.1
辽宁	21.2	18.0	34.8	48.6	41.7
吉林	7.7	7.3	13.9	16.8	17.1
黑龙江	2.9	3.1	42.4	0.3	0.3
江苏	3 358.1	3 579.3	4 026.0	3 317.4	4 332.4
广东	5 638.8	5 502.7	6 654.0	6 638.6	7 536.6

（二）黑龙江省制造企业的创新现状

1. 黑龙江省专利受理数量与专利授权数量

如表 4 所示，2014—2018 年，黑龙江省专利授权数量有明显增长。2018 年，56.20%的专利获得授权，其中占比最高的为实用新型。2018 年，实用新型占专利授权总数的 67.23%，但发明专利仅占专利授权总数的 22.17%。可知，黑龙江省突破性创新仍然不足。

表 4　2014—2018 年黑龙江省专利受理数量与专利授权数量

单位：个

年份	专利受理数量				专利授权数量			
	总数	发明专利	实用新型	外观设计	总数	发明专利	实用新型	外观设计
2014	31 856	13 468	14 557	3 831	15 412	2 454	11 036	1 922
2015	34 611	14 663	16 914	3 034	18 942	4 023	12 502	2 417
2016	35 293	13 177	18 856	3 260	18 046	4 345	11 707	1 994
2017	30 958	10 607	17 963	2 388	18 221	4 947	11 395	1 879
2018	34 582	12 017	19 530	3 035	19 435	4 309	13 066	2 060

图 3 展示了专利授权数量中发明专利、实用新型和外观设计授权数量之间的关系。从构成看，实用新型始终占六成以上，实用新型和外观设计总数远大于发明专利。因此，从整体看，改进型创新和渐进式创新仍然是创新中的主体。在三种授权专利中，2014—2017 年发明专利持续增长，表明黑龙江省突破性创新取得明显进步；实用新型和外观设计却表现出一定的波动性。

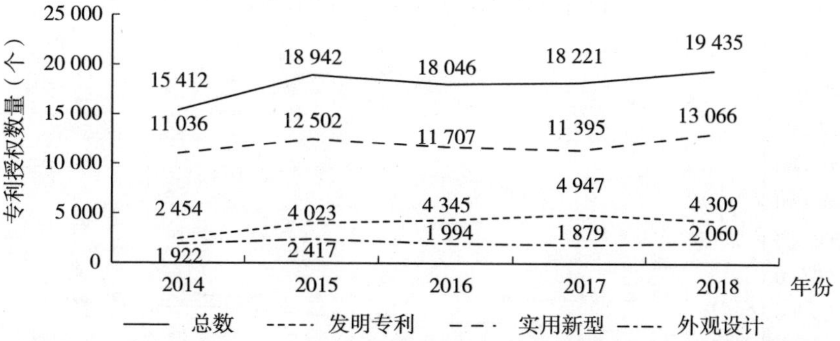

图 3 专利授权数量中发明专利、实用新型与外观设计授权数量之间的关系

2. 研发经费支出

以往研究表明，研发经费支出可以用来衡量企业科技创新投入水平及反映地区与产业的创新能力。如表 5 所示，2014—2018 年，黑龙江省该项数据呈先增后减的趋势，2018 年研发经费支出达到 1 349 873 万元。其中，试验发展占 52.15%；应用研究占 29.78%；基础研究支出仅占 18.07%。因此，试验发展和应用研究的支出仍是研发经费支出的主要部分，而基础研究占比偏低，其发展表现出滞后性。

表 5 2014—2018 年黑龙江省研发经费支出

年份	研发经费支出（万元）				研发经费占比（%）
	总数	基础研究	应用研究	试验发展	
2014	1 385 590	115 016	282 400	988 173	0.92
2015	1 307 662	143 202	265 852	863 509	0.87
2016	1 525 048	157 698	384 187	983 164	0.99
2017	1 465 898	228 371	275 710	961 817	0.92
2018	1 349 873	243 869	401 990	704 015	0.83

图 4 展示了黑龙江省近五年研发经费投入的变化，其总支出变化呈现波动性，且 2018 年小于 2014 年，可见黑龙江省研发投入状况不容乐观。其中，应用研究呈上升趋势，2014 年起基础研究攀升，增长率为 112.03%，这体现出黑龙江省对基础研究重视程度的提高。

3. 新产品开发情况

新产品开发经费支出能体现对技术创新的投入，出口额能反映出新产品的国际竞争力。如图 5 所示，黑龙江省新产品开发经费支出表现较低迷，甚至出

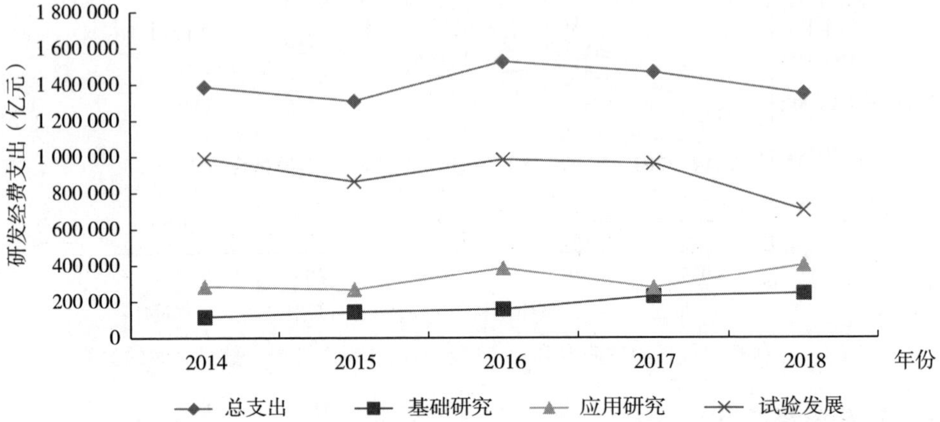

图 4　黑龙江省近五年研发经费投入情况

现较大退步。2019 年，黑龙江省新产品开发经费支出降至仅为 100 786 万元，相当于 2014 年的 44.15%，这也导致黑龙江省新产品的国际竞争力下降。

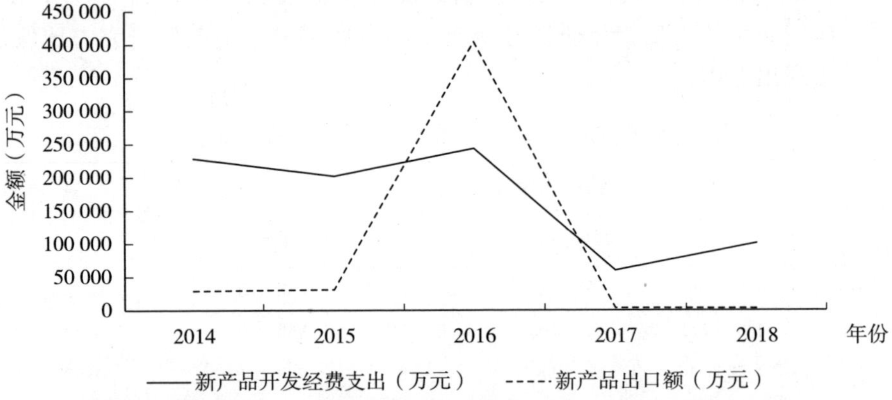

图 5　2014—2018 年黑龙江省新产品开发经费支出与新产品出口额

制造产业的创新投入情况分为人员投入和经费投入两方面。按照王瑞平、李伟民等的观点，人员投入可以用研发人员折合全时当量来衡量。研发人员折合全时当量能反映科研人员的数量、科研强度、效率与研发质量等情况。

（三）黑龙江省制造企业技术创新中面临的问题

1. 研发人员投入不足

无论是总量还是发展速度，整个东北地区研发人员折合全时当量都明显低于全国水平，如表 6 所示。从发展速度看，黑龙江省的研发人员折合全时当量由 2014 年的 6 030 人年降至 2018 年的 3 898 人年；广东省则大幅增长到 2018 年的 277 561 人年。从东北三省的比较看，黑龙江各年研发人员折合全时当量落后于辽宁省，且下降速度明显，可知黑龙江省人才流失现象颇为严重。

表 6　2014—2019 年部分地区高技术产业研发人员折合全时当量

单位：人年

地区	2014 年	2015 年	2016 年	2017 年	2018 年
东北地区	21 427	20 601	7 709	14 423	15 316
黑龙江	6 030	7 469	3 502	2 389	3 898
辽宁	10 836	10 095	3 934	9 252	9 280
吉林	3 463	3 037	274	2 782	2 138
广东	186 133	203 117	25 615	286 010	277 561
全国平均值	22 627	23 451	5 232	27 499	27 773

图 6 展示了 2014—2018 年东北三省的高技术产业研发人员折合全时当量的变化趋势，虽然整体发展趋势都为下降态势，但其他两省呈涨跌交替变化，而黑龙江省则下跌明显，且人才流失严重。创新方面人力资源投入的不足，必将危及黑龙江省的技术创新。

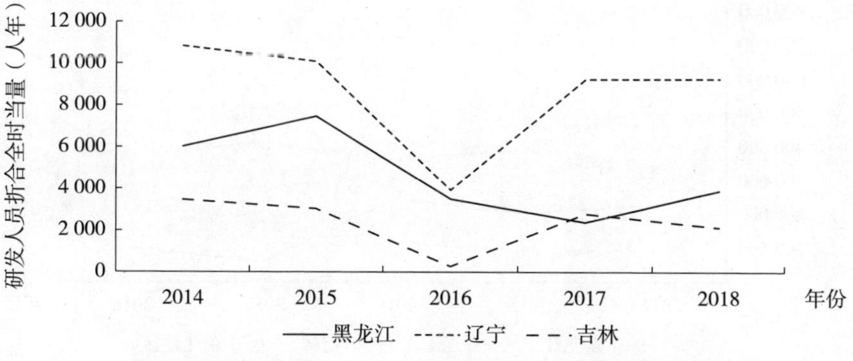

图 6　东北三省高技术产业研发人员折合全时当量变化

2. 技术创新资金投入不足

表 7 列出了 2014—2018 年东北三省的高技术产业研发经费内部支出情况，并选取较领先的广东省作为参照。可见，黑龙江省的高技术产业研发经费内部支出远远落后于广东省，如 2018 年黑龙江省该支出为 100 786 万元，仅相当

于广东省的 0.8%。在东北三省的数据比较中，黑龙江省与辽宁省有较大差距，如 2018 年辽宁省的高技术产业研发经费内部支出为 375 000 万元，为黑龙江省的 3.7 倍。

表 7　2014—2019 年部分地区高技术产业研发经费内部支出

单位：万元

地区	2014 年	2015 年	2016 年	2017 年	2018 年
黑龙江	228 277	201 936	243 612	59 786	100 786
辽宁	533 110	391 401	361 213	412 808	375 000
吉林	92 244	93 606	117 146	96 751	79 722
广东	7 256 155	8 271 917	9 201 115	11 247 028	12 040 270
东北地区	853 631	686 943	721 970	569 345	555 550
全国平均值	733 637	847 309	940 563	1 148 102	918 463

图 7 描述了 2014—2018 年东北三省和东北地区高技术产业经费内部支出变化。在全国水平显著上升的背景下，东北地区却呈下降趋势。相比于辽宁省，黑龙江省不仅整体水平大幅落后，而且降速远超辽宁省，可知黑龙江省近年来科研水平有较大程度的下降。

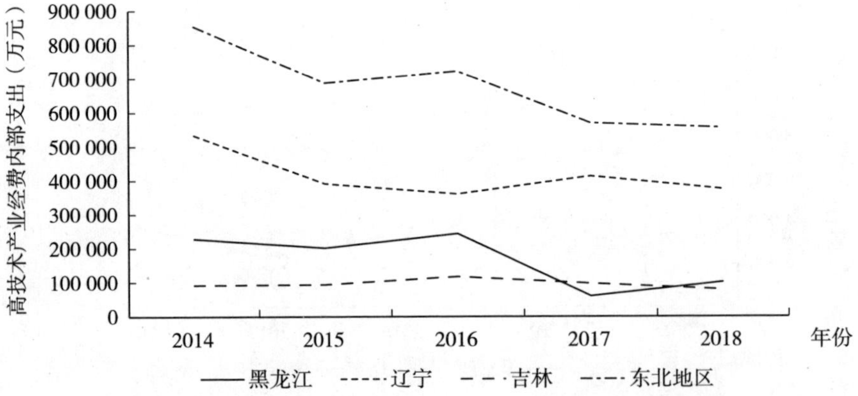

图 7　2014—2018 年东北三省、东北地区高技术产业经费内部支出变化

3. 创新成果转化能力偏低

（1）专利申请情况。 专利申请数量在一定程度上能够反映出企业创新成果的转化能力。如表 8 所示，黑龙江省的创新水平远远低于全国平均水平。2018 年，黑龙江省的专利申请数量仅为 757 件，是全国平均值的 7.76%。从东北

三省来看，黑龙江省与辽宁省的差距十分明显。2018 年，辽宁省的专利申请数量是黑龙江省的 3.71 倍。专利申请绝对数量不足、发展趋势下降等情况，反映出黑龙江省创新成果转化不利、成果转化能力较低。

表 8　2014—2018 年部分地区高技术产业专利申请情况

单位：件

地区	2014 年	2015 年	2016 年	2017 年	2018 年
黑龙江	1 206	1 048	1 065	418	757
辽宁	2 429	2 383	2 192	2 517	2 807
吉林	605	360	368	638	574
广东	58 119	50 629	64 880	105 541	122 963
东北地区	4 240	3 791	3 625	3 573	4 138
全国平均值	5 377	5 111	5 997	8 539	9 756

（2）销售收入情况。从高技术产业新产品销售收入的整体状况来看，2018 年黑龙江省高技术产业新产品销售收入为 1 834 894 万元，仅相当于辽宁省的 55.13%，低于东北地区的平均水平 2 213 319 万元，如表 9 所示。

表 9　2014—2018 年东北三省高技术产业新产品销售收入

单位：万元

地区	2014 年	2015 年	2016 年	2017 年	2018 年
黑龙江	228 277	201 936	967 718	387 785	1 834 894
辽宁	533 110	391 401	4 394 298	5 622 287	3 328 113
吉林	92 244	93 606	1 897 942	1 362 702	1 476 949
东北地区	853 631	686 943	7 259 958	7 372 774	6 639 957

如图 8 所示，从 2014—2018 年高技术产业新产品销售收入的整体发展趋势来看，东北地区高技术产业新产品销售收入有较快增长，2018 年达到 6 639 957 万元，为 2014 年的 7.78 倍。在东北三省中，吉林省发展速度最快，黑龙江省新产品销售收入总额虽高于吉林省，但是发展速度缓慢；同时波动很大，其中，2015 年和 2018 年相比于前一年都有较大幅度的下降。

（3）出口情况。表 10 反映了东北三省高技术产业新产品出口情况。辽宁省遥遥领先，黑龙江省远远落后。

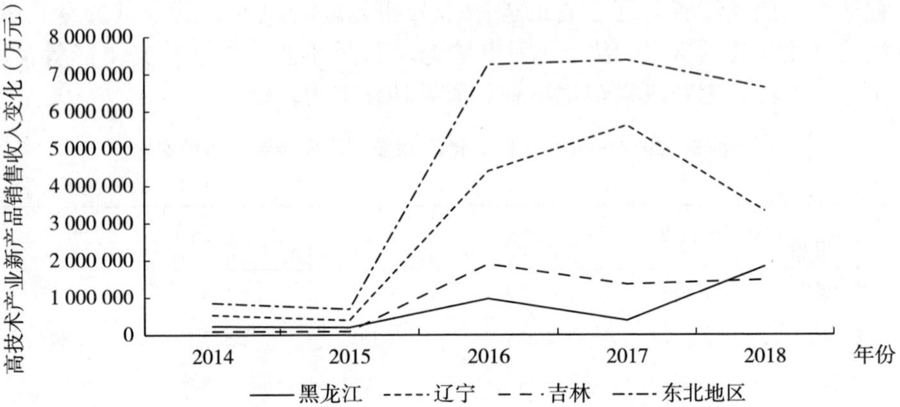

图 8　2014—2018 年东北三省、东北地区高技术产业新产品销售收入变化

表 10　2014—2018 年东北三省高技术产业新产品出口值

单位：万元

地区	2014 年	2015 年	2016 年	2017 年	2018 年
黑龙江	29 132	31 165	404 421	3 258	3 079
辽宁	211 942	180 383	348 273	485 916	416 809
吉林	77 235	73 161	139 444	168 151	170 909
东北地区	318 309	284 709	912 137	657 324	590 797

从图 9 可以看出，黑龙江省的高技术产业新产品出口值呈现巨大的波动性，除 2016 年达到 404 421 万元的较高水平以外，其他年份均处于较低的水平；2017 年和 2018 年，高技术产业新产品出口值更是跌至 3 258 万元和 3 079 万元。

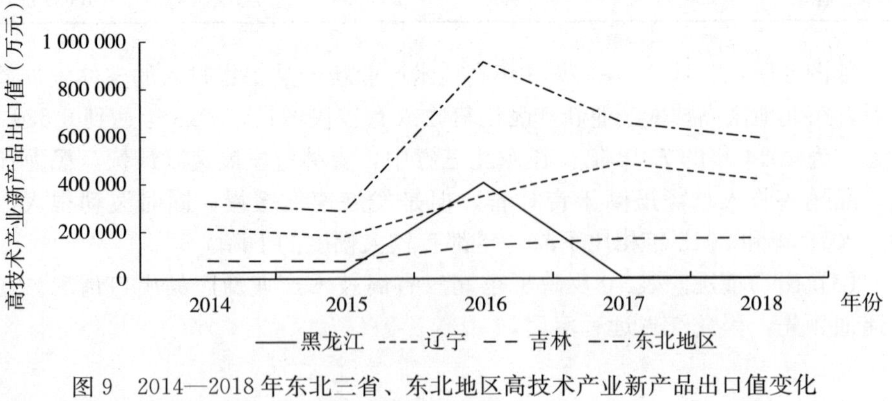

图 9　2014—2018 年东北三省、东北地区高技术产业新产品出口值变化

二、黑龙江省制造企业突破性创新能力演化的微观机理

（一）问题提出

黑龙江省内很多企业基于渐进性学习和模仿性创新缩小与高端企业的技术差距，却难以实现突破性技术的跨越。如何提升创新力成为黑龙江省企业面临的重要课题。理论和实践表明，知识搜索与跨界知识整合是推动企业突破性创新的重要途径。

Katila 等首次提出知识搜索深度与广度的概念，赵晓庆认为知识搜索是企业技术学习和突破性创新的重要途径。胡畔认为企业可根据自身现有的知识基础进行本地搜索，从企业的历史经验与知识积累中获取突破性创新的灵感。

Kogut 等将知识整合定义为企业通过对外部知识的吸收、提炼，再与内部知识相渗透、联结与融合，从而产生新应用的能力。吴航将知识整合分为正式整合与非正式整合两种方式：前者是基于建构的管理界面和已形成的流程范式来处理差异化活动，后者是非契约的一种社会化组织策略。

Cohen 等认为吸收能力是企业对外部新知识的消化、评估、应用的能力。Zahra 等表明吸收能力对突破性创新有促进作用。较强吸收能力能将潜在知识转化为实际可用的知识，促进企业突破性创新。

与以往的研究不同，本文将突破性创新能力深化为微观层面，确定知识机制是影响突破性创新能力的具体因素；揭示知识搜索影响突破性创新能力的路径机理，探索其中正式与非正式知识整合的显著作用；引入吸收能力变量，探索其在知识与创新能力间的“阀门”作用。在知识层面阐释企业提升突破性创新能力的系统化机制与完整路径，以期深化企业创新理论，并为企业突破性创新实现提供指导。

（二）理论与假设

1. 知识搜索对突破性创新能力的影响

突破性创新是指调整原有的发展轨道，全面提升企业产出，获得高绩效。知识搜索分为本地搜索和跨界搜索。本地搜索是指企业在一定范围内进行搜索，具有可靠性高、成本低、搜索准确度高等优点，有利于提高企业知识库深度，促进突破性创新。针对本地搜索易陷入“认知陷阱”的局限性，Levinthal 等认为跨界搜索能从外部组织中获取异质性知识，进而推动突破性创新进展。跨界搜索较本地搜索更注重知识的宽度与异质性，减少自身资源的

限制，扩大知识存量，提升突破性创新能力。可得假设：

H1——知识搜索对突破性创新能力有显著的正向影响。

2. 知识整合对突破性创新能力的影响

知识资源的整合能力及方式因影响知识本身而对突破性创新能力起到促进作用。由于技术创新所需的知识来源广泛，所以将知识进行有效整合并加以吸收变为国内外学者研究的重点方向。De Luca & Atuahene - Gima 提出知识整合是企业对现有知识结构进行识别组合的系统进程。吴航等认为知识融合与重构的动态循环过程即知识整合，并将其分为正式知识整合和非正式知识整合。

通过对企业在市场上获取的知识在内部经过一个识别、解释和配置的过程，即正式知识整合方式，而非正式知识整合创造了一种鼓励知识自由分享的内部创新文化与氛围，推动企业将先进知识快速整合到现有知识库中，进而实现企业大跨度的能力提升。可得假设：

H2——知识整合对突破性创新能力有显著的正向影响。

3. 知识搜索对知识整合的影响

知识搜索对于加速企业创新进程，形成系统化的体系知识起关键作用。瞿孙平提出正式知识整合是进行知识的跨界搜索、寻求多样化资源，实现创新突破的关键。准确进行本地搜索是非正式知识整合的前提，可使企业自身原有知识结构转化升级。因此，要解决企业的外部的需求拉动问题及战略制定问题需要知识搜索作为前提，知识搜索于知识整合有正向推进作用。可得假设：

H3——知识搜索对知识整合有显著的正向影响。

H3a（b）——本地搜索对正式（对非正式）知识整合有显著的正向影响。

H3c（d）——跨界搜索对正式（对非正式）知识整合有显著的正向影响。

4. 知识整合的中介作用

企业利用开放式资源搜索寻得知识的关键是对已获取知识的系统化整合。在正式知识整合中，通过跨界搜索和知识整合，防止企业知识过度多样化妨碍创新进程。奉小斌提出外部与核心领域内部知识的对比整合将强化企业对其他领域的理解，为跨界合作奠定基础。

非正式知识整合是通过非正式的交流学习的非结构化方法进行的知识整合。在跨界搜索时，能加强员工间的了解，提升凝聚力。在本地搜索时，知识整合机制推动内部知识的流动性，促使不同部门获得集体学习能力，实现突破性创新。可得假设：

H4——知识整合在知识搜索与突破性创新能力间起中介作用。

H4a（b）——正式知识整合在本地搜索（跨界搜索）与突破性创新能力间起中介作用。

H4c（d）——非正式知识整合在本地搜索（跨界搜索）与突破性创新能力间起中介作用。

5. 吸收能力的调节作用

基于知识管理理论，简兆权等提出企业的创新绩效取决于整合后的知识获取与企业的吸收能力。正式知识整合提升了分散知识的深度与广度，有利于企业快速识别市场的变化与需求，消化吸收新获取到的知识，促进企业实现突破性创新。Zahra 等研究发现企业的吸收能力越强，则越容易将经过整合得到的结构化知识转化为创新产出。

通过非正式知识整合中的非正式交流沟通，可增进企业间合作、加强对外部知识学习理解，使外部知识转变为企业内部知识。若企业的吸收能力强，企业会更准确预见未来市场，合理整合外部知识，提高企业创新能力。可得假设：

H5——知识吸收能力在知识整合与突破性创新能力间起调节作用。

（三）研究方法

1. 样本与数据

抽取 750 家企业，采用电子邮件和现场发放相结合的方式进行问卷调查数据的收集，对东北农业大学校友资源及部分哈尔滨工业大学 MBA（Master of Business Administration，工商管理硕士）学员发放电子问卷，并对样本企业采取现场调查的方式，最终 180 家企业同意调查。共发放 800 份问卷，收回有效问卷 505 份，有效率为 63.13%。另外，对未被调查的企业进行 T 检验，结果表明不参与调查与参与调查的企业特征无明显差异。

2. 变量测量

本文采用国内外成熟量表进行测量，测量指标采用李克特七点计分法打分，受访者在 1～7 的等级量表上陈述态度，如 1 代表极同意，7 代表极反对。

本地搜索测量采用 Rosenkopf 等、Laursen 等的研究及量表，用 5 个题项来确定企业内部技术创新；跨界搜索测量采用 Laursen 等的量表，用以确定和企业创新密切相关的 6 个题项。

有关知识整合机制的测度量表，利用 Zahra 和 Atuahene - Gima 的研究，选取 5 个题项来测量正式知识整合、4 个题项来测量非正式知识整合。

吸收能力的测量，通过分析 Janse 的研究，采用搜索能力、获得能力、同化能力和利用能力 4 个题项来测度。

突破性创新能力以 Atuahene - Gima 等所用量表为基础，选取 3 个题项进行度量。由于企业所属行业、创立时间及企业的规模不同，会对其创新绩效产生很大差别，因此本文中将这 3 种变量作为控制变量。

(四) 实证研究

1. 信度与效度

信度检验显示：Cronbach's alpha 值在 0.7～0.8 范围内时，表明量表系数可接受；α 系数大于 0.8 时，量表信度非常好。经计算，本文所有变量 α 值均大于0.8，各变量有较好的信度，如表 11 所示。所有题项的因子载荷大于 0.6，平均方差萃取量（average variance extracted，AVE）均大于 0.5，各变量组成信度（composite reliability，CR）值大于 0.7，问卷收敛效度通过检验。

表 11　变量的信度及效度

变量及测试题项	题项	因子载荷	CR	AVE	α 系数
本地搜索	1. 对部门内关键技术的创新	0.916	0.964	0.817	0.965
	2. 从组织内部选择知识基础	0.922			
	3. 对已有技术领域的挖掘	0.952			
	4. 根据新技术识别和更新组织内知识	0.928			
	5. 与现有技术相近的知识领域进行搜索	0.897			
跨界搜索	1. 搜索来自专利公报披露的知识	0.796	0.932	0.773	0.932
	2. 搜索来自技术许可的知识	0.863			
	3. 搜索来自外部研究机构和高校的知识	0.876			
	4. 搜索来自行业展览会的知识	0.869			
	5. 搜索来自技术出版物和会议的知识	0.868			
	6. 搜索来自消费者的知识	0.779			
正式知识整合	1. 经常利用正式的报告和备忘录总结经验	0.906	0.963	0.852	0.966
	2. 经常性地召开信息分享会议	0.939			
	3. 跨职能团队之间经常面对面交流	0.928			
	4. 经常对产品项目进行正式分析	0.915			
	5. 经常聘请外部专家来指导学习	0.927			
非正式知识整合	1. 企业内部鼓励信息的自由交流	0.892	0.845	0.741	0.919
	2. 鼓励绕过正式的沟通渠道交流	0.841			
	3. 强调建立非正式的关系来解决问题	0.827			
	4. 企业内部经常举行社交活动增进沟通	0.882			

（续）

变量及测试题项	题项	因子载荷	CR	AVE	α 系数
吸收能力	1. 参加行业协会数量的多寡	0.724	0.798	0.841	0.881
	2. 与外部企业交互频率	0.731			
	3. 外部资源的获取成本	0.757			
	4. 外部资源的获取周期	0.723			
	5. 新知识的学习周期	0.688			
	6. 资源重要性的识别速度	0.692			
	7. 新技术的使用频率	0.669			
	8. 新产品的新颖程度	0.694			
突破性创新	1. 推出一系列产品/服务	0.761	0.850	0.732	0.905
	2. 产品/服务产生较大变动	0.685			
	3. 开发并销售全新的产品/服务	0.681			

采用 AVE 平方根确定区分效度，如表 12 所示。每个变量的 AVE 平方根值均大于皮尔森相关系数，说明本研究区别效度良好。

表 12　变量的均值、标准差和相关系数

变量	均值	标准差	变量相关系数矩阵					
			1	2	3	4	5	6
本地搜索	3.68	1.76	0.92					
跨界搜索	4.17	1.509	0.422	0.843				
正式知识整合	4.46	1.38	0.356	0.306	0.923			
非正式知识整合	4.02	1.06	0.289	0.311	0.274	0.861		
吸收能力	4.25	1.26	−0.12	0.135	0.102	0.08	0.917	
突破性创新	4.00	1.45	0.414	0.352	0.398	0.434	0.24	0.856

2. 实证分析结果

借鉴 Hair 的研究对模型进行整体拟合度检验，如表 13 所示，指标均达到合适的标准，模型拟合优度良好。

表 13　各指标拟合结果

性质	指标	数值
绝对适配度指标	χ^2/df	1.615
	GFI	0.904
	AGFI	0.827

（续）

性质	指标	数值
增量适配度指标	NFI	0.938
	GFI	0.975
简约适配度指标	PNFI	0.813
	PGFI	0.816

对变量间的路径系数进行检验，本地知识搜索与跨界知识搜索对正式知识整合有正向影响，H3a、H3b 得证；本地知识搜索与跨界知识搜索对非正式知识整合有正向影响，H3c、H3d 得证；正式知识整合和非正式知识整合对突破性创新有正向影响，H2 得证；以正式知识整合能力和非正式知识整合能力为中介，知识搜索对突破性创新能力有显著影响，且非正式知识整合的中介效应较大。知识搜索直接对突破性创新能力的作用不明显。

为进一步检验正式知识整合能力和非正式知识整合能力的中介效应，采用 Mackinnon 的 bootstrap 置信区间法，如表 14 所示，直接效应的 bootstrap 百分位置信区间与偏置校正置信区间均包含 0；间接效应的 bootstrap 百分位置信区间与偏置校正置信区间均不包含 0。因此，正式知识整合和非正式知识整合的中介效应通过检验。

表 14 知识整合的中介效应检验

效应	中介变量	bootstrap 置信区间	
		百分位置置信区间	偏置校正置信区间
直接效应	正式知识整合	[−0.065，0.231]	[−0.074，0.242]
间接效应	非正式知识整合	[0.214，0.441]	[0.204，0.432]

利用回归法检验吸收能力的调节作用，吸收能力在正式和非正式知识整合与突破性创新能力间起正向调节作用，H5 得证。可见，吸收能力在非正式知识整合与突破性创新能力之间调节作用更大。

（五）结论与讨论

基于突破性创新能力理论与吸收能力视角，通过引入被调节的中介变量，验证了知识搜索与知识整合影响企业突破性创新的路径机理。得出结论：①知识整合是连接知识搜索和突破性创新的中间桥梁，揭示了知识搜索影响企业突破性创新的过程与机理。②对吸收能力拓展到了能调节知识整合和突破性创新能力之间的关系，使两者产生显著的正向影响。③非正式知识整合对于连接知识搜索与突破性创新能力中的作用显著大于正式知识整合，表明企业在内部自由分享的氛围内更易推动知识交流；吸收能力在非正式知识整合与突破性创新能力之间的调节能力更大，说明企业在轻松融洽的氛围中，更易实现知识的吸收整合，提高突破性创新能力。

三、黑龙江省制造企业突破性创新驱动技术跨越的动力模式

（一）问题提出

胡畔、许庆瑞等提出持续创新对企业生存与发展是至关重要的。如何获取并整合内外资源，提升创新能力，实现技术跨越，是企业面临的重要课题。国内外文献研究了外部知识搜索对企业创新绩效的影响。Katlia 指出，对旧知识和新知识的搜索可以促进企业创新。张文红表明跨界知识搜索成为企业突破内部知识匮乏瓶颈与推动创新的有效途径。胡畔、于渤表明跨界和本地搜索都是实现企业竞争优势重构，提升企业创新绩效的方式和手段。

关于知识搜索与企业创新间关系的几个问题目前没有得到系统答案：①后发企业通过平行搜索如何提升企业创新绩效的具体机理有待进一步揭示。②平行搜索影响企业创新的完整路径仍未探明。③不同阶段，平行搜索作用于企业创新的动态路径有待进一步阐明。

本研究旨在基于“知识战略—内部能力—绩效结果”的范式，实证分析领先搜索和追随搜索影响企业技术跨越绩效的方式，验证并揭示突破性创新能力的中介作用，尝试找到因素作用路径演化方式。

（二）理论回顾与研究假设

1. 平行搜索对企业技术跨越绩效的影响

平行搜索由 Katila 和 Chen 提出。奉小斌将平行搜索分为跟随搜索和领先搜索，后者善于利用新技术捕捉机会，获得先动优势。Yoo & Reed 指出通过资源与知识，产生“进入者规则效应”，使企业率先赢得先动优势。追随搜索对企业的技术创新和能力发展发挥重要的作用。后发企业追随领先企业较快掌握市场动态和消费者偏好。奉小斌表明追随搜索通过低成本复制或模仿技术降低研发成本来提升绩效。可得假设：

H1——平行搜索对企业技术跨越绩效有显著正向影响。

H1a（b）——追随搜索（领先搜索）对企业技术跨越绩效有显著正向影响。

2. 平行搜索对突破性创新能力的影响

领先搜索通过更多的异质性知识搜寻，实现突破性创新。后发企业技术的追赶与跨越，需把握战略主动性，率先突破现有识集，取得新颖技术产品。领先于对手进行知识搜索能使企业取得先动优势，也使企业面临较大风险。追随搜索优势在于可以通过“搭便车”效应，以低成本进入策略获取后发优势、获得成熟的技术知识，并从同行的失败中汲取经验，减少不确定性风险，进入领先者已开拓的市场。可得假设：

H2——平行搜索对突破性创新能力有显著正向影响。

H2a（b）——追随搜索（领先搜索）对突破性创新能力有显著正向影响。

3. 突破性创新能力对企业技术跨越绩效的影响

突破性创新能力是企业提升创新绩效和实现技术追赶与跨越的关键能力。通过有效整合内外部资源，研发新技术并创造出新颖产品。张可等提出突破性创新往往打破现有创新轨道，以“非线性”的方式实现企业现有技术基础的颠覆式发展。突破性创新能力所需要的资源基础和技术基础较多，当企业掌握后，就会在技术、产品等方面形成强大优势，全面提升企业跨越绩效。可得假设：

H3——突破性创新能力对企业技术跨越绩效有显著的正向影响。

4. 突破性创新能力的中介作用

突破性创新能力作为中介变量能够连接平行搜索与技术跨越绩效，因为作为后发追赶的创新型企业，既要进行开放型资源的搜寻，又要着眼于自身创新能力的长期发展。

突破性创新能够对追随搜索与领先搜索所获得的知识资源进行高层转化与利用，并形成创新成果，提升企业的市场占有率和技术竞争优势，全面提升企业承包技术跨越绩效。平行搜索对突破性创新有正向积极的影响。通过对新兴知识领导的探索，使现有技术集得以扩张，推进了技术跨越的进程。领先搜索能使企业获得技术优势，追随搜索能增加其可靠性，因此对于提升企业的创新能力有积极作用。可得假设：

H4——突破性创新能力在平行搜索与企业技术跨越绩效间起中介作用。

H4a（b）——突破性创新能力在追随搜索（领先搜索）与企业技术跨越绩效间起中介作用。

5. 技术跨越进程的调节作用

追赶企业的技术跨越不同阶段，追随搜索与领先搜索对企业突破性创新能力的影响不同，对于追随搜索，在技术跨越前期，追随企业可通过诸如 OEM（original equipment manufacturer，原始装备制造商）等方式更快地提升企业的创新能力，后发企业进行跟随式搜索。在技术跨越后期，企业技术基础完善，开拓了市场，通过追随式的搜索，复制领先者经验则会使企业深陷“认知锁定”，难以进行突破从而对企业创新作用被弱化。对于领先搜索，在技术跨越前期，由于企业能力受限，其积极影响有限。技术跨越后期，由于企业技术领先，对领先者的地位形成挑战。因而，为获取更开放资料，突破老旧视阈的局限，领先搜索必将大幅提升企业突破性创新能力。可得假设：

H5——技术跨越进程调节着平行搜索与突破性创新能力间关系。

H5a（b）——技术跨越进程调节着追随搜索（领先战略）与突破性创新能力间关系。技术跨越后期，追随搜索对突破性创新的正向影响显著小于（大于）技术跨越前期。

（三）研究方法

1. 样本与数据

问卷发放对象为创新型制造企业，涵盖了机械制造、通信电子等主要制造行业。回收有效问卷 290 份，有效率为 38.7%。对问卷进行独立性卡方检验，表明问卷不存在同源性偏差。

关于样本行业分布，受调对象广泛分布于 11 个行业。样本企业规模方面，随着人数增加占比不断减少。

2. 变量测量

问卷采用七点式量表法，选取国内外成熟量表。

①平行搜索。根据奉小斌的研究，采用领先搜索测量题项和跟随搜索测量题项；

②突破性创新能力。采用 Zhou & Li 的量表，采用 3 个题项；

③技术跨越绩效。借鉴 Zhang 和 Li 等的量表，对于新产品采用 6 个题项；

④技术跨越阶段。根据受访者对技术水平和技术能力的评价进行核分。再依据其平均分来对企业发展阶段进行划分（用字母 D 表示）：$1 \leqslant D < 2$ 为追赶阶段；$2 \leqslant D < 3$ 为追随阶段；$3 \leqslant D < 4$ 为同步阶段；$D = 4$ 为领先阶段。选取企业规模和企业年龄作为控制变量。

（四）实证研究

1. 信度与效度

所有变量的 Cronbach's α 值均大于 0.85（表 15），题项具较高信度。

如表 15 和表 16 所示，验证性因子分析表明：所有题目的载荷因子和组成信度值>0.8，AVE>0.6，问卷收敛效度良好；所有变量 AVE 的平方根值>person 相关系数，问卷区别效度良好。

表 15　变量的信度与效度

变量及测量题项	因子载荷	CR	AVE	Cronbach's α
追随搜索		0.952	0.814	0.953
加强公司现有产品在市场中的竞争地位	0.903			
追随对手改进现有产品的生产效率	0.911			
追随对手改进现有产品的质量	0.947			
追随对手改进现有产品的开发过程	0.912			
领先搜索		0.931	0.771	0.930
在新市场和新顾客群体中发现新机会	0.834			
开发竞争对手所不具备的产品特征	0.858			
发现满足顾客需求的新方式	0.886			
发现对手不具备的产品开发新工艺	0.891			
突破性创新能力		0.899	0.675	0.901
创造或引入新产品（服务）的能力	0.813			
引进新技术的能力	0.857			
开发或进入新市场的能力	0.845			
技术跨越绩效		0.937	0.741	0.936
新产品的新颖程度更好	0.841			
新产品数量更多	0.915			
推出新产品的速度更快	0.858			
新产品销售收入占销售总额的比重更高	0.897			
新产品附加值和创新利润率更高	0.846			
新产品的市场占有率更高	0.837			

注：**、*分别表示解释变量系数在5%和10%的置信水平上具有统计显著性。

表 16　变量的均值、标准差和相关系数

变量	均值	标准差	变量相关系数矩阵			
			1	2	3	4
追随搜索	3.58	1.74	**0.89**			
领先搜索	3.64	1.55	0.39**	**0.83**		
突破性创新能力	3.85	1.41	0.24**	0.32**	**0.81**	
企业技术跨越绩效	3.60	2.06	−0.16*	0.21**	0.17*	**0.88**

注：**、*分别表示解释变量系数在5%和10%的置信水平上具有统计显著性。

2. 假设检验

(1) 整体拟合度检验。 GFI＝0.873，AGFI＝0.852，χ^2/df＝1.911，

RMESE＝0.062；CFI＝0.914，RFI＝0.909；PGFI＝0.703，PCFI＝0.821，模型的拟合优度良好。

（2）路径系数检验。如图10，追随搜索和领先搜索对企业技术跨越绩效有积极影响显著，假设1得证。追随搜索和领先搜索对突破性创新能力的积极影响显著，假设2得证。突破性创新能力对技术跨越绩效的积极影响显著，假设3得证。

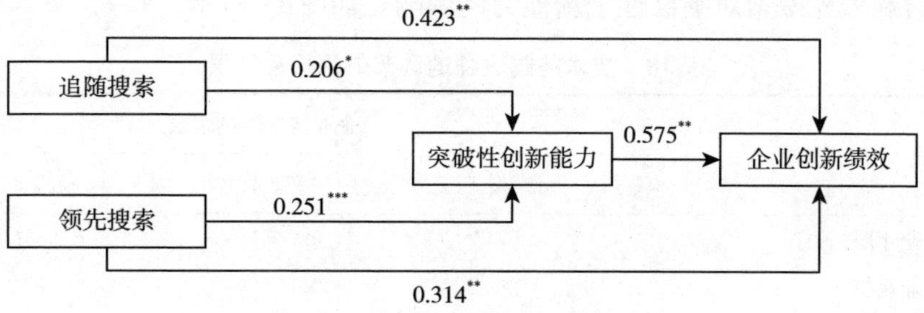

图10　变量间的路径分析结果

注：***、**、*分别表示解释变量系数在1%、5%和10%的置信水平上具有统计显著性。

（3）中介效应检验。采取Mackinnon方法进行中介效应检验。Bias－corrected percentile方法和Percentile方法的检验结果（表17）表明，直接效应和间接效应的置信区间均不包含0，追随搜索和领先搜索的中介效应存在且显著，假设4得证。

表17　变量的中介效应检验

自变量	Bootstrapping			
	Bias－Corrected 95%CI		Percentile 95%CI	
	Lower	Upper	Lower	Upper
	直接效应			
追随搜索	0.032	0.197	0.036	0.193
	间接效应			
	0.085	0.262	0.088	0.264
	直接效应			
领先搜索	0.064	0.231	0.061	0.236
	间接效应			
	0.160	0.381	0.157	0.375

(4) 调节效应检验。如表 18 所示，R^2的 F 检验结果显著。①技术跨越阶段对追随搜索与突破性创新能力间关系的调节作用显著为负，表明：追随搜索对突破性创新能力的正向影响，在技术跨越前期更大；后期该正向影响大大弱化。②技术跨越阶段对领先搜索与突破性创新能力的调节作用显著为正，表明：领先搜索在技术前期对突破性创新能力有较小的正向影响；在技术跨越的后期，该正向影响得以加强，假设 5 得证。基于不同技术跨越阶段背景下，追随搜索和领先搜索对突破性创新能力的影响，如图 11 所示。

表 18　技术跨越进程的调节效用检验结果

变量	企业技术跨越绩效		
	模型 1	模型 2	模型 3
企业年限	0.071**	0.067*	0.086*
企业规模	0.299**	0.786***	0.173***
追随搜索		0.352*	0.504***
领先搜索		0.197***	0.204*
技术跨越阶段		0.073	0.016
追随搜索×技术跨越阶段			−0.213**
领先搜索×技术跨越阶段			0.311***
R^2	0.121	0.502	0.684
ΔR^2	0.121***	0.381***	0.181***
ΔF	19.096***	71.608***	75.013***

注：***、**、*分别表示解释变量系数在 1%、5%和 10%的置信水平上具有统计显著性。

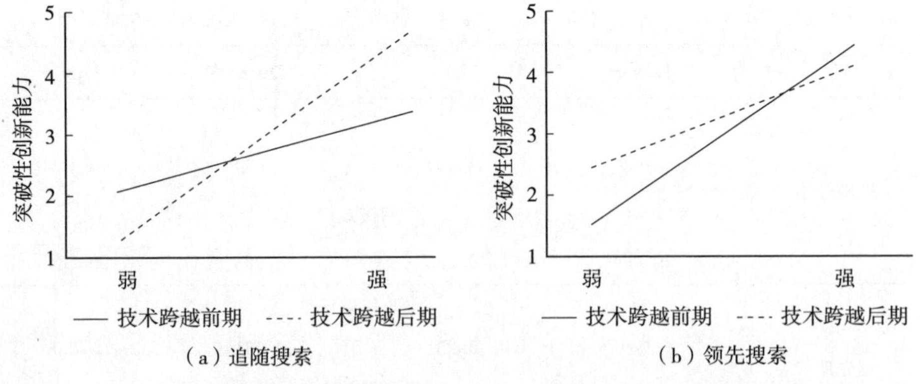

图 11　不同技术跨越阶段追随搜索和领先搜索对突破性创新能力的影响

（五）结论与讨论

本研究发现的结果如下。

第一，平行搜索对企业技术跨越绩效有积极影响。企业技术跨越绩效主要通过平行搜索的直接路径来实现，与奉小斌等的研究结果一致。

第二，平行搜索所分解成的追随搜索和领先搜索都对企业技术跨越绩效有积极影响。其中，领先搜索的影响更主要。表明企业提升技术跨越绩效的主要途径是采取跟随战略，复制竞争对手的成熟技术。

第三，Pan 提出突破性创新能力作为中介对企业技术跨越绩效有积极影响，知识搜索与能力提升对企业绩效的增长同样重要。对于技术跨越后期的企业，应关注技术跨越绩效与创新能力成长。

第四，技术跨越进程显著调节了平行搜索、突破性创新能力及企业技术跨越绩效之间的路径关系。技术跨越前期，追随搜索对企业突破性创新能力的影响更大，在技术跨越后期显著弱化。领先搜索与之相反。

本研究丰富和发展了技术创新与技术追赶的相关理论，总结如下。

第一，弥补了跨界资源搜索研究的不足。以往研究都未能揭示后发追赶情境下，企业技术跨越绩效提升的特殊规律。

第二，本研究验证并揭示了突破性创新能力在跨界搜索与企业技术跨越绩效间起中介作用，为动态能力理论的提出做出贡献。本研究也表明了处于技术追赶过程中的企业要积极搜寻内外资源并增强自主创新能力。

第三，探讨了追赶与跨越的动态过程中，搜索时机与创新能力和企业绩效间关系，丰富了企业能力演化与技术追赶理论。路风提出随着企业内外条件不断变迁，企业的策略也宜动态调节。

四、黑龙江省制造企业突破性创新驱动技术跨越的实现路径

（一）问题提出

创新在提高企业竞争优势方面发挥着重要作用。能力重构与创新间关系复杂，是企业内外资源的再联合和再配置。特殊常规方面的微小调整，可能导致企业创新能力损失。

技术创新分为渐进性创新和激进性创新。前者是在现有技术轨道内对技术或能力的持续改善、调整和提升；后者代表突破现有技术能力实现的颠覆性变革。现有研究未考虑在企业技术追赶的不同阶段，创新强度可能会对能力重构

与技术跨越绩效产生不同影响。因此，本研究尝试揭示创新强度对能力重构与企业技术跨越绩效间关系的调节作用，并研究这种调节效应在技术追赶不同阶段如何发展演变。

（二）理论回顾与研究假设

1. 能力重构与企业技术跨越绩效

Barney 指出，重新配置和升级组织常规和组织能力的能力才是保持和增强可持续竞争优势的关键，即能力重构。Lavie 指出，进化和替代代表着能力发展的两极。能力进化是对现有能力进行调整、完善实现的温和能力调整。能力替代通过废止旧能力，获取新能力以实现非连续创新。

Eisenhardt 认为能力重构对企业快速适应环境变化是必要的。重新配置资源，以不同的方式或以新的组合使用资源，为公司提供了创新机会。因此，能力进化能推动企业能力自我革新和发展。能力替代涉及组织能力根本性变革，通过同时改变能力组合要素，能力替代能避免组织常规调整异步性。可得假设：

假设 1——能力进化、能力替代与企业技术跨越绩效呈正相关。

2. 创新强度对能力重构与企业技术跨越绩效间关系的调节作用

技术创新分为渐进性创新和突破性创新。区分二者的两大特征：一是创新模式的技术轨道。前者技术轨道是线性、连续的，后者技术轨道是非线性、不连续的。二是配置资源和能力的方式。前者是微小调整或持续改进，后者是技术领域重大变革，也是对现有组织常规和生产实践的重大突破。

能力演化是组织惯例和现有能力的逐步调整。能力进化的作用受创新强度影响。创新强度低时，企业主要采取渐进性创新，以现有知识为基础，不断改进现有技术，有积极的影响。能力替代是企业能力根本性变化，在渐进性创新下，企业采取能力替代方式变革会承担巨大风险，甚至对创新成果产生负面影响。

随着创新强度增加，企业倾向于激进性创新。创新强度越大，企业知识集扩展越大，对现有知识依赖程度越低。能力进化导致公司对惯例和活动进行部分调整，而能力替代涉及基本组织规则的变化，能为公司提供获得新解决方案的机会和现有能力的替代。可得假设：

假设 2——创新强度弱化了能力进化与企业技术跨越绩效间的积极关系，强化了能力替代与之的积极关系。

3. 技术追赶阶段对创新强度、能力重构与企业技术跨越绩效间关系的三向交互作用

不同追赶阶段，企业进行技术和能力升级时，能力重构对技术跨越绩效的

影响不同，取决于用能力进化还是能力替代。由此预计，追赶的早期和晚期之间的某个时刻，能力重构的影响可能发生重大变化。

企业在创新初期缺乏基本技术能力，需掌握技术诀窍，通过学习模仿发展零阶能力。在渐进性创新下，企业利用历史经验和当前知识有助于吸收新知识。但随着创新越发激进，企业现有知识经验对创新的贡献下降，积极影响减少。

Dutrenit 认为追赶后期是从落后到领导者的过渡时期。企业只需承担较低成本和较小风险就能得到稳定快捷的回报。渐进性创新发生时尤其如此。随着创新强度增加，企业采用更激进的创新，能力进化对创新的积极影响将减小，甚至转化为负面影响。

能力替代对企业技术跨越绩效的影响可能受创新强度调节。在追赶早期，决策者用可靠或成熟的创新能力取代过时的现有能力。在追赶后期，企业具备知识和能力基础，努力实现技术跨越。能力替代能同时改变许多创新元素，释放创新潜力。可得假设：

假设 3a——追赶阶段不会显著影响创新强度对能力进化与企业技术跨越绩效关系的调节作用。整个追赶阶段，创新强度都削弱了两者的积极关系。

假设 3b——追赶阶段显著影响创新强度对能力替代与企业技术跨越绩效关系的调节作用。在追赶早期，创新强度削弱了两者的积极关系；在追赶后期，增强了两者的积极关系。

(三) 研究方法

1. 样本与数据

抽样 11 个不同的制造业，将问卷发给熟悉公司整体情况的初级管理人员。共发放问卷 750 份，回收有效问卷 290 份。81.4%的参与者在目前的企业工作 6 年以上。受访者主要是熟悉企业技术创新的经理或高层管理人员。依照 Armstrong 的方法，本研究对早期和晚期受访者进行了无反应偏误检验。检验结果显示问卷没有无反应偏差现象（$p>0.05$）。

根据 Podsakoff 用 Haman 的单因素检验常见共同方法偏差。进行正交旋转主成分分析，因子总解释力达到 77.6%，第一个因素解释了 17.72%的方差，显著小于 50%。排除共同方法偏误。

2. 变量测量

问卷题项来自国内外成熟量表，通过实地访谈补充改进。

企业技术跨越绩效量表来自 Zhang & Li，包括：新产品的新颖性、数量、开发的速度、销售收入与总销售额比率、附加值和利润率、市场份额。

能力重构问卷来自 Gatignon 等，其中能力演化包括：调整现有能力和实践、开发现有知识库、学习现有知识、从以前经验中寻求解决方案。能力替代包括：发展新概念或原则，发展以前没有的新技能，创造新知识以取代过时知识，从不同知识库中学习知识，采用不同方法、做法或过程，丢弃过时能力。

追赶阶段用技术发展水平和技术能力指标衡量。前者分为：起步、跟随、同步和领先阶段。后者包括：机械模仿、模仿创新、集成创新和原始创新阶段。每个选项用 1～4 个标度点和两个问题的平均值（D）作为判断依据。$1 \leqslant D < 2$，起步阶段；$2 \leqslant D < 3$，追随阶段；$3 \leqslant D < 4$，同步阶段；$D = 4$，领先阶段。前两阶段为早期阶段，后两阶段为晚期阶段。

创新强度量表来自 Gatignon 等，包括：比以前技术略有改进（反向指标），一项突破性创新，导致难以用旧技术替代的产品，代表了在子系统方面有重大技术进步。

控制变量由企业规模和企业年龄影响。企业规模越大、年龄越长，资源积累的绝对数量越大，创新资源数量越多。

（四）实证研究

1. 信度与效度

用 SPSS21.0 和 AMOS21.0 软件进行验证性因子分析。所有结构 Cronbach's α 值均超过 0.7（表 19），有足够信度。根据 Hair 等的研究，删除导致卡方自由比超过 3、RMSEA 超过 0.08 的“丢弃过时的能力”这一项目，有足够拟合优度。

表 19　测量量表

	载荷因子	CR	AVE	Cronbach's α
能力进化		0.932	0.773	0.932
调整现有能力和实践	0.853			
发展现有知识基础	0.875			
从现有知识中学习	0.894			
从过往经验中寻求解决方案	0.894			
能力替代		0.886	0.598	0.886
发展新理论或实践	0.812			
发展以前没有的新技能	0.863			
创造新知识以替代过时知识	0.851			

（续）

	载荷因子	CR	AVE	Cronbach's α
从不同知识基础中学习知识	0.791			
采用不同方法、实践或流程	0.795			
创新强度		0.905	0.704	0.904
创新是对以前技术的微小调整（反向指标）	0.818			
创新是颠覆性的	0.824			
创新导致产品很难被旧技术产品所替代	0.886			
创新代表子系统的重大技术改进	0.826			
企业技术跨越绩效		0.942	0.701	0.939
产品新颖度	0.843			
新产品数量	0.914			
新产品研发速度	0.861			
新产品销售额占比	0.898			
新产品创新利润率	0.842			
新产品市场份额	0.836			

根据 Hair 等收敛效度检验表明 SMC 值＞0.5，标准因子加载＞0.7，CR 值＞0.7，AVE＞0.5，有良好收敛效度。

使用 AVE 方法，根据 Fornell 每个变量提取平均方差的平方根值均大于 Pearson 相关系数，有良好判别效度，如表 20 所示。

表 20　描述性统计和相关系数

变量	均值	标准差	相关系数			
			1	2	3	4
能力进化	3.66	1.58	**0.88**			
能力替代	3.89	1.38	0.38*	**0.77**		
创新强度	4.01	1.54	0.11*	−0.23*	**0.91**	
技术跨越绩效	3.95	1.49	0.65**	0.51**	−0.05**	**0.84**

注：* $p<0.05$，** $p<0.01$；对角线位置粗体数字是 AVE 平方根，其他是 Pearson 相关系数。

2. 假设检验

模型整体拟合优度检验。$\chi^2/df=1.499<2.00$，GFI＝0.872＞0.85；AGFI＝0.872＞0.85，RMESE＝0.042＜0.05，SRMR＝0.049＜0.05，绝对

适配度良好；NFI＝0.936＞0.90，CFI＝0.978＞0.95，IFI＝0.978＞0.95，RFI＝0.927＞0.90，TLI＝0.975＞0.95，增量适配度良好；PNFI＝0.824＞0.50，PGFI＝0.732＞0.50，PCFI＝0.861＞0.50，简约适配度指标良好。整体模型适配度良好。

表 20 是主要变量描述性统计和相关系数。通过方差膨胀因子（variance inflation factor，VIF）研究多重共线性问题。变量 VIF 值从 1.005～2.293 不等，远低于 10 值，排除多重共线性问题。

表 21 包含分层 OLS 回归分析结果。模型 1 引入控制变量，模型 2 引入主要预测因子，模型 3 引入能力重构与创新强度之间交互作用，模型 4 引入能力重构、创新强度和追赶阶段之间三方交互作用。另外，对变量进行中心化处理，以减少多重共线性。

表 21　企业技术跨越绩效的分层线性回归分析结果

因变量：企业技术跨越绩效	模型 1	模型 2	模型 3	模型 4
控制变量				
企业年龄	0.011 (0.012)	0.010 (0.009)	0.012 (0.008)	0.005 (0.006)
企业规模	0.287 (0.047)***	0.157 (0.037)***	0.127 (0.032)***	0.090 (0.025)***
自变量				
能力进化		0.462 (0.043)***	0.889 (0.071)	0.519 (0.113)***
能力替代		0.295 (0.049)***	0.285 (0.052)	0.478 (0.195)*
创新强度			0.138 (0.111)	−0.076 (0.115)
追赶阶段				−0.127 (0.146)
交互项				
能力进化×创新强度			−0.301 (0.074)***	−0.352 (0.130)**
能力替代×创新强度			0.902 (0.088)***	−1.202 (0.210)***

（续）

因变量：企业技术跨越绩效	模型 1	模型 2	模型 3	模型 4
创新强度×追赶阶段				0.467 (0.186)*
能力进化×追赶阶段				−0.082 (0.189)
能力替代×追赶阶段				0.582 (0.231)*
能力进化×创新强度×追赶阶段				−1.013 (0.272)***
能力替代×创新强度×追赶阶段				1.595 (0.291)***
调整 R^2	0.109	0.484	0.621	0.767
ΔR^2	0.115	0.376	0.139	0.148
ΔF	18.728***	105.183***	35.315***	30.524***

模型 2 结果支持假设 1，揭示能力进化、能力替代与企业技术跨越绩效之间显著正相关关系（$\beta_1=-0.462$，$p<0.05$；$\beta_2=0.295$，$p<0.05$）。

模型 3 结果支持假设 2，揭示创新强度与能力进化之间显著负相互作用（$\beta_1=-0.301$，$p<0.001$），以及创新强度与能力替代之间显著正相互作用（$\beta_2=0.902$，$p<0.001$）。

模型 4 结果支持假设 3。能力进化与创新强度之间相互作用系数（$\beta_1=-0.352$，$p<0.01$），以及能力进化、创新强度和追赶阶段之间三向相互作用系数（$\beta_2=-1.031$，$p<0.001$）均为显著负，假设 3b 成立。能力替代与创新强度交互作用系数显著为负（$\beta_1=-1.202$，$p<0.001$），而能力演化、创新强度与追赶阶段三向交互作用系数显著为正（$\beta_2=1.595$，$p<0.001$），假设 3a 成立。追赶的不同阶段，创新强度对能力重构与企业技术跨越绩效之间关系的调节效应，如图 12～15 所示。

（五）结论与讨论

研究结论如下。

（1）能力演化和能力替代对企业技术跨越绩效产生积极影响，与 Lavie 的结论一致。

（2）创新强度是能力重构与企业技术跨越绩效之间的调节变量。能力进化

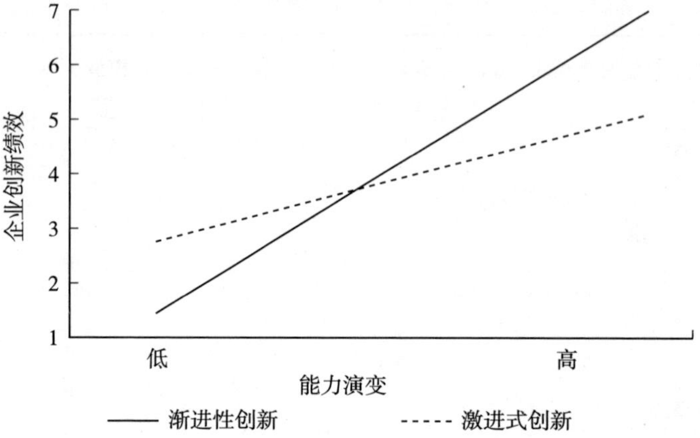

图 12　创新强度对企业追赶前期能力演变与企业技术跨越绩效关系的调节效应

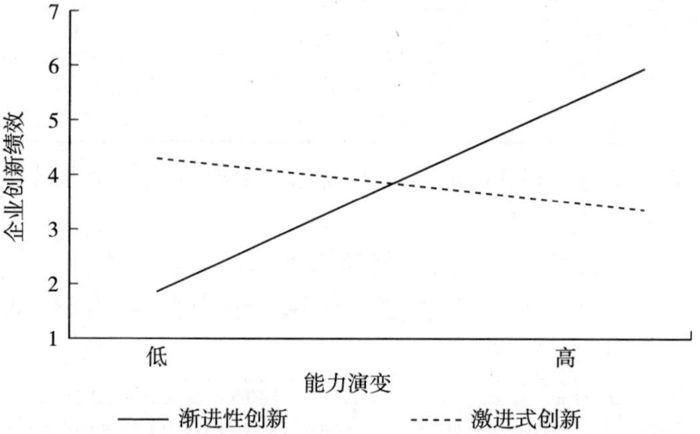

图 13　创新强度对企业追赶后期能力演变与企业技术跨越绩效关系的调节效应

和能力替代对企业技术跨越绩效都有积极影响，创新强度削弱了能力进化与技术跨越绩效之间的正向关系，而强化了能力替代与技术跨越绩效之间的正向关系，与 Capron & Mitchell 的结论一致。

（3）追赶阶段对企业创新强度对能力替代与企业技术跨越绩效关系的调节作用有显著影响。追赶早期，创新强度对能力替代与企业技术跨越绩效之间关系有负向调节作用；追赶后期，创新强度正向调节两者之间关系。说明早期两者之间有干扰交互作用。当创新强度超过临界值（创新强度＞4.41）时，能力替代对企业技术跨越绩效的影响由正变负。

（4）追赶阶段对企业能力进化与企业技术跨越绩效之间关系影响不显著。期间创新强度总是负面地调节能力进化与企业技术跨越绩效之间的积极关系，

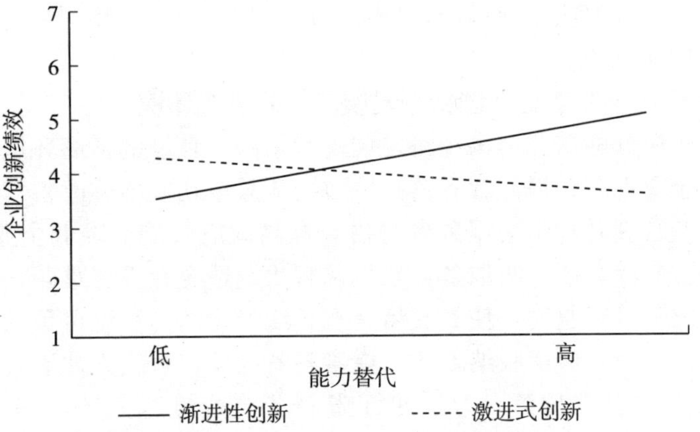

图 14　创新强度对企业追赶前期能力替代与企业技术跨越绩效关系的调节效应

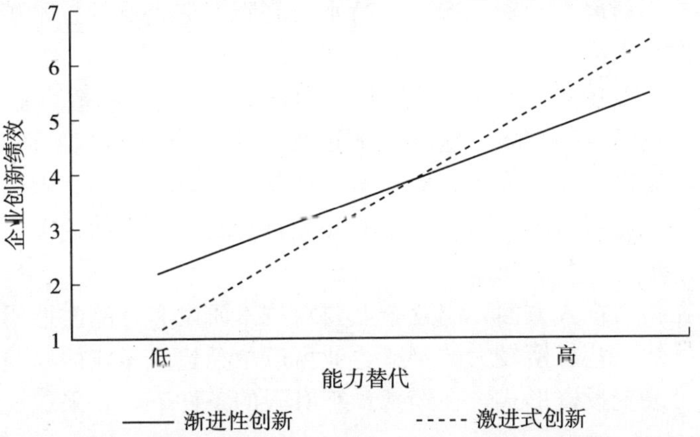

图 15　创新强度对企业追赶后期能力替代与企业技术跨越绩效关系的调节效应

进一步说明两者之间存在干扰交互作用。当创新强度超过临界值（创新强度＞4.39）时，能力进化对企业技术跨越绩效的影响由正变负。

五、加速创新驱动黑龙江省制造企业技术跨越的对策与建议

（一）政府加大政策层面支持制造企业技术创新的力度

通过技术创新相关指标数据统计处理后，本研究对黑龙江省制造企业创新能力发展现状进行了系统解析，随后通过问卷发放和数据采集的方式，从政府、企业等多个视角研究了黑龙江省面临的具体问题。鉴于黑龙江省创新发展

趋势并不乐观，政府应采取措施，增加投放，加强引导，特别是应激励创新型企业的技术创新能力。

1. 创造有利于制造企业创新和发展的良好营商环境

黑龙江省所处的东北地区经济发展落后，缺乏良好的营商环境，导致技术领先的制造企业不愿在黑龙江省落户。政府应采取切实措施改善营商环境：第一，政府要变管理者身份为服务者身份，提高政府效能，降低企业商务成本；第二，政府应广泛调研，听取各方意见，解决制造企业发展难题，并学习发达地区经验，改善管理制度，使其支持具有长期稳定性、系统可预见性，化解管理者的顾虑；第三，广泛吸纳人才，借鉴各省经验，解决人才流失问题，推行适合省情的人才引进政策，为黑龙江省制造企业输送人才，解决人才短缺瓶颈。

2. 增加技术创新的投入

企业技术创新离不开资源投入。特别是高新制造企业的技术革新，需要大量财力、物力和人力的投入。

首先，企业发展重在创新，特别是高技术、引领型制造企业，拥有颠覆性、突破性的技术格外重要。这些都要增加技术研究投入。在研发经费方面，企业在各个阶段都需大量投入，而经费主要是企业自主筹备。因此，在面对研究的不确定性和创新风险的时候，企业必须进行较为深入的论证，这样才能投入有所回报。

其次，在物力投入方面，制造企业要对技术研发和产品改造所需的实验室进行建构。虽然一些规模较大的制造企业可以单独建成相应的实验设备，但小型科创企业可改变投资形式，在经费预算有限的条件下，要采取灵活多样的创新方式。

最后，从人力投入层面来讲，黑龙江省企业创新人才匮乏。黑龙江省不仅要大力引进人才，更要留住人才。把高校的应届毕业生引入黑龙江省制造企业、科技机构、高新产业，为其补充新鲜血液和有生力量十分重要。另外，可突破省域限制，从吉林大学等其他东北省份高校中积极吸纳人才。政府要激励东北地区高技术企业制定激励机制，提升科研人员创新热情，促进企业培育适合自己的高技术人才。

3. 加强科研成果的转化能力

一般说来，制造企业的技术创新包括两个阶段，即技术开发阶段与技术转化阶段。技术开发固然重要，但如果技术成果转化能力弱，就无法切实将研发成果市场化，形成国际竞争力。企业技术创新的根本目的在于通过研发、应用、市场化等过程，把新技术和新成果转化为新产品，形成可持续的竞争能力，获取更多利润。本研究表明，黑龙江省科研成果转化能力偏低。作为国际竞争力的代表性指标，其高技术产业新产品出口值亦相对落后。因此，黑龙江省更应当做好以下几点。

首先，政府应当指导企业把握好市场的发展方向，同时对制造企业进行培养，组织企业进行广泛调研，使之在新技术研发前对国内外的同类企业的技术研发有一定程度的了解，避免项目上马快、成果转化慢、市场化收益微等弊病，推动企业技术创新成果快速形成市场化优势。

其次，政策应鼓励和引导企业加强人才引进和人才培育。通过税收减免和组织社会培训等方式为企业人才获取和培养提供帮助。例如，引导企业培育和引进市场开拓和销售人才，制定相关政策，对此类人才引进提供政策便利。人才的引进力度加大，有利于制造企业新产品和成果的更快转化，并形成有利的市场优势。

（二）企业自身提升自主创新能力并形成核心竞争力

1. 企业微观知识层面加快知识搜索与吸收整合

知识是能力的基础，企业应拓宽视阈，吸纳异质性知识资源，增加跨界创新知识搜索，提升知识整合和吸收能力。

首先，知识搜索对企业创新的积极作用是通过知识整合的中介作用实现的。

其次，吸收能力在企业突破性创新能力与知识搜索中起调节作用。Sears等认为吸收能力对企业的创新绩效具有正向影响，本文则进一步起正向调节作用。企业应先进行知识搜索，再循序渐进地进行知识整合，提升吸收能力，实现突破性创新。

2. 企业中观创新能力层面要加强动态能力培育

企业突破性创新和创新性成果的大量涌现，归根结底源于企业能力。企业应当加强知识获取与能力提升之间的联系，强化企业动态创新能力培养。

首先，本研究启示企业管理者，追随与领先两种平行搜寻策略要进行合理的战略搭配。二者不可偏废，但也宜各有侧重。

其次，企业管理者应坚持将知识搜索与能力培育放在同等重要的地位上。要坚持开放资源搜索战略，注重自身能力发展，特别是突破性创新能力的长期培育。

最后，企业应考虑其处于何种发展阶段，不能脱离动态发展过程。发展早期，宜采取渐进式追赶策略，重在学习、模仿，利用后发优势，实现追赶超越；在发展后期，宜采取领先搜索策略，克服认知的“锁定效应”，占领新市场，全面提升企业创新能力，实现跨越式发展。

3. 企业宏观战略层面制定符合技术跨越阶段的创新战略

正确的创新战略的制定是企业实现创新成功的根本性保障，企业应当清晰地识别和把握自身所处的发展阶段，并根据技术追赶阶段、技术跨越阶段和发展态势动态调节企业创新能力发展战略。

首先，企业发展战略应当结合自身实际，明确考虑创新强度在能力创新和发展中的作用。

其次，能力发展战略的选择也应考虑到企业的发展阶段。在追赶的早期阶段，能力进化可以有效地促进企业的创新，特别是在创新强度相对较低的情况下。在追赶的后期，能力替代可以有效地促进企业的创新，特别是在创新强度相对较高的情况下。

六、结　　论

本研究在提出黑龙江省制造企业创新能力发展问题后，分析其突破性创新能力演化的微观机理、创新驱动技术跨越的动力模式与实现路径，并提出加速创新驱动黑龙江省制造企业技术跨越相应的对策与建议。可得出以下结论。

第一，从创新规模、创新速度等方面对研发人员和经费投入、专利、新产品销售、新产品出口等方面进行研究，发现了黑龙江省科研人员、技术创新资金投入得不够，研发强度偏低，成果转变能力不足等问题。

第二，通过多维度研究揭示了黑龙江省制造企业突破性创新能力演化的微观机理。运用结构方程模型，研究知识搜索对突破性创新能力的影响并揭示知识整合的中介效应，通过调节效应模型，分析了吸收能力如何调节知识整合与突破性创新能力间的关系。

第三，阐述了黑龙江省制造企业突破性创新能力驱动技术跨越的动力模式。基于开放式创新视角，引入平行搜索的概念，实证分析了平行搜索与突破性创新能力、企业技术跨越之间的关系。揭示突破性创新能力与技术跨越之间的正向作用关系，与突破性创新能力在平行搜索与企业技术跨越绩效间的中介作用，验证并剖析了技术跨越不同阶段对突破性创新能力与技术跨越绩效的调节作用。

第四，对存在的问题提出建议。具体包括：政府层面应当通过改善企业创新的营商环境、增加技术创新的人才和物力投入、加强科研成果转化能力等方式支持企业技术创新；企业层面应当通过强化知识搜索能力、知识整合能力和知识吸收能力，强化企业知识与能力联结，加强企业动力能力培养，制定适合企业发展阶段的动态创新战略等方式加强自主创新和突破性创新。

环境规制下生猪产业链应激反应与政策疏导研究报告*

王刚毅　庞金波　王　为　王佳美　王宇洋

2013年以来，我国政府愈发重视畜牧养殖引致的环境问题，相继出台大量环境规制政策。其中，绝大部分政策措施涉及生猪养殖各个环节。这些政策措施在取得有效成果的同时，也对生猪产业链健康发展带来一些负面影响。回顾往昔，我国生猪产业链经历了“政府主导→政府和市场共同主导→市场主导”3个发展阶段。目前，我国的生猪产业链正处于由政府主导向政府、市场共同主导的过渡阶段。生猪产业链以自组织为主，生猪产业链自组织若累积正效应，则有利于促进产业链健康状态提升；若累积负效应，则导致产业链健康状态衰退。本研究通过分析生猪产业链应激反应机理、系统识别生猪产业链健康状态、探讨生猪产业链健康状态的外部冲击约束条件，规避产业链自组织所产生的累积负效应，助力生猪产业链实现健康发展。

一、环境规制下生猪产业链应激反应与健康状态

（一）环境规制下生猪产业链应激反应的机理分析

1. 环境规制下生猪产业链应激源、随机冲击和应激刺激的关系机理研究

（1）应激源内涵及其属性分类。应激源是指能够向机体提出适应要求，并可引起应对反应、稳态失衡的客观变化的环境事件或情境。一切环境变化都是潜在的应激源，只有被个体认知性评价观察到，对自身具有威胁或挑战才能成为实际有效的应激源。根据其属性，应激源大致可分为躯体性应激源、心理性应激源、社会性应激源和文化性应激源4类。

（2）生猪产业链健康波动因素。本研究对引起生猪产业链健康状态产生波

---

* 黑龙江省自然科学基金面上项目（课题号：LH2019G002）。
项目负责人为王刚毅教授，主要参加人员有庞金波、王为、王佳美、王宇洋等。

动的因素进行归纳总结，包括流动性约束、周期性变化、疫病、环境污染和产业政策 5 个方面。

（3）“应激源—随机冲击—应激刺激”在生猪产业链中的作用机理。环境规制政策是约束性产业政策，各项环境规制政策的出台改变了生猪养殖业的外部环境，养殖主体需对外部环境的改变做出反应，这就导致生猪养殖行业的震荡，进而对整个生猪产业链健康状态产生影响。

2. 环境规制下应激信号转化、投射、反馈和扩散机理研究

环境规制政策引起生猪产业外部环境改变，但其引起生猪产业做出反应，需要生猪产业对应急刺激转化的应激信号进行识别，由于产业链条存在一定的刚性，需要应激信号达到一定强度，即环境规制强度达到生猪产业链需对其做出反应的临界点。可识别的应激信号会在产业链各环节之间进行投射，各环节主体基于自身利益对信号进行反馈并采取相应的措施。

生猪产业链各节点之间存在复杂的联系，包括生猪产品联系、劳动力联系、技术联系、价格联系、投资联系、投入品的供给与需求联系。因此，应激信号在产业链相邻环节之间、跨环节之间和同一环节的不同主体之间存在级联反应。环境规制政策对生猪养殖业产生的影响也会在各环节之间扩散甚至放大。

3. 环境规制下生猪产业链应激免疫、自稳与震荡机理研究

（1）基于应激信号过滤的产业链应激震荡免疫机理。生猪产业链存在结构、性质、环境、条件和水平差异，并且各环节之间也存在差异。由此可知，生猪产业链之间、同一链条上各环节之间存在应激鲁棒性差异，环境规制所带来的应激刺激会形成产业链应激震荡势差，应激刺激免疫形成应激阻抗。养殖主体规模化水平越高，其对环境规制的应激免疫越高，不被环境污染生猪产业链环节相对于其他环节应激震荡越小。

（2）生猪产业链应激震荡的自稳机理。基于产业链应激震荡势差和应激阻抗两个维度，本研究发现生猪产业链应激反应过程中，产业链各环节存在应激免疫能力差异，以及差异化的应激反应会引致产业链环节转移、要素转移和空间转移等自稳过程。生猪产业链面对环境规制政策，各环节为稳定收益、成本会进行自我调节。

（二）环境规制下生猪产业链健康波动的系统认识与识别

1. 生猪产业链健康系统认识模型构建

本研究针对生猪养殖业转型升级的历史阶段，以生猪产业链健康作为终极目标，提出包括“战略突破、目标引导、组织建设、机制保障、评价优化”五

个部分的生猪健康养殖业系统认识模型，为明确生猪养殖业未来的发展方向、完善生猪健康养殖业的系统认识提供参考。

本研究按照“价值来源、价值留存、价值放大和价值循环”的价值活动主线，构建生猪产业链健康的“米”字模型，如图1所示，为明确生猪养殖业未来的发展方向，完善生猪健康养殖业的系统认识提供参考。

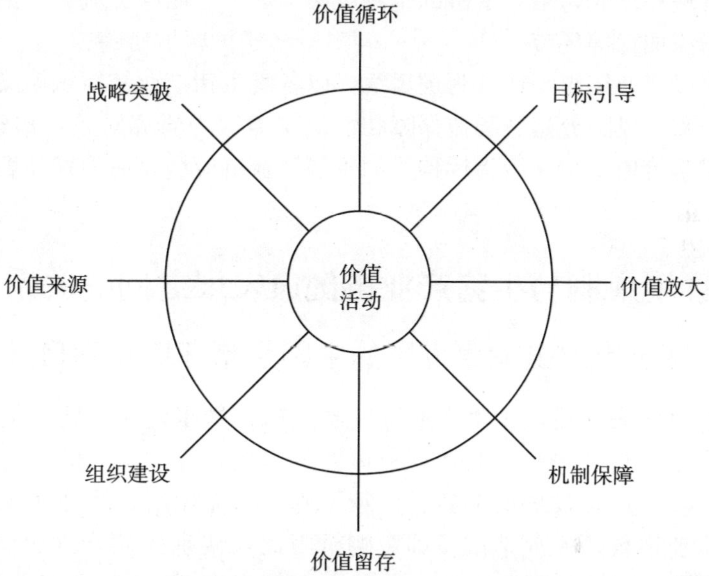

图1　生猪产业链健康系统认识的“米”字模型

2. 生猪产业链健康状态的特征

经过文献查阅、实地调研和专家交流，笔者发现：我国生猪产业正处于规模化、标准化起步阶段，生猪产业链显现出健康状态无序波动、波动引致风险谐振、中观对策缺失导致宏观调控政策和微观调控策略失效等特征。在此基础上，可将生猪产业链健康状态的特征归纳为以下几方面。

（1）生猪产业链健康有三类价值载体，即生猪健康养殖组织体系、生猪健康养殖业组织、生猪健康养殖产业链组织。

（2）生猪产业链健康受到土地、资金、劳动力的制约，以及技术、政策和软件的限制。

（3）我国生猪健康养殖业的发展需要发挥政府的宏观调控与引导作用。

（4）稳定物价、保障安全、规模适度、布局合理、资源节约、环境友好是我国生猪健康养殖业有别于生猪非健康养殖业的基本特征。

本研究进一步发现生猪产业链应激刺激免疫、自稳、投射和震荡等问题是由产业链“链—链”差异、环节差异、主体差异、随机差异引致的。

3. 环境规制下生猪产业链健康状态识别

国内外现有生猪产业链健康状态波动的研究大多集中在价格波动、生产波动、成本与收益波动等方面。本研究所述的生猪产业链包括上游的饲料作物、饲料原料及饲料添加剂生产，种猪、饲料和兽药等生猪投入品生产，中间的生猪饲养、管理和疫病防治，下游的生猪屠宰、加工、储存、流通、销售，以及主副产品精深加工等环节。

本研究以产业链组织链条为逻辑线，以各类生猪产业链组织模式的收益分配、成本分摊、风险分担、利益保障和价值增益等为研究对象，构建由收益、风险、成本与价值 4 个一级指标构成的生猪产业链应激反应识别和表达联征指标体系。

二、环境规制与生猪产业链健康发展之间的关系分析

（一）基于产业链健康发展的中国生猪环境规制目标确定

改革开放以来，我国生猪产业链发展迅速，具体表现在规模化水平不断提升、技术水平持续提高、政策支持体系逐步完善等方面。但发展过程中仍存在资源环境与产业发展的冲突、政策不确定与养殖信心的冲突等痛点，这将对生猪产业链健康发展造成负面影响。因此，实现生猪产业链健康发展，必须将产业发展困境考虑在内。本研究通过分析现有生猪产业链发展目标，进一步确定能够实现环境保护与产业链健康发展相协调的环境规制目标。

1. 现阶段中国生猪产业链发展目标

2016 年，农业部印发的《全国生猪生产发展规划（2016—2020 年）》提出“提素质、增效益、稳供给、保安全、促生态”的发展目标。其中，生产目标以保供和规模化养殖为主，效率目标和生态目标分别强调产业国际竞争力和生产与环境协调发展。具体指标及计划值如表 1 所示。

表 1 《全国生猪生产发展规划（2016—2020 年）》中各类目标的具体指标及计划值

目标类型	具体指标	2010 年	2014 年	2020 年
生产目标	猪肉产量/万吨	5 071	5 671	5 760
	出栏 500 头以上规模养殖比重/%	38	42	52
	规模企业屠宰量占比/%	66	68	75

（续）

目标类型	具体指标	2010年	2014年	2020年
效率目标	出栏率/%	144	155	160
	规模养殖场一头母猪年提供上市商品猪数/头	13	15	19
	劳动生产率/(头/人)	500	650	1 000
	育肥猪饲料转化率	2.9∶1	2.8∶1	2.7∶1
生态目标	粪便综合利用率/%	/	50	>75

数据来源：《全国生猪生产发展规划（2016—2020年）》。

非洲猪瘟疫情严重冲击了我国生猪养殖产业，但我国生猪养殖产业发展的目标并未发生明显变动。2021年，农业农村部等六部门发布的《关于促进生猪产业持续健康发展的意见》提出用5～10年时间，基本形成产出高效、产品安全、资源节约、环境友好、调控有效的生猪产业高质量发展新格局，具体包括长效性支持政策、逆周期调控机制、稳产保供应急体系和产业现代化四个方面。

对比非洲猪瘟疫情爆发的前后政策差异可知，现阶段中国生猪产业发展更注重产业和市场的稳定。受非洲猪瘟疫情爆发的影响，我国生猪市场供给严重不足，为缓解供求矛盾，猪肉进口量大幅增加，一定程度上刺激了猪肉价格上涨。为保障产业发展和市场稳定，政府在提出用5—10年时间，提升猪肉自给率至95%左右，并强调了生猪产业的调控与预警，以便提前平抑生产和市场波动。虽然非洲猪瘟疫情爆发前后生猪产业政策存在差异，但《全国生猪生产发展规划（2016—2020年）》和《关于促进生猪产业持续健康发展的意见》中提及的发展目标，仍可归为生产、效率和生态三类。

2. 基于产业链健康发展的中国生猪环境规制目标确定

自2008年以来，政府为提升治污效力，逐年提升环境规制强度。部分研究认为环境规制强度与治污效果成正比，但是此类研究大多忽视了环境规制抑制生产所带来的负面影响。这些研究认为环境规制的理想状态是不进行生产，若仅以限制生产的方式治理污染，会损害社会福利，与生产的基本目标产生冲突。

已有研究和政策将解决污染的外部性问题作为环境规制的唯一目标，忽略了其要实现社会福利最大化的目的。本研究从福利经济学的角度出发，结合路径依赖理论重新设定环境规制的目标。假定养殖主体的环境负外部性能够通过环境损害函数 $D(\sum_{i=1}^{n} W_{it})$ 测量，且会影响社会福利，其中，$\sum_{i=1}^{n} W_{it}$ 为养殖主体排放的污染总量，且污染的边际损害递增，$D''\left(\sum_{i=1}^{n} W_{it}\right) > 0$ 。根据古典经济学社会福利函数，有

$$SW = \sum U(\pi_{Q_t}{}^{+},\ T_{W_t}{}^{-}) + \sum U(D^{-}) + \sum U(\omega_{Q_t}{}^{+}) + \sum U(T_{W_{t'\rho}}{}^{+}) \tag{1}$$

式中，$\sum U(\pi_{Q_t}{}^{+},\ T_{W_t}{}^{-})$ 为生猪养殖主体的效用之和，$\pi_{Q_t}{}^{+}$ 表示养殖主体生产生猪产品获得的利润，$T_{W_t}{}^{-}$ 表示养殖主体为处理污染所花费的额外成本；$\sum U(D^{-})$ 为生猪养殖污染导致社会福利损失之和；$\sum U(\omega_{Q_t}{}^{+})$ 为消费者通过购买生猪产品满足的效用之和；$\sum U(T_{W_{t'\rho}}{}^{+})$ 为政府进行环境规制对社会福利的补偿，ρ 表示政府进行环境规制的边际成本占生猪养殖主体销售利润的比例。

假设市场上有 n 个生产主体和 m 个消费者，社会福利函数改写为微观形式有

$$\begin{aligned} SW &= n(\pi_{Q_t} - T_{W_t}) - nW_t + (1-\rho)nT_{W_t} + m\omega_{Q_t} \\ &= (1-\rho)n\pi_{Q_t} + m\omega_{Q_t} - nW_t - n\rho U_{Q_t} \end{aligned} \tag{2}$$

为保障养殖主体正常生产，不出现产业转移，在模型中引入养殖主体的效用下限 μ_t，即 $U_{Q_t} = \mu_t$。此时，社会福利 SW 最大化的一阶条件为$\frac{\delta\pi_t'}{\delta Q_t} = \frac{\delta\omega_t'}{\delta Q_t}$。

社会福利函数的一阶导数为 $\delta SW/\delta Q_t = (1-\rho)n\pi_t' - D_t'(nW_t) + m\omega_{Q_t}' = 0$。当市场上生猪产品 Q_t 小于消费者需求时，根据边际效用递减规律可知，消费者的边际效用为正，$\omega_t' > 0$，此时根据社会福利最大化条件可得 $[(1-\rho)n + m]\omega_{Q_t}'' = D_t''(nW_t)$。由于 $D''\left(\sum_{i=1}^{n} W_{it}\right) > 0$ 且 $\omega_{Q_t}'' < 0$，此时社会福利最大化条件无法实现，即在市场上生猪产品供给不足时无法实现社会福利最大化；当市场上生猪产品 Q_t 大于消费者需求时，根据边际效用递减规律可知，消费者的边际效用为负，$\omega_t' < 0$，此时根据社会福利最大化条件可得 $[(\rho-1)n - m]\omega_{Q_t}'' = D_t''(nW_t)$。此时，通过调整养殖主体数量与环境规制强度，能够实现社会福利最大化。基于以上分析，生猪养殖环境规制实现社会福利最大化的前提是保证生猪供给，即在环境保护目标的基础上，环境规制还需要满足生猪供给保障目标。

路径依赖理论认为，产业发展是政策演进的内在动力，环境规制也是如此。生产效率作为衡量生猪产业发展的重要指标，更应作为环境规制的重要目标之一。对于生猪养殖主体而言，提高生产效率 e 意味着单位成本的产出增加，在成本约束不变的情况下（$x=1$），养殖主体产量的变化为 $\Delta Q_{x=1}$，利润的变化为 $\Delta\sum U_{(x=1)}(\pi_{Q_t}{}^{+})$ 。在连续出清的市场上，消费者能多购买 $\Delta Q_{x=1}$ 数

量的生猪，并多产生 $\Delta\sum U_{(x=1)}(\omega_{Q_t}{}^{+})$ 的效用。由产量引致的污染量增加会加剧社会福利的损失 $\Delta\sum U_{(x=1)}(D^{-})$，此时社会福利变化为

$$\Delta SW_{x=1} = \Delta\sum U_{(x=1)}(\pi_{Q_t}{}^{+}) + \Delta\sum U_{(x=1)}(\omega_{Q_t}{}^{+}) - \Delta\sum U_{(x=1)}(D^{-}) \tag{3}$$

提高生产效率对社会福利的影响取决于 $\Delta\sum U_{(x=1)}(\pi_{Q_t}{}^{+}) + \Delta\sum U_{(x=1)}(\omega_{Q_t}{}^{+})$ 和 $\sum U_{(x=1)}(D^{-})$ 的差值。若产量增加导致的污染损失大于生产者和消费者的福利变化，即 $\Delta SW_{x=1}<0$，则生产效率提高会减少社会福利；若产量增加导致的污染损害小于生产者和消费者的福利变化，即 $\Delta SW_{x=1}>0$，则生产效率提高会增加社会福利。

如图 2 所示，受边际效用递减规律的影响，生产者和消费者的边际社会福利 $\mathrm{d}\sum U_{(x=1)}(\pi_{Q_t}{}^{+})/\mathrm{d}e$ 和 $\mathrm{d}\sum U_{(x=1)}(\omega_{Q_t}{}^{+})\mathrm{d}e$ 与生产效率 e 之间存在倒"U"型关系。由于治污技术水平未发生改变，单位产出所伴随的污染及其边际损害不变，$\sum U_{(x=1)}(D^{-})$ 以固定速度增加。对比实际生产中生猪养殖主体的利润和环境保护税税率可知，大多数情况下 $\sum U_{(x=1)}(\pi_{Q_t}{}^{+}) > \sum U_{(x=1)}(D^{-})$。

若生产效率为 a 时，有 $\mathrm{d}\sum U_{(x=1)}(\pi_{Q_t}{}^{+})/\mathrm{d}e > \mathrm{d}\sum U_{(x=1)}(D^{-})/\mathrm{d}e$，提高生产效率会进一步拉大 $\sum U_{(x=1)}(\pi_{Q_t}{}^{+})$ 和 $\sum U_{(x=1)}(D^{-})$ 的差距，使社会福利变化 $\Delta SW_{x=1}$ 加速增加。若生产效率为 b 时，有 $\mathrm{d}\sum U_{(x=1)}(\pi_{Q_t}{}^{+})/\mathrm{d}e < \mathrm{d}\sum U_{(x=1)}(D^{-})/\mathrm{d}e$，提高生产效率仍会增加 $\Delta SW_{x=1}$，但增速会逐渐降低。综上所述，提高生产效率能有效增加社会福利，应将其作为环境规制的重要目标之一。

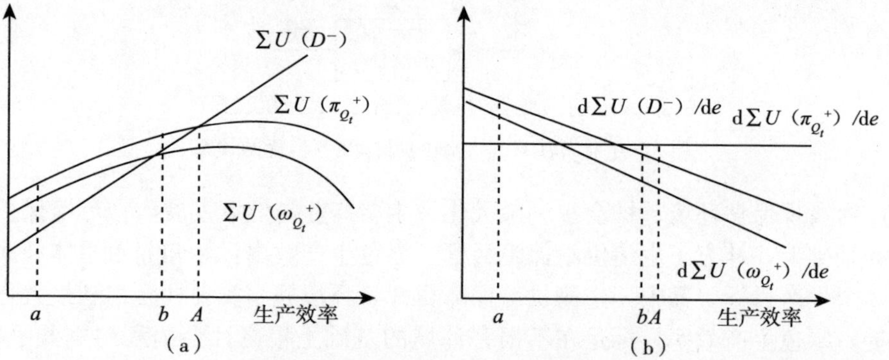

图 2　社会福利随生产效率变化的示意

提高生猪养殖的绿色生产效率能提高社会福利，同时，会在短期内挤出生产成本，若养殖主体遭遇外部冲击，极易因资金不足而减产甚至退出。这不仅会拉低社会福利函数中 $\sum U(\pi_{Q_t}{}^{+})$ 和 $\sum U(\omega_{Q_t}{}^{+})$ 的水平，也可能导致生猪供给不足，环境规制无法实现社会福利最大化的最终目的。为避免因供给不足导致的社会福利损失，在设定生猪供给保障目标和绿色生产效率目标的基础上，还需考虑环境规制的可持续性问题。新古典理论中，长期利润 $\pi \geqslant 0$ 时，养殖主体会持续经营，若长期利润 $\pi < 0$，养殖主体会被迫退出生产。在政府的环境规制下，养殖主体的利润 $\sum U(\pi_{Q_t}{}^{+}, T_{W_t}{}^{-})$ 包括生产所获利润 $\pi_{Q_t}{}^{+}$ 和治污成本 $T_{W_t}{}^{-}$ 两部分，若生产所获利润 $\pi_{Q_t}{}^{+} < T_{W_t}{}^{-}$，其长期利润 $\pi < 0$，养殖主体会因资金链断裂等问题退出生产，导致环境规制政策不可持续。当保障环境规制能够激励养殖主体更新治污技术时，养殖主体无法缩减污染治理成本 T_{W_t}，需要提高养殖主体的利润 π_{Q_t}，以保证养殖主体在环境规制下能够持续经营。

基于以上分析，从环境规制的可行性角度出发，需要设置养殖主体利润目标及各目标间的关系，如图 3 所示。

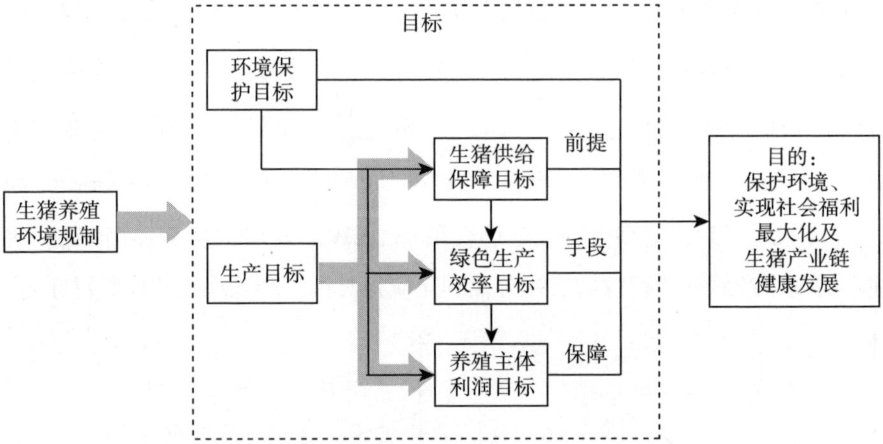

图 3　生猪养殖环境规制的目标及各目标的关系

为实现保护环境、社会福利最大化及生猪产业链健康发展，在环境保护目标的基础上，补充了生猪供给保障目标、绿色生产效率目标和养殖主体利润目标 3 个生产目标。其中，生猪供给保障目标是环境规制实现社会福利最大化的前提，绿色生产效率目标是在不损害环境的基础上提高社会福利的重要手段，养殖主体利润目标是生猪养殖环境规制可持续的重要保障。

（二）环境规制目标对生猪产业链养殖环节的影响分析

生猪养殖是生猪产业链的主要环节，生产效率是生猪养殖环节健康发展与否的重要评价指标。目前，环境规制对生产效率的影响尚无统一结论。“遵循成本说”认为，环境规制会挤出生产成本，导致生产效率下降；“波特假说”认为，适度的环境规制能通过创新补偿效应提高生产效率。部分学者通过实证检验，验证了中国生猪产业符合“波特假说”，但受限于控制条件，仍无法得到学术界的一致认可。为实现环境规制目标与提高生猪养殖绿色生产效率目标的兼容，本研究部分明确环境规制目标对生猪养殖绿色生产效率的影响。

1. 索洛模型下环境规制对绿色生产效率的影响

生猪养殖绿色生产效率是考虑环境影响后的生产效率，作为典型的静态指标受生产要素投入水平与产量的影响。基于概念的静态分析多适用于生产要素的评价，无法在模型中直接引入环境要素和技术要素。该部分以动态的索洛模型为基础，打破绿色生产效率作为静态指标的局限，量化分析环境规制对绿色生产效率影响的同时，从更可靠的角度提出研究假设。

在构建模型前，对使用索洛余值分析绿色生产效率的可行性进行说明。在含义上，生产效率是索洛余值的重要组成部分。索洛余值是指剔除投入要素增长对经济增长的影响后，其他因素对产量增长的影响。其他因素是指除投入要素之外的所有因素。在变化趋势上，生产效率与索洛余值同向变动。对索洛余值的计算，需要对时间求导，其含义为单位时间内生产效率及其他因素变动导致的产量变动。根据生产效率的概念可知，成本不变的情况下，产量提高意味着生产效率提高，若劳动与资本的弹性不变，索洛余值也会增加。可见，无论是从理论角度还是从实证角度，通过索洛模型分析环境规制对绿色生产效率的变化是可行的。

基于C－D生产函数构建索洛模型，假定生猪养殖主体的生产函数符合$Y(t)=F[K(t), A(t)L(t)]$，其中t为时间，K为资本要素投入，I为劳动要素投入，A为知识要素投入，AL为有效劳动投入，且有$\partial Y/\partial K>0$、$\partial Y/\partial L>0$，表示产出随资本和劳动投入的增加而增加。假定规模报酬不变，有$F(cK, cAL)=cF(K, AL)$，对于所有$c\geqslant 0$。假定资本、劳动和知识的初始水平不变，劳动和知识以与初始水平相关的固定速度增长，即$\dot{L}(t)=nL(t)$，$\dot{A}(t)=gA(t)$，其中n和g是外生参数，$\dot{X}(t)=\mathrm{d}X(t)/\mathrm{d}t$，产量中用于投资的比例$s$是外生且不变的，现存资本折旧率为$\delta$，有$\dot{K}(t)=sY(t)-\delta A(t)$。根据链式法则对时间进行求导，可得：

$$\dot{Y}(t)=\frac{\partial Y(t)}{\partial K(t)}\dot{K}(t)+\frac{\partial Y(t)}{\partial L(t)}\dot{L}(t)+\frac{\partial Y(t)}{\partial A(t)}\dot{A}(t) \tag{4}$$

其中，$\partial Y(t)/\partial L(t)=[\partial Y(t)\times A]/\partial A(t)L(t)$、$\partial Y(t)/\partial A(t)=[\partial Y(t)\times L]/\partial A(t)L(t)$。

对公式进行变形，可得

$$\frac{\dot{Y}(t)}{Y(t)}=\frac{K(t)}{Y(t)}\frac{\partial Y(t)}{\partial K(t)}\frac{\dot{K}(t)}{K(t)}+\frac{L(t)}{Y(t)}\frac{\partial Y(t)}{\partial L(t)}\frac{\dot{L}(t)}{L(t)}+\frac{A(t)}{Y(t)}\frac{\partial Y(t)}{\partial A(t)}\frac{\dot{A}(t)}{A(t)} \tag{5}$$

式中，$[K(t)\times\partial Y(t)]/[Y(t)\times\partial K(t)]$ 和 $[L(t)\times\partial Y(t)]/[Y(t)\times\partial L(t)]$ 分别为 t 时产出的资本弹性 $\alpha_K(t)$、劳动弹性 $\alpha_L(t)$。

此时的索洛余值如下

$$\hat{\varphi}=\hat{Y}-\alpha_K\hat{K}-\alpha_L\hat{L} \tag{6}$$

式中，$\hat{\varphi}$ 为索洛余值，用于衡量生产效率。

本研究在生产函数 $Y(t)=F[K(t), A(t)L(t)]$ 的基础上引入环境要素 $E(t)$ 反应环境规制强度，在实际生产中，提高环境税或投入更新的环保设备意味着环境规制增强，养殖主体被迫投入额外的环境要素。与其他生产要素相比，环境要素 $E(t)$ 与产出 $Y(t)$ 的关系与 K 和 L 不同，$\partial Y/\partial E<0$ 表示随着环境要素投入的增加，产出会减少，即环境要素 $E(t)$ 是为满足环境规制要求而被迫增加的生产要素。在满足 C-D 生产条件时，要求 $\alpha_K(t)+\alpha_L(t)+\alpha_E(t)=1$，令 $\alpha_K(t)=\alpha$，$\alpha_L(t)=\beta$，得到养殖主体在环境规制下的生产函数 $Y=zK^{\alpha}L^{\beta}E^{(1-\alpha-\beta)}$。求导可得

$$\hat{z}=\hat{Y}-\alpha\hat{K}-\beta\hat{L}-(1-\alpha-\beta)\hat{E} \tag{7}$$

式中，$\hat{z}$ 为考虑环境要素投入的生产率增长。

假设环境规制以相同的幅度作用于所有生产要素，资本和劳动的有机构成不变 $\alpha/\beta=+\alpha_K/\alpha_L$，此时索洛余值可表示为

$$\hat{\varphi}=(1-\alpha-\beta)\left[\hat{E}-\left(\frac{\alpha}{\beta}\hat{K}+\frac{1-\alpha-\beta}{1-\alpha-\beta}\hat{L}\right)\right]+\hat{z} \tag{8}$$

式中，$\hat{\varphi}$ 为生猪养殖绿色生产效率，$\hat{E}$ 为环境分量，$\hat{K}$ 为资本分量，$\hat{L}$ 为劳动分量。

当环境规制加强时，养殖主体被迫进行额外投入，即提高环境要素 $E(t)$，在挤出效应下，$\hat{E}$ 的提高会伴随 $\hat{K}$ 和 $\hat{L}$ 的下降，二者均会对传统的生产率增长产生不利影响。在创新补偿效应产生作用的情况下，环境规制会导致 $\hat{z}$ 的上升，抵消要素替代可能带来的生产率下降，即产生创新补偿效应。基于以上分析提出研究假设。

假设 H2-1：环境规制对生猪养殖主体绿色生产效率存在非线性影响。

2. 模型设定与变量选取

（1）实证模型设定。根据理论分析及提出的研究假设，首先检验环境规制与生猪养殖绿色生产效率之间的非线性关系，根据式（7）和王晰等构建基础模型如下

$$\ln\hat{\varphi}=\alpha_1\ln\hat{E}+\alpha_2\ln^2\hat{E}+\alpha_3\ln^3\hat{E}+\beta_1\ln\hat{K}+\gamma_1\ln\hat{L}+\mu \tag{9}$$

（2）变量设定及数据来源。

①被解释变量。考虑到研究的主要问题是环境规制对生猪养殖绿色生产效率的影响，以生猪养殖的绿色生产效率为被解释变量。

②解释变量。环境规制，以生猪养殖的环境规制政策效力作为环境规制的替代变量。

③控制变量。根据理论分析中索洛余值的含义，设定劳动要素价格和资本要素价格为控制变量。其中，以生猪养殖过程中的雇工工价作为劳动要素价格，以固定资产投资价值作为资本要素价格。由于理论模型假定生猪市场为完全竞争市场，产品价格外生，但实际生产中，并不存在理论意义上的完全竞争市场，生猪产品价格不仅影响产量，也受产量影响，因此将生猪价格作为控制变量进行分析。此外，相关学者的研究表明，非洲猪瘟等重大疫情也会显著影响生猪生产效率，因此，将生猪养殖疫病情况作为控制变量进行实证分析。

该部分使用 2008—2020 年中国省级面板数据进行分析，由于《全国农产品成本收益汇编资料》中并未统计西藏生猪成本收益的相关数据，因此选择 2008—2020 年除西藏外，中国 30 个省级单位数据进行分析。在《全国农产品成本收益汇编资料》中并未统计北京、天津 2019 年的数据，在分析时采用移动平均的方式对数据进行补充。变量指标及统计性描述如表 2 所示。

表 2　变量指标及统计性描述

变量类别	变量	符号	Obs	Mean	Std. dev.	Min	Max
被解释变量	绿色生产效率	$\ln Lsxl$	390	−0.55	0.332 3	−1.67	0
被解释自变量	环境规制	$\ln Hjgz$	390	7.35	0.501 4	5.43	8.25
控制变量	生猪价格	$\ln Szjg$	390	6.53	0.228 8	6.11	7.24
	资本要素价格①	$\ln PK$	390	1.83	0.114 0	1.67	2.05
	劳动要素价格	$\ln PL$	390	4.17	0.306 5	2.91	4.76
	疫病情况	$\ln Ybyl$	390	−4.63	4.096 3	−9.38	4.79

注：①资本要素价格以年末一般贷款加权平均利率作为替代变量，其数据来源为中国人民银行公布的《金融统计数据报告》；生猪价格数据、雇工工价数据来自《全国农产品成本收益汇编资料》，并以国际货币基金组织公布的平均消费者价格通货膨胀率进行平减处理。

3. 环境规制对绿色生产效率影响的实证分析

由于实证数据为面板数据，需要在实证前对数据的平稳性进行检验。考虑到所用数据为短面板数据，因此以 HT 检验和 IPS 检验结果为准，具体结果如表 3 所示。

表 3　单位根检验结果

变量	HT	IPS	变量	HT	IPS
ln$Lsxl$	0.000 0	0.000 1	$d$ln$Lsxl$	0.000 0	0.000 0
ln$Yzjs$	0.973 1	0.974 9	$d$ln$Yzjs$	0.000 0	0.000 0
ln$Szjg$	0.000 0	0.682 8	$d$ln$Szjg$	0.000 0	0.000 0
lnPK	0.007 3	0.899 0	$d$lnPK	0.000 0	0.000 0
lnPL	0.766 4	0.000 4	$d$lnPL	0.000 0	0.000 0
ln$Ybyl$	0.000 0	0.000 0	$d$ln$Ybyl$	0.000 0	0.000 0

面板数据单位根检验结果表明原始数据和一阶差分数据均不平稳，需要进行二阶差分，但考虑到二阶差分处理会消除数据的原始特征，进行协整检验，若一组时间序列数据间存在协整关系，即使数据不平稳仍可进行回归分析，不会出现伪回归等问题。具体结果如表 4 所示。

表 4　协整检验结果

协整检验		线性模型检验		差分数据检验		变量非线性检验	
		Stat.	p 值	Stat.	p 值	Stat.	p 值
Kao 检验	Modified Dickey - Fuller t	−9.01	0.000 0	−7.33	0.000 0	−9.39	0.000 0
	Dickey - Fuller t	−10.31	0.000 0	15.60	0.000 0	−10.91	0.000 0
	Augmented Dickey - Fuller t	−4.30	0.000 0	−8.30	0.000 0	−5.59	0.000 0
	Unadjusted modified	−11.37	0.000 0	−20.58	0.000 0	−11.83	0.000 0
	Unadjusted Dickey - Fuller t	−10.88	0.000 0	−20.17	0.000 0	−11.48	0.000 0
Pedroni 检验	Modified Phillips - Perron t	8.92	0.000 0	9.47	0.000 0		
	Phillips - Perron t	−13.41	0.000 0	−3.97	0.000 0		
	Augmented Dickey - Fuller t	−13.59	0.000 0	−4.12	0.000 0		
WesterLund	Variance ratio	3.61	0.000 2	10.26	0.000 0		

协整检验结果中，Kao 检验、Pedroni 检验和 Wseterlund 检验均表明环境

规制、技术创新与生猪养殖绿色生产效率之间存在协整关系。基于以上分析，使用 Stata15 软件，以原始数据进行系统 Tobit 估计，获得回归 2－1，具体结果如表 5 所示。

表 5　环境规制对生猪养殖绿色生产效率的影响实证分析结果

变量		回归 2－1	回归 2－2	回归 2－3	回归 2－4
$\ln Hjgz^3$	Coef.				0.017 2
	z				0.38
$\ln Hjgz^2$	Coef.			0.075 9**	−0.276 1
	z			2.11	−0.29
$\ln Hjgz$	Coef.	−0.245 5***	−0.106 9**	−1.185 6**	1.224 0
	z	−7.72	−2.76	−2.28	0.19
$\ln PK$	Coef.	−0.363 9***	−0.020 6	−0.160 1	−0.139 6
	z	−2.77	−0.23	−1.73	−1.51
$\ln PL$	Coef.	−0.490 2***	−0.237 7***	−0.132 4***	−0.242 5***
	z	−7.82	−4.64	−3.60	−5.35
$\ln Szjg$	Coef.	0.623 0***			
	z	16.37			
$\ln Szjg_{t-1}$	Coef.		0.123 0***	0.071 2	0.091 1
	z		4.18	1.08	1.37
$\ln Ybyl$	Coef.	−0.008 1**			
	z	−2.51			
$\ln Ybyl_{t-1}$	Coef.		0.030 1***	0.029 9***	0.029 3***
	z		8.53	8.34	8.07
Wald chi2		621.25	149.38	32.57	72.97
Prob>chi2		0.000 0	0.000 0	0.000 0	0.000 0
LR test		101.49	45.25	61.20	47.21

注：***、**、*分别表示解释变量系数在 1%、5%和 10%的置信水平上具有统计显著性。

由于生猪价格与生猪总产值之间存在明显的线性关系，为避免可能造成的内生性影响，我们以变量 $\ln Szjg_{t-1}$ 和变量 $\ln Ybyl_{t-1}$ 作为工具变量进行分析，获得回归 2－2。为进一步检验环境规制对生猪养殖绿色生产效率的变量非线性影响，采用升幂法进行回归。回归 2－2 中，变量 $\ln Hjgz$ 的回归系数为－0.106 9，且在 5%水平下显著，表明环境规制对生猪养殖绿色生产效率存在线性影响。在升幂法中，变量线性关系无法排除变量非线性关系，在回归 2－3 中，

变量 $\ln Hjgz^2$ 的回归系数为 0.075 9 且在 5%水平下显著，这一结果表明环境规制与生猪养殖绿色生产效率存在变量非线性影响。为了进一步检验是否存在高阶变量非线性影响，将变量 $\ln Hjgz^3$ 引入模型，进行回归 2-4，结果显示环境规制与生猪养殖绿色生产效率不存在“N”型或倒“N”型关系。因此，以回归 2-3 的结果解释环境规制与生猪养殖绿色生产效率之间的关系。

回归 2-3 中，变量 $\ln Hjgz^2$ 和变量 $\ln Hjgz$ 的回归系数分别为 0.075 9 和 −1.185 6，且均在 5%水平下显著，表明环境规制对绿色生产效率的影响呈“U”型。计算所得，当变量 $\ln Hjgz$ 取值为 7.81 时达到极值点，即当环境规制政策效力超过 2 465.81 时，增强环境规制对绿色生产效率的影响从抑制转为促进。分析环境规制对绿色生产效率的影响，无法获得直观认识，因此，结合中国 30 个省级行政单位的环境规制政策效力进行分析，具体结果如图 4 所示。

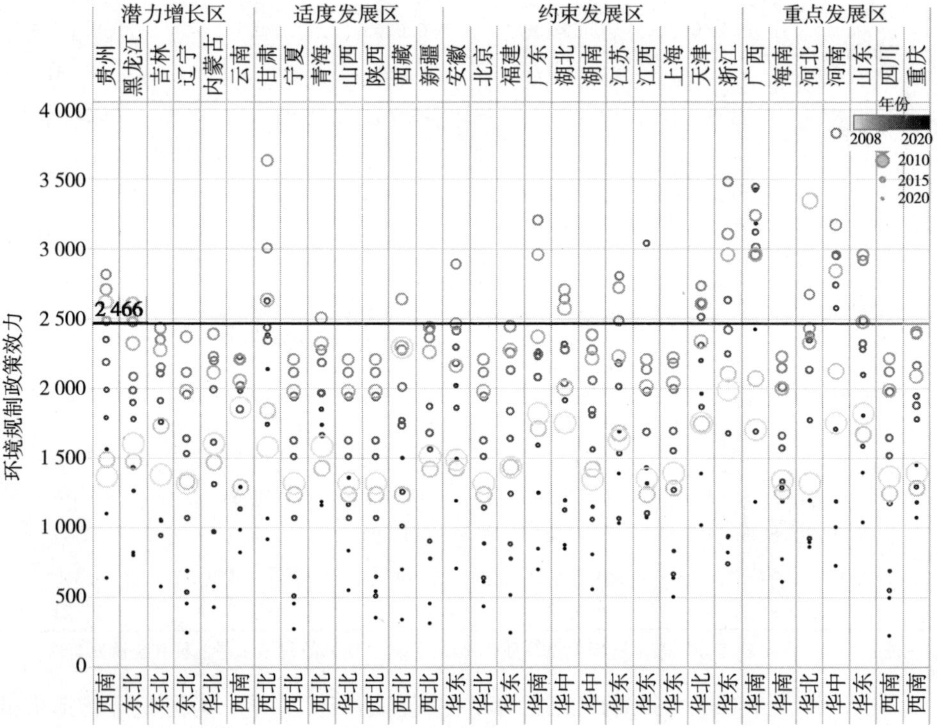

图 4　2008—2020 年中国 31 省生猪养殖环境规制变化趋势

中国各省的环境规制政策效力，基本位于常量线 2 465.81 以下，仅广西的生猪养殖环境规制水平在 2020 年接近对称轴。政府需要继续强化生猪养殖环境规制，同时为避免加剧环境规制与生产效率间的冲突，应进一步探索环境规制提高绿色生产效率的机理，以放大环境规制对绿色生产效率的促进作用，加速环境规制跨越极值点。

三、环境规制下生猪产业链健康的外部冲击约束

自 2013 年以来，我国越发重视对生猪养殖业的环境规制，已出台政策中，有九成涉及生猪养殖。治污取得卓越成效的同时，“关、停、并、转、增、改”等政策对生猪养殖产业造成严重冲击，约束了生猪产业链的健康发展。

（一）生猪产业链健康的外部冲击约束

1. 生猪产业链外部冲击研究现状

外部冲击是经济波动的重要来源，具有突发性和不可预测性，且不为任何主体所控制。近年来，生猪产业链价格体系受到疫病、政府调控等外部冲击的影响，导致生猪价格波动频繁。其中，环境规制除直接影响生猪生产外，仍间接影响产业链应激风险的能力。一方面，通过控制市场存货，缩减价格缓冲空间，降低整条产业链应激风险的能力；另一方面，供给不足会激发产业调控政策的产生，造成宏观政策环境变动。当政策不确定性较高时，企业为规避养殖风险纷纷减产甚至退出市场，拉低生猪供给和外部冲击应对能力。目前主流研究外部冲击的思路是对价格时间序列进行趋势分解，分解所得的随机因子就代表外部冲击因素。对随机趋势的度量刻画则主要采用 Cochrane 提出的方差比统计量来刻画。

2. 基于外部冲击框架的生猪价格超常波动实证

（1）研究方法和数据来源。本研究使用的 2003 年 1 月至 2021 年 12 月生猪产业链环节产品价格包括猪肉（zr）、生猪（sz）和仔猪（zz）的月度价格数据，均来自国家统计局数据库。考虑到价格时间序列受到经济增长的影响，本研究以 2003 年 1 月为基期，对原始价格序列进行 CPI（consumer price index，消费者物价指数）平减，将名义价格转化为实际价格。原始价格序列和经过平减后的价格序列分别如图 5（a）、图 5（b）、图 5（c）所示。

由图 5 可以看出，3 种生猪产业链环节产品价格序列经过 CPI 平减之后并未改变其波动规律和长期增长趋势，其中仔猪价格波动最大，标准差为 11.18 单位，生猪价格波动最小，标准差为 3.80 单位。

利用 X－12 加法调整模型将猪肉价格、生猪价格和仔猪价格分解为不规则要素分量（IR）、季节性波动（SF）和趋势性波动（TF）三部分，然后借助 H－P 滤波法把分解得到的趋势性波动（TF）分解为长期趋势（LT）和周期性波动（CF）。最终把 3 种生猪产业链环节产品价格时间序列分解为长期趋

（a）猪肉

（b）生猪

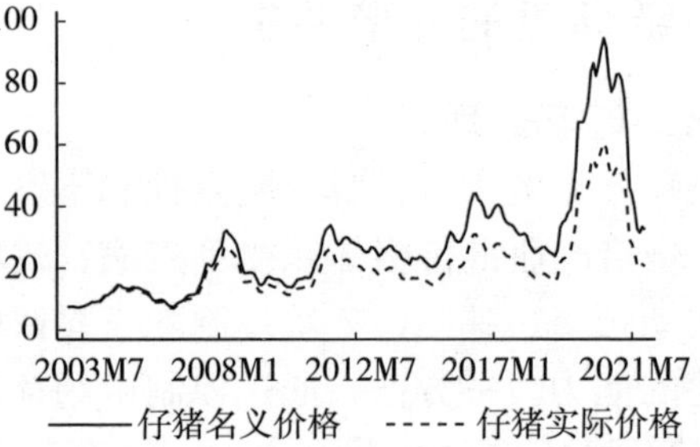

（c）仔猪

图 5　生猪产业链环节产品价格序列

势、季节性波动、周期性波动、随机性波动 4 种波动成分。据此，测算各波动成分对生猪产业链环节产品价格波动的贡献率。

$$P=SF+IR+TF \tag{10}$$

$$TF=LT+CF \tag{11}$$

$$P=SF+CF+IR+LT \tag{12}$$

(2) 生猪产业链环节产品价格时间序列分解。

①猪肉、生猪和仔猪价格波动的长期趋势。猪肉、生猪和仔猪价格波动的长期趋势，如图 6 所示。利用 H－P 滤波方法，对 2000 年 1 月至 2016 年 1 月中国猪肉、生猪和仔猪价格波动的长期趋势进行分析，如表 6 所示。

据图 6 可知，可将猪肉、生猪和仔猪价格的长期趋势划分为若干波动周期：一是将猪肉价格波动划分为 5 个波动周期，依次为 2003 年 5 月—2006 年 4 月、2006 年 5 月—2010 年 4 月、2010 年 5 月—2015 年 2 月、2015 年 3 月—2018 年 4 月及 2018 年 5 月—2021 年 8 月；二是将生猪价格波动划分为 5 个波动周期，依次为 2003 年 5 月—2006 年 4 月、2006 年 5 月—2010 年 4 月、2010 年 5 月—2015 年 1 月、2015 年 2 月—2018 年 4 月及 2018 年 5 月—2021 年 8 月；三是将仔猪价格波动划分为 5 个波动周期，依次为 2003 年 5 月—2006 年

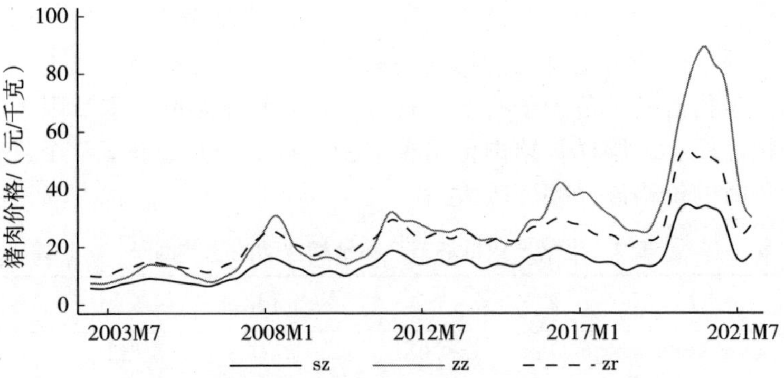

图 6　生猪产业链环节产品价格波动的长期趋势

5 月、2006 年 6 月—2010 年 4 月、2010 年 5 月—2014 年 12 月、2015 年 1 月—2018 年 10 月及 2018 年 11 月—2021 年 11 月。

表 6　2003—2021 年中国生猪产业链环节产品价格波动周期

项目		第一周期	第二周期	第三周期	第四周期	第五周期
猪肉	周期	2003M5—2006M4	2006M5—2010M4	2010M5—2015M2	2015M3—2018M4	2018M5—2021M8
	波长	36 个月	48 个月	58 个月	38 个月	40 个月
	波峰位置	2004M9	2008M2	2011M9	2016M6	2020M2
生猪	周期	2003M5—2006M4	2006M5—2010M4	2010M5—2015M1	2015M2—2018M4	2018M5—2021M8
	波长	36 个月	48 个月	57 个月	39 个月	40 个月
	波峰位置	2004M9	2008M3	2011M9	2016M9	2020M2
仔猪	周期	2003M5—2006M5	2006M6—2010M4	2010M5—2014M12	2015M1—2018M10	2018M11—2021M11
	波长	37 个月	47 个月	56 个月	47 个月	37 个月
	波峰位置	2004M10	2008M5	2011M9	2016M6	2020M8

综合来看，样本区间内生猪产业链环节产品价格长期增长幅度大小依次为：仔猪（24 个月）、生猪（23 个月）、猪肉（23 个月）。由图 6 还可看出，2012 年之后的仔猪长期增长速度快于猪肉价格。

②猪肉、生猪和仔猪价格的季节性波动。产品价格季节性波动主要指由于季节因素而产生的供给与需求不平衡所造成的波动。本研究利用 Eviews 8.0 分解得到的 3 种生猪产业链环节产品价格波动的季节性因子，如表 7 所示。

由表 7 可见，一是季节特征明显并存在差异。猪肉、生猪和仔猪价格季节因子波动区间分别为：[−0.792 1，0.643 9]、[−0.487 3，0.470 4]、[−0.621 4，0.798 3]，其中生猪价格季节因子波动区间最小。二是季节因素有拉抬仔猪价格的作用。波动方向上，仔猪价格季节因子有 4 个月为正，8 个月为负，季节因子为正时的价格波动幅度较大。三是季节因素有抑制生猪价格的作用。生猪价格季节因子有 8 个月为正，4 个月为负，季节因子为正时的价格波动幅度较小。同样，猪肉价格季节因子有 7 个月为正，5 个月为负，季节因子为负时的价格波动幅度较大。

表 7　生猪产业链环节产品价格波动的季节因子

项目	1	2	3	4	5	6
猪肉	0.643 9	0.575 9	0.070 5	−0.465 3	−0.792 1	−0.616 0
生猪	0.470 4	0.225 3	0.025 4	−0.256 0	−0.487 3	−0.417 5
仔猪	−0.283 6	−0.047 4	0.798 3	0.524 5	−0.266 5	−0.621 4

项目	7	8	9	10	11	12
猪肉	0.010 1	0.581 3	0.221 4	0.212 7	−0.411 6	−0.030 8
生猪	0.009 5	0.392 9	0.146 6	0.057 0	−0.259 5	0.093 3
仔猪	−0.100 5	0.696 4	0.456 0	−0.045 8	−0.572 9	−0.537 0

我国生猪和猪肉价格的季节性波动趋势基本一致，综合来看，生猪和猪肉价格的季节性波动由供需、错配两方面原因造成：一是供给的季节性波动。冬季母猪繁育水平和仔猪存活率都相对较低，导致未来育肥猪供给锐减；二是需求的季节性波动。我国主要节假日大多集中在冬季，极大增加了肉类需求。然而，生猪出栏到猪肉上市间滞后期较短，导致生猪价格和猪肉价格的季节性波动具有很强的同步性。

③猪肉、生猪和仔猪价格的周期性波动。农产品价格周期性波动是指长期内出现多个价格波峰和波谷的价格趋势。通过周期趋势分解可得到生猪产业链环节产品价格周期性序列，如图 7 所示。

由图 7 可知，猪肉、生猪和仔猪价格均存在周期性波动。对猪周期的划分可以是“波谷—波谷”“波峰—波峰”，本文按照包含一次波峰与波谷的“零值—零值”的划分方法对生猪价格进行周期划分。

猪肉价格大致可以被划分为五次大的周期性波动，分别是 2003 年 9 月—2007 年 8 月、2007 年 9 月—2011 年 10 月、2011 年 11 月—2014 年 12 月、2015 年 1 月—2019 年 10 月、2019 年 11 月—2021 年 4 月。周期长度分别为 48、50、38、58 和 18 个月。五个周期峰谷落差分别为 3.251 8、2.577 8、3.417 2、12.595 1 和 9.986 4 个单位。

生猪价格大致可以被划分为五次大的周期性波动，分别是 2003 年 9 月—2007 年 8 月、2007 年 9 月—2011 年 10 月、2011 年 11 月—2015 年 1 月、2015

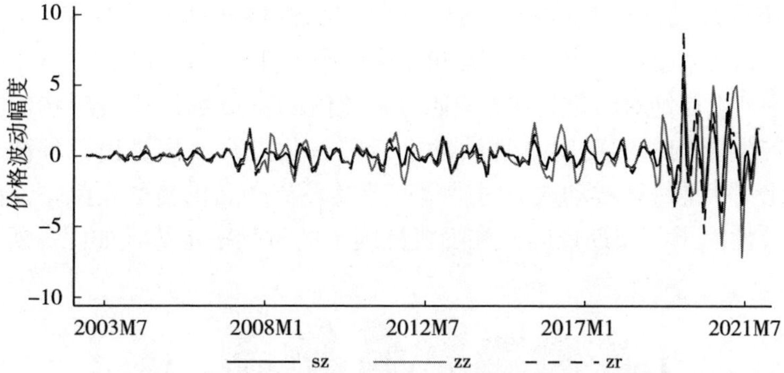

图 7　生猪产业链环节产品的周期性波动序列

年 2 月—2019 年 10 月、2019 年 11 月—2021 年 4 月。周期长度分别为 48、50、39、57 和 18 个月。五个周期峰谷落差分别为 1.705 9、1.767 1、2.702 6、8.166 6、6.908 2 个单位。可见，生猪价格周期性波动的波动幅度呈现先减小再增大的趋势。

仔猪价格大致可以被划分为五次大的周期性波动，分别是 2003 年 9 月—2007 年 8 月、2007 年 9 月—2011 年 10 月、2011 年 11 月—2015 年 9 月、2015 年 10 月—2019 年 11 月、2019 年 12 月—2021 年 10 月。仔猪周期性波动有两大特点：其一，仔猪波动的前四个周期长度相差不大，分别为 48、50、47 和 50 个月，第五个波动周期明显缩短，为 23 个月；其二，五个周期的峰谷落差分别为 3.080 8、3.547 7、4.371 0、10.692 3 和 12.173 9 个单位，第一个周期波动幅度最小，第五个周期波动幅度最大，且第三个、第四个和第五个大周期中带有明显的小周期波动。

总体上看，仔猪价格周期性波动比生猪与猪肉价格周期性波动提前，波动幅度也要大于生猪价格和猪肉价格。但其中生猪价格和猪肉价格周期性波动规律非常接近，具备一定的联动效应。

④猪肉、生猪和仔猪价格的超常波动。超常波动是指外部冲击所导致的价格短期随机性波动，具有无序性、无规律性、超涨或超跌的特点。通过对以上生猪产业链环节产品价格波动的趋势分解可以发现，2003 年 1 月—2021 年 12 月始终存在随机波动情况，而剧烈的价格短期波动通常是由猪疫病、食品安全事件、重大政策调整等不规则因素冲击造成的。

生猪产业链上承受外部冲击最薄弱的环节在哪里？为回答此问题，本研究基于以上分析结果，进一步讨论季节性因子、周期性因子和随机性因子在生猪产业链环节产品价格波动中的贡献，尤其是引致超常波动的随机性因子对猪肉、生猪和仔猪的波动周期和波动幅度的影响。

（3）不同波动成分对生猪产业链环节产品价格波动的贡献率。首先，本研究对分解得到的生猪产业链环节产品价格中的季节性因子、周期性因子和随机性因子的时间序列进行绝对值化处理，原始分解数值的正负号仅代表影响的方向，而对程度不产生影响，然后对 3 种波动进行归一化处理，测算出每种波动所占比例，这个比例就是每种波动成分对生猪产业链环节产品价格的贡献率。归一化处理后的季节性因子、周期性因子和随机性因子的贡献率走势，如图 8 所示。

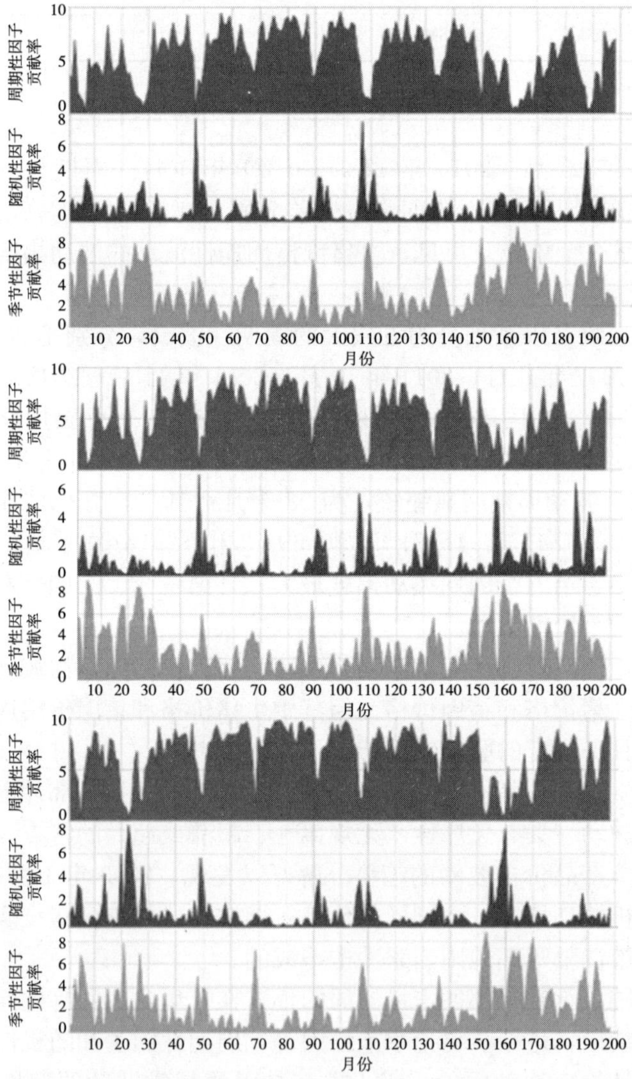

图 8　季节性因子、随机性因子、周期性因子对生猪产业链各环节产品贡献率

由图 8 可知，生猪产业链环节产品价格波动的各因素中，季节性因子和随机性因子贡献率呈同向波动关系，与周期性因子贡献率存在明显的反向关系趋势。可以推断季节性因子和随机性因子对价格波动的周期性具有干扰效应，是干扰价格波动规律、造成价格超常波动的主要原因。但对于节假日与气候因素等较为固定的季节因素，市场主体可以通过调整养殖策略来应对，从而规避掉很大一部分季节因素的影响，因此，随机性因子成为生猪价格超常波动的最大驱动。

对归“1”化处理之后的 3 种波动因子贡献率取平均值，得到季节性波动、周期性波动、随机性波动对生猪产业链环节产品价格的平均贡献率，如表 8 所示。

表 8　3 种波动因子对生猪产业链环节产品价格的贡献率

单位：%

成分	季节性因子（*SF*）	周期性因子（*CF*）	随机性因子（*IR*）
仔猪	22.39	66.26	11.35
生猪	32.48	57.34	10.18
猪肉	33.93	55.69	10.39

表 8 显示，在月度生猪产业链环节产品价格变化中，周期性因子对价格波动影响的平均贡献率最大，是影响生猪产业链环节产品价格波动最主要的因素，其次是季节性因子，最后是随机性因子。虽然从贡献率来看，随机因子对生猪价格波动的贡献率最小，但由于外部冲击具有突发性和随机性，在短期内会对生猪市场造成巨大冲击。

猪肉、生猪和仔猪价格波动中的随机性因子贡献率均超过 10%，其中仔猪价格受随机性因子的影响最大。两方面原因使然：①仔猪免疫力偏低极易受到疫病冲击。一方面，二元母猪受疫病冲击，影响产仔率。另一方面，仔猪本身会受到特有疫病冲击，影响仔猪存活率。②养殖主体的非理性决策。我国目前养殖户仍然有 50%为散户，其进入和退出市场门槛较低，追求短期利润，抗风险能力差，更容易受到外部冲击的影响。

为了从外部冲击维度界定超常波动的内涵，本研究进一步分析随机因素对三类生猪产品价格超常波动的关键性影响，即度量外部冲击对猪肉、生猪和仔猪价格的持续性影响。

（4）外部冲击对生猪价格波动的持续性影响。通过以上分析，本研究发现外部冲击是引起生猪价格超常波动的关键原因。那么如何度量外部冲击对价格的持续性影响是本部分要解决的问题。在上述时间序列分解的基础上，进一步用方差比检验来测定外部冲击对波动的影响。方差比检验由 Cochrane 提出，其原理是通过定义方差比统计量来度量随机冲击对波动和周期产生的影响。方差比统计量定义如下

$$R_k=\frac{k^{-1}V_k}{V_1} \tag{13}$$

令 k 趋于无穷大则有

$$R=\lim_{k\to\infty}R_k \tag{14}$$

其中，R_k 为向前 k 阶差分的方差，即随着 k 趋于无穷大，度量的是时间序列的长期波动。R 所度量的是随机冲击对时间序列增长率波动的影响。Cochrane 认为，尽管随机冲击对经济产生持久性影响，但当期的随机冲击对未来 k 期的波动的影响会逐渐减弱。通过计算得到的猪肉、生猪和仔猪价格波动受外部冲击的长期影响，如图 9 所示。

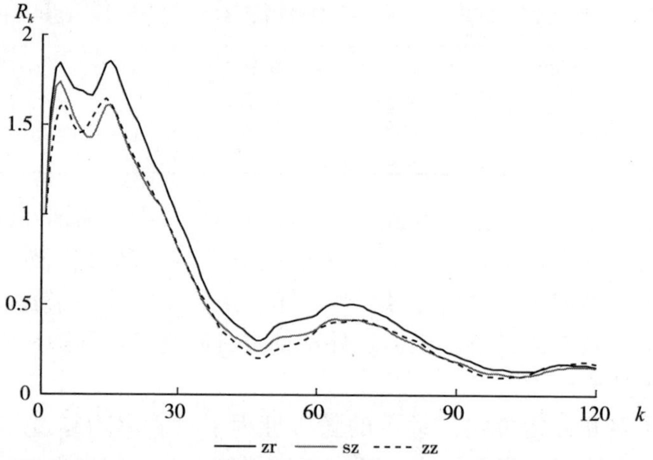

图 9　外部冲击对生猪产业链环节产品价格的长期影响

图 9 中纵轴表示 R_k 的值，横轴表示滞后期 k，由图 9 可以看到，外部冲击对生猪产业链环节产品价格的冲击是巨大的，在当期发生一个外部冲击时，外部冲击对生猪产业链环节产品价格的影响快速扩大，在滞后 5 期时达到一个峰值，随后开始减弱，在滞后 10 期时达到一个波谷，接着再上升，外部冲击对猪肉价格的影响在滞后 15 期时达到最大值 1.85，对生猪和仔猪价格的影响在滞后 14 期时达到最大值，分别为 1.74 和 1.64，随后快速下降，在长期收敛于 0.17 左右。这说明外部冲击对价格波动的影响具有长期性，且影响较大的持续期为一年半左右。另外，由于外部环境的复杂性，各种外部冲击交错叠加，导致外部冲击对价格波动的影响也具有一定波动性。

3. 差异化疫情冲击下生猪养殖主体短期供给反应研究

（1）基于生产理论的模型框架设定。农产品市场是比较接近于完全竞争市场的一种交易市场。生猪隶属农产品，本研究假设生猪交易市场是完全竞争市场。在此市场中，产品无差异，供给者和消费者都是价格接受者。生猪养殖主体在养殖过程中，会根据各种因素选择决策，以使生产成本最小化。C－D生产函数是比较重要的生产函数，也适合模拟农产品的生产活动，本文选择该函数为生猪的生产函数，为了简化分析，本文假设生猪生产只有两种投入要素：分别为资本（K）、劳动（L），生产函数如下

$$Y_t = AK_t^{\alpha}L_t^{\beta}e^{\mu_t^*} \tag{15}$$

式中，t 表示某一生产时期，Y_t 表示 t 时期净产量（kg/头），即生猪出栏重量减去仔猪重量，A 表示养殖者的疫病应对能力，α 表示资本产出弹性，β 表示劳动产出弹性，μ_t^* 表示生产者对疫病风险大小的预期。（$\alpha+\beta$）代表了生猪养殖的规模报酬，如果该值大于1，则说明规模报酬递增；如果该值等于1，则说明规模报酬不变；如果该值小于1，则说明规模报酬递减。

本研究基于以上研究结论进行模型构建，也即生猪生产的规模报酬递减，各个要素的产出弹性之和小于1。养殖者在决定生产投入的过程中要受到成本约束，要接受既定的劳动价格和资本价格，那么养殖者的生产成本函数为

$$C(Q_t) = \omega_t L_t + r_t K_t \tag{16}$$

假设生猪生产量为 q_0，养殖主体要在式（17）的约束条件下选择最佳的生产投入方式，最小化和的值，式（17）如下

$$AK_t^{\alpha}L_t^{\beta}e^{\mu_t^*} = q_0 \tag{17}$$

这是在约束条件下的最优化问题，可用拉格朗日乘数法计算解得，构造拉格朗日函数如下

$$\Phi_t = \omega_t L_t + r_t K - \lambda(AK_t^{\alpha}L_t^{\beta}e^{\mu_t^*} - q_0) \tag{18}$$

分别对和求偏导，并令其等于0，然后可求得最优化的和为

$$L_t = \left(\frac{\beta r_t}{\alpha \omega_t}\right)^{\frac{\alpha}{\alpha+\beta}} \times \left(\frac{q_0}{e^{\mu_t^*}A}\right)^{\frac{1}{\alpha+\beta}} \tag{19}$$

$$K_t = \left(\frac{\alpha \omega_t}{\beta r_t}\right)^{\frac{\beta}{\alpha+\beta}} \times \left(\frac{q_0}{e^{\mu_t^*}A}\right)^{\frac{1}{\alpha+\beta}} \tag{20}$$

式（19）、式（20）是生产时的最优化投入，将换成任意产出，便可以得出任意产出的最优投入组合，根据最优投入组合可以得出最优的成本函数为

$$C_t = \omega_t^{\beta/(\alpha+\beta)} \times r_t^{\alpha/(\alpha+\beta)} \times \left[\left(\frac{\alpha}{\beta}\right)^{\beta/(\alpha+\beta)} + \left(\frac{\alpha}{\beta}\right)^{-\alpha/(\alpha+\beta)}\right] \times \left(\frac{Q_t}{Ae^{\mu_t^*}}\right)^{1/(\alpha+\beta)} \tag{21}$$

(2) 基于利润最大化理论的供给模型设定。在本研究前面的论述中，已经假设生猪市场是完全竞争市场，各个养殖主体都是市场价格的接受者，他们只能在既定的价格下来选择其生产决策。根据微观经济学中利润最大化理论，当价格等于边际成本时，即生产者实现其利润最大化。在完全竞争市场中，生产者的短期供给曲线可以用短期边际成本（Short marginal cost，SMC）曲线的一部分表示，这部分曲线在平均变动成本曲线之上。本文研究的是在利润最大化条件下的生产者供给反应，所以不需要对 SMC 曲线做取舍，可以直接表示短期供给曲线。生猪生产的边际成本曲线如下

$$MC_t = \omega_t^{\beta/(\alpha+\beta)} \times r_t^{\alpha/(\alpha+\beta)} \times \left[\left(\frac{\alpha}{\beta}\right)^{\beta/(\alpha+\beta)} + \left(\frac{\alpha}{\beta}\right)^{-\alpha/(\alpha+\beta)}\right] \times \left(\frac{1}{Ae^{\mu_t^*}}\right)^{1/(\alpha+\beta)} \times \frac{Q_t^{(1-\alpha-\beta)/(\alpha+\beta)}}{\alpha+\beta} \tag{22}$$

根据以上条件，养殖者的供给反应函数为

$$P_t^* = \omega_t^{\beta/(\alpha+\beta)} \times r_t^{\alpha/(\alpha+\beta)} \times \left[\left(\frac{\alpha}{\beta}\right)^{\beta/(\alpha+\beta)} + \left(\frac{\alpha}{\beta}\right)^{-\alpha/(\alpha+\beta)}\right] \times \left(\frac{1}{Ae^{\mu_t^*}}\right)^{1/(\alpha+\beta)} \times \frac{Q_t^{(1-\alpha-\beta)/(\alpha+\beta)}}{\alpha+\beta} \tag{23}$$

为了便于分析，要简化式（23），令 $\alpha+\beta=c$，

$$\omega_t^{\beta/(\alpha+\beta)} \times r_t^{\alpha/(\alpha+\beta)} \times \left[\left(\frac{\alpha}{\beta}\right)^{\beta/(\alpha+\beta)} + \left(\frac{\alpha}{\beta}\right)^{-\alpha/(\alpha+\beta)}\right] = M \tag{24}$$

由于对函数式求对数不会改变函数的性质，而且还会使函数趋于线性，因此求对数后的生猪供给反应函数为

$$\ln Q_t = \frac{1}{1-c}(\ln A + \mu_t^* + c\ln c - c\ln M + c\ln P_t^*) \tag{25}$$

(3) 基于预期理论的供给模型讨论。式（25）的供给反应函数有疫病预期和价格预期。预期虽是一种心理现象，但却影响着经济主体的行为。预期理论的发展经历了天真型预期、适应性预期、理性预期几个阶段，其中 Nerlove 提出的适应性预期，比较适合农产品的研究。适应性预期是指经济主体在生产过程中根据自己过去预期决策时所犯错误的程度不断修正以后的预期，即假定生产者可以根据过去的经验来调整对预期的判断。在本研究中，对疫病风险的预期则采用适应性预期模型，其基本形式如下

$$\mu_t^* = \mu_{t-1}^* + \eta(\mu_{t-1} - \mu_{t-1}^*) \tag{26}$$

式中，μ_t^*、μ_{t-1}^* 分别表示 t 期、$t-1$ 期的疫病风险预期，η 为适应性调整系数。

对于预期价格，为了研究的需要，将其作为中介变量来连接供给量和疫病因子。价格的变化是由多种因素引起的，在本研究中，除了疫病因素以外，不考虑其他引起价格变化的因素，也即在假设其他条件不变的情况下，研究疫病对预期价格的影响。疫病冲击对价格的影响是非常复杂的，很难明确指出由疫

病导致的价格涨跌。为了本研究分析的需要，只能选择一个视角来分析疫病对价格的影响，虽然该视角的选择不尽完善，但也能在一定程度上解释价格变化的原因。假设在 $t-1$ 时期生猪市场处于均衡状态，养殖者在此期预测 t 期的价格，养殖者根据疫病对需求的影响来预期价格。当疫病处于小规模时，屠宰加工企业相信养殖者应对疫病的能力，另外由于信息不对称，消费者并不知道有疫病发生，因此，生猪的需求量不会发生改变，价格也不会改变，因此 $P_t^*=P_{t-1}$；当发生大规模疫病冲击时，屠宰加工企业会考虑到疫病对消费者的影响，会适当减少生猪的需求量，消费者也能够获得关于疫病的信息，出于安全着想，其会减少猪肉的消费，在供给不变的情况下，需求减少，价格下降，因此 $P_t^*=P_{t-1}e^{\mu_t^*}$，此处 μ_t^e 为负，随着疫病风险程度的增加，预期价格逐渐下降。综合以上分析，预期价格与疫病预期的关系可表示为

$$P_t^*=\begin{cases}P_{t-1} & \text{当为小规模常见病、非常见病时}\\ P_{t-1}e^{\mu_t^*} & \text{当为大规模常见病时}\end{cases} \tag{27}$$

此时，已求出了预期价格和预期疫病的关系式，将式（27）带入式（28），可以得到不同范围疫病预期与供给量之间的关系，关系式如下

$$\ln Q_t=\frac{1}{1-c}(\ln A+\mu_t^*+c\ln c-c\ln M+c\ln P_{t-1}) \tag{28}$$

$$\ln Q_t=\frac{1}{1-c}(\ln A+(c+1)\mu_t^*+c\ln c-c\ln M+c\ln P_{t-1}) \tag{29}$$

式（28）是小规模常见病或小规模非常见病冲击时的供给反应函数，式（29）是大规模常见病冲击时的供给反应函数。

（二）环保与供给保障目标冲突下生猪产业链健康发展分析

1. 环保与供给保障冲突的理论与经济模型分析

理性小农理论认为养殖主体是精打细算的经济人，在权衡成本、收益和风险时，能合理配置生产要素以最大化生产利润。本研究将环境规制要素引入 C-D 生产函数，分析生猪养殖环境规制对供给的影响。中国生猪养殖以自繁自养为主，对于非自繁自养的企业，在考虑产业链上下游契约关系后，仍可将其近似看作自繁自养型主体进行分析。此类主体，在仔猪育肥环节中需要投入能繁母猪 X_1 和包括仔猪、饲料投入的其他生产要素 X_2，并以生产函数 $Y=f(X_1,X_2)$ 进行生产。其生产成本为 $C=w_1X_1+w_1X_1$，其中 w_i 为生产要素 X_i 的使用价格。参考尤济红等设定的政府强制环境规制条件，分析不同环境规制情况下养殖主体的生产情况，并以 t 标记不同情境。设定 $t=0$ 表示尚未进行环境规制的情景，$t=1$ 为短期内进行环境规制的情境，$t=2$ 为长期内进

行环境规制的情境，$t=2+k$ 为长期内环境规制强度变化的情境。在 $t=1$ 时，环境规制仅影响生产要素 X_2 的价格，在 $t=2$ 时，环境规制可以同时影响生产要素 X_1 和 X_2 的价格。基于理性小农理论，养殖主体在等产出线和等成本线的交点 E_0 进行生产，最优要素投入分别是 E_{A0} 和 E_{B0}。具体如图 10（a）所示。

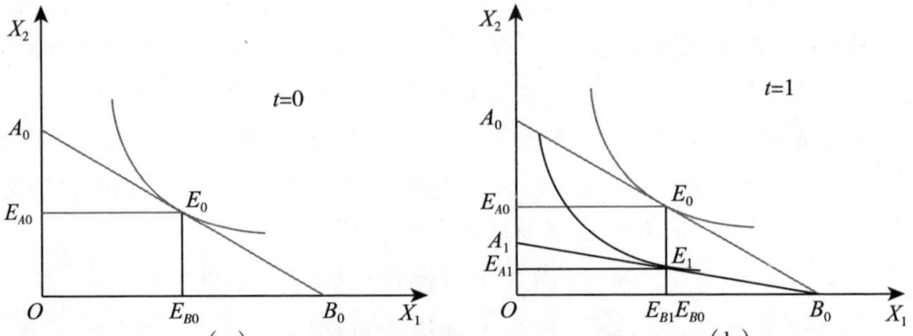

（a）　　（b）

图 10　生猪养殖主体的投入与产出变化示意

对养殖主体而言，环境规制意味着外部成本内部化，需要为生产要素支付额外的治污成本，相当于要素价格提升。$t=1$ 时，生产要素不可自由调整，仅生产要素 X_2 的价格发生变化，等成本线从 A_0B_0 变为 A_1B_0。其中，A_0A_1 为环境规制下养殖主体投入的额外成本，在实际生产中主要表现为缴纳环境税或购买排污权的成本。此时，企业仍然以利润最大化和成本最小化的方式进行生产，其产出水平依然为等产量线和等成本线的切点，即 E_1 点。与 $t=0$ 时相比，生猪等产量线下移，即产出减少，最优要素投入分别是 E_{A1} 和 E_{B1}，如图 10（b）所示。基于以上分析本研究提出假设 A：加强环境规制会减少生猪供给。

本文参考温忠麟等的研究，以逐步法分析调节效应，具体模型如下

$$Z=aX+e_1$$

$$Z=a'X+bY+cX\times Y+e_2 \tag{30}$$

式中，Z 为被解释变量，X 为解释变量，Y 为调节变量，a、a'、b、c 为回归系数，e_1、e_2 为残差项。

由于生猪出栏量通常会受养殖主体预期的影响，在分析生猪供给时，需要考虑生猪供给自身的影响，需构建动态面板模型。为保证估计结果的一致性，本研究进行系统 GMM（gaussian mixture model，混合高斯模型）估计。设定环境规制对生猪供给影响的计量模型如下

$$\begin{aligned}\ln Szcl_t= & \alpha_0 \ln Szcl_{t-1}+\alpha_1 \ln Hjgz_t+\alpha_2 \ln Szjg_t \\ & +\alpha_3 \ln PK_t+\alpha_4 \ln PL_t+\alpha_5 \ln Ybyl_t+\mu\end{aligned} \tag{31}$$

对面板数据进行回归分析时，需要保证数据平稳。常用检测方法包括 HT 检验、LLC 检验和 IPS 检验三种，分别针对短面板、长面板及样本较少的情况。因此，本研究以 HT 检验和 IPS 检验为准，具体检验结果如表 9 所示。

表 9　单位根检验结果

变量	HT 检验	IPS 检验	变量	HT 检验	IPS 检验
$\ln Szcl_t$	1.000 0	1.000 0	$d\ln Szcl_t$	0.000 0	0.000 0
$\ln Hjgz_t$	1.000 0	1.000 0	$d\ln Hjgz_t$	0.000 0	0.000 0
$\ln Yzjg_t$	0.001 5	0.766 6	$d\ln Yzjg_t$	0.000 0	0.000 0
$\ln Szjg_t$	0.000 0	0.682 8	$d\ln Szjg_t$	0.000 0	0.000 0
$\ln PK_t$	0.007 3	0.899 0	$d\ln PK_t$	0.000 0	0.000 0
$\ln PL_t$	0.969 6	0.006 8	$d\ln PL_t$	0.000 0	0.000 0
$\ln Ybyl$	0.000 0	0.000 0	$d\ln Ybyl$	0.000 0	0.000 0

根据 HT 检验结果，变量 $\ln Szcl$、$\ln Hjgz_t$、$\ln PK$ 和 $\ln PL$ 并未通过单位根检验，即数据非平稳，直接进行回归分析可能会导致伪回归，无法保证结果的一致性。已有处理方法包括差分处理和协整检验两种，由于差分处理会改变数据的原始经济含义，在差分处理后数据平稳且原始数据存在协整关系的情况下，使用原始数据进行分析的解释能力更强。常用的协整检验方法包括 KAO 检验、Pedroni 检验和 WesterLund 检验 3 种，具体结果如表 10 所示。

根据协整检验结果，3 种检验结果均表明构建的计量模型各变量间存在协整关系，协整的数据可以直接进行回归，不会产生伪回归。

表 10　协整检验结果

协整检验		Statistic	p - value
KAO 检验	Modified Dickey - Fuller t	5.126 1	0.000 0
	Dickey - Fuller t	8.558 5	0.000 0
	Augmented Dickey - Fuller t	4.771 5	0.000 0
	Unadjusted modified Dickey - Fuller t	4.240 3	0.000 0
	Unadjusted Dickey - Fuller t	6.321 7	0.000 0
Pedroni 检验	Modified Phillips - Perron t	6.357 8	0.000 0
	Phillips - Perron t	−8.688 3	0.000 0
	Augmented Dickey - Fuller t	−8.397 1	0.000 0
WesterLund 检验	Variance ratio	3.247 6	0.000 6

系统 GMM 估计需要进行 Sargan 检验（过度识别）和 Abond 检验（序列相关）。根据检验结果选用二阶段系统 GMM 估计，如回归（3-3）所示。在回归（3-3）中，变量 $\ln Szjg_t$ 的系数为−0.067 3，即第 t 期生猪出栏量会随出栏价格降低而提高，与实际生产不符，可能是由于因果倒置所致。周晶等分析生猪生产波动时得出类似观点，并将前一期价格作为工具变量进行分析。参考这一设置，将 $\ln Szjg_t$ 设置为内生变量，并以 $\ln Szjg_{t-1}$ 作为工具变量。为避免环境规制、疫病因素与生猪出栏量之间存在内生性的问题，借鉴引入 $\ln Szjg_{t-1}$ 的方法构建环境规制的工具变量。对变量 $\ln Hjgz_t$ 和变量 $\ln Ybyl_t$ 进行滞后处理，以变量 $\ln Hjgz_{t-1}$ 和变量 $\ln Ybyl_{t-1}$ 作为工具变量进行分析，具体结果如回归（3-4）所示，核心解释变量的回归系数和显著性均无明显变化，表明回归结果真实可靠。具体结果如表 11 所示。

表 11　环境规制对生猪供给的影响实证分析结果

变量		回归 3-1（一步法）	回归 3-2（Robust）	回归 3-3（两步法）	回归 3-4（内生估计）	回归 3-5（差分 GMM）
$\ln Szcl_{t-1}$	coef.	1.075 2***	1.075 2***	1.075 9***	1.043 5***	0.673 0***
	t 值	53.79	33.73	266.53	47.19	10.15
$\ln Hjgz_t$	coef.	0.037 8*	0.037 8	0.036***	−0.017 1	−0.014 7
	t 值	1.86	1.46	10.61	−1.31	−0.90
$\ln Hjgz_{t-1}$	coef.				−0.062 9***	−0.066 4**
	t 值				−2.87	−2.12
$\ln Szjg_t$	coef.	−0.067 5***	−0.067 5***	−0.067 3***	−0.082 3***	−0.107 0***
	t 值	−3.25	−3.11	−13.68	−6.02	−5.30
$\ln Szjg_{t-1}$	coef.				0.177 1***	0.167 8***
	t 值				12.61	8.91
$\ln PK_t$	coef.	−0.012 1	−0.012 1	−0.008 0	−0.105 5***	−0.195 9***
	t 值	−0.18	−0.14	−1.05	−4.48	−5.52
$\ln PL_t$	coef.	−0.095 9***	−0.095 9***	−0.096 0***	−0.143 4***	−0.187 6***
	t 值	−4.13	−2.96	−37.28	−16.55	−5.47
$\ln Ybyl_t$	coef.	−0.005 1**	−0.005 1***	−0.005 3***	−0.004 8***	−0.005 6***
	t 值	−2.50	−2.58	−14.26	−3.62	−3.93
$\ln Ybyl_{t-1}$	coef.				−0.013 4***	−0.014 5***
	t 值				−7.41	−6.76

（续）

变量		回归 3-1（一步法）	回归 3-2（Robust）	回归 3-3（两步法）	回归 3-4（内生估计）	回归 3-5（差分 GMM）
Abond	AR2		−1.445 9	−1.388 5	−0.936 8	−1.580 3
检验	*P* 值		0.148 3	0.165 0	0.348 9	0.114 0
Sargan	Chi2	307.14		29.34	26.80	21.91
检验	*P* 值	0.000 0		1.000 0	1.000 0	1.000 0

注：***、**、*分别表示解释变量系数在1%、5%和10%的置信水平上具有统计显著性。

在回归（3-4）中，变量 $\ln Szcl_{t-1}$ 的回归系数为 1.043 5，且在 1%水平下显著，表明第 t 期的生猪供给受第 $t-1$ 期生猪供给影响，即生猪养殖存在“惯性”。王刚毅等从资本角度出发，认为“惯性”的产生是由于养殖主体的饲养行为存在进入和退出壁垒。

变量 $\ln Hjgz_{t-1}$ 的回归系数为−0.062 9，且在 1%水平下显著，表明环境规制政策效力每增加 1%，生猪供给就会减少 0.06%，因此假设 A 得证。

变量 $\ln Szjg_{t-1}$ 的回归系数为 0.177 1，且在 1%水平下显著为正，表明生猪价格每提高 1%，生猪产量会增加 0.18%。这一结论与王宏梅等提出的良好的价格预期和稳定的合作正向影响生猪出栏量的观点一致。

变量 $\ln PK_t$ 和变量 $\ln PL_t$ 的回归系数分别为−0.105 5 和−0.143 4，且均在 1%水平下显著，表明劳动和资本生产要素价格提高会导致养殖主体减产，这一结论符合生产函数的基本假设。变量 $\ln Ybyl_{t-1}$ 的回归系数为−0.013 4，且在 1%水平下显著，表明疫病严重程度每增加 1%，生猪供给就会减少 0.01%。

对比各变量的回归系数可知，变量 $\ln Szjg_{t-1}$ 的回归系数的绝对值最大，其次是变量 $\ln PL_t$ 和变量 $\ln PK_t$，表明市场需求和生产要素价格是目前影响中国生猪供给的主要因素。

变量 $\ln Hjgz_{t-1}$ 的回归系数是变量 $\ln Ybyl_{t-1}$ 的回归系数的 4.69 倍，可见相比于疫情的影响，环境规制对生猪供给的影响更大。

2. 养殖结构在环境规制影响生猪产业链发展中的调节效应

基于理论分析，生猪养殖环境规制、养殖结构和生猪供给间的关系如图 11 所示。

如图 11 所示，生猪养殖环境规制对生猪供给存在线性抑制作用，养殖结构能够调节环境规制对生猪供给的抑制作用。

为检验养殖结构在环境规制对生猪供给影响中的调节效应，基于公式

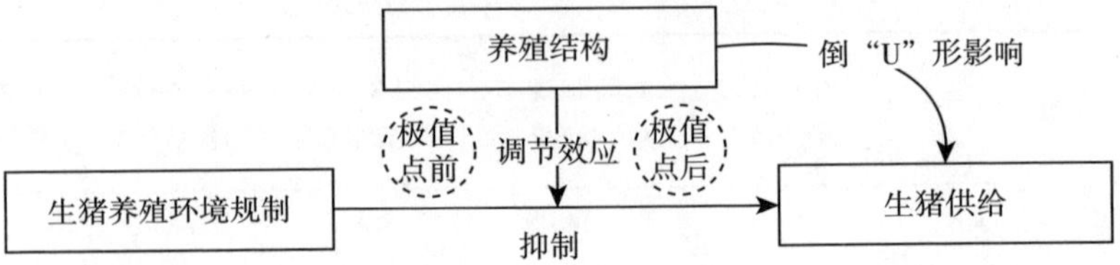

图 11　生猪养猪环境规制、养殖结构与生猪供给关系示意

（30）将实证分为两个阶段：

$$\ln Szcl_t = \alpha_0 \ln Szcl_{t-1} + \alpha_1 \ln Hjgz_t + \alpha_2 \ln Yzjg_t + C + \mu$$

$$\ln Szcl_t = \beta_0 \ln Szcl_{t-1} + \beta_1 \ln Hjgz_t + \beta_2 \ln Yzjg_t + \beta_2 \ln Hjgz_t \times \ln Yzjg_t + C + \mu \tag{32}$$

式中，变量 $\ln Hjgz_t \times \ln Yzjg_t$ 为变量 $\ln Hjgz_t$ 和变量 $\ln Yzjg_t$ 的交互项，C 表示控制变量及其回归系数。若养殖结构与生猪供给存在变量非线性影响，其调节效应模型依据倒"U"形关系的极值点设定虚拟变量，以便进一步识别养殖结构在极值点前、后调节效应的差异。具体模型如下

$$\ln Szcl_t = \alpha_0 \ln Szcl_{t-1} + \alpha_1 \ln Hjgz_t + \alpha_2 \ln Yzjg_t + C + \mu$$

$$\ln Szcl_t = \beta_0 \ln Szcl_{t-1} + \beta_1 \ln Hjgz_t + \beta_2 \ln Yzjg_t + \beta_3 Ulj + \beta_4 \ln Hjgz_t \times \ln Yzjg_t + \beta_5 \ln Yzjg_t \times Ulj + \beta_6 \ln Hjgz_t \times \ln Yzjg_t \times Ulj + C + \mu \tag{33}$$

式中，变量 Ulj 为虚拟变量，当 $\ln Yzjg_t$ 超过极值点后变量 Ulj 取值为 1，反之取值为 0；变量 $\ln Hjgz_t \times Ulj$ 为变量 $\ln Hjgz_t$ 和变量 Ulj 的交互项；变量 $\ln Hjgz_t \times \ln Yzjg_t \times Ulj$ 为变量 $\ln Hjgz_t \times \ln Yzjg_t$ 和变量 Ulj 的交互项。

本研究在公式（32）和公式（33）中选择合适的调节效应模型，进行实证分析。

为实证合理调整养殖结构能提高生猪供给，采用升幂法进行实证分析，考虑到计算养殖结构时，能繁母猪存栏量和育肥猪存栏量均以年末为时间节点计算，当年养殖结构会影响第二年生猪供给，因此引入变量 $\ln Yzjg_{t-1}^2$ 和变量 $\ln Yzjg_{t-1}$，以剔除内生性。在式（32）和式（33）中选择合适的调节效应模型，进行实证分析。

在分析时采用含有内生变量的系统 GMM 估计进行分析。Abond 检验和 Sargan 检验结果表明回归 3－8 不存在过度识别和序列相关，回归结果基本可靠。为进一步提高回归结果的可靠性，采用差分 GMM 模型进行稳健性检验。核心解释变量的回归系数和显著性均无明显变化，表明回归结果真实可靠。具体结果如表 12 所示。

表 12　最优养殖结构及分段调节效应分析结果

变量		回归 3-6（二步法）	回归 3-7（变量非线性）	回归 3-8（内生性回归）	回归 3-9（差分 GMM）	回归 3-10（分段调节）
$\ln Szcl_{t-1}$	coef.	1.052 2***	1.089 3***	1.087 2***	0.704 7***	1.034 5***
	t 值	53.11	50.77	111.96	10.81	46.90
$\ln Yzjg_t^2$	coef.		0.367 3***	0.574 2	−0.718 3*	
	t 值		3.72	0.99	−1.80	
$\ln Yzjg_{t-1}^2$	coef.			−0.565 6**	−0.777 0**	
	t 值			−2.13	−2.27	
$\ln Yzjg_t$	coef.	0.270 6***	1.643 3***	2.267 5	−3.085 6*	
	t 值	2.87	5.01	0.94	−1.84	
$\ln Yzjg_{t-1}$	coef.			−2.241 7**	−3.194 8**	0.441 3***
	t 值			−2.03	−2.26	8.32
$\ln Hjgz_t$	coef.	0.019 8	0.036 0*	0.062 9	0.001 7	
	t 值	0.89	1.89	3.63	0.09	
$\ln Hjgz_{t-1}$	coef.	−0.080 7**	−0.079 5***	−0.096 6**	−0.062 3***	−0.032 2***
	t 值	−2.40	2.63	−2.40	−3.05	−4.32
Ulj	coef.					0.233 6*
	t 值					1.90
$Ulj \times \ln Yzjg_{t-1}$	coef.					−0.005 9
	t 值					−0.60
$\ln Hjgz \times \ln Yzjg_{t-1}$	coef.					0.009 3**
	t 值					2.27
$Ulj \times \ln Hjgz \times \ln Yzjg_{t-1}$	coef.					−0.018 2**
	t 值					−2.46
$\ln Szjg_t$	coef.	−0.079 2***	−0.023 7*	−0.020 5	−0.130 8***	
	t 值	−4.48	−1.82	−1.34	−7.90	
$\ln Szjg_{t-1}$	coef.	0.219 3***	0.280 7***	0.349 4***	0.225 6***	0.180 0***
	t 值	12.74	15.54	21.17	8.35	14.39
$\ln PK_t$	coef.	−0.063 0**	−0.106 9*	−0.005 6	−0.148 2***	−0.015 9
	t 值	−2.09	−1.89	−0.22	−6.04	−0.67
$\ln PL_t$	coef.	−0.104 4***	−0.079 5***	−0.101 3***	−0.206 0***	−0.120 9***
	t 值	−5.74	−2.63	−5.11	−7.51	−12.20

（续）

变量		回归 3-6（二步法）	回归 3-7（变量非线性）	回归 3-8（内生性回归）	回归 3-9（差分 GMM）	回归 3-10（分段调节）
$\ln Ybyl_t$	coef.	−0.002 7*	−0.002 4	0.001 6	−0.003 9***	
	t 值	−1.81	−1.45	1.27	−4.29	
$\ln Ybyl_{t-1}$	coef.	−0.012 7***	−0.012 4***	−0.006 6***	−0.008 4***	−0.014 2***
	t 值	−5.73	−7.55	−5.86	−7.15	−12.29
Abond	AR2	−1.328 3	−1.289 5	−1.120 9	−0.963 2	−0.9 311
检验	P 值	0.184 1	0.197 2	0.262 3	0.335 5	0.351 8
Sargan	Chi2	25.02	26.98	24.30	21.29	12.77
检验	p 值	1.000 0	1.000 0	0.976 2	1.000 0	1.000 0

注：***、**、*分别表示解释变量系数在 1%、5%和 10%的置信水平上具有统计显著性。

在回归 3-8 中，变量 $\ln Yzjg_{t-1}^2$ 和变量 $\ln Yzjg_{t-1}$ 的系数分别为−0.565 6 和−2.241 7 且在 5%水平下显著，表明变量 $\ln Yzjg_{t-1}$ 与变量 $\ln Szcl_t$ 存在倒“U”型关系。计算可知，在取得极值时变量 $\ln Yzjg_{t-1}$ 的值为−1.981 7，即养殖结构水平为 0.137 8 时，生猪出栏量达到极大值，这一结果表明存在以保障供给为目标的最优养殖结构。

本章节以生猪养殖环境规制为出发点，基于新古典经济学的生产理论，构建考虑养殖结构和环境规制的生猪养殖主体供给模型，分析环境规制目标体系下，环保与供给保障目标冲突产生机理。研究发现：①环保与供给保障目标的冲突表现为，加强环境规制对生猪供给存在抑制作用。这种抑制作用源自外部环境成本的内部化过程。环境规制增强时，养殖主体需要在原有生产成本的基础上，支付额外的治污成本，若无外部资金注入，养殖主体只能被迫减产。②养殖结构能作为兼容环保与供给保障目标的具体工具。在特定环境规制强度下，养殖结构从非最优到最优的调整均能提高生猪供给，在环境规制强度变化时，受生产要素替代效应的影响，最优养殖结构应进行相应的调整。③优化养殖结构能削弱环境规制对生猪供给的抑制作用，进而促进生猪产业链的健康发展。养殖结构作为兼容环境规制与生产的具体工具，不仅能直接影响生猪供给，还能调节环境规制对生猪供给的影响。实证分析表明，养殖结构对生猪供给的影响呈倒“U”型，当养殖结构未达到最优养殖结构时，适当提高能繁母猪占生猪的比例，有助于削弱环境规制对生猪供给的抑制作用，反之亦然。

四、结　　论

本研究以生猪产业链为研究对象，重点分析环境规制下生猪产业链的应激反应，为解决我国面临的生猪产业数量与质量安全、环境污染、外部冲击、价格波动幅度过大等问题，提供了认识基础、分析框架、理论依据、方法支撑、方案借鉴和政策疏导。基于对环境规制下生猪产业链健康状态的环境污染约束、外部冲击因素等的研究与相应政策建议的提出，主要有以下结论。

（一）环境规制有利于提升生猪产业链绿色生产效率

生猪产业处于转型升级的关键时期，可持续发展面临重大挑战。生猪养殖与生态环境之间的矛盾日益突出，而且南北方生猪养殖污染类型还存在较大差异。本研究关注环境规制与生猪产业链绿色生产效率的协同作用，主要有以下结论。

（1）各省份均未达到环境规制对生猪养殖绿色生产效率的拐点，应继续强化生猪养殖环境规制。现阶段，中国各省份的环境规制政策效力普遍偏低，各省份均未超过临界阈值，对绿色生产效率的影响仅表现为抑制作用。通过适度提高规制效力，能激发生猪养殖主体进行治污技术创新，进而促进绿色生产效率的提升。

（2）环境规制提高绿色生产效率的机理需要继续探索与研究。环境规制政策会对生猪产业链绿色生产效率产生影响已得到实证，如何让环境规制更好地发挥对绿色生产效率的正向作用需要被关注。为避免加剧环境规制与生产效率间的冲突，需要进一步探索环境规制提高绿色生产效率的机理，以放大环境规制对绿色生产效率的促进作用，加速环境规制跨越极值点。

（二）环境规制目标与生猪产业链发展目标存在冲突

（1）环境规制政策的目标与产业发展目标的偏差，是引发环保与生产冲突的深层次原因。环境规制政策将减少污染作为主要目标，通过限制生产等方式治理污染，引发了环保与供给保障、效力提升、利润增加的现实冲突。其中，解决环保与供给保障目标的冲突是环境规制最大化社会福利的前提，解决环保与效率提高目标的冲突是环境规制最大化社会福利的重要手段，解决环保与利润提高目标的冲突是环境规制下产业长期可持续发展的重要保障。

（2）优化养殖结构能够削弱环境规制对生猪供给的抑制作用，同时兼容环

保与供给保障目标。环保目标与生猪供给目标冲突集中体现为环境规制对生猪供给的抑制作用，这种抑制作用由环境规制将外部环境成本内部化的过程所决定。通过调整养殖结构，不仅能直接影响生猪供给，还能通过非线性的调节效应，调节环境规制对生猪供给的影响。其中，养殖结构对生猪供给的影响呈倒“U”型，存在以生猪供给为目标的最优养殖结构。在优化养殖结构以疏导和控制环保与生产的冲突时，应关注其对生猪供给波动的影响，将养殖结构和能繁母猪存栏量作为生猪供给波动预警指标，进行统一监测，以避免养殖结构过高造成的短期供给不足和长期污染加剧，以及由养殖结构过低导致的长期供给不足。

五、环境规制下生猪产业链应激反应的疏导政策

本研究分析了环境规制下生猪产业链应激反应的机理、环境规制目标对生猪养殖绿色生产效率的影响、环境规制下生猪产业链健康的外部冲击约束及环保与供给保障目标冲突下生猪产业链健康发展情况，并基于此提出了相应的疏导政策。

（一）开展污染处理，促进生猪产业可持续发展

我国生猪生产能力不断增强，生产效率大幅提高，同时也面临着转型升级与可持续发展的重大挑战，亟须解决生猪养殖与生态环境之间的矛盾。本研究提出了以下促进生猪产业可持续发展的政策建议。

(1) 激励猪场采用环保型采暖技术。猪场利润最大化决策的结果决定它是否有足够的动力去采用环保型的采暖技术设备。政府在整治污染方面要出台相应的配套措施，不仅为清洁型技术研发提供支持，还为猪场提供外在的激励来加快环保型技术的使用。

(2) 国家要给予生猪养殖大市政策扶持。国家要给予生猪大市相应的补贴政策，促使生猪养殖大市向生猪养殖强市迈进。要放弃“先污染，后治理”的老路，走生猪产业可持续发展与环境保护相结合的良性道路。

(3) 树立对环保内在规律的正确认识。要对环境保护的内在规律树立正确的认识。通过疏通经济发展与环境污染之间的阻力，尊重环境内在规律，谋求在绿水青山和金山银山之间实现统一。

（二）合理决策，应对生猪产业链外部冲击

生猪养殖业是一个特殊且重要的行业，充满着不确定性。合理的决策有助

于养殖主体规避市场风险，提高抗击灾害和降低市场损失的能力。基于对养殖者的养殖能力、风险把握能力及认识的差异，提出了以下三点建议。

（1）提高防疫知识，合理预期。养殖者应尽量丰富和提高自己的防疫知识和技术，积极参加疫病防治培训，提高自身疫病控制能力。在发生疫病冲击时要理性地分析疫情，根据自身的养殖经验做出合理的生产决策。

（2）发挥龙头企业的带动和辐射作用，建立“企—场”联动机制。应实现由政府驱动、企业主导、中小养殖户参与模式，建立“企—场”联动机制。充分发挥机制创新、契约创新和模式创新的作用，稳定市场供给，保障产业可持续发展。

（3）畜牧部门及时监控、发布疫病信息。畜牧部门具有监控、发布疫病信息的能力和责任，应该及时地向养殖主体提供准确有效的疫病信息，使疫情透明化，这样更加有助于养殖者做出合理决策。

（三）多措并举，稳定生猪市场价格波动

价格波动是市场资源配置的重要方式，但超常的价格波动则对生猪产业的健康、稳定、可持续发展产生负面作用。有效减少生猪价格超常波动，对我国生猪产业健康发展至关重要。基于对生猪产业链健康的价格波动约束的分析，本研究提出了以下对策建议。

（1）加强市场信息服务，加大重点区域监控，完善生猪市场价格系统。通过为生猪养殖主体提供及时、有效的市场信息，建立生猪兜底保障政策，完善重点区域价格监控，防止其以较高概率水平引起全国范围的价格超常波动。

（2）开拓新型产区，缓解养殖压力，在促进“供—需”关系多元化的同时平抑生猪价格的剧烈波动。近年来，受多因素的影响，传统的生猪优势区的养殖压力加大。政府部门应适时拓展新养殖区，完善“跨区域”交通网络，缓解传统产区的压力。

“双循环”格局下中国饲料粮供需形势、进口风险及保障进路*

崔宁波　王斯曼　韩宝贤　范筱璠　刘东繹 等

粮食供给安全是关系我国经济发展与政治稳定的战略性问题，随着居民对“营养健康”问题的重视程度不断加深，畜产品需求随之上涨，引致饲料粮作为畜产品的主要来源，饲料需求正逐步扩大，新发展阶段下中国粮食供需平衡的主要矛盾点体现在饲料粮供需平衡上。据相关统计报告可知，2021 年国内饲料产量达 26 100 万吨，较 2020 年实现同比增长 8.9%，中国连续两年成为全球最大的饲料生产国。但实际上，受国内饲料粮生产能力不足、流通环节受阻及仓储结构失衡等多重因素限制，国内饲料粮供给的增产空间十分有限。与此同时，城镇化的推进与畜牧业的发展推动畜产品消费量上涨，间接带动饲料粮消费持续走高。有关专家预计到 2030 年人口高峰期，在维持现有供给水平的前提下，饲料粮的供给保障程度将仅仅达到 79.42%。饲料粮供需形势由“需求一般、供给宽松”转向“总量难以平衡、结构趋向失衡”。为缓解国内供需矛盾，在“双循环”新发展格局下，加快构建以国内生产为主，适度进口饲料粮的供给保障体系已是大势所趋。然而，饲料粮国外供给长期面临进口品种单一、进口渠道集中、国际局势复杂等多重障碍。在“十四五”规划承上启下的关键时期，面对全球经济及国内宏观形势大变局，加快构建“双循环”新发展格局下饲料粮供给保障体系，是化解国内饲料粮供需矛盾、降低外循环潜在风险的重要举措。

整体上，在饲料粮供需形势方面，国内饲料粮供需处于非平衡状态，且伴随着结构性失衡等突出问题。在空间维度上，饲料粮主产区与畜牧业主产区之间存在区域错位，饲料粮供需呈现“北余南缺”的格局。在时间维度上，饲料粮供需形势由“需求一般、供给宽松”转向“总量难以平衡、结构趋向失衡”

* 黑龙江省自然科学研究规划项目（项目编号：LH2020G001）。

项目负责人为崔宁波教授，主要参加人员有王斯曼、韩宝贤、范筱璠、刘东繹、董晋、刘紫薇、范月圆等。本部分内容转载自《农业经济问题》2021 年第 7 期文章《主产区粮食生产安全：地位、挑战与保障路径》

阶段，饲料粮供需缺口持续扩大。在饲料粮进口风险方面，受进口量大和进口来源集中的影响，饲料粮进口的潜在风险较高。一方面，部分饲料粮进口规模持续扩大，过于依赖进口市场，使进口饲料粮对国内市场造成一定冲击。另一方面，部分饲料粮的进口来源国高度集中，任何进口来源国饲料粮供给发生波动，都可能影响国内多个饲料粮品种的供给。

综上所述，在“双循环”新发展格局下，重新审视饲料粮的供需形势与进口可行性，并选取大豆、玉米、麦麸、高粱四种进口趋势明显的饲料粮作为重点关注产品，对中国饲料粮进口稳定程度进行评估，在“双循环”新发展格局下构建饲料粮供给安全的保障路径，对于缓解国内供需矛盾，实现国内饲料粮高质量供需平衡具有重要意义。

一、饲料粮供需测算

（一）饲料粮的概念

食物主要包括粮食、蔬果和肉、蛋、奶、鱼等。粮食包括谷物、薯类和豆类。饲料粮是指生产肉、蛋、奶、鱼等动物性产品的饲用粮和饲用草，由此可见，饲料粮涵盖在粮食概念之中。粮食从用途上划分，分为口粮、饲料粮、工业用粮、种子用粮和其他需求。饲料包括饲料原料与制成饲料。饲料原料包括能量饲料、蛋白质饲料及矿物质、维生素和饲料添加剂。其中，能量饲料包括玉米、高粱、小麦、大麦、燕麦、稻谷、薯类、谷物糠麸和DDGS（distillers dried grains with solubles，干酒糟及其可溶物）等；蛋白质饲料包括豆粕及其他油籽粕、鱼粉、乳清粉和肉骨粉；矿物质、维生素和饲料添加剂属于微量添加的原料。制成饲料指工业制成饲料，即制成的动物饲料。从定义上划分，饲料粮可分为广义与狭义两种。狭义上的饲料粮包括可以用作饲料的粮食，从品种上可分为大豆、玉米、稻谷、小麦和薯类等。广义上的饲料粮包括可以被当作饲料的粮食，还包括粮食的加工副产品，如糠麸、饼粕。从品种上划分，饲料粮大致可分为三类：一是禾谷类，主要包括玉米、高粱等；二是饼粕类，主要为豆粕；三是糠麸类，主要为我国居民口粮处理的副产品，如麦麸、玉米麸等。粮食需求结构中变化较大的是口粮和饲料粮，二者合计占我国粮食总需求的85%左右。由于城镇化与畜牧业的发展，我国粮食需求增长的矛盾主要体现在大豆、玉米等饲料用粮的显著增长上。

（二）饲料粮供给量测算

1. 饲料粮供给量测算方法

饲料链供给量测算的方法可分为三大类。第一类是总产量核减法，即饲料粮的供给完全满足需求，且没有剩余。根据粮食用途结构划分，饲料粮供给量为粮食产量减去口粮用粮、工业用粮和其他用粮这三类用量之和。第二类是直接系数法，直接大致估算粮食中饲料粮的大致比例。第三类是分品种投入法，指主要饲料粮品种中用作饲料粮的部分的加总。本文针对广义饲料粮进行研究，包括直接用于饲用的粮食、饼粕和麦麸等粮食加工品，采取第三类测算方法，构建中国 2011—2020 年广义饲料粮供给量 F_1，计算公式如下

$$F_1 = aC + bB + cT + dW + eR + gK + hM \tag{1}$$

式中，F_1为饲料粮供给量；C、B、T、W、R、K、M 分别为玉米、大豆、薯类、麦麸、稻糠、花生粕、油菜籽粕的产量；a 为玉米的饲用系数，取玉米产量的 70%作为饲料用粮；b 为大豆的饲用系数，我国作为饲料粮的大豆比例为 40%，再参考美国农业部（United States Department of Agriculture，USDA）数据确定的大豆出粕率 79%；c 为薯类的饲用比例，本文定为 40%；d、e 为小麦和稻谷的饲用比例，本文将小麦的出麸率定为 23%，稻谷的出糠率定为 10%；g、h 为花生和油菜籽的饲用比例，本文将花生的出粕率定为 55%，油菜籽的出粕率定为 65%。

2. 饲料粮供给量测算结果分析

基于分品种投入法测得我国饲料粮产量呈现增长趋势，并且在近几年趋向稳定。从图 1 中可以看出，除大豆和薯类外，其他品种饲料粮产量均逐年上升，大豆和薯类产量在经历短暂下调后，现已恢复上升趋势。玉米作为重要的能量饲料，从 2011 年到 2020 年的年均增长率为 2.35%，增长幅度达 3 454.43 万吨。大豆产量在经历短暂的下降后，于 2015 年开始逐步回升，且在 2020 年首次达到 619.41 万吨的高位。薯类虽然和大豆一样产量经历了短暂的下跌，但回升幅度相对较小，相比于 2011 年，2020 年薯类产量仅仅提高 25.24 万吨。麦麸产量走势呈现平滑上升状态，在研究期间连续 6 年产量超 3 000 万吨，且从趋势上看，产量再次提高的可能性较高。稻糠的产量走势图较为平缓，整体变动幅度不大，且在研究期间一直稳定在 2 000 万吨以上。研究期间，花生粕产量逐年递增，年均增长率达 1.81%。油菜籽粕与花生粕的产量相近，且走势也较为同步，研究期间年均增长率为 0.74%。整体上看，我国饲料粮总产量呈现先递增再趋向平稳的状态，年均增长率为 1.92%。

（三）饲料粮需求量测算

1. 饲料粮需求量测算方法

饲料粮需求量的测算方法大致分为两类：一类是需求法，通过计算畜产品的产量并结合饲料粮转化率得出饲料粮需求量；另一类是供给法，原理是供给

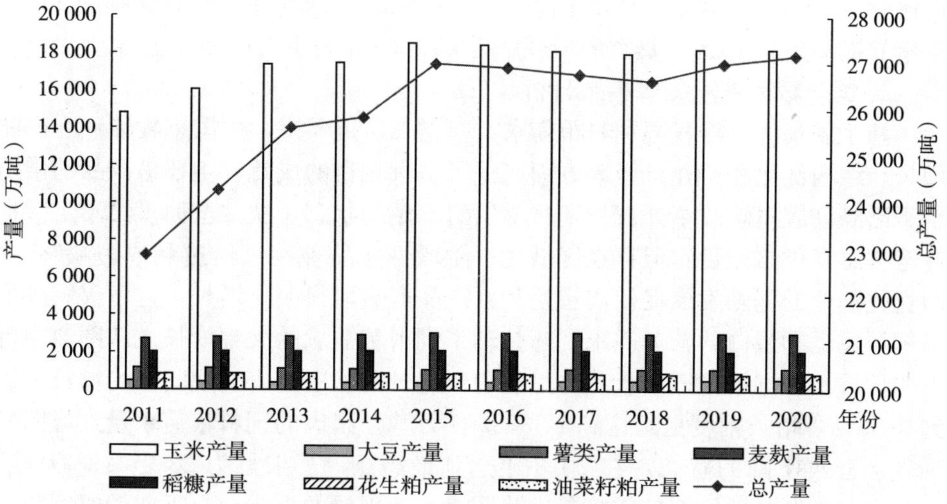

图 1　2011—2020 年中国饲料粮供给量

数据来源：历年《中国统计年鉴》、布瑞克农业大数据终端（农业农村部）。

等于需求，根据粮食用途结构，将粮食分为口粮用粮、饲料用粮、工业用粮和其他用粮，通过粮食总量减去其他三类用粮用量得到饲料粮需求量。从概念上划分，供给法测算的是狭义的饲料粮，需求法测算的是广义的饲料粮，因本文对广义饲料粮研究，故选择需求法测算饲料粮的需求量，并参考韩昕儒等的研究，通过畜产品产量与饲料粮转化率计算饲料粮的需求量，构建中国 2011—2020 年广义饲料粮的需求量 N_{ij}，计算公式如下

$$N_{ij} = \sum_{j=1}^{10} Q_{ij} \times S_{ij} \tag{2}$$

$$Q_{ij} = W_{ij} + R_{ij} + F_{ij} = \frac{W_{c_{ij}}}{1-G_{c_i}} + \frac{W_{n_{ij}}}{1-G_{n_i}} + \left(\frac{W_{c_{ij}}}{1-G_{c_i}} + \frac{W_{n_{ij}}}{1-G_{n_i}}\right) \times P_i + U_{ij} \tag{3}$$

式中，i 表示肉类、蛋类、奶类、水产品的其中一种；j 表示年份；N_{ij} 表示饲料粮需求量；Q_{ij} 表示畜产品产量；S_{ij} 表示饲料粮转化率，猪肉、牛肉、羊肉、禽肉、禽蛋、水产品和奶类的耗粮系数取值分别为 3.09、1.95、1.95、2.22、2.19、1.06、0.37；W_{ij} 表示经在外就餐调整后的畜产品需求量；R_{ij} 表示畜产品的损耗量；F_{ij} 表示畜产品的净进口量；$W_{c_{ij}}$ 表示城镇畜产品消费量；$W_{n_{ij}}$ 表示农村畜产品消费量；G_{c_i} 表示城镇在外饮食支出比例，肉类 46%、蛋类 32.1%、奶类 61.9%、水产品 43.5%；G_{n_i} 表示农村在外饮食支出比例，肉类 31%、蛋类 41.6%、奶类 50%、水产品 29.9%；P_i 表示畜产品损耗率，其中水产品的年均

损耗率为 8.09%，肉类不可食用部分比重 29.2%，肉类供应链损耗率为 11%，禽蛋的损耗率为 15%，奶类的损耗率为 23%；U_{ij} 表示畜产品净进口量。

2. 饲料粮需求量测算结果分析

基于需求法测得我国饲料粮需求大幅增长。近年来，中国畜牧渔业在产能增长、结构优化和产业升级等方面取得了举世瞩目的成就，主要畜产品的供给水平已经彻底扭转改革开放初期严重供给不足的状态，从“全面供给不足”提升至“总量供给充足，但存在区域性、阶段性、品种性供给过剩或短缺”。中国畜牧渔业的蓬勃发展促使肉蛋奶和水产品产量取得明显增长，这不仅解决了中国居民动物蛋白的营养需求，还拉动了饲料粮需求的大幅增长。从图 2 中可以明显看出，饲料粮需求量整体呈现稳步提升的状态，研究期间年均增长率达到 3.39%，增长幅度更是达到 12 363.06 万吨。猪肉的饲料粮需求量走势图呈现先上升再下降的状态，在 2018 年达到最高点，需求量为 23 971.38 万吨。牛羊肉和水制品的饲料粮需求量走势图为一条平滑的直线，上下变动幅度相对较小，年均增长率分别为 3.46%、2.81%和 4.40%。禽肉和禽蛋的饲料粮需求量走势图呈现明显的波动上升趋势，增长幅度分别达 3 994.80 万吨和 2 977.17 万吨。奶制品的需求量走势图呈现先上升后下降再上升的状态，在 2020 年达到研究期间的最高点，为 6 363.76 万吨。

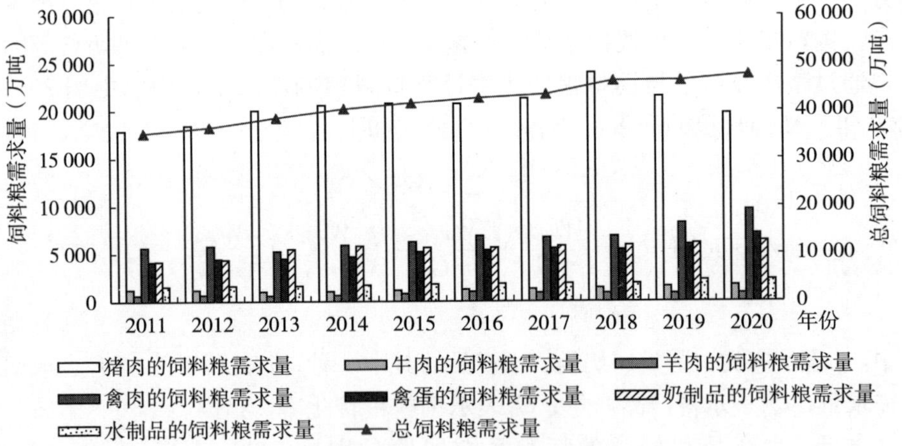

图 2　2011—2020 年中国饲料粮需求量

数据来源：历年《中国统计年鉴》。

（四）饲料粮自给水平估算

我国饲料粮自给率呈现波动下降的趋势，自给水平较低。虽然我国饲料粮产能在不断增长，但规模化、标准化养殖模式的改进促使饲料粮投入大幅增加，供给增长的速度远不能跟上需求增长的速度，饲料粮自给率持续下降。从图3中可以看到，饲料粮供给量增长幅度相对较小，尤其在2015年后，受政策影响，玉米产量增长不振，饲料粮生产供给能力处于发展瓶颈期，饲料粮供给走势图呈现为一条平滑的直线，而饲料粮需求量却呈现逐年递增的趋势，饲料粮供需缺口持续扩大，自给水平不断降低。2011—2013年，饲料粮自给水平缓慢上升，并在2013年达到研究期间内的历史最高点，自给率为66.53%。在2014年，饲料粮自给率骤然下降，甚至低于2011年的64.88%，至此之后，饲料粮自给率走向下跌趋势。虽在2015年和2019年短暂回升，但在整体上仍表现为明显的下滑走势。总体上看，伴随饲料粮产能增长，饲料粮需求大幅提升，饲料粮自给水平和保障能力不断下降，这在一定程度上说明中国饲料粮存在生产结构不合理等问题，还需进一步进行调整与优化。此外，应在"双循环"新发展格局下，积极参与国际大循环，借助国外饲料粮市场来缓解国内饲料粮供需失衡的矛盾。

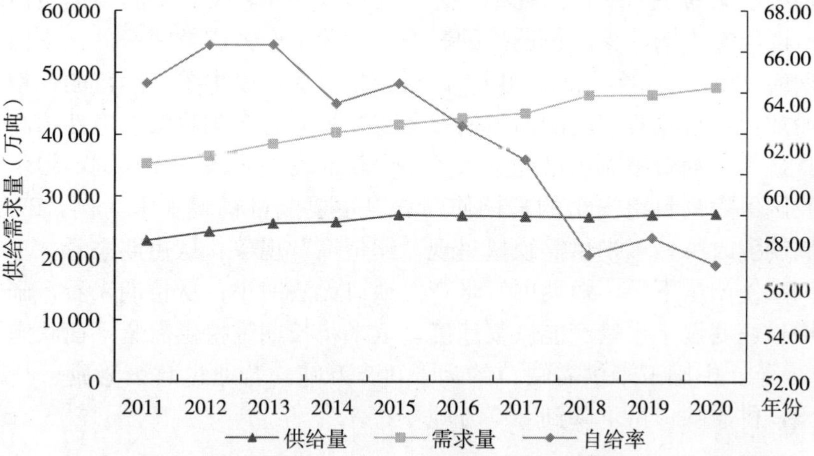

图3　2011—2020年中国饲料粮供给水平

数据来源：历年《中国统计年鉴》、布瑞克农业大数据终端（农业农村部）。

二、饲料粮供需形势

目前，国内饲料粮供需呈现紧平衡态势，产需缺口呈现扩大趋势。随着国内农业结构战略调整，饲料粮供需矛盾愈发突出，加之饲料粮结构性不平衡不断深化，"以国内供给的确定性应对国际供给的不确定性"的高质量发展之路任重而道远。

（一）饲料粮需求刚性增长，供需缺口持续扩大

受新型冠状病毒肺炎疫情、国民膳食结构和饮食偏好转变的影响，饲料粮需求量呈现刚性增长。从新型冠状病毒肺炎疫情的角度看，疫情防控使得市场隔断，加大了畜牧业对饲料粮的需求。一方面，由于道路封锁等因素，畜产品的需求量较以往明显减少，带动畜禽市场需求随之下降，导致饲料粮需求增加；另一方面，多地区禁止活禽交易，并限制小型屠宰企业开工复产，畜禽压栏比较严重，饲料粮需求量短期内急剧攀升。从国民膳食结构转变的角度上看，国民的畜产品消费量比重持续加大，间接推动饲料粮需求不断上涨。城镇化的推进促使国民加剧对动物性等营养健康食物的需求。根据国家统计局关于全国居民的人均食物消费数据，2020 年谷物消费占膳食热量的比重降至 41%，肉类、禽类、水产品类和蛋类占膳食热量的比重将近 20%。饲料粮需求随“肉蛋奶”消费的上涨而提高。从国民饮食偏好转变的角度上看，畜产品的消费从节粮型产品为主的结构向耗粮型为主的结构快速转变，饲料粮消费需求逐渐上升。以肉类为例，受政策调控的影响，我国猪肉占肉类消费的比重由改革开放初期的 90%，下降至 2020 年的 73%。相应地，以牛羊肉为首的耗粮型肉类消费增加，这意味着相同的肉类消费量需要消耗更多饲料粮，隐性抬高饲料粮需求。显然，饲料粮需求已经进入了一个新的发展阶段，弥补饲料粮供需缺口成为我国保障饲料粮安全的长期使命。以主要能量饲料玉米为例，2016 年玉米收储制度改革，玉米供需缺口呈现“鳄鱼嘴”现象。从短期来看，玉米生产面积调减使产量下滑，短期内玉米产需缺口无法缩小；从长期来看，未来玉米产量增长速度慢于生猪产能恢复速度，玉米将长期维持供需紧平衡状态。预计到 2025 年，中国玉米供需缺口约为 2 000 万吨，若通过政策激励、技术提高等手段，供需缺口可下降到 800 万吨左右。

（二）饲料粮生产能力有限，完全自给难以实现

受自然资源、经营方式与技术水平等因素的制约，目前我国还难以实现对饲料粮“量+质”的高要求。从自然资源上看，耕地资源与水资源短缺是中长期内饲料粮安全面临的主要问题。于我国耕地资源现状而言，饲料粮增产空间持续缩紧。优质耕地产能趋于饱和状态，中低产田升级改造难度较大，后备耕地资源严重不足，补充潜力十分有限，限制了未来饲料粮增产潜力。于我国水资源现状而言，饲料粮未来供给压力加大。饲料粮主产区与我国水资源问题突出区域相重合。为满足饲料粮生产所需，北方地区与中西部地区对生态环境用水进行过分开采，其中北方地区地下水采水量占全国地下水超采量的 96%以

上。过分开采地下水加剧了当地的生态环境压力，使得生态赤字不断加大，制约了饲料粮未来产量提高。从经营方式上看，以家庭经营为主的模式阻碍了饲料粮规模经营的实现。中国饲料粮生产经营以粗放、分散、小规模的模式为主。目前的经营模式使农户提高技术管理水平的难度较大，难以实现饲料粮“量十质”的飞跃。此外，小规模农户使用的生产技术相近且门槛较低，生产的饲料粮竞争性不强，利润空间较小，影响了农户种粮积极性。加之，小规模农户缺少市场调研的意识与充足的资金储备，难以适应千变万化的大市场，农户与市场无法紧密联系，使饲料粮生产与需求冲突加剧。从技术水平上看，育种和农机等技术水平比较落后，实现高质量的饲料粮生产比较困难。我国饲料粮的育种、栽培、质保和农机等技术远远落后于美国等发达国家，难以对现有饲料粮品种进行创新突破。中国的农业科研管理体制将育种研发与企业进行割裂，使我国企业与国家科研单位在商业育种上形成非良性竞争，影响了现代商业育种机制的建立与发展。另外，我国的知识产权运用与保护机制不完善，限制了育种企业的研发投入，不利于培育适应中国生产实际需求的新品种。饲料粮生产能力有限，使完全依赖国内市场实现“自给”目标难以实现。饲料粮安全并不是简单地保持较高的自给率，而是实现饲料粮稳定的、充足的、优质的供应。饲料粮作为畜产品的主要来源，为保障畜产品的基本自给，势必要适当降低饲料粮的自给率。因此，为实现我国畜牧产业高效快速发展的目标，饲料粮自给率可交由市场决定。

（三）饲料粮供需矛盾突出，适度进口成为必然

在饲料粮供需缺口呈现扩大趋势的背景下，我国饲料粮供需还存在结构性矛盾，主要体现在区域和品质两方面。在区域方面，我国饲料粮呈现“北粮南运”现象。学者调研发现，东北地区及华北地区是主要的饲料粮运出区域，每年调出玉米分别为 3 770 万吨和 1 700 万吨；主销区中以广东省和江苏省为例，每年调运玉米分别为 1 500 万～1 600 万吨和 800 万吨左右。由此可见，我国国内跨省长途的流通量较大。运输设施仍处于较落后水平，流通过程中极易造成大量损耗，加剧饲料粮的区域间矛盾。在品质方面，高品质与差异化饲料粮短缺。随着健康理念的快速普及，国民对高品质产品的需求日益增长。畜产品对饲料粮的需求也从“量”向“量十质”转变。然而我国饲料粮的生产效率较低，很大程度上依赖农药化肥的投入来提高产能。高投入使得水土资源污染严重，饲料粮生产环境恶化，高增长的产能难以维持。我国饲料粮陷入“高投入、高产出、高污染、再投入、再产出、再污染”的恶性循环，饲料粮品质安全岌岌可危。饲料粮供需失衡是现有资源与技术水平的必然结果，适度进口是破解饲

料粮供需隐患的有效途径。为减轻国内资源环境的压力，弥补饲料粮供需缺口，补充国内对优质饲料粮的需求，适度进口饲料粮是必然。在“双循环”新发展格局背景下，对内需要依托城乡大循环、要素大循环、区域大循环，逐步构建完整的内需体系，实现饲料粮产业链链条中生产、物流、仓储等各个环节的有效衔接与循环，充分化解饲料粮的区域错位问题；对外需要积极参与全球粮食规则制定，强化与“一带一路”沿线国家和其他潜在合作伙伴的协作关系，加强中国在国际市场上的国际话语权，积极应对复杂多变的国际饲料粮市场。面对国内饲料粮中长期供需紧平衡的挑战和压力，要“立足国内，以我为主”，夯实国内饲料粮稳产保供的能力基础，以内循环的确定性应对国际循环的不确定性，构建安全、高效、稳定、多元的保障进路，以应对内循环的压力和外循环的冲击。

三、饲料粮进口可行性

利用国际市场实现国内供需平衡的前提是世界粮食市场的供应安全，即饲料粮的进口可获性和国际饲料粮的可供性。研究发现，中国饲料粮进口能力处于较高水平，国际饲料粮供应空间较大，且与国内饲料粮生产波动的相关性较低。

（一）饲料进口可获性分析

饲料粮的进口可获性体现为一定时期内某国在国际市场上所能够进口的饲料粮数量。本研究将饲料粮界定为广义饲料粮，即包括被用作饲料的粮食与粮食加工副产品，具体选取大豆、大麦、玉米、高粱、木薯、麦麸及其他产品（玉米酒糟粕、玉米麸、豆麸、制造淀粉过程中产生的残渣、甜菜渣、甘蔗渣、其他谷物麸）进行分析。其中，进口高粱、大麦、木薯、玉米等产品有多种用途，从现有数据资料中难以区分其饲用比例，考虑到这些产品进口以饲用为主，本文将其进口数据全部纳入研究之中。

如表 1 所示，根据近 10 年我国饲料粮的进口数据可知，我国饲料粮进口规模扩大趋势明显，且对各饲料粮出口国的农业发展均起一定促进作用，国际市场上饲料粮贸易量连年上涨。以大豆和玉米这两类饲料粮为首，进口规模呈现明显扩大趋势。大豆与玉米作为主要饲料用粮的来源，进口量始终处于高位。2021 年大豆进口量突破 1 亿吨，玉米进口量近 1 130 万吨，首次超出其关税配额。麦麸的进口量在这 10 年间迅速扩大，相较于 2011 年，2020 年的麦麸进口量扩大 20 倍有余。其他产品由于包含种类复杂，不便于统计，在此不做具体分析。大麦作为饲料粮的重要来源，其进口波动性较强，进口量始终维持在较高水平，2015 年更是达到 1 073 万吨的历史最高点，在经历进口量短暂下调后，2020年大麦进口量再次达到808万吨的高位。由此可见，我国对国际市场的利用程度正不断加深，对国际市场的掌控能力不断加强。

表1　2011—2020年中国饲料粮进口规模变化

单位：万吨

年份	大豆进口量	大麦进口量	玉米进口量	高粱进口量	木薯进口量	麦麸进口量	其他产品进口量
2011	5 245	178	175	0.005	503	1.78	17.4
2012	5 838	253	521	9	714	2.07	17.97
2013	6 338	234	326	108	739	3.8	20.21
2014	7 140	541	260	578	865	15.63	19.38
2015	8 169	1 073	473	1 070	938	10.47	40.22
2016	7 409	591	299	697	137	6.78	15.99
2017	9 553	886	283	506	813	9.86	40.71
2018	8 803	682	352	365	480	21.14	36.71
2019	8 859	593	479	83	284	20.13	33.82
2020	10 032	808	1 129	481	335	36.04	49.7

数据来源：联合国商品贸易数据库（UN Comtrade Database）。

（二）国际饲料粮可供性分析

利用国际市场弥补国内饲料粮供需缺口是必然之势，而国际饲料粮是否能够满足国内需求，是选择进口饲料粮的前提。对于国际市场的可供性，主要包括两个方面：一是总量可供性，即世界总产量是否能够满足国内需求；二是时点可供性，指国内饲料粮生产波动与国际饲料粮生产波动是否同步。根据国内饲料粮的进口趋势大小，本文选取四种产品（大豆、玉米、大麦及麦麸）作为主要品种，并选取主要生产国与进口国来反映国际饲料粮的可供性。其中，本国与世界各国的生产数据和进口数据均来源于联合国商品贸易数据库、美国农业部、前瞻数据库与国家统计局，选取数据区间为2011—2020年。

从图4可以看出，2011—2020年，全球大豆总产量稳中有升。从图5可看出，美国、巴西大豆出口量稳步上涨。其中，巴西2020年大豆出口量较2011年增长幅度2倍有余。玉米的全球总产量呈现上升趋势，各出口国出口量近两年下降趋势比较显著，但对国际玉米贸易量影响不大。大麦的世界总产量轻微下降，主要出口国出口量表现为明显的上下浮动，但各国出口量仍处于较大规模。因世界麦麸产量缺失，本文借助以往学者对小麦出麸率的研究，对世界麦麸产量进行估算，并发现世界总产量变动幅度不大，美国的出口量不断下降，但仍在世界麦麸贸易中占有重要地位。由此可见，未来世界饲料粮供应空间巨大，总量供给对中国的饲料粮安全保障造成威胁的可能性较小。

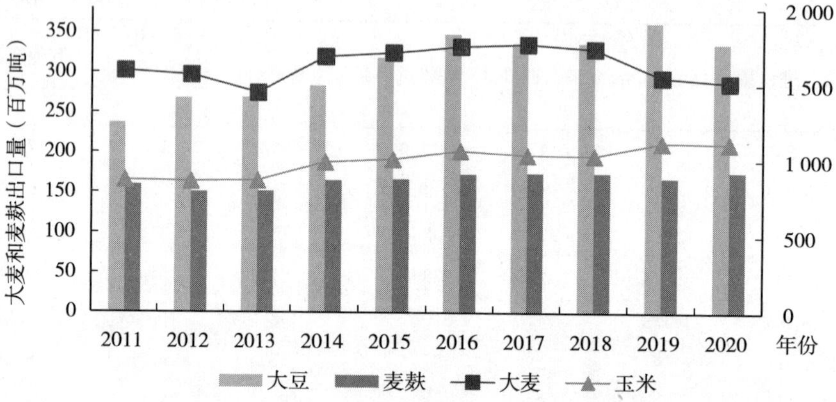

图 4　2011—2020 年全球饲料作物产量

数据来源：联合国商品贸易数据库、美国农业部、前瞻数据库与国家统计局。

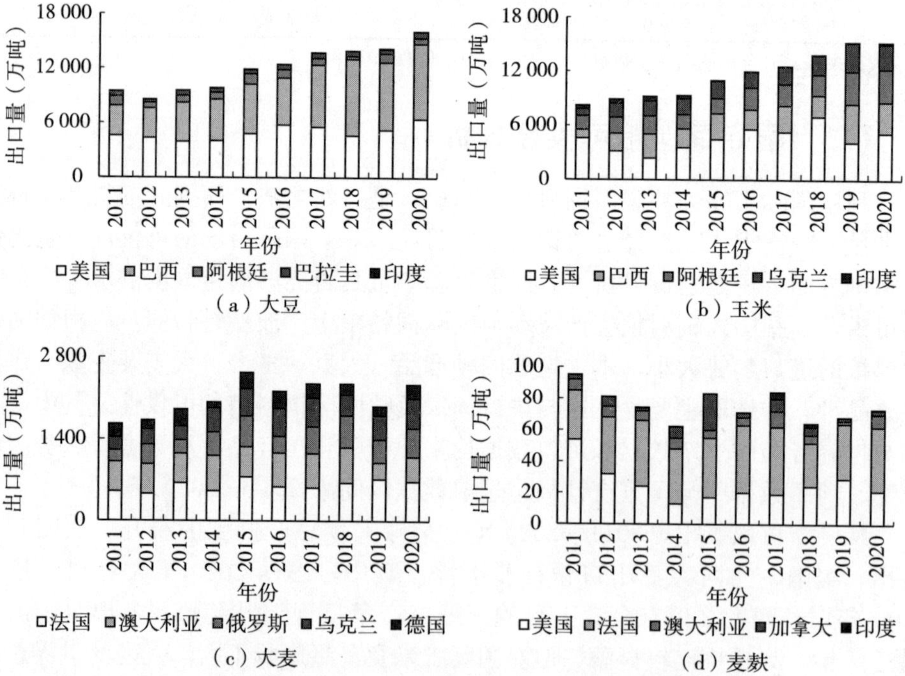

图 5　2011—2020 年饲料作物主要出口国出口量

数据来源：联合国商品贸易数据库、美国农业部、前瞻数据库与国家统计局。

本文采用简单趋势回归的方法，测出我国与世界各国饲料粮产量的长期趋势，并得到相应的预期值，再将实际产量与预期产量作对比求得波动值，最后对波动值做相关性分析，测得的相关系数设为 r。一般地，$|r\geqslant 0.8|$ 为高度相关；$|0.5\leqslant r<0.8|$ 为显著相关；$|0.3\leqslant r<0.5|$ 为相关；$|r<0.3|$ 为不相关。从表 2 的数据可知，虽然中国大豆与世界、巴西、美国生产波动的相关系数较大，但相关系数表现为负数，在生产波动上呈现互补性，我国大豆进口利用国际市场是较为安全的。乌克兰大麦的生产波动与我国相关性较强。另外，由于俄乌战争持续发酵，乌克兰的粮食生产与国际贸易必将受到影响。乌克兰近几年才成为我国的主要进口国，且我国与世界生产波动的相关系数较小，因此我国利用国际大麦市场是相对安全的。中国麦麸的生产波动与世界及各主要生产国生产波动的相关系数较小，均具有较弱的相关性。中国玉米与主要生产国生产波动的相关性较强，但与世界的相关性较弱，因此中国利用国际玉米市场弥补国内缺口是可行的。

表 2　我国与世界及主要生产国总产量波动的相关程度

世界及主产国	大豆	大麦	麦麸	玉米
世界	−0.776 6	0.318 1	0.304 0	0.195 9
阿根廷	0.398 8	—	—	0.726 3
巴拉圭	−0.340 7	—	—	—
巴西	−0.609 3	—	—	0.623 8
美国	−0.594 5	—	0.251 3	−0.414 2
印度	0.059 5	—	−0.349 4	0.560 3
澳大利亚	—	0.526 1	−0.001 6	—
德国	—	0.182 3	—	—
俄罗斯	—	0.359 9	—	—
法国	—	−0.120 7	−0.250 5	—
乌克兰	—	0.814 1	—	0.674 1
加拿大	—	—	−0.323 5	—

数据来源：联合国商品贸易数据库、美国农业部、前瞻数据库与国家统计局。

注：相关系数计算为两组波动数据的协方差除以它们标准差的乘积。

四、饲料粮进口风险

在国际市场能够满足国内需求的前提下，实施适度进口战略是新形势下必然的政策选择。由于国际政治经济关系日益复杂，饲料粮进口的潜在风险加剧，探究饲料粮进口风险等级，有助于“双循环”新发展格局下饲料粮供给安全保障体系的建立。

（一）饲料粮进口风险分析

进口饲料粮是综合考虑我国基本农情及综合实力下的必然选择，然而我国饲料粮进口仍面临诸多的不确定性。第一，贸易逆差程度越来越大。如表 3 所示，2011—2020 年，四种饲料粮贸易逆差额持续增长。麦麸与玉米的贸易逆差额在 2017—2020 年经历了快速增长阶段，按不变价格年均增长分别达 147.9%和 65.3%，其中麦麸的增长幅度达 7 倍有余。大麦的逆差总额呈现先扩大后缩小的趋势，在 2017—2020 年逆差总额达到稳定。长久以来，大豆进口量远高于出口量，贸易逆差始终处于高位，在 2011—2020 年有三次突破 400 亿美元大关。第二，粮价倒挂现象愈演愈烈。生产资料成本上涨与国内托底政策等多种因素抬高国内饲料粮价格，加之国际石油价格下跌带来海运费降低等情况致使国际饲料粮价格低迷，最终导致国内外饲料粮价格差距十分明显。饲料粮价差的存在引发饲料粮大量进口，对国内市场造成严重冲击，加剧了国内饲料粮的生产负担。第三，国际形势复杂程度加剧。以俄乌战争为例，全球饲料粮供应链压力不断加大，且迅速反映在价格身上，使国内饲料粮供给面临巨大的进口不确定性及进口成本加大的压力。俄罗斯与乌克兰均为我国玉米的主要进口国，俄乌战争加剧使我国饲料粮进口潜在风险增加，严重影响我国饲料粮供给安全。第四，进口来源地高度集中。对于饲料粮进口而言，对单一进口来源国（地区）依赖度过高，使我国遭遇贸易风险的概率大大提高，在日益复杂的国际局势面前，饲料粮进口稳定性面临着极大的潜在挑战。一旦与主要进口国发生政治冲突或贸易摩擦，我国将很难进行及时的调整，极有可能引发国家饲料粮安全问题。

表 3　2011—2020 年中国 4 种饲料粮逆差总额

单位：亿美元

年份	大麦逆差额	玉米逆差额	大豆逆差额	麦麸逆差额
2011	6.26	19.26	308.9	0.08
2012	7.97	30.06	361.7	0.07
2013	8.13	20.9	391.13	0.05
2014	15.89	17.58	414.34	0.24
2015	28.73	19.23	359.79	0.14

（续）

年份	大麦逆差额	玉米逆差额	大豆逆差额	麦麸逆差额
2016	11.52	14.23	349.07	0.04
2017	18.27	12.37	406.35	0.04
2018	16.99	16.41	390.61	0.33
2019	15.69	20.36	363.69	0.27
2020	18.9	33.8	405.11	0.61

数据来源：联合国商品贸易数据库。

（二）饲料粮进口来源稳定性评估

本文以近10年来进口规模大或进口量上涨趋势明显的大豆、玉米、大麦、麦麸这4种饲料粮作为研究对象。利用联合国商品贸易数据库，本文对4种饲料粮进口数据进行预处理，筛去占我国饲料粮进口总量不到1%的进口国（地区）。进口来源特指进口来源国，借助香农熵指数（Shannon Entropy Index）对进口贸易的地理空间聚集程度进行描述，构建出第 j 个出口国家的第 i 种产品进口均质度 D_{ij}，以及第 i 种饲料粮的进口来源稳定性指标 S_i，其计算公式如下

$$D_{ij}=-\frac{\tau_{ij}}{\sum_{j-1}^{N}\tau_{ij}}\times\ln\left(\frac{\tau_{ij}}{\sum_{j=1}^{N}\tau_{ij}}\right) \tag{4}$$

$$S_i=-\sum_{j=1}^{N}\left(\frac{\tau_{ij}}{\sum_{j=1}^{N}\tau_{ij}}\right)\times\ln\left(\frac{\tau_{ij}}{\sum_{j=1}^{N}\tau_{ij}}\right) \tag{5}$$

其中，i 表示大豆、玉米、大麦或麦麸；j 表示进口来源国（地区）；τ_{ij} 表示中国对第 j 国第 i 种饲料粮的进口量；$\sum_{j=1}^{N}\tau_{ij}$ 表示当年中国第 i 种饲料粮的进口总量。

S_i 值越大，第 i 种饲料粮的进口来源越分散，进口稳定程度越强，进口安全等级越高。当 $\frac{\tau_{i1}}{\sum_{j=1}^{N}\tau_{ij}}=\frac{\tau_{i2}}{\sum_{j=1}^{N}\tau_{ij}}=\cdots=\frac{\tau_{iN}}{\sum_{j=1}^{N}\tau_{ij}}=\frac{1}{N}$ 时，S_t 取最大值 $\ln N$，此时中国与贸易伙伴国家的饲料粮贸易达到最佳均衡状态，即饲料粮进口来源越分散，进口稳定程度越高。理论上，N 越大，表明中国的饲料粮贸易伙伴越多、中国向每个国家进口的饲料粮总量越平均，饲料粮的进口稳定程度越高。然而，国际上具有大规模出口潜力的国家较少，我国的进口来源国主

要集中于少数几个国家。在此背景下，通过量化饲料粮进口来源国的集中程度，来评估饲料粮进口稳定水平。受联合国商品贸易数据库数据样本限制，本文选取 1992—2020 年的饲料粮进口数据，将饲料粮进口稳定程度分为 6 个等级，分别为极度不稳定、中度不稳定、轻度不稳定、轻度稳定、中度稳定及稳定，如表 4 所示。

表 4　饲料粮进口来源稳定性等级划分

级别	取值范围	安全程度	S_N 系列值
Ⅰ	$S_1<S<S_2$	极度不稳定	$S_1=0.000$
Ⅱ	$S_2<S<S_3$	中度不稳定	$S_2=0.693$
Ⅲ	$S_3<S<S_4$	轻度不稳定	$S_3=1.098$
Ⅳ	$S_4<S<S_8$	轻度稳定	$S_4=1.386$
Ⅴ	$S_8<S<S_{10}$	中度稳定	$S_8=2.079$
Ⅵ	$S>S_{10}$	稳定	$S_{10}=2.232$

（三）结果与分析

根据表 5 中 4 种饲料粮主要进口来源国情况，并结合图 6 的均质度分析结果与表 4 的稳定性划分结果可知，1992—2020 年，中国 4 种饲料粮的年均值均处于较低水平。玉米、麦麸和大麦的均质度变动幅度较大，年均值分别为 0.678、0.954 和 0.980，玉米的安全程度处于极度不稳定状态，麦麸和大麦的安全程度处于中度不稳定状态。大豆的均质度波动幅度较小，年均值为 0.998，处于中度不稳定状态。整体而言，玉米与大麦的进口稳定性有所改善，麦麸的进口稳定程度下降趋势比较明显，大豆的进口结构趋向稳定，始终处于较低安全水平下。

玉米进口均质度走势图呈现锯齿状高低变化状态，如图 6 所示。以进口主要来源国作为标准划分整个研究期间，可分为四个阶段。第一阶段为 1992—1999 年，此时期进口以美国为主（除 1993 年外），且各进口国间进口数额差距较大，进口集中程度较高，均质度长期维持在较低水平，此阶段年均值为 0.504，处于极度不稳定状态。第二阶段为 2000—2009 年，此时主要进口国在老挝、缅甸、越南等国家间浮动变化，份额分配较第一阶段有所改善，但仍存在较明显的分配不均现象，整体均质度稍有提高，年均值为 0.898，处于中度不稳定状态。第三阶段为 2010—2014 年，主要进口国再次回到美国，随着对

表 5　1992—2020 年中国 4 种饲料粮主要进口来源国

年份	产品	主要进口国	产品	主要进口国	产品	主要进口国	产品	主要进口国
1992	玉米	美国	麦麸	日本	大麦	澳大利亚	大豆	美国
1993	玉米	缅甸	麦麸	日本	大麦	澳大利亚	大豆	美国
1994	玉米	美国	麦麸	日本	大麦	澳大利亚	大豆	美国
1995	玉米	美国	麦麸	蒙古	大麦	加拿大	大豆	美国
1996	玉米	美国	麦麸	巴西	大麦	澳大利亚	大豆	美国
1997	玉米	美国	麦麸	美国	大麦	澳大利亚	大豆	美国
1998	玉米	美国	麦麸	蒙古	大麦	澳大利亚	大豆	美国
1999	玉米	美国	麦麸	印度尼西亚	大麦	澳大利亚	大豆	美国
2000	玉米	澳大利亚	麦麸	日本	大麦	澳大利亚	大豆	美国
2001	玉米	泰国	麦麸	美国	大麦	澳大利亚	大豆	美国
2002	玉米	越南	麦麸	新加坡	大麦	澳大利亚	大豆	美国
2003	玉米	秘鲁	麦麸	新加坡	大麦	澳大利亚	大豆	美国
2004	玉米	越南	麦麸	新加坡	大麦	澳大利亚	大豆	美国
2005	玉米	老挝	麦麸	新加坡	大麦	澳大利亚	大豆	美国
2006	玉米	美国	麦麸	新加坡	大麦	澳大利亚	大豆	巴西
2007	玉米	老挝	麦麸	新加坡	大麦	澳大利亚	大豆	美国
2008	玉米	缅甸	麦麸	新加坡	大麦	澳大利亚	大豆	美国
2009	玉米	老挝	麦麸	新加坡	大麦	澳大利亚	大豆	美国
2010	玉米	美国	麦麸	新加坡	大麦	澳大利亚	大豆	美国
2011	玉米	美国	麦麸	新加坡	大麦	澳大利亚	大豆	美国
2012	玉米	美国	麦麸	新加坡	大麦	澳大利亚	大豆	美国
2013	玉米	美国	麦麸	蒙古	大麦	澳大利亚	大豆	巴西
2014	玉米	美国	麦麸	印度尼西亚	大麦	澳大利亚	大豆	巴西
2015	玉米	乌克兰	麦麸	印度尼西亚	大麦	法国	大豆	巴西
2016	玉米	乌克兰	麦麸	新加坡	大麦	澳大利亚	大豆	巴西
2017	玉米	乌克兰	麦麸	印度尼西亚	大麦	澳大利亚	大豆	巴西
2018	玉米	乌克兰	麦麸	印度尼西亚	大麦	澳大利亚	大豆	巴西
2019	玉米	乌克兰	麦麸	哈萨克斯坦	大麦	澳大利亚	大豆	巴西
2020	玉米	乌克兰	麦麸	哈萨克斯坦	大麦	乌克兰	大豆	巴西

数据来源：联合国商品贸易数据库（UN Comtrade Database）、美国农业部（USDA）。

玉米进口贸易格局的稍许调整，均质度由 2010 年的 0.19 上升至 2014 年的 1.33，安全程度由极度不稳定状态转为轻度不稳定状态，玉米进口贸易安全性在不断加强。第四阶段为 2015—2020 年，主要进口国稳定在乌克兰。在此阶段，虽然扩大了进口国的范围，但各进口国间的进口数额仍存在显著差距，年均值为 0.750，安全程度为中度不稳定状态。总体而言，从趋势上玉米进口安全程度在缓慢提高，现已稳定在中度不稳定状态，有望向轻度不稳定状态改善。

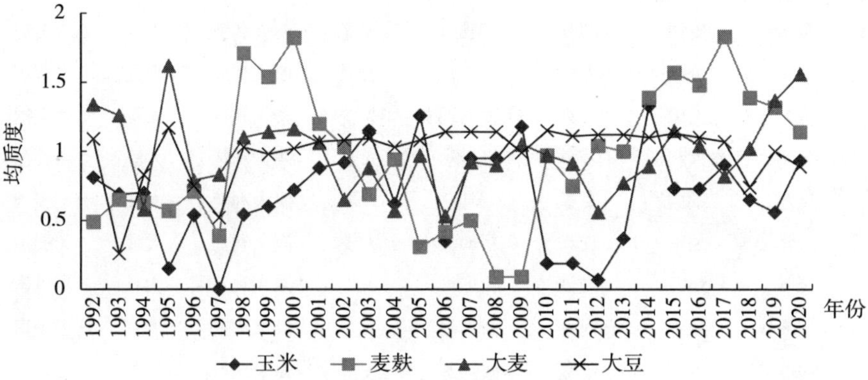

图 6　1992—2020 年中国 4 种饲料粮进口贸易安全性演变

数据来源：联合国商品贸易数据库、美国农业部。

麦麸进口均质度走势类似一条“U”形曲线，如图 6 所示。1992—1997 年，均质度走势较为平缓，主要进口国进口量占总进口量比例较高，导致年均值仅为 0.573，安全程度较低，处于极度不稳定状态。1998 年，均质度陡然升高，并在 2000 年达到最高点，此时均质度达 1.82。在此期间，均质度始终处于轻度稳定状态，年均值为 1.69。2000 年始，麦麸进口国以新加坡为主，进口量分配比例严重失衡，均质度连年大幅下降，直至 2008 年下降趋势有所缓解。此时均质度已处于极度不稳定状态，进口贸易风险极高。在此之后，麦麸进口均质度呈现波动上升趋势。2009—2017 年，主要进口国分布在新加坡、印度尼西亚与蒙古国之间，年均值达到 1.124，进口安全程度升至中度不稳定水平，进口市场贸易伙伴份额分配趋向合理。2017 年，均质度水平再次达到轻度不稳定水平线，主要进口国印度尼西亚、蒙古国、新加坡的进口份额比例分别调整至 27.42%、23.37%、22.90%。2017 年后，均质度再次下降，主要进口来源国由印度尼西亚转为哈萨克斯坦。2018—2020 年，年均值为 1.283，进口安全程度再次下降至轻度不稳定水平。根据图 5（d）中的数据变动趋势显示，我国麦麸进口安全程度再次下降的可能性较高，对麦麸进口贸易伙伴的贸易量进行调整已经刻不容缓。

大麦进口均质度走势较为平缓，如图 6 所示。1992—2020 年，我国大麦进口大部分来源于澳大利亚，进口结构趋于稳定。在本文研究期间，有 5 年均质度小于 S_2，处于极度不稳定状态。有 15 年我国大麦进口均质度处于中度不稳定状态，7 年均质度处于轻度不稳定状态，更有两年均质度达到轻度稳定状态，分别是 1995 年的 1.62 与 2020 年的 1.56。从大麦进口量数据可知，2015 年我国政府将大麦纳入自动进口许可目录，并加强边境检验检疫强度。由于中国对澳大利亚大麦的进口依赖度较高，加之低价进口大麦挤占国产大麦市场，抑制国产大麦价格合理上涨，严重制约国产大麦的良性发展，我国对来自澳大利亚的进口大麦实行“反补贴”等贸易政策，借此调控大麦的进口结构。大麦的一系列进口贸易政策实施后，可以看到均质度在小范围的下降后逐渐回升，进口安全程度由轻度不稳定状态向轻度稳定状态转变。2020 年，大麦的进口均质度达到 1.56，这是时隔 25 年，大麦进口均质度再次位于轻度稳定水平，大麦进口市场由乌克兰（28.01%）、加拿大（24.98%）、法国（21.77%）、澳大利亚（18.46%）、阿根廷（4.84%）、哈萨克斯坦（1.73%）等国家（地区）共同组成，大麦的进口贸易格局趋向均衡。

大豆进口均质度走势呈现先上下浮动再平稳滑动的状态，如图 6 所示。1992—2020 年，大豆的进口贸易格局常年处于不均衡状态，且高度依赖美国与巴西的进口大豆。在 1993 年与 1997 年，大豆进口呈现极度不稳定状态，均质度最低达到 0.26。在研究范围内，仅有 11 年均质度水平超过 S_3，且波动范围稳定在 1.1～1.2。最高在 1995 年达到 1.17，此时主要进口国美国、阿根廷、俄罗斯占总进口市场的比例分别为 48.96%、31.87%、13.88%。1998 年伊始，美国进口份额的占比缓慢下降，虽然进口结构仍以美国为主，但正逐步转向多元且均衡的进口格局。巴西与阿根廷向中国出口大量转基因大豆，挤压美国大豆在中国的市场份额，以平衡我国大豆的进口结构。因此以 1998 年为分界线，可将本文研究范围分为两大阶段。1998 年前，大豆进口均质度呈现锯齿状变动，年均值为 0.770，位于中度不稳定区间，进口结构高度不均衡，美国进口份额始终占总量的一半以上。以 1993 年为例，美国占进口总量的 92.07%，尽管进口范围扩大到 11 个国家，但主要进口来源依旧是美国。1998—2020 年，均质度走势趋于稳定，年均值为 1.057，进口安全水平上升至轻度不稳定状态，进口贸易高度集中的困境有所缓解，但仍呈现以某个国家为主的贸易格局，进口安全程度维持在较低水平。

五、“双循环”格局下饲料粮安全的保障进路

2022年作为“十四五”规划承上启下的一年，粮食安全的主要矛盾发生转移，饲料粮的地位上升到一个新的台阶。在“双循环”新发展格局下，饲料粮供给安全面临内循环受阻、外循环不畅的困境。为持续保障饲料粮供给安全，本文构建“以国内饲料粮供给为主、国际饲料粮供给为辅”的饲料粮供给安全保障进路。对内不断提升我国的饲料粮供给能力，对外逐步增强我国在国际饲料粮市场的话语权。内循环为外循环提供支撑，外循环为内循环赋能助力，内外联动、相互促进，最终实现“双循环”格局下的饲料粮安全。

（一）以内循环为主体来提生产、促流动、强仓储

1. 促进生产增效，加强科技创新发展

缓解我国饲料粮供需矛盾，应以市场需求为主导，不断优化农业生产结构，促进种业良好发展，从而做到保障饲料粮供给安全。一方面，加强饲料粮主产区的供给可持续性，针对不同的主产区采取相对的生产措施，并根据市场对不同饲料粮的需求，调整农业补贴的对象与金额。为实现饲料粮优质高效生产，需严格落实耕地保护政策，搞好高标准农田建设，不断创新作物种植技术。另一方面，逐步完善饲料粮育种研发体系与市场监管体系，平衡育种产业中各主体的利益诉求。建立以企业为主体的商业育种模式，改善现有的技术研发环境，发展高质量育种研发模式，从而提高饲料粮的生产效率。切实改善相关科研人员的工作环境，提高核心人员的薪资水平，鼓励国有企业对科研事业进行扶持，增强饲料粮生产的科技创新能力。同时，落实企业在科研开发中的主体地位，建立“企业—政府—学校”的交流合作平台。

2. 畅通流通循环，建立网络流通体系

为加强饲料粮运输资源利用效率，需确保运输设施的健全与配套，疏通流通过程中的堵塞，发挥政府在其中的正向引导作用，使流通中的各环节紧密衔接，实现饲料粮的“国内大循环”。第一，要实现饲料粮流通的现代化发展。提高运输过程中自动化与机械化程度，扩大专业运输设备的比例，提升物流过程的协调程度与流通效率，降低物流的时间成本与损耗比率。在饲料粮产需结构严重错位的背景下，开创系统化运输组织平台，形成全国饲料粮运输信息监管系统。第二，建立科学合理的饲料粮流通布局。重点关注跨省流通相关物流节点的建设，完善现代饲料粮“区域大循环”的体系建设。依托现有的饲料粮运输体系，开创无缝衔接的“水运—陆运—空运”转运系统。第三，落实物流

循环中各环节主体的责任与义务。破除阻碍全国物流信息整合的限制，充分发挥政府的调控作用，以及国有大型企业在物流建设中的支撑作用，实现可追溯网络物流体系的建设，提高饲料粮的运输效率。

3. 加强仓储建设，构建现代仓储体系

加强仓储建设是保障我国饲料粮供给安全的重要支撑，是国际饲料粮供给形势复杂多变时的稳压器。第一，实行科学、绿色的收储。对饲料粮仓库的基础设备进行升级改造，并引进高素质人才，采纳各项储粮新技术，打造数字化粮仓，实现对饲料粮收储过程的精准控制。第二，完善地方储备制度。以各省为主导，引导市县优化饲料粮储备布局，推动“中央—地方—社会”三级储备的有序发展。与此同时，指导社会企业合理建立商业库存，以保障养殖业高速发展。第三，发展专业仓储防保人员。重视对仓储各个环节中工作人员的培训力度，积极开展以质量标准为主的知识培训，使工作人员充分适应自动化、可控化、机械化、智能化的仓储设备，形成对全国饲料粮仓储过程的控制权，实现对全国仓储中饲料粮的宏观调控，以降低因意外因素而引起的内循环风险。

（二）以外循环为补充来优结构、畅渠道、建合作

1. 优化进口结构，建立高水平对外开放格局

面对国内饲料粮的巨大需求，应着重优化饲料粮进口格局，破解饲料粮进口结构明显失衡的困境。第一，优化进口结构与方式。在国际规则的约束下，通过综合考虑对国内饲料粮生产的影响效果与国际农业规则的变动趋势，对现有饲料粮的进口结构与方式进行优化升级。第二，抓住全球化的机遇。着重开发我国在对外开放过程中的大国优势，形成饲料粮进口结构多元化的对外开放新格局。在国内饲料粮稳定供应的背景下，提高对国际饲料粮市场的利用能力，积极参与全球饲料粮产业链的建设，为高水平对外开放格局提供助力。第三，加大对国际贸易安全的重视程度。通过优化国际供给体系与我国饲料粮需求的适配性，形成需求牵引供给、供给带动需求的高水平动态平衡。

2. 丰富进口来源，加深与贸易区的合作关系

饲料粮进口多元化战略是保障国际饲料粮稳定供应的重要手段。饲料粮进口多元化战略包括进口来源国的多元、进口渠道的多元、运输线路的多元等多方面，通过调节饲料粮进口的规模、方式、节奏与布局，达到降低进口风险的目标。近些年，饲料粮进口来源单一化与集中化的状况虽有所改善，但进口安全程度仍维持在较低水平。针对以上问题，应加强与全球贸易伙伴的合作关系，依托“一带一路”战略、区域全面经济伙伴关系协定等多边协议框架，增进与各国饲料粮贸易与饲料粮安全的政治互信，建立稳定、多元的国际贸易合

作关系。与此同时，加大对弘扬多边主义与共建共商共享的全球治理观的宣传，严格反对饲料粮禁运、进出口限制等破坏全球化的行动计划，并积极推动联合国粮农组织、国际农业发展基金会、世界粮食计划署等国际组织和机构在协调全球饲料粮贸易等方面发挥更加重要的作用。

3. 加强国际合作，重构全球饲料粮供应体系

以联合国粮食及农业组织等多边粮食合作机制为基础，积极融入粮食资源丰富国家的粮食生产合作中。其中，非洲地区因其优越的自然环境，使饲料粮生产在耕地、水资源、温度等方面具有优势。例如，中非和西非热带草原区，以高粱等抗旱耐热作物为主；东非和南非热带草原区，以玉米、木薯、高粱和粟类为主；北非的地中海沿岸地区及南非的西南部，则以小麦、大麦、玉米和大豆为主。在现阶段，这些地区由于资金与技术上的缺失，饲料粮增产空间巨大，我国若适当鼓励国有大型企业对部分地区进行扶持，则可以有效扩大外部粮源储备。在加强与生产潜力巨大的国家合作的同时，积极参与全球饲料粮产业链建设，构建多方位、多元化、多渠道的外部粮源供应体系。在国际新发展局势下，应提升我国在国际饲料粮贸易中的主体地位，以应对因自然灾害、新型冠状病毒肺炎疫情、出口禁令和囤积等因素对饲料粮国际贸易造成的冲击，形成更加公平稳定、可持续的全球粮食安全治理体系。

（三）内外循环相互促进来降内需、转思维、调政策

1. 推进减量替代，激发循环内在活力

中共中央曾多次强调要优化饲料配方结构，促进豆粕、玉米等饲料粮实施减量替代战略。通过饲料粮减量替代战略，减少国内饲料粮需求，从根源上缓解饲料粮生产与进口压力，激发循环内在活力。第一，完善原料营养价值科学数据。国内养殖企业实践证明，对原料参数进行精准测定，控制饲料粮配方，实行精细加工化，可以提高 1.5%的饲料报酬。第二，丰富饲用粮食来源。玉米作为我国主要饲料粮来源，在收储制度改革后，供给与需求严重失衡，对进口的依赖度过高，应拓展饲用粮食来源，如库存小麦、稻谷等，缓解玉米进口压力。第三，发展优质饲草工业。适度减少牛羊养殖过程中精饲料的比例，采用全株青贮玉米、苜蓿、饲用燕麦等饲草作物，可以提高牛羊的生产性能与养殖效率。

2. 转型既有思维，提升循环互促动力

在“双循环”新发展格局下，急需转型固有思维，构建“三元平衡”的高质量开放型饲料粮安全保障体系。在全球贸易高度开放的背景下，国际饲料粮市场之所以对我国造成巨大冲击，很大一部分原因是国内外价差较大。在“市

场之手”逐步掌控饲料粮贸易的趋势下，政府的调控作用对饲料粮贸易的影响在逐渐减弱。在此情景下，过度强调高自给率变得不合时宜，应强化市场意识，突破传统产需“二元平衡”的固有思维，将国际饲料粮市场纳入其中，构建饲料粮供需体系的“三元平衡”框架，将融入国际饲料粮市场、提高饲料粮产品国际竞争力作为保障国家饲料粮安全的重要组成部分。为此，应针对导致国内饲料粮成本上涨的障碍因素进行控制，通过实现规模经营、引进先进技术、扩大财政投入来减小饲料粮国内外差价。

3. 完善政策体系，强化循环保障能力

国际规则的约束对我国饲料粮保护支持体系造成巨大冲击，暗示着在国际全球化趋势加剧的背景下，我国如果想加大对国际市场的利用程度，就要对现有的政策体系进行改革，将对国际规则的适应性纳入政策设计之中。积极推进“黄箱”转“绿箱”政策的改革进程。通过提高农民的种粮积极性来提高饲料粮产量，在国际循环中做到真正“立足国内”，实现外循环为内循环赋能的目标。此外，要积极推动新型饲料粮贸易规则的建立，现有的贸易规则对发达国家的饲料粮贸易更为有利，我国应积极主动地推动新一代饲料粮贸易谈判。在此之前，应在现有的贸易规则之下，积极探索新型饲料粮补贴方式，提高农民种粮收益，加大农民种粮积极性，从源头上提高饲料粮产量，减小国内外价格差距，从而达到化解外循环冲击力的效果。